LEBEN UND TOD IN DEN RELIGIONEN

SYMBOL UND WIRKLICHKEIT

LEBEN UND TOD IN DEN RELIGIONEN

SYMBOL UND WIRKLICHKEIT

Herausgegeben von

GUNTHER STEPHENSON

1980

WISSENSCHAFTLICHE BUCHGESELLSCHAFT

DARMSTADT

CIP-Kurztitelaufnahme der Deutschen Bibliothek

Leben und Tod in den Religionen: Symbol u. Wirklichkeit / hrsg. von Gunther Stephenson. — Darmstadt: Wissenschaftliche Buchgesellschaft, 1980.
ISBN 3-534-08256-7

NE: Stephenson, Gunther [Hrsg.]

1 2 3 4 5

Bestellnummer 8256-7

Satz: Roddert Fotosatz, Mainz
Druck und Einband: Wissenschaftliche Buchgesellschaft, Darmstadt
Printed in Germany
Schrift: Compugraphic Garamond, 9/11

ISBN 3-534-08256-7

INHALT

Amerika

VORWORT

> Ἀθάνατοι θνητοί, θνητοὶ ἀθάνατοι,
> ζῶντες τὸν ἐκείνων θάνατον,
> τὸν δὲ ἐκείνων βίον τεθνεῶτες.
> Heraklit, Fragm. 62

Leben und Tod gehören zu jenen rätselvollen Urerfahrungen, die das Dasein und Denken des Menschen seit Jahrtausenden geprägt haben. Von jeher ist er diesen Mächten ausgesetzt, die er auf die verschiedenste Weise zu bewältigen versucht, ohne ihrem letzten Geheimnis auf die Spur kommen zu können. — Sein ständiges Bemühen umkreist die Fragen, ob sein zeitliches Leben einen Wert in sich besitzt, ob es mit dem Tod abgeschlossen ist oder gar durch ihn in Frage gestellt wird, ob die Zeit übersprungen werden kann und der Tod überwindbar ist oder gar das Leben erst durch den Tod seine eigentliche Erfüllung findet, in der Zeit oder — jenseits — in der „Ewigkeit". Die Tatsache der Sterblichkeit aller Lebewesen wird zum eigentlichen Auslöser für die Frage nach dem Leben selbst sub specie mortis. Der Mensch hat in seiner Geschichte zahlreiche Antworten auf diese zentrale Herausforderung seines Daseins gefunden; zuweilen lag der Akzent mehr auf dem Leben, zuweilen mehr auf dem Tode, wenngleich beide sich wechselseitig wie Komplementärfarben bestimmen und ergänzen.

Das Thema läßt sich von verschiedenen Seiten her angehen; die Sichtweisen unseres differenzierten Kultursystems sind vielfältig. Der Biologe, Mediziner, Psychologe gewinnt andere Zugänge als der Philosoph oder der Theologe. Dichtung und Kunst erreichen oft eine Aussagekraft im Aufspüren der eigentümlichen Stellung des Menschen im Kosmos, die dem Wissenschaftler versagt bleiben muß. — Die Wissenschaft hat sich zu beschränken, wenn es um ein Thema geht, das weithin jenseits des rationalen Verständigungsrahmens angesiedelt ist, dessen Wahrheitsgehalt ihr selbst nicht zugänglich ist. Das bedeutet zwar Bescheidung, besagt jedoch nicht, daß die Erkenntnisfähigkeit des Menschen über sich selbst nur im methodischen Rahmen der Wissenschaft ausgelotet werden kann. Unmittelbare Erlebnisakte und Verhaltensweisen des Menschen mit oft tiefgründigen Erkenntnisaussagen können eine Ebene erreichen, die von der Wissenschaft lediglich beschrieben, erklärt und vielleicht 'verstanden', aber nicht nachvollzogen werden kann.

Im vorliegenden Band wird das Thema 'Leben und Tod' *religionswissenschaftlich* untersucht. Er vereinigt zahlreiche Beiträge aus dem Bereich der Religionsgeschichte aller Zeiten und Kulturkreise, denn in den Religionen der Völker haben Tod und Leben in ihrem wechselseitigen Verwobensein von jeher einen zentralen Platz eingenommen. Der Gegenstand dieses Gemeinschaftswerkes bedarf also keiner Rechtfertigung. Seine kulturgeschichtliche Bedeutung ist evident. Schließlich wird hier eine Problematik angesprochen, die fraglos auch die unsrige ist. —

Weniger bekannt sind jedoch immer noch Aufgabe, Methode und Zielsetzung der Religionswissenschaft. — Sie fügt sich in den Kreis der Kulturwissenschaften und bedient sich, wie diese, der empirisch-historischen Arbeitsweise bzw. der hermeneutischen Methode, ohne irgendeinen normativen Anspruch geltend zu machen. Ihr Ausgangspunkt ist die Geschichte der Religionen und religiösen Erscheinungen im weitesten Sinne, die sie aufgrund textlicher und dinglicher Quellen zu beschreiben, zu erklären und zu verstehen sucht. Sie verbindet für ihr Vorgehen meist mehrere verwandte Methoden (z. B. die historische, philologische, soziologische, psychologische), um ein Bild des religiösen Menschen in seiner Geschichte und im interkulturellen Vergleich zu entwerfen. Sowohl die regionale Religionsgeschichte wie der Strukturvergleich religiöser Phänomene (z. B. des Opfers) zählen zu den Hauptaufgaben der Religionswissenschaft. Sie möchte ebenso das Eigenständige einzelner wie das Gemeinsame aller Religionen erkunden. Die Zusammenfassung mehrerer methodischer Zugänge wird — ähnlich wie etwa in der Kunst- und vergleichenden Rechtsgeschichte — durch den gemeinsamen Gegenstand *Religion* bestimmt. Die Forschungsarbeit geschieht auf anthropologischer Grundlage, indem sie durch jene methodische Klammer zusammengehalten wird; m. a. W.: der Ausgangspunkt aller Untersuchungen bleibt stets der Mensch in seiner individuellen Disposition und sozialen Verflechtung, in seiner unaufhebbaren Mehrschichtigkeit als animal sociale, homo faber, sapiens et religiosus. — Ihre letzte systematische Zielsetzung sieht die Religionswissenschaft in der stets mitschwingenden Frage nach dem 'Wesen' des außerordentlich komplexen Phänomens *Religion,* wie es sich in der Geschichte darstellt. Für diese Gesamtschau kommt ihr die integrierende Funktion zu, Ergebnisse anderer Wissenschaften für ihre Fragestellung zu nutzen. Keine Wissenschaft kann heute ohne die andere auskommen. Freilich findet die Universalität ihrer Zielsetzung ihre faktische Grenze an der notwendig gewordenen Spezialisierung ihrer Aufgaben.

Daher kann auch dieser Band nur typische Beispiele einzelner Kulturkreise herausgreifen und zu einer Art Synopse zusammenstellen. Dieses für die Religionswissenschaft ebenso zentrale wie umfangreiche Thema läßt es nicht zu, für jede Religion alle *möglichen* Aspekte zu behandeln. So steht zuweilen mehr das Lebensverständnis, dann wieder ein Totenritus, dichterische Phantasie, Gesellschaftsstruktur oder die mythische Komplementarität beider Daseinspole im Mittelpunkt der Darstellungen. Das symbolische Element tritt in sein Recht, wo immer es möglich ist. — Der Band soll lediglich Anstöße geben für weitere Forschungen in jedem einzelnen Kulturkreis wie auch den Sinn schärfen für eine systematisch vergleichende Phänomenbetrachtung.

Unser Thema gilt einem Erfahrungsbereich des religiösen Menschen, der in direktem rationalen Zugriff kaum angemessen erfaßt werden kann, der sich vielmehr überwiegend in Symbolen kundtut, die als 'Medium' eine unbekannte oder sprachlich nicht faßbare 'Wirklichkeit' sinnlich veranschaulichen. Die 'Wirklichkeit' Leben und Tod wird — über ihre erklärbare Realität hinaus — also nur in Bildern, Zeichen, Methapern usw. transparent. — Die 'Wirklichkeit' *Leben* beherbergt eine solche Fülle von Paradoxien, daß sie nur durch die repräsentierende und aufschließende Gestalt eines geeigneten Symbols, wie z.B. des Baumes, angemessen 'erkannt' werden kann. Dafür dienen Strukturanalogien als Brückenschlag; im Falle 'Baum' etwa: wachsen, blühen, welken; Wurzel, Nahrung, Kraft, Verzweigung; atmen, verdorren; Bodenart und Wetter, Winter und Sommer; Erneuerung usw. Der Mensch begegnet den tieferen Schichten der 'Wirklichkeit' vornehmlich, indem er Symbole schafft oder entdeckt, die aus dem Bereich der Dinge, Vorstellung oder Sprachwelt stammen können. Fast alles Seiende kann dem Menschen zum religiösen Symbol werden, wenn er die 'Objekte' nicht vordergründig für sich selbst nimmt, sondern ihren zeichenhaften Hinweisen nachgeht. — Symbole können weitergegeben, anderen Menschen tradiert werden. Sie kön-

können aber auch ihren Vermittlungscharakter wieder einbüßen, sie können 'sterben'. Was für eine Gruppe bedeutsam war, kann für eine andere verblassen. Die Bedeutung kann vergessen werden. Zur Wirksamkeit religiöser Symbole gehört also ihr Gewußtsein und Anerkanntsein (z. B. das christliche Kreuz), dank ihrer ursprünglich vollzogenen Stiftung. Symbolen kommt somit eine Vertretungsfunktion zu, indem sie vom Gegenstand, Bild oder Zeichen auf das gemeinte Sein hinweisen, das sie jedoch zugleich ver-gegenwärtigen. Diese Re-präsentation ermöglicht dem Menschen den Zugang zur 'Wirklichkeit', seine Teilhabe an ihr.

Wenn die Religionswissenschaft sich einem Forschungsgegenstand widmet, der in besonderem Maße der Symbolwelt verhaftet ist, so betritt sie damit ein Feld, das ihr einerseits die Distanz auferlegt, die eben beschriebenen Symbolvorgänge ohne eigene Sinnvorgabe auf der Reflexionsstufe des Forschers zu beschreiben und als historisch belegtes Kulturgut ernst zu nehmen (z. B. Mythen), — andererseits jedoch sie aufruft, sachimmanente Sinngehalte einsichtig zu machen und damit den eigentlichen Akt des Verstehens auszulösen, denn „in die religiöse Sphäre dringen wir grundsätzlich nur über das Verstehen von Symbolen ein" (Bollnow). Wenn uns dies nicht gelingt, haben wir das letzte Ziel der Religionswissenschaft verfehlt.

Zum Verständnis der Beiträge sei der Leser jedoch auf die trotz zahlreicher Arbeiten nach wie vor bestehende Problematik der Symbolforschung hingewiesen, die eine präzise und bis heute gültige Definition nicht erbracht hat. Das beruht auf einer Schwierigkeit, die Grenzbereichen wissenschaftlicher Erfassungsfähigkeit eigen ist, jedoch die Forschung an beachtlichen Erfolgen nicht hindern konnte. Es ist darum angezeigt, für diesen Band ein sehr weites und daher allgemeines Symbolverständnis zugrunde zu legen. — Das *religiöse* Symbol im engeren Sinne — in alten Zeiten natürliches Verständigungsmittel — muß unser heutiges Bewußtsein erst wieder neu entdecken lernen, um auf seiner Spur Vorgänge zu *verstehen*, die man gemeinhin unter dem westlichen Begriff 'Religion' zusammenfaßt und damit ein elementares Beziehungsgefüge des Menschen *umschreibt*. Solche vorsichtigen Umschreibungen lassen eher zutreffende Forschungsergebnisse erwarten als landläufige Definitionen.

Der Sammelband vereinigt zahlreiche Forschungsergebnisse teils benachbarter Disziplinen unter religionswissenschaftlichem Aspekt.

Bewußt wurde die Kunst- und Musikwissenschaft einbezogen, um den Phänomenbereich für die Symbolik von Leben und Tod auszudehnen und der Religionswissenschaft damit ein lohnendes Aufgabengebiet zuzuführen. Auf diese Weise eröffnen sich für die am Einzelbeispiel orientierten Aufsätze über einzelne Religionen sehr verschiedene Zugänge zum Thema, die von philologischer Textanalyse über historische und soziologische Darstellungen von Gegenständen mit geringerem Symbolgehalt bis zur Bildbeschreibung, Klanganalyse und Psychologie reichen. — Die Form des Sammelbandes wird aber auch durch die Gemeinschaftsarbeit notwendig, da sich eines solchen Themas kein einzelner Gelehrter heute noch umfassend annehmen könnte. — So stammt etwa die Hälfte der Aufsätze aus Vorträgen, die anläßlich der 14. Jahrestagung der *Deutschen Vereinigung für Religionsgeschichte* 1978 in Bonn gehalten wurden. Bedauerlicherweise war es dem Musikethnologen R. Günther (Köln) aus Zeitgründen nicht mehr möglich, seinen Beitrag bis Redaktionsschluß fertigzustellen. — Zur Abrundung des Gesamtbildes konnten noch zahlreiche Autoren gewonnen werden, die überwiegend der deutschen oder internationalen Fachvereinigung angehören. Das Inhaltsverzeichnis führt die derzeitigen Universitätsorte der Autoren auf. Ihnen allen sei an dieser Stelle der besondere Dank ausgesprochen für ihre Bereitschaft zur Mitwirkung an einem Band, der dank des großzügigen Angebotes des Verlages nunmehr einen breiten Leserkreis finden wird. Um eine verständliche Sprache zu erreichen, die freilich stets ihre Grenze bei der wissenschaftlichen Präzision findet, wurde u. a. auf längere orientalistische Belegtexte verzichtet.

Die Beiträge wurden sinngemäß nach den großen Kulturkreisen geordnet, in denen die religiöse Frage nach Leben und Tod ihre typische Gestalt gefunden hat. — Eine Reihe von Aufsätzen ausgesprochen vergleichenden Charakters wird gesondert zusammengefaßt, wenngleich die phänomenologische Fragestellung teilweise auch den Charakter der regional-historischen Aufsätze mitbestimmt. Eine Gliederung nach verschiedenen methodischen Ansätzen schien uns aus den oben genannten Gründen der Integration weniger zweckmäßig. — Es versteht sich, daß jeder Autor den Inhalt seines Beitrages selbst zu vertreten hat. Als *Einleitung* möge der zweite Teil eines Vortrages dienen, den Otto Friedrich Bollnow anläßlich der Eröffnung der Bonner Tagung unter dem Thema „Religionswissenschaft als hermeneutische Disziplin" hielt. Das geschieht nicht nur aus sachlichen Erwägungen, sondern ist zugleich Ausdruck des Dankes an einen großen Forscher und Lehrer, dem sich der Herausgeber sehr verbunden weiß.

Mai 1979 Gunther Stephenson

DIE WELT DER SYMBOLE*

Von Otto Friedrich Bollnow

1. *Die anthropologische Funktion des Symbols*

Der Begriff des Symbols wird in sehr verschiedener Bedeutung gebraucht. Darum ist es notwendig, ehe wir uns der Frage nach dem *Verstehen* religiöser Symbole zuwenden, um die es ja im Hinblick auf das Beispiel von Leben und Tod gehen soll, sich zuvor über den religionswissenschaftlich angemessenen Begriff des Symbols zu verständigen.

Im allgemeinsten Sinn wird der Begriff des Symbols von Cassirer in seinem grundlegenden Werk, der ›Philosophie der symbolischen Formen‹ (und der späteren kürzeren Zusammenfassung: ›Was ist der Mensch?‹) gefaßt[1]. Er versteht unter „symbolischen Formen" alle Objektivationen des menschlichen Geistes, alle Kulturbereiche, die Sprache, den Mythos, die Kunst, das Recht, die Wissenschaft, die Religion usw., insofern sie Formen sind, in denen sich die Auffassung der Wirklichkeit — und unseres eignen Lebens — vollzieht, und Cassirer behauptet, daß es für den Menschen keine Möglichkeit gibt, eine reine, sozusagen nackte und unberührte Wirklichkeit zu erfassen, daß ihm vielmehr die Wirklichkeit nur durch die Vermittlung der symbolischen Formen zugänglich ist, oder in Cassirers eignen Worten: „Er lebt so sehr in sprachlichen Formen, in Kunstwerken, in mythischen Symbolen oder religiösen Riten, daß er nichts erfahren oder erblicken kann, außer durch Zwischenschaltung dieser künstlichen Medien[2]." Das meint er mit der Formel, der Mensch sei das animal symbolicum, das durch den Besitz von Symbolen ausgezeichnete Lebewesen.

* Der Vortrag von O. F. Bollnow, Religionswissenschaft als hermeneutische Disziplin, ist inzwischen vollständig abgedruckt in: Symbolon, N. F. 4 (1978), S. 23—48.

[1] E. Cassirer, Philosophie der symbolischen Formen. 3 Teile. Berlin 1923—1929. — Ders., Was ist der Mensch? Stuttgart 1960.

[2] Cassirer, Was ist der Mensch, a. a. O., S. 39.

Dieser Ansatz ist letzten Endes als eine konsequente Fortführung der Kantischen Transzendentalphilosophie zu verstehen, der Cassirer ohnehin durch seine Herkunft vom Neukantianismus nahestand. Wie bei Kant der Mensch die Wirklichkeit nur in den apriorischen Formen der Anschauung und des Denkens auffassen kann, so tritt hier an die Stelle des Kantischen Apriori das Ganze der von ihm so genannten symbolischen Formen, jetzt freilich mit dem entscheidenden Unterschied, daß dieses erweiterte Apriori nicht mehr zeitlos gültig ist, sondern in einem geschichtlichen Wachstum begriffen ist.

Die anthropologische Frage nach der Konstitution der Erkenntnis, ja des Wirklichkeitsbezugs überhaupt, ist durch die Einsicht in die Funktion dieser allgemeinen Formen in eine bisher nicht erreichte Tiefe geführt. Hier liegt das bleibende Verdienst Cassirers. Zu fragen bliebe aber vielleicht, ob es zweckmäßig war, diese allgemeinen Formen als *Symbole* zu bezeichnen; denn damit werden Verwechslungen mit dem sonstigen Sprachgebrauch nahegelegt, wie er auch in der Religionswissenschaft üblich ist, der das Wort Symbol in einem engeren Sinn, nämlich als doppelsinniges (oder mehrsinniges) Zeichen gebraucht[3], so nämlich, daß hinter dem wörtlichen, vor Augen liegenden Sinn ein tieferer Sinn verborgen ist. Am Beispiel: daß etwa die Waschung mit reinem Wasser eine sittliche Reinigung symbolisiert.

Und nun ist es wesentlich, daß sich Cassirers Einsicht in die anthropologische Funktion der symbolischen Formen auch auf die Symbole im engeren Sinn übertragen läßt. Sie sind kein bloßer Schmuck, den man zur Not auch entbehren könnte, sondern sie wiederholen in der höheren, durch die Doppelsinnigkeit geschaffenen Ebene das, was in einfacherer Weise schon von der Sprache im allgemeinen gilt. Wie die Sprache überhaupt nicht einfach eine bestehende Wirklichkeit abbildet, sondern eine Wirklichkeit aufschließt und deutet und den Zugang zur Wirklichkeit allererst ermöglicht, so, wie mit Humboldt zu sprechen, „der Mensch mit den Gegenständen ... ausschließlich so lebt, wie die Sprache sie ihm zuführt[4]", so ist auch das Symbol nicht einfach ein sinnliches Zeichen für

[3] So z.B. P. Ricoeur, Die Interpretation. Ein Versuch über Freud. Frankfurt 1974. S. 29.

[4] Wilh. v. Humboldt, Gesammelte Schriften. Hrsg. v. d. Königl. Preuß. Akad. d. Wiss. Berlin 1903—1920. 1. Abt. Werke. 7. Bd. S. 60.

einen schon unabhängig von ihm bestehenden Sinn, sondern schließt diesen Sinn allererst auf, macht ihn für uns sichtbar und schafft so einen Zugang zu diesem Sinn, der uns auf andere Weise gar nicht erreichbar wäre — oder, etwas zuspitzend ausgedrückt: das Symbol schafft erst diesen Sinn.

Das Symbol führt also in eine Tiefenhaftigkeit der Welt, die wir grundsätzlich nur an seinem Leitfaden erfassen können. So hat es Paul Tillich formuliert: „Die große Aufgabe der Symbole besteht darin ... über sich hinauszuweisen, neue Wirklichkeitsbereiche zu erschließen, die sonst verborgen blieben[5]." Und Eliade betont „daß die Welt durch die Symbole ‚spricht', sich in ihnen ‚offenbart' ... Das Symbol ist kein bloßer Widerschein der objektiven Wirklichkeit. Es eröffnet etwas Tieferes und Grundlegenderes[6]" (wobei „objektive Wirklichkeit" in einem etwas unscharfen Sinn die durch das Herrschaftsdenken bestimmte profane Welt bezeichnet). Sehr treffend hat Eliade es einmal dahin formuliert, „daß die Symbole sowohl die unmittelbare Wirklichkeit wie die besondere Situation zum ‚Bersten' bringen[7]". Sehr glücklich gewählt scheint mir darin das Wort „bersten". Wie eine reife Pflaume aufplatzt und hinter der harten violetten Haut das weiche gelblich-grüne Fruchtfleisch sichtbar wird, so bricht auch das Symbol die geschlossene Oberfläche der Dinge, wie sie sich uns im täglichen Leben darbietet, auf und läßt dahinter eine bisher verborgene Tiefe sichtbar werden. Und wenn wir jetzt noch einmal Cassirers Gedanken heranziehen, so ist uns die hinter der erscheinenden Oberfläche verborgene Tiefenhaftigkeit der Welt und des Lebens auf keinem andern Wege als über das Symbol zugänglich. Und wenn wir diese tiefere Sphäre vorgreifend als die der *Religion* bezeichnen, so heißt das, daß wir in die religiöse Sphäre grundsätzlich nur über das Verstehen von Symbolen eindringen.

[5] P. Tillich, zitiert bei Eliade, Grundfragen (vgl. Anm. 6, S. 258).

[6] M. Eliade, Methodologische Anmerkungen zur Erforschung der Symbole in den Religionen. In: Grundfragen der Religionswissenschaft. Hrsg. v. M. Eliade u. M. Kitagawa. Salzburg 1963 (dt.). S. 106ff., S. 121.

[7] Eliade, a. a. O., S. 129.

2. Die Entdeckung der Symbole

Damit aber dem Symbol diese Leistung gelingt, muß die tiefere Bedeutung irgendwie schon in der unmittelbaren sinnlichen Bedeutung angelegt sein, so daß die eine Bedeutung auf die andere verweist. Es muß eine innere Beziehung vorhanden sein, die wir in einer ersten, vorläufigen Weise als Ähnlichkeit bezeichnen können. Am deutlichsten ist das im pantheistischen oder panentheistischen Denken der Romantik erkennbar, die sich ja von Creuzer und Görres bis hin zu Bachofen mit ganzem Eifer der Erforschung der Symbolik hingegeben hat. Unter pädagogischem Gesichtspunkt ist dieser Gedanke vor allem von Fröbel herausgearbeitet worden. Weil jedes endliche Ding in seinem pantheistischen Weltbild die Verkörperung eines Göttlichen ist, ist alles in der Welt Symbol des Göttlichen und unsere Welt durch und durch symbolisch. Es gibt nichts, was nicht vom ahnungsvollen Gemüt als Symbol erkannt werden könnte. Der Ball schon, dieses einfache Kinderspielzeug, ist in seiner gleichmäßig abgerundeten Gestalt Symbol des Alls. Das ist eine Welt voll tiefen, ahnungsvollen Tiefsinns[8].

Wir können dem reichen Symboldenken der Romantik hier nicht weiter nachgehen. Ich habe nur daran erinnert, weil hier eine Möglichkeit in letzter Folgerichtigkeit durchgehalten ist, daß nämlich die ganze Welt einen durchgehenden Symbolzusammenhang bildet, der vom einzelnen in stiller Betrachtung erkannt werden kann. Das aber kann wohl nur als eine einseitige idealistische Konstruktion bezeichnet werden. Sie hat ihre Grenze darin, daß in Wirklichkeit nicht alles Symbol ist, daß die Symbole vielmehr als etwas durch einen besonderen Charakter Ausgezeichnetes inmitten einer als solche unsymbolischen Welt vorkommen, daß also zwar einiges, aber nicht alles Symbol ist.

Daraus ergibt sich die Frage, woran man das Symbol als Symbol erkennt. An dieser Stelle scheint mir ein Gedanke Creuzers in seiner ›Symbolik und Mythologie der alten Völker‹[9] weiterzuführen. Nach Creuzer ist es der Vorzug des Menschen, „mit Göttern umzugehen, die ihm

[8] Vgl. O. F. Bollnow, Die Pädagogik der deutschen Romantik. Stuttgart ^{3}1977. S. 170ff.

[9] Fr. Creuzer, Symbolik und Mythologie der alten Völker, besonders der Griechen. 6 Bde. Leipzig ^{2}1819—1823.

Nachts durch die Träume, und am Tage durch Vögel ... so wie auch durch unverhoffte Zeichen (σύμβολα) aller Art Gegenwart und Zukunft klar und verständlich machten[10]". Daraus entspringt für den Menschen die Aufgabe, die vornehmlich die des Priesters war, diese Zeichen zu deuten und zu offenbaren. In diesem Deuten liegt ein eigentümlicher Doppelsinn, der schon in dem deutschen Wort zum Ausdruck kommt. Es ist zugleich ein Hindeuten, d.h. ein Hinweisen mit dem Finger — oder mit dem Wort als dem — mit Jean Paul — geistigen Zeigefinger[11] — seht her, dies ist ein göttliches Zeichen, wie auch ein Ausdeuten, d.h. ein Auslegen der Bedeutung dessen, auf das es hindeutet, beides in ursprünglicher Einheit gegeben.

Das Symbol ist also nicht schon vor der Deutung vorhanden, so daß ich weiß: dies ist ein Symbol, dies hat einen tieferen Sinn, den ich erkennen soll, sondern es kommt darauf an, in einem Geschehen oder einem auffälligen Gegenstand das Symbol überhaupt erst zu entdecken, zu erkennen, daß es eine tiefere Bedeutung hat, daß es also ein Symbol ist. Erst durch das Deuten werden die Vorgänge oder Gegenstände zu Symbolen. Creuzer faßt es in dem Doppelsinn von bezeugen und erzeugen: indem der Priester im Symbol das Göttliche bezeugt, auf das Zeichen hinweist, macht er es dadurch zum Symbol, d.h., er erzeugt das Symbol. Deutend erst erzeugt er das Symbol. Das Deuten ist eines mit der Erhebung zum Symbol überhaupt. So sagt er: „Symbole deuten und Symbole bilden und schaffen fällt mithin in dieser Vorschule ältester Religion zusammen[12]." Wir können hinzufügen: und sie bleiben auch in der späteren Entwicklung aufeinander angewiesen. Symbole gibt es nicht einfach, sie werden geschaffen, aber sie können nur geschaffen werden, wenn in dem sichtbaren oder hörbaren Träger der symbolischen Bedeutung etwas vorgezeichnet ist, was auf die tiefere Bedeutung hinweist. Wir sprachen von dieser geheimnisvollen Beziehung behelfsmäßig als einem Ähnlichkeitsbezug.

Wenn nun zunächst Symbole geschaffen werden, indem man an von Natur aus schon vorhandenen Gegenständen oder Vorgängen deren

[10] Creuzer, a. a. O., 1. Bd., S. 10.

[11] Jean Paul, Levana. — Sämtliche Werke. Hist. krit. Ausgabe. Weimar 1927 ff. 1. Abt. 12. Bd., 1937. S. 363.

[12] Creuzer, a. a. O., 1. Bd., S. 15.

tiefere Bedeutung erkennt, so können die Symbole auch durch handwerkliche Technik eigens hergestellt und künstlerisch gestaltet werden. Zum Hindeuten und Ausdeuten tritt damit als drittes Moment das Herstellen. Erst damit kommen wir in das Reich der ausgebildeten Symbolik, das eigentliche Feld der religionswissenschaftlichen Forschung. Doch sind auch diese künstlich hergestellten Symbole, abgesehen von ihrer differenzierteren Gestaltung und damit auch ihrer differenzierteren Bedeutung, in ihrer Grundstruktur nicht wesentlich anders als die (wenn wir so sagen wollen) natürlichen Symbole.

Aber nun kommt noch ein weiteres hinzu, das in dem genannten Doppelsinn schon angelegt war und mir für das Problem des Symbolverstehens von großer Bedeutung zu sein scheint, was ich aber nur mit aller Vorsicht hier andeute: Wenn das Symbol selber — in der Regel wenigstens — nichtsprachlicher Natur ist, so geschieht die Deutung, durch die es zum Symbol erhoben wird, doch notwendig durch die Sprache. Nur durch die sprachliche Explikation werden uns die Symbole erschlossen, wobei das in der Sprache Ausgesagte im Symbol selber anschaulich erfüllt und gewissermaßen verifiziert werden muß. Nur im Medium der Sprache verstehen wir das Symbol. Und nur durch das Medium der Sprache erhält es zugleich seine übersubjektive Verbindlichkeit.

Das scheint im Widerspruch zu der bekannten Auffassung Bachofens zu stehen, nach der das Symbol am Anfang steht und die sprachliche Auslegung in der Gestalt des Mythos erst darauf folgt. „Der Mythos ist die Exegese des Symbols[13]." Die Sprache ist danach das Sekundäre: „Das Symbol erweckt Ahnung, die Sprache kann nur erklären[14]." „Bis in die geheimsten Tiefen der Seele treibt das Symbol seine Wurzel, die Sprache berührt wie ein Windhauch die Oberfläche des Verständnisses[15]." Aber der scheinbare Widerspruch löst sich auf. Auf der einen Seite ist die sprachliche Vermittlung der Symbolbedeutung etwas anderes als die Entfaltung im Mythos. Auf der anderen Seite wirkt sich darin eine (auch sonst verbreitete) Sprachfeindschaft aus, die das Wesen der Sprache von vornherein an einer entscheidenden Stelle verkennt; denn die sprachliche Vermittlung ist überhaupt nichts nachträglich Hinzukommendes, sondern ist *unmittelbar* schon im symbolschaffenden Vorgang enthalten, in dem, wie wir sagten, Hindeuten und

[13] J. Bachofen, Urreligion und antike Symbole. Hrsg. v. C. A. Bernoulli. 1. Bd. Leipzig o. J. S. 281.

[14] Bachofen, a. a. O., S. 283.

[15] Bachofen, a. a. O., S. 284.

Ausdeuten unmittelbar verbunden sind. Das bloße Hinzeigen, das Aufmerksammachen als solches genügt nicht. Es bleibt auch im übertragenen Sinn stumm, wenn es nicht gleichzeitig in seinem Sinn ausgedeutet, d. h. verständlich gemacht wird. Dieses Ausdeuten aber ist notwendig ein sprachlicher Vorgang. Aber er führt nicht, wie der Mythos, über das Symbol hinaus, sondern nur tiefer in das Symbol hinein. Es hebt sich selber wieder auf im sprachfreien Anschauen des Symbols. In diesem Sinn ist das Symbol zugleich sprachfrei und sprachlich vermittelt.

3. Die Verstehbarkeit der Symbole

Daraus lassen sich, wie mir scheint, gewisse Folgerungen für die Möglichkeit eines wissenschaftlich gesicherten Symbolverständnisses ziehen.

1. Weil das Symbol sprachlich vermittelt ist, ist es in einem unmittelbaren Sinn nur verständlich im Umkreis einer Kultur, in der das Verständnis des Symbols durch einen sprachlich ermöglichten Traditionszusammenhang vermittelt wird. Das ist der Bereich, der, soweit ich sehe, in der Gadamerschen Hermeneutik[16] allein ins Auge gefaßt ist. Hier dürften auch die in den philologischen Wissenschaften entwickelten Methoden ohne weiteres angewandt werden können.

2. In der Religionswissenschaft treten aber größere Schwierigkeiten dadurch auf, daß sie es in der Regel mit fremden Symbolwelten zu tun hat, d. h., mit solchen, mit denen sie nicht durch Traditionszusammenhang verbunden ist. Die Frage ist also: Wie ist über die Grenzen der Kulturen hinweg ein gesichertes Symbolverstehen möglich? Die Antwort wird wohl zunächst heißen müssen: ebenfalls vermittelt durch ein Sprachverstehen, d. h. nur insofern wir die fremde Sprache so weit verstehen, daß wir aus ihr das Verständnis der betreffenden Symbole entnehmen können, und insbesondere da, wo eine ausgedehnte Literatur vorliegt, wie dies ja bei der indischen und der chinesischen Kultur der Fall ist, können wir aus ihr das Verständnis der betreffenden Symbole entnehmen, die danach freilich auch sprachfrei, d. h. ohne die Kenntnis dieser besonderen sprachlichen Überlieferung verständlich sind.

[16] H. G. Gadamer, Wahrheit und Methode. Grundzüge einer philosophischen Hermeneutik. Tübingen 1960.

3. Ungleich größere Schwierigkeiten entstehen da, wo die sprachliche Vermittlung unmöglich ist, etwa bei Völkern, deren Sprache wir nicht oder nicht hinreichend verstehen, vor allem aber bei archäologischen Funden aus einer Kultur, zu der wir keinen unmittelbaren sprachlichen Zugang haben, und in denen wir aus irgendwelchen Gründen eine symbolische Bedeutung vermuten. Hier ist der Bereich, wo innerhalb der Hermeneutik hypothetische Verfahren einsetzen müssen. Am aussichtsreichsten ist wohl die Übertragung von einem schon sprachlich vermittelten Symbolverständnis auf die dort vorgefundenen Gebilde, d. h., wenn ein Symbol uns aus dem eignen Traditionszusammenhang verständlich ist, werden wir mit einiger Wahrscheinlichkeit annehmen können, daß es auch bei einem sprachlich nicht vermittelten Vorkommen im selben Sinn verstanden worden ist.

Weil aber, soweit ich als Außenstehender urteilen darf, ein solches die verschiedenen Kulturen übergreifendes Symbolverstehen möglich ist und weil sich in der religionswissenschaftlichen Forschung ein bei aller Vielfalt einheitliches Reich der Symbole ergibt, wird man aus dem Gelingen dieses Verstehens auf einezugrunde liegende Einheit der Menschheit schließen dürfen. Um nicht mißverstanden zu werden: Diese Einheit der Menschheit ist keine dogmatische Voraussetzung, sondern sie ist eine Hypothese, die wir zur Erklärung dieses sprachlich nicht mehr vermittelten Symbolverstehens machen, und aus dem Gelingen des Verstehens schließen wir auf die Richtigkeit dieser Hypothese.

4. Die Geschichtlichkeit der Symbole

Die universale Verbreitung der Symbole bei den verschiedenen Völkern und Kulturen führt zu der Frage, wieweit die Symbole mit der Menschheit gegeben sind und ein übergeschichtlich gültiges, also zeitlich invariantes Reich der Symbole bilden oder wieweit sie geschichtlich bedingt und darum dem geschichtlichen Wandel unterworfen sind. Diese Frage ist darum so schwer zu entscheiden, weil die Symbole einerseits aus dem mythischen Denken hervorgegangen sind, das als eine Urform des Denkens einem vorgeschichtlichen, und zwar im Sinne Schellings, absolut vorgeschichtlichen, dem zeitlichen Wandel entzogenen Dasein[17]

[17] Schellings Werke. Hrsg. v. M. Schröter. München 1927/1928. 6. Bd. S. 232ff.

zugeordnet ist, daß sie aber überall da, wo sie für uns in einer ausgebildeten Form faßbar sind, immer schon einer geschichtlichen Welt angehören, der alten indischen, chinesischen Kultur usw., und als solche immer schon geschichtlich geprägt (zum mindesten überformt) sind. Das legt den Gedanken nahe, daß die Symbole selber einem ungeschichtlichen Dasein angehören, das in einer rätselhaften Weise in unser geschichtliches Dasein hineinreicht, und daß dieses ungeschichtliche Dasein als Untergrund der Seele in uns, sofern wir mit Symbolen umgehen, noch gegenwärtig ist. Auch vieles in der modernen Tiefenpsychologie spricht für eine solche Auffassung.

Diese Auffassung von einem zeitlos gültigen Reich der Symbole wird in der heutigen Religionswissenschaft mit besonderer Entschiedenheit von Eliade vertreten. Es ist darum zweckmäßig, sich hier an seiner Auffassung zu orientieren. Uns interessiert an dieser Stelle nicht seine metaphysisch tief begründete Geschichtsfeindschaft, d. h. seine Überzeugung, daß nur die Rückkehr zum archaischen Mythos zu einer Erlösung vom Leiden an der Geschichte führen kann. Das ist eine sehr ernst zu nehmende Auffassung, aber sie würde eine eigne, sehr intensive Auseinandersetzung erfordern, für die hier kein Raum ist. Uns geht es hier nur um seine Auffassung von einem zeitlos gültigen Symbolreich, das es als Ganzes in seiner „Gesamtmasse" zu erforschen gelte.

Zwar muß auch Eliade in bezug auf die behauptete Zeitlosigkeit einige Einschränkungen machen:

1. Symbole können nicht überall vollständig ausgeprägt und in ihrer vollen Bedeutung erkannt sein. Darum ist es berechtigt, sich an die vollständig ausgebildeten Formen zu halten und anzunehmen, daß ihre Bedeutung schon in den primitiven, fragmentarischen Formen enthalten ist[18].

2. Der Bedeutungsgehalt der Symbole kann im Lauf der Geschichte bereichert werden, indem zur alten, bestehenden Bedeutung eine neue Bedeutung hinzutritt[19]. Am eindrucksvollen Beispiel: wie die christliche Kreuzsymbolik bereichernd und vertiefend zum uralten Symbol des Weltenbaums hinzutritt. Grundsätzlich aber muß bei Eliade — immer mit dem Vorbehalt: wenn ich ihn richtig verstehe — die neue Bedeutung im Symbol schon von Anfang an angelegt sein.

[18] Eliade, Anmerkungen, a. a. O., S. 134.
[19] Eliade, Anmerkungen, a. a. O., S. 133.

3. Symbole können auch neu auftreten. Der Spaten z.B. kann erst zum sexuellen Symbol werden, wenn in der Entwicklung der Menschheit mit dem Feldbau der Spaten erfunden ist. Aber wenn er einmal da ist, bleibt das Symbol zeitlos gültig[20].

Eliade sieht auch die Verschiedenheit in den geschichtlichen Ausprägungen. Aber sie interessieren ihn nicht. Sie sind für ihn letztlich „provinziell". Er fragt: „Sind wir wirklich dazu verurteilt, uns allein mit der erschöpfenden Analyse von besonderen Fassungen zu begnügen, die letzten Endes nur eine lokale Geschichte darstellen? Haben wir denn gar kein Hilfsmittel, um an das Bild, das Symbol, an den Archetypus in seiner ihm eigenen Wesensart (die alle 'Geschichte' umfassenden, sie aber doch nicht durcheinandermengenden Wesensart!) heranzukommen[21]?" Jede einzelne Kultur bleibt ihm „ein ‚Absturz in die Geschichte': damit zugleich ist sie ein Begrenztes[22]". Selbst bei der griechischen Kultur interessiert ihn nicht die individuelle Gestalt der griechischen Klassik, sondern nur der allgemeine archaische Urgrund, der die Verstehbarkeit über die Grenzen der Kulturen hinweg allein gewährleiste.

Nun ist gewiß die vergleichende Symbolforschung und die Herausarbeitung eines universalen Bestands eine wichtige Aufgabe. Eliade selbst hat wesentliches dafür geleistet. Aber die Historiker werden fragen, ob man wirklich das Individuelle als bloß „provinziell" abwerten kann, ob die geschichtliche Ausprägung wirklich nur „Absturz" aus einer zeitlosen mythischen Welt ist. Die Frage ist, ob hier nicht schon bestimmte dogmatische Annahmen oder Vorentscheidungen gemacht sind, die einer sehr genauen Überprüfung bedürfen.

Wir müssen zunächst bedenken, daß der dem geschichtlichen gegenübergestellte archaische Mensch mit seiner „archaischen Ontologie" eine hypothetische Konstruktion ist, wenn auch eine sinnvolle und notwendige, die aber in Wirklichkeit niemals in Reinheit verwirklicht ist. Wo wir Symbole vorfinden, da sind sie immer schon Bestandteil einer geschichtlichen Welt, in einer besonderen geschichtlichen Ausprägung. Das gilt

[20] M. Eliade, Ewige Bilder und Sinnbilder. Olten 1958 (dt.). S. 205. — Vgl. ders., Die Religionen und das Heilige. Elemente der Religionsgeschichte. Salzburg 1954 (dt.). S. 524.

[21] Eliade, Ewige Bilder, a. a. O., S. 205.

[22] Eliade, Ewige Bilder, a. a. O., S. 218.

grade von den bei Eliade mit Vorliebe herangezogenen Beispielen aus der asiatischen Welt, die schon hochentwickelten Kulturen angehören. Daß in jedem Symbol ein zeitlos gültiger Kern enthalten ist, bleibt unbestritten. Aber ebenso sicher ist es, daß das Symbol, wie wir es vorfinden, nur in geschichtlicher Gestalt erscheint. Das Symbol gehört also beiden Welten an, der des Zeitlos-Gültigen und der des Zeitlich-Geschichtlichen, und die Frage ist, wieweit sich da eine Grenze ziehen läßt, d. h. wieweit sich der zeitlose Kern aus der geschichtlich besonderen Gestalt herauslösen läßt — oder ob es nicht irgendeine Möglichkeit gibt, diese Durchdringung, diesen Strukturzusammenhang von geschichtlichem Werden und zeitloser Bedeutung weiter zu erhellen.

5. Die Unergründlichkeit der Symbole

Ohne eine Auflösung bieten zu können, glaube ich doch, daß man diesen ins Dunkel führenden Weg ein wenig weiter verfolgen kann. Ich setze dabei bei dem ein, was man schon immer als eigentümliches Wesen des Symbols bezeichnet hatte: der Unergründlichkeit des Symbols. Dabei ist der Begriff der Unergründlichkeit in seinem ganzen strengen Sinn zu nehmen. Er bedeutet mehr als bloße, im erkenntnistheoretischen Sinn verstandene Irrationalität, daß nämlich der Verstand mit den Mitteln seiner Begriffe den Gehalt der Symbole nicht vollständig genug zu erfassen vermag. Unergründlichkeit ist eine Bestimmung der Sache selbst und bedeutet, daß es sich nicht um die Schwierigkeit oder gar Unmöglichkeit handelt, zu einem solchen Grund vorzudringen, sondern daß es überhaupt keinen Grund im Sinne eines festen Bodens gibt, auf den man als auf etwas endgültig Gegebenes zurückgehen könnte, sondern um einen letztlich unfaßbaren Ursprung, eine Quelle, aus der die Entwicklung als ein schöpferischer Vorgang entspringt. An die Stelle einer statischen ist also eine dynamische Betrachtung getreten.

Der Unterschied macht sich vor allem bei der Entstehung neuer Bedeutungen eines Symbols oder beim vertieften Verständnis eines überlieferten Symbols bemerkbar. Die eine Auffassung, die, soweit ich sehe, auch Eliade vertritt, faßt den Vorgang so auf, daß eine schon von Anfang an vorhandene, also zeitlose Bedeutung neu gefunden und mit der bisherigen Bedeutung verbunden wird. Die Leistung würde dann im Finden eines schon verborgen Vorhandenen bestehen. Demgegenüber würde ich die Auffassung vertreten, sie jedenfalls als eine Möglichkeit zur Diskussion stellen, daß das Auftauchen einer neuen (oder einer vertieften) Bedeutung ein sich in der Geschichte vollziehender schöpferischer Vorgang ist, in dem etwas Neues, also nicht schon vorher Vorhandenes hervorgebracht wird, der also nicht aus einem latent schon Vorhandenen abgeleitet werden kann.

An dieser Stelle kann vielleicht eine Formulierung Diltheys weiterführen, deren Bedeutung erst Misch in seiner tiefgründig weiterführenden Interpretation herausgehoben hat. Er spricht bei der Bemühung, das „Lebensband zwischen Kraft und Bedeutung[23]“ herauszuarbeiten, d.h. der Verbindung zwischen der realen vorwärts drängenden Bewegung des Lebens und der aus ihr hervorgehenden idealen Bedeutung, von dem Hervorbringen der „Ausdruckswelt, in der wir leben[24]“, d.h. der vom Menschen hervorgebrachten Welt der Kultur und damit auch der Religion, als einer „Explikation, die zugleich Schaffen ist[25]“. Aller Ausdruck, der nach Dilthey „aus Tiefen hebt, die das Bewußtsein nicht erhellt[26]“, ist eine Explikation, d.h. eine Entfaltung eines keimhaft Angelegten, aber er ist zugleich mehr als eine im organischen Modell zu verstehende Entfaltung dessen, was im Keim schon vollständig enthalten ist, es ist zugleich ein Schaffen, d.h. ein schöpferischer Akt, durch den ein Neues hervorgebracht wird, das im keimhaft Angelegten noch nicht enthalten und darum auch aus diesem nicht abzuleiten war.

Misch betont damit gegenüber der phänomenologischen Behauptung einer zeitlosen Wesenssphäre, daß die ideale Sphäre der Bedeutungen sich als eine schöpferische Leistung aus dem Leben selber erhebt, also in die Geschichte einbezogen bleibt, wobei im Unterschied zu einer bloßen Entfaltung von unten her „auch das zufällige Zusammentreffen der Umstände zu einer produktiven Begegnung werden kann[27]“.

[23] G. Misch, Lebensphilosophie und Phänomenologie. Darmstadt ^{3}1967. S. 163.

[24] Misch, a. a. O., S. 163.

[25] Misch, a. a. O., S. 164 (= W. Dilthey, Ges. Schriften. Bd. 7. Stuttgart 1927. S. 231.

[26] Dilthey, a. a. O., S. 206.

[27] Misch, a. a. O., S. 167. — Vgl. F. Rodi, Morphologie und Hermeneutik. Zur Methode von Diltheys Ästhetik. Stuttgart 1969. S. 107.

Zu einem solchen schöpferischen Hervorbringen geistiger Gebilde gehört jetzt auch das Stiften der Symbole, und ich glaube, daß sich von hier aus der Vorgang tiefer begreifen läßt, in dem die Symbole eine neue zusätzliche Bedeutung gewinnen oder in einer überlieferten Bedeutung tiefer verstanden werden. Wenn die Dilthey-Mischsche Auffassung zu Recht besteht, dann wären die Symbole nicht nur Träger einer in den mythischen Ursprüngen bestehenden oder doch in ihnen vollständig angelegten und nur zu entdeckenden Bedeutung, sie stünden nicht mehr vor oder außerhalb der Geschichte, sondern wären in den schöpferischen geschichtlichen Prozeß hineingenommen und wären selbst, wenn auch im Vorgeschichtlichen verwurzelt, geschichtlicher Natur.

Ich sage vorsichtig: wenn diese Auffassung richtig ist, die ich hier zur Diskussion stelle, dann bliebe die Forschung nach einem gemeinsamen mythischen Ursprung der Symbole zwar eine wichtige Aufgabe der Religionswissenschaft, aber sie wäre nur die *eine* Seite, und deswegen wären die verschiedenen geschichtlichen Ausprägungen der Symbole unter den verschiedenen geschichtlichen Bedingungen nicht ein „Abstieg in die Geschichte[28]", sondern diese verschiedenen Ausprägungen gewinnen als ein Aufstieg in die Geschichte ein eignes Interesse. Auch wenn wir durchaus darin zustimmen können, daß die „Gesamtmasse einer Symbolik[29]" Gegenstand der Religionswissenschaft ist, so gewinnen wir diese Gesamtmasse nicht, indem wir von der Verschiedenheit der Ausprägungen absehen, sondern indem wir den ganzen Reichtum zusammennehmen und grade in einer vergleichenden Betrachtung die volle Tiefe ausschöpfen, und etwa in der griechischen Tragödie nicht nur das allgemeine archaische Modell, sondern nicht weniger beachten, was sie in einmaliger Schönheit gestaltet hat. Und wenn wir auch als die entscheidene Funktion des Symbols hervorheben, daß es hinter der Oberfläche der profanen Welt ein Ewiges als dessen tieferen Grund sehen läßt, so enthüllt sich dieses Ewige doch nur in der Geschichte in immer neuer Tiefe, ja ich möchte sagen, es ist selbst als eine Tiefendimension in die Geschichte einbezogen. Wir kommen nicht um die paradoxe Formulierung herum, von einem werdenden Ewigen zu sprechen. Aber diese Formulierung ist gar nicht so paradox, wie sie zunächst erscheint; denn das in der Geschichte Geschaffene geht in den übergeschichtlichen, bleibenden Bestand ein.

[28] Eliade, Ewige Bilder, a. a. O., S. 218.

[29] Eliade, Ewige Bilder, a. a. O., S. 206.

Aber ich wiederhole: Was ich hier als eine andre Auffassung gegenüber der einer zeitlos gleichen, ungeschichtlichen Bedeutung der Symbole angedeutet habe, ist in aller Bescheidenheit nur eine Frage: wieweit sich im ausgegliederten Reich der Symbole ein zeitloser Wesenskern aus den geschichtlichen Ausprägungen aussondern läßt oder, wieweit die Symbole einen darüber hinausgehenden Wert erhalten und grade in der Verschiedenheit der Gestaltungen sich das Reich der Symbole in einer Weise aufbaut, die nicht auf die archaischen Ursprünge reduziert werden kann. Das ist eine Sache der religionswissenschaftlichen Forschung, der die Philosophie nicht vorgreifen kann. Was sie kann, ist nur, einen freieren Blick zu eröffnen, in dem sie vorschnelle dogmatische Festlegungen in ihrer Einseitigkeit erkennt.

VERGLEICHENDE BETRACHTUNGEN

DIE KOMPLEMENTARITÄT VON LEBEN UND TOD IM HINDUISTISCHEN UND IM MESOPOTAMISCHEN MYTHUS

Von Carl-A. Keller

1. *Einleitung: Methodologische Vorbemerkung*

Mythen, d. h. Geschichten um Götter, Dämonen, urbildlich überhöhte Tiere und Pflanzen, vor- und urzeitliche Heroen, haben von jeher Dichter, Künstler, Philosophen, Philologen, Psychologen, Theologen, Literaturwissenschaftler, Ethnologen und Linguisten in ihren Bann gezogen und zu zahllosen Deutungsversuchen angeregt. Mythen sind Sprachgebilde, deren Aussagekraft und funktionelle Anpassungsfähigkeit offenbar stets jenseits des von den Gelehrten bereits Erfaßten liegen. Sie sprechen jedermann an und fordern zu immer neuer intensiver Beschäftigung mit sich heraus. Der Ansatzpunkt solcher Beschäftigung kann recht unterschiedlich sein. Wir finden den nach Wahrheit suchenden Philosophen oder Theologen, den nach Symbolen des Unbewußten jagenden Psychologen, den das Menschliche verstehend beschreibenden Anthropologen oder den auf Strukturen intellektueller Tätigkeit erpichten Linguisten wie den eben davon inspirierten Ethnologen. —

Wie wird sich nun aber der Religionswissenschaftler dem Mythus gegenüber verhalten? — Zunächst wird er zweifellos die Nützlichkeit aller schon vertretenen und in Zukunft vielleicht noch möglichen methodologischen Vorschläge unterstreichen. Mythen enthalten immer „Wahrheit" — dies der Standpunkt des Philosophen —: sie machen Aussagen, die menschlich, moralisch oder metaphysisch gültig sind; ihr potentieller Wahrheitsgehalt ist geradezu unerschöpflich, da niemals ein Deutungsversuch, von welchen Prinzipien er auch ausgehe, den Mythus in seiner dynamischen Symbolkraft ausschöpfen kann. Mythen handeln zweifellos immer auch von archetypischen Figuren — dies das Interessengebiet des Psychologen —: sie enthalten Zeichen dessen, was man das kollektive

Unbewußte genannt hat und was im Grunde nichts anderes ist als der universal gültige Niederschlag, das „Residuum" (um mit dem Soziologen W. Pareto[1] zu reden), allgemein menschlichen Erlebens. Und schließlich stellen Mythen offensichtlich Versuche dar, gewisse Dinge zu erklären und Zustände zu rechtfertigen, obwohl man im gleichen Atemzuge auch den strukturalistischen Forschern recht geben muß, die den Mythus lediglich als Resultat des urtümlich gegebenen Bedürfnisses ansehen, Gegensätze zu verbinden und miteinander auszusöhnen. Der Religionswissenschaftler wird alle Forschungsrichtungen dankbar zur Kenntnis nehmen und — kritisch — aus ihnen lernen.

Worin besteht dann aber der spezifisch religionswissenschaftliche Ansatz? Denn dies scheint mir die methodologische Grundfrage aller religionswissenschaftlichen Arbeit zu sein: ist Religionswissenschaft nur Synthese veschiedener — philologischer, historischer, soziologischer, ethnologischer, psychologischer — Arbeitsweisen, Ort interdisziplinären Austausches, wobei jede Sonderdisziplin ihrer eigenen Axiomatik treu bleibt, oder gibt es so etwas wie eine spezifisch religionswissenschaftliche Fragestellung und eine entsprechende spezifisch religionswissenschaftliche Methode? Ohne hier die Frage im Detail behandeln zu können[2], möchte ich lediglich, gewissermaßen apodiktisch, für eine spezifisch religionswissenschaftliche Behandlung des Mythus eintreten. Worin aber besteht das spezifisch Religionswissenschaftliche?

Darin, so scheint mir, daß man den Mythus versteht als integrierenden Bestandteil eines Religions-*'Systems'*. Der Religionswissenschaftler versucht, den Mythus in seiner religiösen Funktion ernst zu nehmen, ihn in dem Zusammenhang zu verstehen, aus dem heraus er entstanden ist, nämlich im Zusammenhang eines bestimmten Religions-*'Systems'*[3].

[1] Vgl. C. H. Bousquet, Pareto (1848—1923): Le savant et l'homme. Lausanne 1960. P. 155—171. Als «Residuen» bezeichnet Pareto fundamentale, meist unbewußte, psychische Strukturen und Tendenzen.

[2] S. vorläufig meinen kurzen Aufsatz: Définition et méthode de la science des religions. In: Bulletin der Schweizerischen Gesellschaft für Religionswissenschaft Basel (1978), S. 5—12.

[3] Die Meinung, Mythen hätten nicht in jedem Fall mit Religion zu tun (so z. B. G. S. Kirk, Myth. Its Meaning and Function in Ancient and Other Cultures. Cambridge 1976) hängt davon ab, wie man die Begriffe „Religion" und „Mythus"

Was aber ist ein Religions-System? Ohne auf Einzelheiten einzugehen, definieren wir ein Religions-System als ein umfassendes, multidimensionales Zeichensystem, das die Kommunikation ermöglicht zwischen einer Religionsgemeinschaft und den in ihr sich als wirksam erweisenden höchsten, letztgültigen, Realitäten.

Es ist ein Zeichensystem: das Religions-System als solches ist nicht Religion, es dient lediglich dazu, Religion, d. h. religiöses Erleben, zu vermitteln, Kommunikation zwischen Menschen und letzten Wirklichkeiten zu ermöglichen.

Ein Religions-System ist ein umfassendes, multidimensionales Zeichensystem: Kommunikation mit den letzten Wirklichkeiten (bilaterale Kommunikation!) erfolgt mittels einer bestimmten Sozialstruktur, bestimmten Handlungen, Riten genannte, bestimmten inneren Haltungen (z. B. Vertrauen, Ehrfurcht, Glaube, Liebe u. dgl.), wie auch mittels eines Lehrsystems, das die Beziehungen zwischen Mensch, Umwelt und letzter Wirklichkeit zum Thema einer systematischen Reflexion macht und damit der gedanklichen Kommunikation mit der letzten Wirklichkeit dient.

Zum Ganzen eines Religions-Systems gehören nun auch Symbole: materielle Symbole wie heilige Gegenstände, Statuen, Gemälde, geometrische Figuren; bauliche Symbole wie Tempel, Kirchen usw.; archetypische Symbole wie mythische Bilder und ihre charakteristischen Verknüpfungen. Im Rahmen eines totalen Religions-Systems dienen alle diese Symbolkategorien dem Austausch von Botschaften, dem Kontakt zwischen den Menschen und den von ihnen erkannten letzten Wirklichkeiten.

Mythen sind also Erzählungen mit Symbolcharakter, die, im Verband mit theologisch-philosophischen Lehren, Riten, inneren Haltungen, sozialen Strukturen, dazu dienen, religiöse Kommunikation zu ermöglichen. Daß dem so ist, läßt sich an vielen Beispielen aus allen Religions-Systemen belegen. Für den Christen etwa ist der Mythus von Paradies und Sündenfall (Gen. 2—3) nur insofern von Interesse, als er ihm sein gebrochenes Verhältnis zu Gott und Mitmensch zu Bewußtsein bringt und im Zusammenhang mit theologischer Lehre und kirchlicher Praxis *erleben* läßt, und damit dem Erlebnis der Versöhnung in Jesus Christus

definiert. Solchen Definitionen haftet bekanntlich in jedem Fall — auch im unsrigen — etwas Willkürliches an.

den Weg bereitet. Die Erzählung von der Ausgießung des Heiligen Geistes (Act. 2) — im Leben des Christen hat sie die Funktion eines Mythus, d. h. einer symbolhaften Erzählung von Gottes Handeln — ist für den Christen darum bedeutsam, weil sie ihn stets neu die Mitteilung des Heiligen Geistes erwarten läßt. — In der Mythenliteratur des Hinduismus wird hundertfach versichert, das Lesen, Anhören oder Rezitieren der Mythen lasse den Gläubigen die höchsten und letzten Ziele der Existenz erleben. Das Bhāgavata-Purāṇa betont in einem durch ganz Indien berühmten Verse, die beiden wichtigsten (jedenfalls an erster Stelle genannten) Mittel zum Erreichen der Gottesgemeinschaft seien *śravaṇa* und *kīrtana:* das Anhören von Geschichten um Gott, d. h. von Mythen, und der Lobgesang, das Preisen Gottes, das natürlich nie geschieht ohne Erwähnung der wichtigsten Mythen[4]. Ohne Kenntnis der Mythen kann man die zahllosen *stotras* und *prārthanas* der indischen religiösen Literatur nicht verstehen. — In Babylon dient die Rezitation des Weltschöpfungsmythus im Zusammenhang mit den Neujahrsriten der Wiederherstellung normaler Beziehungen zum Hauptgott, und damit der Sicherung des Wohlstandes im neuen Jahr. — Diese wenigen Beispiele mögen genügen, um unseren Ansatzpunkt zu belegen: das Symbolsystem der Mythologie dient, im Rahmen des totalen Religions-Systems, der Kommunikation mit höchsten, letzten Wirklichkeiten. Ein Mythus findet also seine rechte Erklärung nur als integrierender Bestandteil eines totalen Religions-Systems.

2. Die Komplementarität von Leben und Tod

Wenn irgendwo, dann müssen sich letzte Wirklichkeiten — Götter, Gott, Geister, Ahnen, anonyme Kräfte usw. — in den Phänomenen um Leben und Tod als wirksam erweisen, und wenn irgendwo, dann muß sich in diesen fundamentalen Widerfahrnissen — Entstehung des Lebens, Geburt, Zwang zur Sicherung der Existenz, Kampf gegen Bedrohungen aller Art, und schließlich Tod — das Bedürfnis nach Kontakt mit solchen letztverantwortlichen Wirklichkeiten einstellen. Das Religions-System muß also diese unausweichlichen Zwänge, diese elementaren

[4] Bhāgavata-Purāṇa VII, 5, 23. Vgl. A. Gall, Bhakti im Bhāgavata-Purāṇa. Wiesbaden 1969. S. 75—78.

Gegebenheiten menschlicher Existenz, irgendwie symbolisieren, muß versuchen, nicht nur mittels Lehren, Riten und stereotypen seelischen Haltungen, sondern auch mit Hilfe von geeigneten Symbolen aller Art den Menschen in diesen Krisensituationen den Kontakt mit den letztverantwortlichen Instanzen — mit den höchsten von der Gemeinschaft erkannten Wirklichkeiten — zu erleichtern.

Es erstaunt darum nicht, daß sich fast alle Mythologie irgendwie um diese Dinge dreht, daß Leben und Tod bevorzugte Gegenstände mythologischer Symbolisierung sind und in Form mythischer Symbole der Kommunikation mit dem Letzten dienen.

Nun sind ja Leben und Tod nicht einfach Gegensätze; vielmehr gehören sie aufs engste zusammen, bedingen und ergänzen sich gegenseitig. Das Leben setzt Tod voraus — der Tod des einen ermöglicht das Leben des andern —, wie auch der Tod das Leben voraussetzt. Leben und Tod sind komplementär, sie bilden ein Ganzes, sie greifen ineinander über. Darum wird auch das Symbolsystem der Mythologie diese Komplementarität zum Ausdruck bringen: der Mythus wird die offen zutage liegende Komplementarität beschreiben, deuten, in Symbole fassen und so den Kontakt mit den Mächten ermöglichen, die diese Komplementarität verursachen und sich in ihr manifestieren.

Die Universalität dieses Tatbestandes soll an zwei verschiedenen räumlich und zeitlich weit auseinander liegenden Mythologien gezeigt werden.

3. Hinduistische Mythen um Prajāpati, Siva und Satī

Aus dem Dschungel der 'indischen' Mythologie, wo man auf Schritt und Tritt der Komplementarität von Leben und Tod begegnet, greifen wir zwei Beispiele heraus: Prajāpati, den „Herrn der Zeugung", bzw. „der Geborenen", d.h. den Vater der Geschöpfe, den Erzeuger allen Lebens, und Śiva, den Gott der Askese, der Scheiterhaufen, der Totenverbrennungsstätten, den Verneiner des Lebens, *'Hara'*, den „Raffer".

a) *Prajāpati* ist eigentlich ein Titel. Er wird manchen Göttern zugesprochen — all denen, die sich irgendwie durch dynamische Lebenskraft auszeichnen —: Brahmā, Viṣṇu, Indra, Sūrya, Sōma usw.; ferner den „geistigen Söhnen" *(mānasā putrā)* Brahmās, deren Zahl (gewöhnlich zehn, oft 21) und Namen in der Überlieferung schwanken[5] und deren einen (Dakṣa) wir noch genauer werden kennenlernen; schließlich wird in späterer Zeit der Titel in übertragener Weise auch den konkreten „Herren der Geschöpfe", den Königen, verliehen. Sie alle zeichnen sich — dies ist jedenfalls die Meinung — durch unverwüstliche Zeugungskraft aus und schaffen Leben.

Darüber hinaus aber war Prajāpati in vedischer Zeit, vor allem nach dem Zeugnis des Śatapaṭha-Brāhmaṇas, der Name eines göttlichen Wesens, eines ersten und höchsten Schöpfergottes, oft mit Brahmā identifiziert oder mit ihm verwechselt[6]. Er ist es, der die Geschöpfe *(prajā)*, ja die Welten überhaupt, aus sich entläßt (ŚB 6, 1, 3, 1; 11, 5, 8, 1 usw.), und zwar, indem er durch innere „Erhitzung" das *brahman* hervorbringt, hierauf Urwasser und Weltenei zeugt und damit sich selber „gebiert" (ŚB 6, 1, 18). Seine unverwüstliche und unersättliche Sexualkraft bleibt unvergessen; wird doch von ihm erzählt, er habe seine eigene Tochter begehrt und begattet — übrigens sehr zum Ärger Rudra/Śivas[7]. In der brahmanischen Hochzeitsliturgie wird er als Erzeuger der Kinder angerufen: *ā naḥ prajām janayatu Prajāpatiḥ*, „Prajāpati soll uns Nachkommenschaft zeugen[8]"; er repräsentiert also den Zeugungsakt als solchen und verleiht ihm Wirksamkeit. Darum wird ein Eheschluß, der nur auf dem Geschlechtsverkehr der Partner beruht, „Prajāpati-Ehe" genannt[9]. Entsprechend gilt Prajāpati noch im Mahābhārata als Schirmherr des Geschlechtsorgans[10], und in manchen neuindischen Sprachen heißt das Wort geradezu „Phallus". Als Schöpfer und Erzeuger des Lebens genießt Prajāpati natürlich Unsterblichkeit.

5 S. z.B. H. H. Wilson, The Vishnu Purāṇa, Neuausgabe. Calcutta 1961. S. 42—44 mit Anmerkungen.

6 Wichtige Stellen sind gesammelt und übersetzt von A. Bertholet, Religionsgeschichtliches Lesebuch. Heft 9 (Vedismus und Brahmanismus), Tübingen 1928. S. 90—93.

7 Übersetzung und Analyse der einschlägigen Stellen bei W. D. O'Flaherty, Asceticism and Eroticism in the Mythology of Śiva. London 1973. P. 114—117.

8 Ṛg-Veda X, 85, 43. — Die altbrahmanische Hochzeitsliturgie in Übersetzung bei A. Bertholet, a. a. O., S. 63.

9 Vgl. A. Bertholet, a. a. O., S. 61.

10 J. Gonda, Die Religionen Indiens. Bd. I. Stuttgart 1960. S. 188.

Daneben aber macht sich im alten Brahmanismus noch eine zweite, ebenso wichtige Linie bemerkbar. Prajāpati wird als Urbild des Opfers verehrt, als eigentliches Opfer, als vedisches Ur-Opfer. Das Opfer ist sein genaues, von ihm selbst erschaffenes Ebenbild; noch mehr: Prajāpati und Opfer sind eins, „das Opfer ist Prajāpati"; denn wie er selber Schöpfer ist, so ist das Opfer ein kreativer Akt[11]. Das bedeutet, daß Prajāpati als Schöpfer eigentlich sich selber opfert, sich in das Universum dahingibt; das „Entlassen" der Welten wird jedenfalls als ein „Entleeren" Prajāpatis verstanden (SB 3, 9, 1, 1; 10, 4, 22ff.), das ihn völlig aufzehrt und aller Lebenskraft beraubt. So wird noch im Mārkaṇḍeya-Purāṇa (48, 4ff.) das Schöpfungswerk Brahmā/Prajāpatis als ein sukzessives „Dahingeben" des Gottes geschildert, und ähnlich im sog. Purāṇa-Pañcalakṣaṇa (so benannt nach W. Kirfel) das Weltgeschehen überhaupt als eine dreifache Verwandlung Prajāpatis, als sukzessiver dreifacher „Zustand" (Entstehen, Bleiben und Vergehen) des Gottes[12].

Die totale Erschlaffung Prajāpatis nach dem Zeugungs- und Schöpfungswerk wird oft erwähnt[13]; sie entspricht dem Aufbrauchen der im Opfer liegenden Kraft, die durch neue Opfer wiederhergestellt werden muß: Prajāpati, nicht schlechthin unsterblich, sondern nach anderer Tradition „halb unsterblich, halb sterblich", muß erneuert werden. Dies ist für unseren Zusammenhang wichtig: das mythische Symbol schöpferischen Lebens schließt sein Gegenteil in sich, das Vergehen, den Tod. Das Vergehen ist Bedingung des Lebens bzw. dessen unausweichliche Folge.

b) *Śiva* hingegen ist vornehmlich der Gott der Askese, der *mortificatio,* der Welt- und Lebensverneinung, des Todes. Seine bevorzugte Erscheinungsform ist das Feuer (er wird oft mit dem vedischen Feuergott Agni identifiziert); er hält sich an Stätten auf, wo Tote verbrannt werden, umgibt sich mit Totendämonen und Totengeistern, schmückt sich mit Schädeln, beschmiert sich mit Asche. Sein Tanz — später gedeutet als umfassende Darstellung des gesamten kosmischen Geschehens — ist ursprünglich ein Totentanz, wie die Symbole Feuer und Trommel, sowie der *Apasmāra-puruṣa,* das vom Tanzenden niedergetrampelte Opfer, und

[11] S. die ausführliche Darstellung der Beziehungen Prajāpatis zum Opfer bei J. Gonda, a. a. O., S. 187—196. Das Opfer als kreativer Akt: S. 182; „Das Opfer ist Prajāpati": S. 189.

[12] W. Kirfel, Purāṇa Pañcalakṣaṇa, Bonn 1927, S. 56, Vers 23.

[13] J. Gonda, a. a. O., S. 189.

der den Tanzenden umgebende Feuerkreis, deutlich zeigen. In der brahmanischen synthetischen Theologie repräsentiert er *tamas,* die Sterilität, die Zurückentwicklung des Universums in seinen unentfalteten Urzustand.

Aber gerade dieses mythische Symbol des Vergehens und des Todes ist auch der *ūrdhvaliṅga,* der Gott mit dem erigierten Glied, mit Vorliebe ithyphallisch dargestellt, dessen wichtigstes Kennzeichnen eben das liṅga, der erigierte Phallus, ist[14]. Śiva, der lebensverneinende Asket, der Yogi mit dem erregten Zeugungsglied: die Zusammenstellung erscheint als überaus bedeutungsvoll. Der Phallus verrät höchste Askese; denn der Yogi in seiner Eigenschaft als *ūrdhvaliṅga* zeichnet sich dadurch aus, daß ihm die Haltung des *ūrdhvaretas* gelingt, dessen, der bei erregtem Zeugungsglied den Samen zurückhält[15] (der Ausdruck *ūrdhvaretas* gibt geradezu die Idee der „Keuschheit" wieder). Gleichzeitig aber dient der Phallus natürlich auch der Zeugung, und damit einem durch Yoga potenzierten Liebesleben: der Asket betätigt sich nicht nur als furchtbarer Gegner Kāmas, des Liebesgottes, sondern auch als vollkommener Liebhaber und Gatte. Die schwülstig-erotischen Liebesspiele Śivas werden in den Purāṇen breit geschildert. Diese Doppelfunktion Śivas — Asket und Liebhaber in einem —, welche die Komplementarität von Leben und Tod in großartiger Weise zum Ausdruck bringt ("the raised 'liṅga' is the plastic expression of the belief that love and death, ecstasy and asceticism, are basically related"), ist von W. D. O'Flaherty in ihrer Analyse der śivaitischen Mythologie umfassend dargestellt worden[16].

Śiva, der Gott der Entsagung und des Todes, ist auch — und gerade als solcher — die Quelle des Lebens: dieser Einsicht entspricht auf philosophisch-theologischer Ebene der lapidare Schlußsatz des ersten Sūtra aus dem ›Śiva-jñāna-bodha‹, einem klassischen Werk śivaitischen

[14] Ich vergesse nicht, daß die Śivaiten schon längst nicht mehr für das liṅga-Symbol als Phallus empfinden, sondern daß es für sie ganz andere Bedeutung hat. Dennoch geht sein ursprünglicher Charakter aus archäologischen Zeugnissen sowie aus der mittelalterlichen religiösen Polemik unzweideutig hervor. Es ist übrigens lediglich durch die groben Insinuationen europäischer Eiferer in Verruf gekommen.

[15] Vgl. W. D. O'Flaherty, a. a. O., S. 40ff.

[16] A.a.O. S. 8—11; Zitat S. 10.

Denkens[17]: *antam-ādi,* „das Ende ist der Anfang". Śiva, der „Raffer", der die entfaltete Welt „zu Ende bringt", d.h. in ihren unentfalteten Ausgangspunkt zurückführt, ist auch Initiator und Garant neuer „Zeugung", eines Neuanfangs durch neues Entfalten und Entstehen aller Dinge.

Prajāpati symbolisiert das Leben, und darum notwendigerweise auch das Vergehen. Śiva hingegen symbolisiert das Vergehen, und darum notwendigerweise auch das Werden, das Leben.

c) Dieselbe Komplementarität von Leben und Tod läßt sich nun auch in den die beiden Figuren, Prajāpati und Śiva, verbindenden Mythen fassen. Als Beispiel greifen wir den Mythus von Satī heraus, der Tochter des Prajāpati Dakṣa, und den damit verknüpften Mythus vom Opfer Dakṣas. Ursprünglich freilich waren die beiden Mythen wohl selbständig und voneinander getrennt, wie aus manchen Versionen hervorzugehen scheint (›Brāhmaṇas‹, ›Rāmāyaṇa‹, ›Mahābhārata‹, ›Purāṇa Pañcalakṣaṇa‹ — Kirfel S. 40, 12 —, d.h. viele Purāṇas wie Viṣṇu, Matsya, Kūrma, Liṅga, Garuḍa, Vāyu): dort wird nämlich entweder nur die Geschichte von Dakṣas Opfer erwähnt, ohne Nennung der Satī, oder umgekehrt nur der Mythus von Satī, oder aber die beiden Berichte figurieren an verschiedenen Stellen. So lautete wohl einmal ein Mythus; Satī, die Tochter Dakṣas, sei von ihrem Vater wegen ihres Gatten Śiva geschmäht worden und habe darauf ihren eigenen Leib preisgegeben bzw. ihn im eigenen Yogafeuer verbrannt; und ein anderer; Dakṣa habe ein großes Opfer veranstaltet, das von dem nicht dazu geladenen Śiva zunichte gemacht worden sei.

Andere, vielleicht spätere Versionen jedoch — vor allem im ›Śiva-purāṇa‹, ›Skandapurāṇa‹ und ›Bhāgavatapurāṇa‹ — verbinden die beiden Motive in der Weise, daß der Prajāpati Dakṣa ein großes Opfer veranstaltet und dazu sämtliche Götter und himmlische Gewalten einlädt, mit Ausnahme von Śiva und dessen Gemahlin Satī, seiner eigenen Tochter. Satī begibt sich uneingeladen zum Opfer und stellt ihren Vater zur Rede. Dieser schmäht Śiva in einer unflätigen, von den verschiedenen

[17] Der Text liegt in einer Tamil-Fassung und in ei ner Sanskrit-Fassung vor (beide gedruckt z.B. bei M. Dhavamony, Love of God According to Śaiva Siddhānta. Oxford 1971. S. 327—334). Hinsichtlich der Frage, ob der Sanskrit-Text oder die Tamil-Fassung ursprünglich seien, bleiben die Meinungen geteilt. Der zitierte Satz findet sich nur in der letzteren. Sanskrit: *sa hṛtvā etad sṛjati.*

Purāṇas verschieden formulierten Rede, worauf sich Satī aus Gram oder Zorn im Yogafeuer verbrennt. Śiva, über das Geschehen informiert, beschließt, dem Opfer Dakṣas ein furchtbares Ende zu bereiten: als Vīrabhadra greift er ein, schlägt Dakṣa den Kopf ab (nach anderen Versionen tötet er ihn) und zerstreut die geladenen Gäste. Von Dakṣa als höchste Gottheit erkannt und gepriesen, läßt er sich erweichen und ersetzt den Kopf Dakṣas durch den Kopf des Opfertieres.

Die Deutung dieser Mythen muß auf verschiedenen Ebenen erfolgen. Zugrunde liegt ihnen der Antagonismus zwischen Dakṣa und Śiva. Dakṣa ist Prajāpati, aus dem *prāṇa,* dem fundamentalen Lebensatem Brahmās entstanden. Als Prajāpati ist er Erzeuger des Lebens: er hat Tausende von Lebewesen hervorgebracht, und insbesondere dreißig Töchter, die alle, nach Ausweis ihrer Namen, positive, zur gedeihlichen Organisation von Welt und Gesellschaft unentbehrliche Kräfte und Prinzipien darstellen. Satī z. B. heißt „die Wahrhaftige" — ohne sie besteht keine Gesellschaft. Andere heißen Śraddhā: „Glaube", Lakṣmī: „Wohlstand", Tuṣṭi: „Zufriedenheit", Puṣṭi: „Üppigkeit", Buddhi: „Verstand", Śānti: „Friede", Prīti: „Freude" usw. Aus all dem wird deutlich, daß Dakṣa den Willen zu geordnetem Aufbau der Gesellschaft repräsentiert. In diesem Dienst steht auch sein ihm, dem Prajāpati, wesensmäßig zugehöriges Opfer.

Śiva hingegen ist auch in diesem Mythus der Gott maßloser Askese, nackt, mit Schlangen und Schädeln behangen, mit Asche beschmiert, ein Bettler mit ungepflegtem, verfilztem Haar — er widerspricht allem, was nach brahmanischer Lehre und Praxis ordnungs- und lebensfördernd ist, also allem, was von „normalen" Menschen als richtig und positiv bewertet wird. Dakṣa und Śiva sind grundsätzlich Feinde; der eine repräsentiert vedische Opfer, Leben und Lebensfreude, zuversichtliche Weltgestaltung; der andere hingegen Weltentsagung und Rückzug von jedem Opfer, ja bewußten Ausschluß aus aller Opfergemeinschaft, Saṅnyāsa[18], und damit den Gegensatz zur brahmanischen Konzeption. Folgerichtig wird in mehreren Purāṇen (vor allem im ›Śivap.‹ und ›Bhāgavatap.‹) der Konflikt dargestellt als Gegensatz zwischen der vedisch/brahmanischen

[18] Vgl. die Laghu-Saṅnyāsa-Upaniṣad und die Bṛhat-Saṅnyāsa-Upaniṣad. Analyse bei J. F. Sprockhoff, Saṃnyāsa, Quellenstudien zur Askese im Hinduismus. Wiesbaden 1976. S. 36—66 und 199—238.

Tradition einerseits, und der Praxis weltverneinenden, die brahmanische Ordnung ablehnenden Saṅnyāsitums andererseits. Dieser Gegensatz dürfte übrigens auch historisch dem Mythus zugrunde liegen; wichtiger als der eventuelle historische Anlaß ist indessen der strukturelle Gegensatz zwischen zwei sich ausschließenden Prinzipien[19].

Mit dem Dazwischentreten der Satī erhält der Mythus erst seine eigentliche Dichte. Satī verbindet die beiden Gestalten und offenbart damit deren Komplementarität. Sie ist die „Wahrhaftige", eine Tochter Dakṣas des Prajāpati, und darum verwirklicht sie vollkommene weibliche Tugend und Grazie. Im Aufbau von Welt und Gesellschaft versinnbildlicht sie eine wichtige Dimension. Dennoch ist sie auch die Gemahlin Śivas, des großen Yogi. Auch in dieser Funktion handelt sie in vorbildlicher Weise: als die „Wahrhaftige", d. h. als wahrhaftige Gemahlin Śivas, vereinigt sie in sich die beiden Aspekte von Śivas Yogitum. Sie wird nämlich lebensverneinende, asketische Yogini, wenn Śiva in Yoga versunken ist, und willige Geschlechtspartnerin, wenn sich Śiva dem Liebesspiel ergibt. Obwohl Tochter Dakṣas, ist sie doch Śiva, dem Gegner ihres Vaters, in völliger Harmonie zugetan. Als bis ins letzte getreue Gemahlin erträgt sie es nicht, daß man ihren Gatten entehrt und mißachtet, und darum opfert sie sich nach dessen ureigener Methode, nämlich durch das Yogafeuer. — Volkstümliche Versionen des Mythus wissen noch zu berichten, Satīs Körper sei aus der Asche wiederentstanden und, in zahllose Stücke

[19] Daß dem Mythus von Dakṣas-Opfer die geschichtliche Tatsache der nichtarischen Herkunft Śivas und seiner mühevollen Aufnahme ins brahmanische Pantheon zugrunde liege, wobei bei den verschiedenen Formulierungen noch mancherlei weitere Motive eine Rolle spielten, ist das Ergebnis der Überlegungen von W. D. O'Flaherty, The Origins of Evil in Hindu Mythology. Berkeley 1976. P. 272—286. — Ältere Deutungen des Mythus bei H. H. Wilson, a. a. O., P. 53ff. (Kampf zwischen Vaiṣṇavas und Śaivas, wobei zuerst die ersteren, dann aber die letzteren siegten); V. R. R. Dikshitar, Matsya Purāṇa, A Study, Madras 1935. p. 54—58 (ursprünglich zwei Dakṣas, die mit der Zeit zusammenfielen); D. R. Patil, Cultural History from the Vāyu Purāṇa. Poona 1946/ Delhi 1973. P. 179—180 (kurze Geschichte der Motive); T. S. Rukmani, A Critical Study of the Bhagavata Purāṇa. Varanasi 1970 (ursprünglich Konflikt zwischen monarchischer und demokratischer Regierungsform); G. V. Tagare, The Bhāgavata Purāṇa. Part II. Delhi 1976. P. 429 (Konflikt zwischen *pravṛtti dharma* — Opferkult — und *nivṛtti dharma* — Entsagung und Yoga —; diese Sicht entspricht zweifellos der Darstellung im Bhāgavata-Purāṇa).

zerteilt, in die Lüfte geworfen, an vielen über ganz Indien verstreuten Heiligtümern niedergefallen[20].

Satīs, der Prajāpati-Tochter, Tod beweist, daß Dakṣas Lebenswelt nicht ohne das Vergehen auskommt; folgerichtig wird denn auch Śiva Dakṣas Opfer zunichte machen, um hierauf selber Dakṣas Funktionen zu erfüllen.

Erinnert sei noch daran, daß die ihrem Gatten treu ergebene Satī im Laufe der Jahrhunderte zum Modell der ihrem toten Gatten auf den Scheiterhaufen folgenden Witwe geworden ist[21].

d) Indessen kann Satīs Tod nicht das letzte Wort des Mythus sein. Śiva ist ja nicht nur der Gott der Toten- und der Welt-Verbrennung, nicht nur der Gott des Vergehens, sondern auch derjenige der Erotik und der Zeugung, damit des Werdens. In ihm ist „das Ende der Anfang".

In der Tat wölbt sich über der vordergründigen Form des Mythus von Satī ein weiter Horizont. Satī als Gemahlin Śivas, obwohl augenscheinlich Tochter Dakṣas, kann ja nichts anderes sein als eine Manifestation von Śivas (oder Sadāśivas) ewiger Śakti, von Śivas Energie, mit der er, ikonographisch als 'Ardhanārīśvara' dargestellt, als „Herr, der zur Hälfte Frau", ewig verbunden bleibt. Nach der theologischen Konstruktion des Hinduismus ist es nicht Dakṣa, der das Leben schafft, sondern die Śakti — hier Śivas Śakti —; sie allein ist es letztlich, die das Leben hervorbringt und die es auch wieder zurücknimmt. Darum erzählen gewisse Purāṇas[22], wie zu Beginn der Weltentfaltung Śiva in erbarmungslose yogische Askese versunken gewesen sei. Darum konnte die von Brahmā hervorgebrachte und in Viṣṇu zu erhaltende Welt nicht recht gedeihen: Brahmā und Viṣṇu stellten fest, daß es für die gedeihliche Entwicklung der Welt notwendig sei, daß sich auch der Asket Śiva, so wie Brahmā und Viṣṇu, dem Liebesspiel hingebe. Auf Drängen der Götter ließ sich schließlich Śiva herbei, zu heiraten, und auch Śivas ewige Śakti nahm den Vorschlag an, sich als Tochter Dakṣas zu manifestieren. So wurde die ewige Śakti als

[20] B. Walker, Hindu World, An Encyclopedic Survey of Hinduism. II. London 1968. P. 357f.

[21] Zur Witwenverbrennung vgl. P. V. Kane, A History of Dharmaśāstra. II, 1. Poona ²1974. P. 624—636. — Entgegen dem durch die Engländer verbreiteten Sprachgebrauch bezeichnet das Wort *satī* natürlich nicht etwa den Akt der Verbrennung (der vielmehr *sahamaraṇa, anvārohaṇa* o.ä. heißt), sondern die Person, die „Satī" wird.

[22] Vor allem das Śiva-Purāṇa, im Satī-khāṇḍa.

'*Satī*' Śivas Gemahlin; nach dem „Wegwerfen ihres Leibes" aber wird sie, als '*Pārvatī*' wiedergeboren, erneut ihren alten Gatten ehelichen. Śakti gebiert sich, opfert sich, gebiert sich neu, trennt sich von Śiva, vereinigt sich mit ihm, und bleibt doch ewig mit ihm verbunden — damit mündet der Mythus in das indische Grunddogma von der ewigen Komplementarität und Alternanz von Leben und Tod, von Werden und Vergehen, von Entfaltung und Wiederentfaltung der Welt.

Gleichzeitig aber erfüllt sich auch der Mythus als glorifizierende Feier der letzten, unendlichen und unveränderlichen Wirklichkeit Śivas und seiner gnädigen Manifestation im Sterben und Wieder-Entstehen der Dinge. Mittels des Mythus kommuniziert der indische Mensch mit seinem gesamten Universum — und mit dem, was hinter allem Wandel steht und west, dem Allerletzten. In ihm sind alle Gegensätze aufgehoben, und dies Allerletzte allein ist es, das vordergründig solche Gegensätze in Erscheinung bringt.

4. Der babylonische Mythus von Inanna/Ištars Gang in die Unterwelt

Ganz anders, und doch im Ergebnis ähnlich, hat der 'mesopotamische' Mythus die Problematik von Leben und Tod gestaltet. Die harte, unausweichliche Realität des Todes hat die Mesopotamier (Sumerer und Semiten) von jeher stark beschäftigt. In allen großen literarischen Schöpfungen ihrer Kultur macht sich irgendwie die Empörung über das unerbittliche Todesschicksal Luft oder entlädt sich in unbeantworteten oder nur teilweise beantworteten Fragen. Hilflos fühlt sich der Mensch dem Tode ausgeliefert — „warum?". Was die Mythen betrifft, so schließen sie entweder mit der resignierten Feststellung, der Tod sei einfach unvermeidlich, oder sie erklären das grausame Todesgeschick als für das gedeihliche Gleichgewicht des Lebens notwendig.

Die erstere Lösung — der Mensch muß sein Schicksal einfach hinnehmen — wird z. B. vom ›Gilgameš-Epos‹ vorgetragen, wobei allerdings — vielleicht — die Hoffnung durchklingt, der heldenhafte, große Mensch werde in seinem Werke weiterleben[23]. Berühmt sind die Worte der Schenkin Siduri in der zehnten Tafel des Werkes:

[23] Dazu vgl. F. M. de Liagre-Böhl, Das Problem ewigen Lebens im Zyklus und Epos des Gilgamesch. In: Opera Minora. Groningen 1953. S. 234—264.

Gilgameš, wohin läufst du?
Das Leben, das du suchst, wirst du nicht finden.
Als die Götter die Menschheit schufen,
haben sie den Menschen den Tod zugeteilt
und das Leben für sich behalten.

Die andere Antwort — der Tod ist zum Gleichgewicht des Lebens nötig — findest sich etwa im Epos vom Kriegs- und Pestgott *Erra*[24]. Daraus geht nämlich hervor, das periodische todbringende, blinde Wüten Erras und seiner grausamen Krieger sei nötig, um den *ḫubūr nīšī*, die regellose Vermehrung der Menschheit und den daraus entstehenden ordnungsfeindlichen Lärm, in erträglichen Grenzen zu halten. Ebenso kommt das Epos von ›Atraḫasīs‹[25] zum Schluß, zur Vermeidung eben dieses die Götter an Schlaf und bequemem Lebensgenuß hindernden *ḫubūr*, des von den Menschenmassen produzierten Lärms, seien Kindersterblichkeit und Unfruchtbarkeit mancher Frauen, also lebensbeschränkende Maßnahmen, unvermeidlich. — Mythen wie diejenigen von ›Erra‹ und von ›Atraḫasīs‹ nähern sich also einer Sicht, welche in der Komplementarität von Leben und Tod die Lösung des Problems erkennt.

Nirgends ist indessen die Komplementarität von Leben und Tod schöner gestaltet worden als im ursprünglich sumerischen, aber auch in akkadischer Neudichtung vorliegenden Mythus vom Gange Innana/Ištars in die Unterwelt[26].

Der Inhalt ist bekannt: Inanna/Ištar beschließt, die Unterwelt aufzusuchen. Herrisch — nach der sumerischen Fassung unter einem frei erfundenen Vorwand — begehrt sie vor dem Tore Einlaß. Widerwillig gewährt ihr dies ihre Schwester Ereškigal („Herrin[?] der großen Erde"), die Göttin der Todeswelt, jedoch nur unter der Bedingung, daß der Torhüter an ihr die unveränderlichen Gesetze der „großen Erde" (d. h. der Toten-

[24] L. Cagni, L'epopea di Erra. Roma 1969.

[25] W. G. Lambert and A. R. Millard, The Babylonian Story of the Flood. Oxford 1965.

[26] Handliche Ausgabe des akkadischen Texts (der vor allem der obigen Analyse zugrunde liegt): R. Borger, Babylonisch-assyrische Lesestücke. Roma 1963. Heft II. S. 86—93 (mit allen Varianten). — Viele Übersetzungen, z. B. von R. Labat, in: R. Labat u. a., Les religions du Proche-Orient asiatique. Paris 1970. P. 258—265; E. A. Speiser, in: ANET, S. 106—109. — Übersetzung des sumerischen Texts: S. N. Kramer, ANET, S. 52—57.

welt), ihre *parṣū labirūtu,* ihre „alten Riten", vollziehe. Ištar durchschreitet die sieben Tore des „Landes ohne Rückkehr", und den Gesetzen entsprechend werden ihr sukzessive alle Insignien und Kleider abgenommen. Nackt im Herzen der Unterwelt angekommen, auf ihre Schwester „losstürzend", stirbt sie (sum.), bzw. wird sie von sechzig Krankheitsdämonen angefallen (akk.) und so aller Lebenskräfte beraubt. Unterdessen hört auf der Erde alles Liebesleben und alle Fortpflanzung auf (akk.), so daß — nach Zögern verschiedener Gottheiten (sum.) — schließlich der weise Ea/Enki veranlaßt wird, einzugreifen: ein (akk.) bzw. zwei (sum.) offensichtlich geschlechtslose Boten werden geschaffen und zu Ereškigal gesandt. Diese gibt schließlich Ištar frei, jedoch nicht ohne an ihrer Stelle einen Ersatzmann zu fordern. Dieser Ersatzmann ist Dumuzi/Tammuz, der also an Ištars Stelle sterben und sich in die Unterwelt begeben muß. Ištar, mit dem Lebenswasser besprengt, kehrt in die Lebenswelt zurück.

Wie die indischen Mythen, so eröffnet auch dieser Text weite Perspektiven.

Beginnen wir mit der Gestalt Ištars. In ihr schon zeigt sich die Komplementarität von Leben und Tod, ist sie doch nicht nur die Göttin der Liebe, des Geschlechtslebens, der Fortpflanzung, die Göttin alles Leben-Schaffenden, alles Weiblichen überhaupt — während ihrer Abwesenheit im „Land ohne Rückkehr" hört auf der Erde das Geschlechtsleben auf —, sondern auch, und in gewissem Sinne vor allem, Göttin des todbringenden Krieges. Außerdem bestimmt sie, die verführerische Frau, ihrem Gatten Dumuzi/Tammuz jährlich den Tod und schlägt — „wie ein Palast, der die Krieger in Stücke haut" oder „ein Schuh, der den beißt, der ihn trägt" — ihre übrigen Liebhaber mit allen möglichen Leiden[27].

Ištar gegenüber tritt in unserem Mythus Ereškigal, Herrin des Todes und der Todeswirklichkeit. Sie ist die Schwester Ištars, der Herrin des Lebens: Leben und Tod sind verwandt, sie sind Geschwister. Sie gilt sogar als die älteste Schwester Ištars: der Tod folgt nicht nur dem Leben, er geht ihm voran. Indessen besitzt die Todesgöttin, die Herrin der finsteren, staubigen, freudlosen Todeswelt, auch das Lebenswasser — jenes Wasser, das der „toten" Ištar neues Leben verleiht. So wie Ištar, die Lebensgöttin, über den Tod, so verfügt ihre Schwester, Ereškigal, die Göttin des Todes, über das Leben. Nur in dieser doppelten Komplemen-

[27] Gilgameš VI, 33—79.

tarität stehen sich Leben und Tod gegenüber: Ištar symbolisiert das vom Tod nicht zu trennende Leben und Ereškigal den vom Leben nicht zu trennenden Tod.

Wir kommen nun zur wichtigsten Frage, die sich anhand unseres Mythus stellt: Warum will eigentlich Ištar so unbedingt in die Totenwelt eindringen? Auf diese Frage gibt der Mythus keine ausdrückliche Antwort. Man hat freilich gemeint, in der sumerischen Version die Andeutung eines Grundes zu finden: Inanna hätte zur Herrschaft über den Himmel hinzu noch die Herrschaft über die Unterwelt begehrt. Jedoch ist die Übersetzung der entscheidenden Verse (sum. 202ff.) unklar; man könnte auch verstehen: Inanna hat ihn, nämlich den Tod, im Himmel begehrt, und nun auch in der Unterwelt. Darum kommt ein Kenner wie S. N. Kramer zum Schluß: "the reason for Inanna's descent to the land of no return still remains unknown[28]".

Indessen steht immerhin so viel fest, daß Inanna nach dem sumerischen Text die Unterwelt „begehrt" hat und daß Ištar nach der babylonischen Version sich einfach in den Kopf setzte, sich dorthin zu begeben. Sie konnte offenbar nicht anders: sie mußte sich in die Unterwelt wagen. Es liegt hier ein Zwang vor, der vermutlich in ihrem Wesen begründet liegt: die Lebensgöttin hat *wesensmäßig* Beziehungen zum Tode. Darum droht sie auch, die Toten zu befreien, nicht etwa, um sie zum Leben zu erwecken, sondern um sie in der Lebenswelt die Übermacht gewinnen zu lassen (akk. obv. 19—20). Ištar wird unwiderstehlich vom Tod und von der Todeswelt angezogen; *„ohne Überlegung"*, *ul immalik,* „ohne mit sich zu Rate zu gehen", „stürzt" (?) sie sich auf Ereškigal (akk. obv. 65) — diese Präzisierung: *ul immalik,* „ohne Überlegung" bestimmt wohl das Tun der Ištar von allem Anfang an: blind drängt sie zum Tode.

Ištars Lebenswelt und die der übrigen großen Götter befindet sich „oben"; Ereškigals Totenwelt aber liegt „unten". „Oben" und „unten" sind komplementär, das eine kann nicht ohne das andere konzipiert werden. Obwohl also in gewissem Sinne Gegensätze, muß es doch zwischen

[28] So S. N. Kramer, ANET, S. 52, Anm. 1. — Die naturalistische Erklärung, wonach der Mythus aus dem zeitweisen Verschwinden des Planeten Venus zu verstehen sei (so z. B. E. Dhorme, Les religions de Babylonie et d'Assyrie. Paris 1949. P. 321; R. Labat, a. a. O., P. 258) scheint mir völlig ungenügend; gerade derartigen Erklärungsversuchen gegenüber erweist sich eine „religiöse" Deutung der Mythen als besonders notwendig.

beiden Vermittlung geben. Dies geschieht durch das Eingreifen einer Kreatur Eas (akk.) bzw. zweier Kreaturen Enkis (sum.), die zu Ereškigal geschickt werden und diese durch ihr Benehmen und ihr schlaues Vorgehen zur Herausgabe Ištars zwingen. In der akkadischen Version handelt es sich um einen *assinnu,* was mit „Lustknabe" oder „Eunuch" wiedergegeben wird. Sein Name lautet Aṣūšunamir, „sein Hervorkommen ist glänzend", was vielleicht auf seinen Liebreiz hinweist. Die entsprechenden Wörter im sumerischen Text lauten *kurgarru* und *kulaturru,* „geschlechtslose" Wesen. Jedenfalls handelt es sich um Wesen, die weder mit dem Leben noch mit dem Tod zu tun haben. Das erstere darum nicht, weil sie nicht Leben zu zeugen vermögen, und das letztere darum nicht, weil z. B. der *assinnu* in der Todeswelt begeistert von Ereškigal begrüßt und keiner physischen Verwandlung ausgesetzt wird, also offenbar nicht zu sterben vermag. Es sind einerseits Kreaturen Ea/Enkis und als solche dem „Leben" entsprungen, andererseits aber infolge ihrer Zeugungsunfähigkeit mit Ereškigal und dem „Tode" verwandt. Und so stellen sie die Beziehung her zwischen „oben" und „unten".

Ein weiterer Bindestrich zwischen der „oberen" Lebenswelt und der „unteren" Todeswelt wird durch die Gestalt des Dumuzi/Tammuz gezogen, des Gatten Ištars, der anstelle von Inanna/Ištar den Tod schmecken muß. Er „stirbt" freilich; aber er wird wieder ins Leben treten, um alljährlich neu zu sterben, oder jedenfalls alljährlich neu als Toter beklagt zu werden (cf. Gilg. VI, 46f.).

Noch eine letzte Dimension des komplementären Gegensatzes von Leben und Tod muß hier erwähnt werden: die Gegenüberstellung von Landschaft und Stadt. Es ist nämlich vor allem im akkadischen Text unverkennbar, daß das Leben (Ištar) mit der freien Landschaft assoziiert wird, der Tod aber mit der Stadt, und zwar einer von sieben Mauern umgebenen, von absolut gültigen, „alten" Gesetzen beherrschten, rigoros hierarchisch organisierten, das freie Leben unerträglich hemmenden Stadt. Derselbe Gegensatz zwischen freier Landschaft, die Leben, Kampf und jugendlichen Übermut gestattet, und der Stadt mit ihrer verweichlichenden, nur alten Leuten genehmen „Kultur", kommt ausführlich im Anfang des Epos von ›Erra‹ zur Sprache (I, 47—60) und wird ebenfalls durch das Geschick Enkidus im ersten Teil des ›Gilgameš-Epos‹ beleuchtet. Und doch gehören Stadt und Landschaft zusammen.

Wie alle Mythen, so dient auch der Mythus von Ištars Todesgang der Kommunikation mit letzten Realitäten. Das zeigt der leider nur in der semitischen Version erhaltene Schluß mit dem seltsamen Stoßseufzer Belilis, der Schwester Dumuzis:

> Am Tage, da Dumuzi zu mir heraufkommt,
> da mit ihm Lapislazuliflöte und Karneolspange zu mir heraufkommen,
> da mit ihm Klagemänner und Klagefrauen zu mir heraufkommen.
> Mögen da die Toten heraufkommen und Weihrauch riechen.

Man hat vermutet, diese Zeilen seien andern Gedichten mit ähnlichem Inhalt entlehnt, die vor allem das Geschick des Dumuzi/Tammuz zum Inhalt hatten[29]. Auch wenn dies der Fall sein sollte, so gehört doch der Schluß jetzt zum Mythus von Ištar und gibt ihm erst seinen tiefsten Sinn. Freilich liegt dieser Sinn nicht offen zutage. Dennoch scheint es, es werde hier eine letzte Sehnsucht ausgesprochen, die Sehnsucht und Hoffnung nämlich, daß es jenseits des Spieles von Leben und Tod etwas geben möchte wie ein neues, endgültiges Leben. Daß einst ein Tag leuchten möchte, an welchem die Toten wiederkommen, mit allem, was zum Totenreich und zur Totenklage gehört, nicht etwa um — wie Ištar drohte — die Lebenden zu verschlingen, sondern um „Weihrauch zu riechen": Weihrauch, das Symbol des Lebens, göttlichen Lebens. Dies wäre dann für den Mesopotamier das Letzte, das Höchste: das Leben — ewiges Leben wohl —, das „die Götter für sich behalten haben", nun auch für die Menschen zu sichern. Dann wäre die Funktion dieses Mythus, der in so vollkommener Weise die Komplementarität von Leben und Tod zur Darstellung bringt, die, ‘mit dem Leben zu kommunizieren', mit dem Leben, das vorläufig noch den Tod umschließt, aber einmal — vielleicht — allein herrschen wird.

Im Rahmen totaler Religions-Systeme dienen Mythen der Kommunikation mit letzten Wirklichkeiten — dies war unser methodologischer Ausgangspunkt. In Prajāpati und Śiva sind — dies unser Ergebnis — höchste, sich in Tod und Leben manifestierende Mächte symbolisiert; ebenso in Ištar und Ereškigal. Die von ihnen handelnden Geschichten zeigen, wie sich diese Mächte äußern, wie sie sich bekämpfen und wie sie

[29] Dies die Vermutung von A. L. Oppenheim. Vgl. ders., Ancient Mesopotamia. Chicago 1964. P. 269f.

zusammenspielen, wie sie ihr Wesen offenbaren. Darüber hinaus weisen sowohl der indische wie der mesopotamische Mythus auf noch umfassendere Wirklichkeiten: auf Śiva — Sadāśiva, das absolute Sein Śivas — und seine ewige Śakti einerseits, auf das „Leben" andererseits. Indem der Mythus existentielles Ergehen der Lebewesen — Werden und Leben, Leiden und Tod — in derartige Symbole kleidet, hilft er dem religiösen Menschen, das Wirken der höchsten und letzten Wesenheiten oder Kräfte zu verstehen und so, allen Widerfahrnissen der Existenz zum Trotz, mit dem Grund und Sinn allen Geschehens in Gemeinschaft zu bleiben.

„LEBEN VERLIEREN" ODER „LEBEN GEWINNEN" ALS ALTERNATIVE IN PROPHETISCHEN RELIGIONEN

Von JACQUES WAARDENBURG

Ausgangspunkt unserer Betrachtung ist, daß die Botschaft von Propheten einen Aufruf zu einem neuen Leben impliziert. Dieser Aufruf ist an eine größere Zahl von Menschen, wenn nicht an die ganze Menschheit gerichtet. Das neue *Leben* ist danach zugänglich durch eine „Umkehr" im Leben hier und heute, und zwar dadurch, daß der Mensch sein Leben hinwendet zu dem Gott, der als Ursprung der prophetischen Botschaft angesehen wird.

Wir konzentrieren uns im folgenden auf den Inhalt derartiger Verkündigungen und müssen sowohl die Frage des Aufkommens des Prophetismus wie die Frage der sozialen Verankerung und der Konsequenzen prophetischer Wirksamkeit hier beiseite lassen. Auch können wir leider nicht auf die von Propheten gebrauchte konkrete Bildsymbolik von Leben und Tod selbst eingehen, da sie eng zusammenhängt mit der täglichen Erfahrung bzw. dem Lebensgefühl der betreffenden Gemeinschaft. Dasselbe gilt, mutatis mutandis, für die Symbolik des Unheils während des Lebens oder des Gerichts nach dem Tode oder am Ende der Zeit, das nahezu immer verkündigt wird. Hierbei wird — das Geschehen des Sterbens vorausgesetzt — ein Unterschied gemacht zwischen dem, was von zeitlichem und dem, was von bleibendem Wert im Leben ist, wobei ebenfalls Bilder aus der bekannten Lebenserfahrung gebraucht werden, um Einzelheiten des „neuen Lebens" anzudeuten. Dieses neue *Leben* verlangt eine grundsätzliche Änderung des alten Lebens. Das wird öfters als „Opfer" des alten Lebens vorgestellt, da das neue Leben grundsätzlich ein andersartiges Leben ist. So ist der Titel des Beitrags auch in Anlehnung an Markus 8,35 gewählt worden: nicht das äußere Geschehen und die soziale Bewegung, sondern die vom Propheten selbst verkündigten Alternativen des Lebens sollen uns besonders beschäftigen[1].

[1] Die von Propheten verkündigten Alternativen des Lebens sind nahezu immer

Am ausführlichsten möchten wir auf die betreffende Alternative in der Predigt Mohammeds eingehen, wie sie uns im Koran gegeben ist, aus dem wir alle Texte mit der Wurzel HYW herausgesucht haben. Wir befassen uns dann wesentlich kürzer mit den Schriftpropheten des Alten Testaments, da sie besser bekannt sind, und wenden uns der Verkündigung Zarathustras zu, soweit sie für unser Thema von Bedeutung ist. Wir schließen ab mit einigen Bemerkungen über prophetische Figuren und Bewegungen im modernen Afrika, bei denen eine ähnliche Alternative eine Rolle spielt, wonach einige Schlußbemerkungen folgen.

1. Der Koran[2]

In der Predigt Mohammeds, die wir sozusagen ‘buchstäblich’ im Koran erfassen, gibt es nach der 1. mekkanischen Periode einige wichtige Aussagen über gegensätzliche Möglichkeiten des Lebens.

sowohl eschatologischer wie auch ethischer Natur. Öfters wird der Gegensatz von „alt“ und „neu“ eschatologisch gefaßt, und die vorgeführte Alternative der Lebensweise impliziert verschiedene ethische Konsequenzen. Für die betreffenden Menschen sind dies nur zwei Seiten derselben Sache. Für einige allgemeine Literaturhinweise, s. z. B. die Artikel ›Propheten‹ und ›Leben‹ in RGG, 3. Aufl. Eine religionssoziologische Einführung zum Prophetismus, auch in der westlichen Gesellschaft, liegt vor in R. M. Nepveu, Constanten en Variabelen van het Profetisme. Diss. Leiden 1977. — Max Weber hat den Propheten als charismatische Figur behandelt.

In der Wahl der Beispiele mußten wir uns beschränken; so sind z. B. Mani und die prophetischen Aspekte des Auftretens Jesu hier außer Betracht geblieben.

[2] Der Koran wird hier selbst als Quelle gebraucht ohne Rücksichtnahme auf spätere muslimische Kommentare. Als Übersetzung diente: R. Paret, Der Koran. Übersetzung. Stuttgart 1966. (Kommentar 1970.) Die Verszählung gibt zuerst die der ägyptischen Koranedition und dann die Zählung der Ausgabe von G. Flügel. Für die chronologischen Angaben wurde der Einteilung Th. Nöldekes gefolgt; die 1., 2. und 3. mekkanischen Perioden und die Medina Periode sind hier gekürzt worden als 1. m. P., 2. m. P., 3. m. P. und „Medina“.

Zur Literatur, vgl. E. Beck, Erschaffung des Menschen und Sündenfall im Koran. In: Miscellanea Biblica et Orientalia R. P. Athanasio Miller O. S. B. ...oblata. Roma (Orbis Catholicus) 1951. S. 486—503.

a) Diesseits und Jenseits

Der Gegensatz zwischen *al-ḥay(aw)ātu d-dunyā* und *al-ḥay(aw)ātu l-aḫiratu,* diesseitigem und jenseitigem Leben, ist grundsätzlich. Es gibt aus der 3. mekkanischen Periode, also nicht allzu lang vor der Hidschra, die Aussage (Sure 29:64): „Das diesseitige Leben hier ist (doch) nichts als Spiel und Zerstreuung. Die jenseitige Behausung. das ist das (wahre) Leben *(wa-inna d-dāra l-aḫirata lahiya l-ḥayawānu).* Wenn sie (es) nur wüßten!" (Vgl. 40:39/42 und 6:32). Dieselben Klänge sind aus Medina zu hören. S. 47:36/38 sagt explizit, daß Gott im Jenseits, anders als in diesem Leben, von den Menschen keine Aufopferung mehr verlangt, sondern daß er dort der Schenkende ist, und später macht S. 57:20/19 klar, daß das diesseitige Leben Aufgeblasenheit ist. „Das diesseitige Leben ist nichts als eine Nutznießung, durch die man sich (allzu leicht) betören läßt *(matā'u l-ġurūri)*" (57:20). Gegen eine solche Betörung durch das Diesseits, wo der Mensch das liebt, worauf sich seine Lust richtet, gibt es aber die Lösung der Bekehrung. So S. 3:14/12: „Das (alles) ist (aber nur) für den (kurzen) Gebrauch im diesseitigen Leben bestimmt. Doch bei Gott gibt es (dereinst) eine schöne Einkehr *(ḥusnu l-ma'ābi)*" (Ende 1. m. P.). Neben der Einkehr zu Gott besteht auch noch die bewahrende Gemeinschaft der Gläubigen (18:28/27, Ende 2. m. P.).

Es gibt ein für jeden Geschäftsmann überdeutliches Bild, um anzudeuten, worin der Hauptfehler derjenigen besteht, die falsch gewählt haben: „Das sind die, die das diesseitige Leben um den Preis des Jenseits erkauft haben *(ulā'ika l-lāḏina štaraw l-ḥayāta d-dunyā bi-l-aḫirati).* Ihnen wird (dereinst) keine Straferleichterung gewährt werden, und sie werden

T. O'Shaughnessy, S. J., Muhammad's Thoughts on Death. A Thematic Study of the Qur'anic Data. Leiden 1969; ders., Man's Creation from Clay and from Seed in the Qur'ān. In: Boletín de la Asociación española de Orientalistas 7 (1971), p. 131—149; ders., God's Purpose in Creating According to the Qur'ān. In: Journal of Semitic Studies 20 (1975), p. 193—209. Vergleiche auch W. A. Bijlefeld, A Prophet and More than a Prophet? Some Observations on the Qur'anic Use of the Terms 'Prophet' and 'Apostle'. In: The Muslim World 59 (1969), p. 1—28. — Auch E. Lehmann und J. Pedersen, Der Beweis für die Auferstehung im Koran. In: Der Islam 5 (1914), S. 54—61; und: Zain-ul-Abedeen, Man's Nature and Destiny — the Qur'anic View. In: Religion and Society 20 (1973), p. 18—25, 26—34.

keine Hilfe finden (2:86/80, Anfang in Medina). Das ist auf die Banu Isrā'īl gemünzt, trifft aber auch auf andere Hörer zu. Doch gilt auch das Umgekehrte, das namentlich zur Kampfbereitschaft führt: „Diejenigen aber, die das diesseitige Leben um den Preis des Jenseits verkaufen, sollen um Gottes willen („auf dem Wege Gottes") kämpfen..." (4:74/76, etwas später in Medina). Neben diesen zwei klaren Bildern für den geistigen Gewinn aus der Wirtschaft gibt es auch einige mehr poetische, für Beduinen ebenfalls sehr klare Vergleiche und berühmt gewordene Parabeln der Natur und Art des hier gelebten Lebens. So S. 18:45/43 (Ende 2. m. P.; vergleiche S. 10:24/25):

> „und präge ihnen das Gleichnis des diesseitigen Lebens ein! (Es ist) wie Wasser, das wir (als Regen) vom Himmel haben herabkommen lassen, worauf die Pflanzen der Erde sich damit vermengten (indem sie es in sich aufnahmen und daraufhin wuchsen und gediehen). Aber (eines) Morgens war es (nur noch) verdorrtes Zeug, das die Winde fortwehen. Gott hat zu allem die Macht".

Bei der Alternative zwischen Leben hier und Leben dort, Lebensverlust und Lebensgewinn, kann der Mensch wählen, aber durch gottgegebene Gnade, wodurch der Unterschied zwischen denjenigen, die gut, und denjenigen, die schlecht gewählt haben, nahezu absolut ist. „Ist denn einer, der tot war, und den wir dann zum Leben erweckt, und dem wir ein Licht gegeben (gemacht) haben, in dem er unter den Menschen umhergeht, (gleich) wie einer, der in der Finsternis ist und nicht aus ihr herauskommen kann?..." (6:122, kurz vor oder nach der Hidschra; vgl. 28:61 aus der 3. m. P.). Der eine Mensch hat etwas Schönes in Aussicht, der andere hat sich mit diesem Leben zu begnügen und wird danach gestraft werden. Der eine Mensch ist von Gott aus dem Tod zum Leben erweckt worden und mit Licht versehen worden, der andere ist in Finsternis beschlossen. Zwischen beiden gibt es einen absoluten Gegensatz. Aber das Rätsel, auf das der Text hinweist, ist, daß für die Ungläubigen ihre eigenen Verhältnisse recht schön und licht zu sein scheinen, obwohl sie in Wirklichkeit und Wahrheit übel und ekelhaft sind. Daß der Unterschied radikal ist, auch wenn die Schlechten das nicht zugeben, wird noch bekräftigt mit der Bemerkung, daß die Schlechten in ihrem Urteilsvermögen überhaupt gestört sind (45:21/20, Anfang 3. m. P.).

Sehr bildreich wird noch der „Überwert" der von Gott belohnten guten Taten den guten irdischen Dingen gegenüber beschrieben (18:46/44, Ende 2. m. P., und 42:36/34, 3. m. P.).

S. 11:15/18 (2. m. P.) und S. 46:20/19 (3. m. P.) zeigen warnend die Folgen der Vorliebe für das Diesseits. Umgekehrt, „…Die jenseitige Behausung, das ist das (wahre) Leben *(wa-inna d-dāra l-aḫirata lahiya l-ḥayawānu)*. Wenn sie (es) nur wüßten!" (29:64, 3. m. P.). Das Wort *al-ḥayawānu* als Intensiv von *al-ḥayātu* (das Leben) kommt nur einmal im Koran vor und bedeutet das wirkliche, wahre Leben, das Leben *par excellence* (anders bedeutet es „Tiere").

b) Mensch und Gott

Der zweite Gegensatz, der für das Verhältnis von Leben und neuem Leben wichtig ist und jenem zwischen Diesseits und Jenseits zugrunde liegt, ist der zwischen Gott und dem Menschen bzw. dem Menschen und Gott.

Die „Vorteile", die die Guten den Bösen gegenüber haben, sind wesentlich in Gott gegründet. So S. 14:27/32 (3. m. P.): „Gott festigt diejenigen, die glauben, im diesseitigen Leben und im Jenseits durch die feste Aussage *(al-qawli ṯ-ṯābiti)*. Aber die Frevler führt er irre. Gott tut, was er will". Die Gläubigen empfangen Festigkeit, die anderen dagegen werden „irregeführt", ohne über eine „feste Aussage" zu verfügen.

In bezug auf Leben wird Gott im Koran „der Lebendige" *(al-ḥayyu)* genannt (40:65/67, 3. m. P.), oder, in einem Doppelausdruck, „der Lebendige und Beständige" (2:255/256, 3:2/1, beide in Medina). Wie den Wechsel von Tag und Nacht in der Natur „…bringt er das Lebendige aus dem Toten hervor, und das Tote aus dem Lebendigen" (30:19/18, 3. m. P., vgl. 3:27/26 in Medina und 6:95 gerade vor oder nach der Hidschra). Bisweilen nimmt der Ausdruck auch Rücksicht auf die Gabe von Unterhalt, Gehör und Gesicht, und die des *amr*, wodurch jedermann Gott erkennen muß, wie in S. 10:31/32 (3. m. P.). Hier ist auch interessant, daß die Ungläubigen zwar die Existenz Gottes anerkennen, aber keine Konsequenz daraus ziehen können.

Gott allein macht lebendig und läßt sterben (50:43/42, 2. m. P.; 45:26/25 und 30:40/39 aus der 3. m. P.; 2:28/26 und 22:66/65 aus Medina). Wenn alles tot ist und alle gestorben sind, dann wird Gott alles erben, da er der einzig Überlebende ist (15:23, 2. m. P.).

Gott ist der Schöpfer von Leben und Tod, um den Menschen in seinem Handeln zu prüfen (67:2, 2. m. P.). Dieser Tod und dieses Leben sind an die Erde gebunden, wie Gott bei der Austreibung aus dem Paradies den Menschen sagt — wobei er andeutet, daß aus der Erde auch die Auferstehung stattfinden wird (7:25/24, 3. m. P.). Wichtig ist, daß die Prüfung des Menschen während seiner Lebenszeit einem göttlichen Logos oder Plan oder Befehl gemäß geschieht, wobei die Regel gilt, daß der Mensch Gott dienen soll. Als Sterblicher kann er auf den Unsterblichen vertrauen, wie in S. 25:58/60 (2. m. P.) gesagt wird.

Als Schöpfer und Lebendiger ist Gott der einzige, der Leben zu geben imstande ist. Dies wird öfter gesagt unter Hinweis auf die ausgedorrte Erde, die vom Regen zum Leben gebracht wird, oder auf das Korn und die Dattelkerne, die er spaltet, um neue Früchte hervorzubringen. Dies sind Spuren der Barmherzigkeit Gottes und Zeichen für diejenigen Menschen, die Verstand haben (45:5/4, 16:65/67, 30:24/23 und 29:63 aus der 2. m. P.; 30:50/49 und 41:39 aus der 3. m. P.; 2:164/159 und 57:17/16 in Medina). So wird das Bild Gottes als des Gebers des Lebens auch angewandt auf die von ihm bewirkte Auferweckung der Toten als Zeichen seiner schlechthinnigen Macht, das Leben in der Auferweckung auch den Toten zu bescheren (41:39 und 50:11 aus der 2. m. P.; 30:19/18 und 35:9/10 aus der 3. m. P.).

Gott der Schöpfer hat auch das Vermögen, wieder zu beleben. Zuerst hat er den Menschen aus einem Tropfen (Sperma) geschaffen (36:77, 2. m. P.). Auf diese Aussage folgt dann die skeptische Frage eines Zuhörers der Predigt der Auferstehung: „Wer wird Knochen (wieder) lebendig machen, nachdem sie (bereits) morsch geworden sind?" (Vers 78). Darauf wird dann in Vers 79 die schlagende Antwort gegeben: „Sag: Der wird sie (wieder) lebendig machen, der sie erstmals hat entstehen lassen, und der über alles, was mit Schöpfung zu tun hat, Bescheid weiß *(...wa-huwa bi-kulli ḫalqin ʿalīmun)*". Vergleiche schon aus der 1. m. P. S. 75:40 und aus der 3. m. P. S. 46:33/32. Gott ist der einzige, der das Vermögen hat, lebendig zu machen, sterben zu lassen und (die Toten) wieder lebendig zu machen (50:43/42, 15:23 und 36:12/11, alle aus der 2. m. P.). Gott kann bewirken, daß auch ein Toter hört wie ein Lebender (35:22/21), und der Gläubige kann dann auch nur sagen: „...mein Leben *(wa-maḥyāya)* und mein Tod *(wa-mamātī)* gehören Gott, dem Herrn der Menschen in aller Welt" (6:162/163, vor oder nach der Hidschra).

Interessant ist in diesem Zusammenhang die Disputation Abrahams mit einem nicht weiter identifizierten Herrscher aus der Vorzeit. Wenn der Herrscher behauptet, er sei imstande, lebendig zu machen und sterben zu lassen, bezeugt Abraham in unmittelbarer Weise, daß nur sein Herr (Gott) derartiges tun kann (2:258/260, in Medina). — Im Vers 260/262 bittet Abraham seinen Herrn um ein Zeichen dafür, in welcher Weise Gott die Toten lebendig macht. Als er danach gefragt wird, antwortet er, daß er zwar glaubt, doch ganz gewiß und sicher sein will. Der einzige unter den Menschen, der imstande ist, Kranke gesund und Tote wieder lebendig zu machen, ist Jesus, aber nur als Zeichen von Gottes Macht und nur mit Gottes Zustimmung (3:49/43, in Medina). Neben dem zukünftigen Wunder der Auferstehung hat Gott auch inzidentiell bei bestimmten Wundern Menschen sterben lassen und wieder zum Leben gebracht (2:243/244 und 259/261, Medina).

Dieses Vermögen haben die Götzen nicht, und deshalb sind sie eben nicht Gott. „Aber sie haben sich an seiner Statt Götter genommen, die nicht erschaffen, während sie (ihrerseits) erschaffen werden, die (sogar) sich selber weder zu schaden noch zu nützen vermögen, und (die) weder Tod noch Leben noch eine Auferweckung (von den Toten) zu bewirken vermögen" (25:3/3—4, 2. m. P., vgl. 30:40/39, 3. m. P.).

Den Götzen gegenüber setzt sich die Verkündigung Gottes durch und sie wird unduldsam. Negativ heißt es, daß der Mensch „undankbar" ist, daß er Gott nicht anerkennt (22:66/65, Medina). Positiv ist die Verkündigung dann ein Aufruf zum Glauben an Gott (viele Stellen, z. B. S. 2:28/26 in Verbindung mit Leben und Tod). Hier ist die zum Leben erweckende Macht Gottes, als Wirkung seiner Allmacht, das Argument *par excellence* für den Glauben an Gott: ein solches Vermögen kann nur von Gott kommen und ist ja auf Gott bezogen. Logisch gesehen ist es ein Zirkelargument: Neues Leben zu gewinnen ist möglich durch Einsicht in den völlig zeitlichen und vergänglichen Charakter des Lebens, das von Gott gegeben ist; umgekehrt führt gerade die Abwendung vom diesseitigen Leben und die Ausrichtung auf das, was danach kommt, zum Gottesglauben. Von der Ebene menschlicher Erfahrung aus wird ein Sprung gemacht zur Ebene des Glaubens, von irdischen Schlüssen ein Sprung zu theologischen Gedanken. Und dieser Sprung ist möglich, weil die Predigt und Verkündigung Mohammeds in den Qur'ānen ja als unmittelbare Offenbarung Gottes angesehen werden.

In all diesem ist der Mensch unwissend und undankbar, aber er kann sich seine Lage vergegenwärtigen und einsehen, daß er neben Gott keinen wirklichen Freund oder Helfer hat (9:116/117, spät in Medina). Das Vermögen Gottes allein, lebendig zu machen und sterben zu lassen (3:156/150) wird öfter genannt in Verbindung mit Gottes Herrschaft über Himmel und Erde (wie in S. 3:156/150), oder mit der Tatsache, daß es keinen Gott außer ihm gibt, so daß man an ihn glauben muß (7:158, Medina). Es gibt die Verbindung mit Gottes Herrschaft über Himmel und Erde und seiner Allmacht (57:2, Medina). Eine andere Beziehung besteht zur Tatsache, daß alles im Himmel und auf Erden Gott gehört und daß alles einmal zu ihm zurückgebracht wird (10:56/57, 3. m. P.), oder daß er regelmäßig Nacht und Tag aufeinander folgen läßt (23:80/82, 2. m. P.). Klar ist auch der Zusammenhang mit seiner Schöpfungsmacht, d. h. der Tatsache, daß er, wenn er sich einmal entschieden hat, „Sei!“ sagt und daß damit vorhanden ist, was er hervorgerufen hat (40:68/70, 3. m. P.). Daß Gott allein lebendig macht und sterben läßt, wird auch verbunden mit der Bemerkung, daß er „...euer Herr und der Herr eurer Vorfahren“ ist (44:8/7, 2. m. P.).

Grundsätzlich wird die belebende Macht Gottes hinsichtlich der Erde und den Toten in Verbindung gesehen mit den Spuren der Barmherzigkeit Gottes (30:50/49, 3. m. P.). Der ganze Gedankengang ist individualisiert im schönen Zeugnis Abrahams gegenüber seinem Vater in S. 26:75—89 (2. m. P.).

c) Die Ungläubigen

Schauen wir uns jetzt die Kehrseite dieses Glaubens an Gott und dieses dadurch neu gewonnenen Lebens an, d. h. wie in seinem Lichte das alte Leben, das diesseitig ausgerichtete Leben der Ungläubigen beschrieben wird.

Die Ungläubigen erkennen, daß ihr Leben unter der Herrschaft der Zeit *(dahr)* steht; es ist daher nur diesseitig (45:24/23, 2. m. P.; ähnlich auch 23:37/39, 2. m. P., und 6:29, gerade vor oder nach der Hidschra). Die drei Texte zeigen, daß die Ungläubigen sich ausdrücklich auf „*unser* diesseitiges Leben“ *(ḥayātunā)* berufen. Sie werden darüber nicht hinausgehoben, so daß dieses ihr Leben, modern gesagt, ihr Gefängnis ist. Nicht nur die Vornehmen *(al-malā'u)* erklärten einmal jegliches Weiterleben als Lüge (23:33/34, 2. m. P.), sondern überhaupt die meisten Menschen können nicht über das Äußerliche hinaussehen: „Sie wissen (nur), was vom diesseitigen Leben äußerlich sichtbar ist (Oder: etwas, was äußerlich sichtbar ist, nämlich das diesseitige Leben). Auf das Jenseits achten sie nicht“ (*ya'lamūna ẓāhiran mina l-ḥayāti d-dunyā wa-hum 'an al-aḫirati hum gāfilūna,* 30:7/6, 3. m. P.).

Öfters spricht der Koran von den „Glücksgütern“ (*'araḍ*) des diesseitigen Lebens, die Gläubigen wie Ungläubigen gegeben sind, wobei aber nur die Gläubigen ihnen gegenüber die rechte Haltung einnehmen, während die Ungläubigen eigentlich dadurch irregeführt worden sind. Solche Güter sind den Gläubigen nachdrücklich erlaubt (7:32/30, 3. m. P.). Die Gläubigen sollen sich nicht von den Glücksgütern betören lassen, die bestimmten Ungläubigen gegeben worden sind (20:131, 2. m. P.). Für die Ungläubigen sind die Glücksgüter eine Prüfung: diese lassen sich vom diesseitigen Leben betrügen und betrachten die Sachen falsch aufgrund eines verkehrten Eifers (18:104, Ende 2. m. P.). Das Leben zeigt sich ihnen in einer betrügerisch schönen Weise (6:122b, unmittelbar vor oder nach der Hidschra, und 2:212/218 in Medina). Die Pracht Pharaos und seiner Vornehmen ist eine Prüfung und Verführung ihrer Mitmenschen (10:88, 3. m. P.).

Die Ungläubigen erhalten also schon im Diesseits ihre Strafe durch ihre Betörung; aber im Jenseits wird es nach der Beschreibung in S. 39:26/27 (3. m. P.) und S. 13:34 (kurz vor der Hidschra) noch schlimmer sein. In S. 16:21—22 (3. m. P.) wird ausgesagt, entweder von den Götzen oder den Ungläubigen, oder von beiden: „Tot (sind sie), nicht lebendig. Und sie merken es nicht (daß der jüngste Tag angebrochen ist?), wenn sie (dereinst vom Tod) erweckt werden“. Jedenfalls sind die Ungläubigen, die sich im Banne des diesseitigen Lebens befinden, für das wahre Leben „tot“ zu nennen.

Im menschlichen Leben gibt es drei essentiell wichtige Tage, die in den Ausagen über Johannes den Täufer und über Jesus in S. 19:15 und 19:33/34 aufgeführt werden: den der Geburt, des Todes und den, an dem der Mensch zum Leben auferweckt wird (*yub'aṯu ḥayyan).* Wenn es das Ziel der Schöpfung ist, den Menschen dem Ziel der Dienerschaft Gottes nachstreben zu lassen, dann ist der Tod das Ende dieser Dienerschaft. Das Ziel der Auferweckung ist dann die Rechenschaft (36:12/11, 2. m. P.).

d) Warnungen und Verheißungen

In bezug auf Leben und Tod gibt es im Koran unzweideutige Warnungen. Der Tod ist unumgänglich (3:185/182, Medina). Die Hölle erwartet die Ungläubigen, gerade weil sie ungläubig gewesen sind (45:35/34 und 7:51/49, 3. m. P.). Die Warnung lautet, daß man die Worte Gottes und sein Versprechen glauben soll und sich nicht durch das diesseitige Leben betören lassen soll (31:33, wiederholt in 35:5, beide 3. m. P.). Das Gericht ist unumgänglich und diejenigen (Dschinn und Menschen), die einen Warner gehabt haben, werden nach S. 6:130 (unmittelbar vor oder nach der Hidschra) gegen sich selbst zeugen. Man wird es bedauern, in seinem Erdenleben nicht „vorgesorgt" zu haben *(yā laitanī qaddamtu li-ḥayātī,* 89:24/25, schon 1. m. P.). Die Hölle wartet auf „...diejenigen, die nicht damit rechnen, uns (am Tag des Gerichts) zu begegnen, und die mit dem diesseitigen Leben zufrieden sind und darin Ruhe finden, und die nicht auf unsere Zeichen achten..." (10:7, 3. m. P.).

Umgekehrt sind die Verheißungen gewiß, wie schon die Engel zu den Gläubigen sagen (41:31, 3. m. P.). Auf sie wartet ihr Lohn (43:35/34, 2. m. P., vgl. 16:97/99, 3. m. P. und 3: 185/182b). Ein Spezialfall sind diejenigen, die im *ǧihād, fī sabīli llāhi,* getötet worden sind; denn sie sind immerhin schon lebendig im Paradies: „Und sagt nicht von denen, die um der Sache Gottes willen (auf dem Wege Gottes) getötet werden, (sie seien) tot. (Sie sind) vielmehr lebendig (im Jenseits). Aber ihr merkt es nicht." (2:154/149, Medina; ähnlich 3:169/163, ebenfalls in Medina). Dem diesseitigen Leben gegenüber werden Glaube und Gottesfurcht belohnt (47:36/38, Medina), und die Freunde Gottes können die frohe Botschaft *(al-bušrā)* Gottes hier und im Jenseits genießen (10:64/65, 3. m. P.).

Alle diese Verheißungen vereinigen sich in dem großen Aufruf, das wahre Leben zu ergreifen (8:24a, Medina). Mohammeds Warnung und Aufruf, wie sie im Koran enthalten sind, gelten denjenigen, die lebendig und geistig aufnahmefähig sind; die anderen fallen notwendigerweise durch (36:70, 2. m. P.).

Dies kann dann auch zum Kampfaufruf führen, S. 9:38 (Medina): „Ihr Gläubigen! Warum laßt ihr den Kopf hängen, wenn zu euch gesagt wird: ‚Rückt aus (und kämpft) um Gottes willen (auf dem Wege Gottes)?' Seid ihr (denn) mit dem diesseitigen Leben eher zufrieden als mit dem Jenseits? *(a-raḏītum bi l-ḥayāti d-dunyā mina l-aḫirati).*" Der Tod im Kampf wird, wie jeder Tod, doch von Gott entschieden (8: 42/43—42/44, Medina).

Es wäre nicht zutreffend, sich das Jenseits, wie es im Koran beschrieben wird, als ein umgekehrtes Diesseits vorzustellen. Es ist vielmehr eine Verlängerung, eine zeitlich und örtlich transzendente Dimension dieses Diesseits. So gibt es z. B. für die Ungläubigen einen deutlichen Parallelismus zwischen der Schande im Leben hier und der Strafe bei der Auferweckung (z. B. 2:85/79, vor oder nach der Hidschra). Und Gott hat seinen Dienern schon in diesem Leben gute Dinge gegeben, die dann am entscheidenden Tag endgültig sein werden (z. B. 7:32/30, Ende der 3. m. P.). Es wird gesagt, daß über die Kalbanbeter zur Zeit Moses nicht nur später der Zorn ihres Herrn kommen würde, sondern schon jetzt Erniedrigung im diesseitigen Leben (7:152/151, Ende der 3. m. P.). Ja, umgekehrt kann ihr Reichtum den Ungläubigen schon im hiesigen Leben zur Strafe werden (9:55, Medina). Ungläubige wie die 'Ād haben ihre Strafe hier und im Jenseits (41:16/15, 3. m. P.). Und Gott gibt den Gesandten und den Ihrigen Hilfe sowohl hier wie im Jenseits (40:51/54, 3. m. P.).

e) Schlußfolgerung über die Koran-Aussagen

Zusammenfassend wäre zu sagen, daß das Leben im Koran als ein von Gott gegebener natürlicher Zustand beschrieben wird. Zwischen Geburt und Tod entscheidet sich der Mensch, ob er der Absicht Gottes gemäß leben will, worauf seine Existenz angelegt ist, oder nicht. Falls er diese Entscheidung nicht positiv trifft, wird er sich selbst und die Welt auf törichte Weise sehen und weitere Fehler machen. Der Mensch soll im diesseitigen Leben Gottes Diener sein und seinem Willen folgen; denn Gott hat ihn geschaffen und ihm Leben gegeben aus Barmherzigkeit. Mit dem Augenblick des Todes ist grundsätzlich über das diesseitige Leben entschieden; das Urteil wird zuerst von zwei Engeln im Grab gesprochen, sodann bei der Erfüllung der Zeit von Gott selbst nach seiner allgemeinen Erweckung der Toten. Diejenigen werden dann das wahre Leben gewinnen, die das zeitliche Leben als Diener Gottes verbracht haben und die in diesem Leben ihren Sinn nicht auf das diesseitige Leben, sondern auf Gott und das Jenseits gesetzt haben.

Der Mensch hat sein Leben wie seine spätere Wiederbelebung nur Gott zu danken. Die Predigt der Existenz des einen Gottes, seiner Schöpfung und seiner allgemeinen Auferweckung hängen aufs engste zusammen. Das Leben der Gläubigen ist Gott ergeben, in sehr spezieller Weise im „aktiven" Martyrium, dem *ǧihād*. Die endgültige Abrechnung im Jenseits ist nur die Konsequenz des vorläufigen Urteils während des hiesigen Lebens.

In dieser koranischen Sicht wird das menschliche Leben vergegenwärtigt als ein Geschehen, das schließlich mehr als „natürlich" ist: es reicht von dem Schöpfungstropfen bis hin zum Himmel oder zur Hölle, je nachdem, ob es Gott ergeben ist oder nicht und wie Gott darüber urteilt. Das Gott nicht ergebene Leben ist wesentlich zum Tode und wird im Koran als verwirrt und töricht beschrieben, wahrscheinlich, weil es nur einen beschränkten und daher irregeleiteten Blick auf das Besondere des Menschenlebens zuläßt. — Für den gottergebenen Glaubenden sind Tod und Leben zwar im Diesseits eine Alternative, aber nicht mehr im Hinblick auf das Jenseits, wo Gott in seiner Allmacht den Menschen aus dem Tode zum Leben erweckt, und der Tod vor dem allmächtigen Gott seine Bedeutung verliert. Leben und Tod waren ja von Anfang an Instrumente der Vorsehung Gottes.

2. *Die israelitischen Schriftpropheten*[3]

Während Mohammed sozusagen der erste Muslim in Arabien war, standen die altisraelitischen Propheten innerhalb einer religiösen Tradition, die schon dem einzigen Gott Jahwe gewidmet war. Bevor wir dem näher nachgehen, was die großen Schriftpropheten an direkten Aussagen über das Leben gegeben haben, ist es nützlich, einige Bemerkungen über die Auffassung des Lebens im Alten Testament im allgemeinen zu machen.

[3] Für einen Gesamtblick über die israelitische Religion s. z. B. H. Ringgren, Israelitische Religion (Die Religionen der Menschheit 26). Stuttgart 1966. Für eine religionsgeschichtliche Behandlung alttestamentlicher und anderer Propheten s. z. B. G. Widengren, Literary and Psychological Aspects of the Hebrew Prophets (Uppsala Universitets Årsskrift 1948:10). Uppsala – Leipzig 1948.

Gerhard von Rad hat in einem Vortrag von 1934[4] auf die nüchterne Sachlichkeit in den Berichten vom Sterben alttestamentlicher Frommen hingewiesen. Das Leben wird von vorneherein als etwas Begrenztes, als etwas dem Menschen von Gott Zugemessenes angesehen, und der Tod besiegelt das Leben fast wie eine Erfüllung von Gott her, der ihn schickt. Der Tod wird also nicht als etwas Selbständiges aufgefaßt, das von außen her ins Leben einbricht, sondern als die Störung des Gottesverhältnisses, das dem Menschen mit dem Leben dank Gottes „Atem" gegeben worden ist. Mit dem Tod scheidet die Einzelperson aus dem göttlichen Lebensbereich aus, und da es kein Fortleben nach dem Tode gibt, ist das das Ende. Umgekehrt ist das Leben keine objektive, verfügbare Sache: es kommt von Gott und bleibt Gottes „Eigentum", so daß Gott auch den Gehorsam des Menschen beanspruchen kann. Überdies steht der Mensch in bezug auf das Hören des Wortes Gottes immer in der Entscheidung: wenn er auf Gottes Wort hört, bedeutet das Leben; aber das im Ungehorsam gelebte Leben außerhalb des Wortes Gottes ist vor Gott bereits verwirktes Leben, eigentlich schon Tod. Der Tod ist in diesem Sinn ein Leben außerhalb des Lebensverhältnisses zu Gott.

Diese Gottesvorstellung impliziert, daß Gott alle Widersprüche in sich aufnimmt und bewältigt. Es gibt keine gesonderten Götter des Lebens und des Todes, sondern Jahwe ist Herr und Meister beider Mächtigkeiten. Der Mensch ist dabei abhängig von seiner Aneignung oder Verwerfung des Gebotsanspruches Jahwes an ihn. Heil und Unheil, Leben und Tod werden verstanden als dem Menschen, seinem eigenen Tun gemäß, zugemessenes Teil. Wie M.-L. Henry in einem Aufsatz[5] bemerkt, wird der Versuch gemacht, „...die von Geburt und Tod umgrenzte Existenz des Menschen prinzipiell als Gerichtssituation zu verstehen..." (S. 6). Diese ist verbunden mit der Vorstellung des einen richtenden und rettenden Gottes, auf den das Volk sich am Sinai verpflichtet hat (Ex. 19—24) mit einer Gebotsordnung, die in Dt. 30, 11ff. auch kultisch bekräftigt worden ist. Dem Bund und seiner Ordnung *(Thora)* gemäß führt das

[4] G. von Rad, Alttestamentliche Glaubensaussagen vom Leben und vom Tod. Veröffentlicht in seinem Buch: Gottes Wirken in Israel. Vorträge zum Alten Testament. Hrsg. v. O. H. Steck. Neukirchen 1974. S. 250—267.

[5] M.-L. Henry, 'Tod' und 'Leben', Unheil und Heil als Funktionen des richtenden und rettenden Gottes im Alten Testament. In: Leben angesichts des Todes. Festschrift Helmut Thielicke. Tübingen 1968. S. 1—26.

Hören auf Jahwe zu einem Leben als Segen Gottes, während die Abwendung des Herzens von Jahwe bewirkt, daß der Mensch zugrunde geht und den Tod als Fluch erleidet. Unter der Gebotsordnung stehend, wählt der Mensch entweder das Leben oder den Tod. Die Propheten namentlich weisen immer wieder auf die Dynamik der richtenden und rettenden, der tötenden und lebendig machenden Gottesgewalt hin, je nachdem, ob der Mensch hört oder sich abwendet. Diese Propheten warnen nicht nur vor dem Heidentum, wie Elia, sondern später auch vor religiöser Eigenmächtigkeit und einer naiven fraglosen Heilsgewißheit, die Gott ohne weiteres als Bürgen alles Heils, ja nahezu als „Besitz“ Israels bewertet und benützt. Solche Scheingewißheit steht, wie Jeremia andeutet, ebenfalls unter dem Gericht. Die Propheten sind jedoch nicht alle nur Verkündiger des Gerichts. Ein Deuterojesaja z.B. ist deutlich ein Heilsprophet, wenn er über den Leben spendenden und rettenden Gott spricht, und von der Erfahrung der Macht des rettenden Gottes zeugt. Und hier kommen wir dann auf die Lebensaussagen in der Schriftprophetie.

Merkwürdigerweise wird die Lebensaussage, wie W. Zimmerli bemerkt[6], in der Schriftprophetie nur karg verwendet, mit Ausnahme von Ezechiel, der 43 Belege für *ḥāyā* (mit *ḥay*) im Kal hat, gegenüber sieben bei Jesaja (aber keiner in den echten Jesajaworten), neun bei Jeremia (alle in den erzählenden Partien), drei bei Amos, einem bei Hosea, einem bei Habakuk, einem bei Protosacharja und zwei in Sacharja 9—14. Wir folgen hier Zimmerli in seinen Erörterungen, zuerst über die konditionalen und dann über die unkonditionalen Lebensaussagen bei Ezechiel, der im Exil in Babylon sprach und schrieb.

In Ez. 33, 10—20 geht der Prophet zum Beispiel näher auf das Bewußtsein von Verschuldung und Sünde ein, das in der Gemeinde herrscht, vielleicht als Folge seiner Urteilspredigt, durch die das Leben nahezu unmöglich ist. Die Implikation ist, daß man nicht unter der Sünde leben kann und daß nur der leben könnte, der von der Sünde frei ist. In Vers 11 schwört Gott dann, daß er kein Wohlgefallen hat am Tode des Sünders oder gar Gottlosen, sondern daß dieser sich bekehren muß und

[6] W. Zimmerli, Kap.: 'Leben' und 'Tod' im Buch des Propheten Ezechiel. In: Gottes Offenbarung. Gesammelte Aufsätze zum Alten Testament. München 1963. S. 178—191.

leben soll. Dies ist eine konditionale Lebenszusage: falls Israel sich von der Ungerechtigkeit abkehrt, wird das Volk leben. Es wird eine Verbindung zwischen Sünde und Tod einerseits, Gerechtigkeit und Leben andererseits hergestellt. Dies wird verknüpft mit einer offensichtlich vorgefundenen Ordnung: der von Gerechtigkeit gegen Gottlosigkeit, Leben gegen Tod. Aber der Prophet fügt hinzu, daß der Gerechte nicht durch eine Gerechtigkeit gerettet wird, wenn er sündigt, der Gottlose nicht durch seine Gottlosigkeit zu Fall gebracht wird, wenn er sich bekehrt. In den Versen 13 und 14 bestätigt Jahwe dies in persönlichem Stil in zwei bekannten Formeln: „Wenn ich vom Gerechten sage: ‚er soll unbedingt leben' *(ḥāyō yiḥyē)*..." usw. und „Wenn ich zum Gottlosen sage: ‚du sollst unbedingt sterben' *(mōt tāmūt)*..." usw. Diese zwei hebräischen Ausdrücke nun sollen nach G. von Rad „deklaratorische Formel" sein, die ein Lebens- bzw. Todesurteil ankündigten, das ursprünglich von einem Priester im Tempel zu Jerusalem ausgesprochen wurde. Nachdem er dem Tempelbesucher zuerst das Gesetz Jahwes vorgetragen hatte, sprach der Priester als der im Heiligtum legitimierte Vertreter Jahwes dem Gehorsamen Leben, dem Widerstrebenden Tod zu. Dieses Urteil, mit der Verkündigung einer Ordnung von Leben und Tod, die dem Gerechten bzw. dem Gottlosen zugeteilt wurde, wurde aber im Tempel und nicht in der Prophetie gegeben; es war also kultisch bestimmt. Das Interessante bei Ezechiel, verglichen mit den anderen Propheten, die einige konditionale Lebensaussagen machen — Amos, Jeremia, Habakuk, die wir hier beiseite lassen[7] — ist, daß er in seiner Prophetie als ehemaliger Priester von der gesetzlich-kultischen Ordnung ausgeht, aber dann sagt, daß Gott nicht den Tod des Sünders will und daß dieser noch „umkehren" kann. Ezechiel ist hier also nicht nur Gerichtsprophet, sondern auch Bewahrer und Diener des Lebens, wie in Ez. 18 gezeigt wird. Nach der Ordnung muß der Ungerechte den Tod erleiden; aber Jahwe hat Erbarmen und ruft ihn noch zum Leben als einer wirklichen Möglichkeit, falls er umkehrt.

Neben diesen konditionalen Lebensaussagen gibt es bei Ezechiel aber auch noch einige andere, die „...das Leben Israels ganz unkonditional als

[7] W. Zimmerli, a. a. O., S. 178, Anm. 1. Für die Psalmen, vgl. Chr. Barth, Die Errettung vom Tode in den individuellen Klage- und Dankliedern des Alten Testamentes. Zollikon 1947; und G. von Rad, 'Gerechtigkeit' und 'Leben' in der Kultsprache der Psalmen, in : Gesammelte Studien zum AT. München 1958. S. 225—247 (= ThB 8).

eine feste, reine Zusage Jahwes über seinem Volke aussagen" (Zimmerli, S. 189), z.B. Ez. 16, 6; Ez. 37, 4, 5 und 14; und Ez. 47, 9. Hier wird einfach das Leben im Namen Jahwes zugesagt, mit dem Bilde der Erweckung der Toten, und hier herrscht der absolut freie Willensentscheid Jahwes, wie dieser auch im priesterlichen Schöpfungsbericht vorliegt. Während also die Propheten in Israel merkwürdigerweise überhaupt wenig direkte Lebensaussagen geben — vielleicht „als bewußte Vermeidung einer so stark kultisch belasteten Begrifflichkeit" zu interpretieren (Zimmerli, S. 188) —, weisen die meisten davon konditionale Form auf, auch bei Ezechiel.

3. *Zarathustra*[8]

Die historischen Probleme der Biographie und der Entwicklung der Verkündigung Zarathustras sind sehr groß[9], und wir hätten diesen Propheten nicht berücksichtigen brauchen, enthielte nicht seine Predigt, nicht minder als die des Mohammed und der israelitischen Propheten, eine deutliche Wahl zwischen „Leben gewinnen" und „Leben verlieren", zwischen Leben und Tod. Zarathustra war ein *zaotar,* ein priesterlicher Sänger (Yasna 33/16). Wie bekannt, steht er gegen die altindoeuropäische Religion auf, indem er Ahura Mazdā („der Weise Herr") als den Herrn predigt, und die alten Götter nicht mehr nennt, sondern zu *daēvas* degradiert. Der Gott Ahura Mazdā wird umgeben von sechs geistigen Wesen, mit dem bedeutsamen Namen Amešа Spentas („heilige Unsterbliche"), die ihm untergeordnet sind. Blutige Opfer und der *haoma*-Rausch werden verworfen und die Hauptlinien eines Dualismus zwischen

[8] Einige allgemeine Werke über die zoroastrische Religion seien genannt: H. Lommel, Die Religion Zarathustras nach dem Awesta dargestellt. Tübingen 1930 (Nachdruck Hildesheim 1971); G. Widengren, Die Religionen Irans (= Die Religionen der Menschheit 14). Stuttgart, 1965. Insbesondere S. 60—93. Vgl. auch C. Colpe, Zarathustra und der frühe Zoroastrismus. In: Handbuch der Religionsgeschichte (Hrsg. v. J. P. Asmussen, J. Laessøe in Verbindung mit C. Colpe). Bd. 2. Göttingen 1972. S. 319—357.

[9] Als letzter Beitrag in der Forschungsdiskussion s. M. Boyce, A History of Zoroastrianism I (= Handbuch der Orientalistik). Leiden – Köln 1975. p. 181—246; vgl. A. Closs, Zarathustra unter den 'Propheten'. In: Al-Bahit. Festschrift Joseph Henninger. St. Augustin (Anthropos Institut) 1976. S. 77—110.

Gutem und Bösem gezogen, wobei dem Menschen allerdings eine freie Wahl zufällt.

Zarathustra soll als Meister mit den sich um ihn scharenden Jüngern eine Wandergemeinde gebildet haben, die sich *drigu* (arm) nannte, im Gegensatz zu Männerbünden mit ungestümem Auftreten, die mit *aēšma* (Raserei) angedeutet werden. Die Mythen und Riten solcher Männerbünde sollen dem Propheten besonders zuwider gewesen sein. G. Widengren, dem wir diese Unterscheidung danken, beschreibt Zarathustra als einen visionären Ekstatiker (S. 69—74), der von einer Schar von Schülern umgeben gewesen sei, die ebenfalls ekstatische Erlebnisse gehabt hätten, sei es durch einen narkotischen Trank — wodurch vielleicht auch Zarathustra sich in Trance versetzt hat, in der er Visionen erlebte und die Worte Ahura Mazdās vernahm — oder durch ekstatisches Singen, das ebenfalls einen Trancezustand hervorrufen konnte.

Zarathustras Predigt darf monotheistisch genannt werden. Ahura Mazdā ist der große Herr und der Hintergrund des Weltalls. Die Ameša Spentas sind die Elemente dieses Weltalls, also Aspekte des Wesens Ahura Mazdās; umgekehrt ist dieser das Wesen dieser Ameša Spentas. Die monotheistische Tendenz setzt sich aber nicht ganz durch wegen der ihr entgegengesetzten dualistischen Stimmung. Das ist nicht sosehr der Gegensatz zwischen Geist oder Seele und Körper; denn es gibt gute und schlechte geistige Wesen, und es gibt gute und schlechte körperliche Wesen. Der Dualismus besteht vielmehr zwischen zwei unendlichen Prinzipien: den Zwillingen Spenta Mainyu (der Heilige Geist) und Ahra Mainyu (der Böse Geist), die derart zusammen das Weltall geschaffen haben, daß der erste für das Leben, und der zweite für das Nichtleben verantwortlich ist. Ahra Mainyu, der spätere Ahriman, ist der Böse *drugvant*, buchstäblich als „trügerisch" und freier als „Glaubensfeind" zu übersetzen; er zieht es immer vor, das möglichst Schlechte zu tun.

Entscheidend für unser Thema ist nun die Lehre, daß sich alle Menschen in zwei Lagern oder Heerscharen sammeln: die Klarsehenden im Lager des Heiligen Geistes und die Übelsehenden oder Irrenden im Lager des Bösen Geistes. Jeder Mensch muß wählen, da es keine Zwischenposition gibt. Hiermit ist die Alternative „Leben gewinnen" oder „Leben verlieren" nicht nur bestimmend für das individuelle — und auch gemeinschaftliche — Los im Diesseits und Jenseits, sondern für Individuum, Menschheit und Kosmos zusammen im Drama des Streites zwischen

Heiligem und Bösem Geist. Diejenigen, die gut gewählt haben, werden am Ende in das Haus des Vohu Manah kommen, „das Haus des Gesanges“ *(garō demāna)*. Sie werden über die Činvat-Brücke schreiten, wobei Zarathustra sie als Erlöser *(saošyant)* begleiten wird. Andererseits werden diejenigen, die schlecht gewählt haben, zu Ačišta Manah, dem schlechten Denken, dem Gegner Vohu Manahs, gehen. Schließlich wird Ahura Mazdā selbst durch Feuer und geschmolzenes Metall das große Schlußordal vollziehen, wobei das Böse durch den gemeinsamen Kampf derjenigen, die das Gute wählten, endgültig überwunden wird. Dann wird die Transfiguration *(ākereti, frašō-kereti)* geschehen.

Zarathustra selbst ist Prophet in einem weiteren Sinn als Mohammed und die alttestamentlichen Schriftpropheten. Er ist Gottesoffenbarer nicht nur in dem Sinne, daß er Gottes Wort überbringt und der „Gesandte Gottes“ ist — ein Titel, der in der Religionsgeschichte des Mittelostens auch weiterhin eine wichtige Rolle spielt — sondern er bekommt später auch eschatologische Bedeutung dadurch, daß er für die Gläubigen am Ende als *saošyant,* Heiland oder Erlöser, auftritt.

Das Leben der Gemeinde und des Einzelnen ist genau geregelt. Der Gläubige soll in Übereinstimmung mit Aša, der rechten Ordnung, in Gedanken, Worten und Taten leben; er soll Mitarbeiter Ahura Mazdās sein; er soll die Lügner, die Feinde des Glaubens, und das Böse als solches ohne Unterlaß bekämpfen; er soll die komplizierten Reinheitsgesetze pünktlich halten. Es gibt Lohn und Strafe im Diesseits wie im Jenseits. Alles Gute kommt von Ahura Mazdā mit seinen Ameša Spentas, „heiligen Unsterblichen“, die schöpferische Intelligenzen und Geistesmächte sind. Mit Hilfe derer, die ihre Seite gewählt haben, schlagen sie den Angriff des Übels zurück, und dies führt zur Wiederherstellung der guten Welt.

Wir haben es mit einer lebensbejahenden Religion der freien Wahl für das erstrebte vollkommene Gottesreich zu tun. Die gute Entscheidung fällt für das Leben, gegen das Reich der Finsternis und des Todes.

4. *Propheten in der Gegenwart: Afrika*[10]

Die Predigt der bisher behandelten „großen" Propheten ist in heiligen Schriften aufbewahrt worden und gilt noch immer als heiliges Wort für Muslime, Juden, Christen und Mazdäer. Es hat aber zahllose Propheten gegeben, die weniger bekannt geworden sind und sich doch zu unserm Thema nachdrücklich geäußert haben. Sie müssen hier beiseite bleiben.

Dagegen sollten wenigstens einige Bemerkungen über Propheten der Gegenwart, namentlich in Afrika, angeschlossen werden, wo eine ähnliche Problematik wie bei den „klassischen" Propheten auftritt, wenn auch in modernem Gewand. Hier wird dieselbe Alternative — das Leben gewinnen oder verlieren — geltend gemacht. Propheten in Afrika treten in traditionellen afrikanischen Religionen, im afrikanischen Islam — wenigstens als Reformatoren wie Uthman dan Fodio in Nord-Nigeria am Ende des 18. Jh. — und innerhalb afrikanischer christlicher Sekten und Kirchen auf. Man denke an die Bantupropheten in Südafrika, die in der gleichnamigen Studie von B. G. M. Sundkler beschrieben werden, und an eine prophetische Führergestalt wie Simon Kimbangu (1889—1950) im früheren belgischen Kongo, jetzt Zaire. Über westafrikanische Propheten gibt es eine einleuchtende Studie von H.-J. Greschat.

Prophetische Bewegungen, die ein neues Leben innerhalb der Zeit predigen, sind von den chiliastischen, millinaristischen und messianischen Bewegungen, die wesentlich das Ende der Zeit proklamieren, zu unterscheiden. Solche prophetischen Bewegungen enthalten die Verkündigung von etwas bisher Unbekanntem, etwas Neuem, von Leuten, die sich auf verschiedenartige göttliche Willenskundgebungen berufen. Diese Personen unterscheiden sich von Wahrsagern durch ihre persönliche Tat-

[10] Eine sehr allgemeine Einführung, wobei der Prophetenbegriff allerdings zu breit gefaßt worden ist, stammt von K. Schlosser, Propheten in Afrika. Braunschweig 1949. Vgl. auch A. G. Kellermann, Profetisme in Suid-Afrika in akkulturasie perspektief. Diss. Utrecht 1964. — Weitaus am wichtigsten ist B. G. M. Sundkler, Bantupropheten in Südafrika. Stuttgart 1964 (engl. Ausgabe 1961). S. ders., Art.: Propheten (Afrika), in: RGG, 3. Auflage. Wichtig ist auch H.-J. Greschat, Westafrikanische Propheten. Morphologie einer religiösen Spezialisierung (Marburger Studien zur Afrika- und Asienkunde). Marburg an der Lahn 1974. Es gibt auch prophetische Bewegungen außerhalb Afrikas, die wir hier beiseite lassen müssen.

kraft, ihren tiefen Wirkungskreis und ihre weiten Zielsetzungen. Obwohl es unter ihnen Betrüger geben kann und obwohl sie von Politikern und Organisationen mißbraucht werden können, ist ihre Botschaft vielfach eindringlich und wirksam, nicht nur dadurch, daß sie Hoffnung auf materiellen Fortschritt wecken, sondern auch durch Verheißungen körperlichen und geistlichen Wohlseins. Von vielen Beobachtern ist die Aufnahmefähigkeit, ja Kritiklosigkeit vieler Zuhörer diesen prophetischen Figuren gegenüber hervorgehoben worden.

In Zaire gibt es eine einheimische Tradition des Prophetismus oder Ngunzismus, abgeleitet von dem mit „Prophet“ zu übersetzenden Wort *ngunza*. Wie A. Doutreloux gezeigt hat[11], handelt es sich um Bewegungen unter Führern mit prophetischem Anspruch, die von dem Ziel begeistert sind, in der gegenwärtigen Welt eine neue Ordnung herbeizuführen, die religiös ausgedrückt und legitimiert ist. Alle Bewegungen dieser Art hätten dieselbe Inspirationsweise und Dynamik, und einige Züge davon dürfen wohl herausgehoben werden, da sie mit dem Tausch des alten gegen ein neues Leben zu tun haben.

Der Ngunzismus greift im Namen einer religiösen Erneuerung Zauberei, aber auch andere, sozusagen „unschuldige“, „primitive“ Religionsformen an. Es gibt verschiedene Bewegungen neben- und durcheinander, die auch synkretistisch wirken, und die geographisch verschiedene Schwerpunkte haben. Der Kimbangismus z. B. nimmt namentlich dadurch eine besondere Stellung ein, daß er in ganz Zaire verbreitet ist und zur religiösen Einheit des Landes einen Beitrag liefert. Der Ngunzismus ist eine immer vorhandene Kraft, wie ein Mythus, auf den man sich zu jeder Zeit beziehen kann. Die großen Ngunzas oder Propheten haben den Ruf, Wunder zu tun. Jede Bewegung versucht sich als wahr, groß, modern usw. darzustellen, und wirkt an ihrem eigenen Mythus, der aus der Predigt genährt wird. Bestrebungen sozialpolitischer Art spielen dabei eine

[11] A. Doutreloux, Prophétisme et culture. In: African Systems of Thought (Seminar Salisbury 1960). London 1965. p. 224—239. Es gibt eine ganze Reihe von Studien über Prophetismus in Zaire und über Simon Kimbangu im besonderen, s. P.-E. Chassard, Essai de bibliographie sur le Kimbanguisme. In: Archives de Sociologie des Religons, 16ᵉ Année, no. 31 (janvier—juin 1971), p. 43—49.

Der Verf. ist für die deutschsprachigen Korrekturen Herrn Prof. Dr. G. Sauter (Bonn), Herrn Dr. G. Stephenson (Darmstadt) und Herrn Prof. Dr. M. H. E. Weippert (Utrecht) zu großem Dank verpflichtet.

Rolle, z. B. die Idee, den Schwarzen ihre eigene Religion zu geben, und überhaupt den Weißen gegenüber eine eigene Ordnung zu schaffen aufgrund der eigenen Kultur und ausgedrückt in eigener religiöser Sprache. Gerade dadurch, daß der Prophet religiös spricht, macht er sich der Masse der Leute verständlich oder wenigstens greifbar; auch kann er überhaupt auf dem Gebiet der Religion viel mehr als auf dem der organisierten Politik, Wirtschaft und Sozialstruktur die Freiheit zum Handeln finden. Obwohl er grundsätzlich auf religiösem Gebiet — oder was wir gewöhnlich mit diesem Wort bezeichnen — wirkt, ist sein Handeln voll sozialer und politischer Implikationen, und falls er sich gegen Widerstand durchsetzen kann, muß öfter die alte Führungsschicht abtreten. Ngunzismus-Bewegungen eröffnen den Menschen ungeheure Hoffnungen, und diese geistige Mobilisierung ist die Stärke dieser Bewegungen.

Man kann diesen prophetischen Ngunzismus auf verschiedene Weise beschreiben: als einen im Bereich der Religion entwickelten Versuch zu sozialer und politischer Neuordnung; als den Versuch, eine Krisensituation dadurch zu bewältigen, daß man eine religiöse Antwort darauf gibt; als den Versuch einer Gemeinschaft, den mit ihrer Tradition gegebenen Problemen dadurch Herr zu werden, daß sie mit einer neuen Botschaft über sich hinauswächst.

Was uns aber im Rahmen unseres Themas interessiert, ist, die Innenseite dieser Bewegungen offenzulegen und zu sehen, wie die von ihnen intendierte und angebotene Alternative der Lebensführung und sozialen Ordnung von den Menschen jedenfalls teilweise verwirklicht wird. So können wir die Botschaft dieser „neuen" Propheten inhaltlich mit derselben Genauigkeit erforschen wie die, die in den „klassischen" prophetischen Schriften enthalten ist. Wir haben hier freilich den Vorteil, daß wir nun auch die Reaktionen der „Empfänger" wahrnehmen und verfolgen können, namentlich wie die Lebensführung der neu gestifteten Gemeinde sich in der Interaktion zwischen dem Propheten und seinen Anhängern in bestimmten konkreten Situationen herausbildet — nicht nur, was man als 'neues Leben' annimmt, sondern auch, was man als altes Leben, ja als „Tod", hinter sich lassen will.

5. Schlußbemerkungen

Bei Mohammed, Ezechiel, Zarathustra und heutigen prophetischen Bewegungen in Afrika erweist sich der Aufruf zu einem neuen Leben als ein wesentliches Merkmal prophetischer Verkündigung, das auch bei anderen Propheten zu finden ist. Um den Unterschieden und den Nuancen Gerechtigkeit widerfahren zu lassen, sollte man aber zwischen prophetischen *Bewegungen* und prophetischen *Religionen* einen Unterschied machen.

Prophetische *Bewegungen* setzen die Erscheinung eines Propheten voraus, der in Wort und Tat eine Botschaft überliefert, deren Ursprung eben nicht menschlich, sondern göttlich genannt wird und im Laufe der Verkündigung vom Propheten meistens verdeutlicht wird. Die Botschaft selbst, wenn nicht als fremd, dann doch als „neu“ erfahren, drückt sich aus in Worten und Handlungen des Propheten, und das belebende Geschehen der Inspiration kann verschiedene psychische Formen annehmen, z. B. mehr visionär oder auditiv geartet sein. Die prophetische Person nimmt in Wort und Tat Distanz zum täglichen Verhalten, obwohl sie sich mit den Menschen und der Welt in einer neuen Weise verbunden weiß. Öfter enthält die prophetische Predigt Elemente eines Sozialprotestes, des Widerstandes gegen eine Bedrückung, die in der Predigt aufgezeigt wird. Als Verkündigung eines neuen Lebens oder einer neuen Ordnung ist die Predigt häufig verbunden mit einem Gerechtigkeitsanspruch. Für den Propheten bzw. die Prophetin haben die Normen, aufgrund derer über die gegebene Lage geurteilt wird und ein neues Leben proklamiert wird, einen ewigen Grund oder eine höchste Autorität, der gegenüber kein Ungehorsam geduldet wird. Die prophetische Bewegung selbst entsteht natürlich, wenn der Prophet für seine Botschaft Anhänger findet. Das setzt voraus, daß diese Botschaft in einer bestimmten Situation zu einem deutlichen Appell wird. Es entwickelt sich eine Interaktion zwischen dem Propheten und den Anhängern mit ihren Erwartungen. Aber es gibt auch tiefere Verbindungen zwischen dem Propheten und dem, was an Erfahrungen und Glaubensweisen, Verlangen und Enttäuschungen in einer Gemeinschaft lebt. Der schlichten Tatsache, daß ein Prophet in einer Gemeinschaft auftritt, steht der Inhalt und die Entwicklung der Botschaft, welche der Prophet seinen Mitmenschen zu überbringen sich gerufen weiß, gegenüber. Ein neues Leben kann gerade da verkündigt werden, wo das gegebene Leben nahezu untragbar geworden ist und immer mehr ein „zum Tode sein" vergegenwärtigt.

Wie aus einer prophetischen Verkündigung eine Bewegung werden kann, so können prophetische *Religionen* aus solchen Bewegungen herauswachsen durch die Entwicklung ihrer Rationalität und ihre Institutionalisierung. Solche Religionen entwickeln ihre eigenen Institutionen, ihre eigenen Regeln und ihre eigenen Weltanschauungen. Die Transformation einer prophetischen Bewegung in eine Religion ist wesentlich geistiger Art und läßt sich zum Beispiel fassen im Übergang von einer Proklamation eines neuen Lebens und einer Gerechtigkeit zur Gestaltung des neuen Lebens und zur Anwendung des Rechts. Dies führt zur Ausbildung von Lebensführern, zur Ausarbeitung eines Gesetzes und zur Festlegung einer Schrift.

Diese Entwicklung bedeutet nicht, daß die ursprüngliche prophetische Botschaft völlig verlorengegangen wäre, aber sie kann als Verkündigung größtenteils vergessen sein. Der Prophet selbst bleibt geachtet als „Stifter" bzw. einer der Stifter der betreffenden Religion; ein Teil seiner Worte bleibt erhalten in geschriebener, aber nicht immer zugänglicher Form; vielfach gibt es auch eine mündliche, volkstümliche Überlieferung über sein Leben, seine Verkündigung und sein Auftreten. In vielen Fällen werden in solchen „prophetischen" Religionen nachkommende Propheten einfach verboten und die Offenbarung wird mit der ursprünglichen Verkündigung als abgeschlossen bezeichnet. Grundsätzlich wäre es dann besser, nicht von „prophetischen Religionen" zu sprechen, sondern von „prophetischen *Strömungen*" in gewissen — meistens auf Propheten zurückgehenden — Religionen, d. h. Strömungen, die ausschließlich das alte Prophetenwort nachzuleben versuchen.

Rückblickend sehen wir im Koran herausragende Gegensätze, wie zwischen Diesseits und Jenseits, Gott und Mensch, Warnungen und Verheißungen, die alle bedeutungsvoll sind für den grundsätzlichen Gegensatz zwischen *neuem* und *altem* Leben. Die koranische Verkündigung ruft alle Menschen zur Entscheidung während dieses Lebens, nämlich Gott ergeben zu leben. Das Gott nicht ergebene Leben ist zum Tode; für den Glaubenden, der Gott ergeben lebt, sind Tod und Leben nur im Diesseits eine Alternative, aber nicht mehr im Hinblick auf das Jenseits. Leben und Tod sind letzten Endes Instrumente der Vorsehung Gottes. Die

Weiterentwicklung der islamischen Religion ist weithin bekannt; es ist interessant, dabei zu bemerken, daß der Koran als 'unerschaffenes Gotteswort' immer eine zentrale, allgemein zugängliche Stellung in der Gemeinschaft innegehabt hat.

Im Alten Testament wird das Leben als etwas von Gott Zugemessenes angesehen; es ist Gottes Eigentum und bedingt als solches ein ständiges Gottesverhältnis. Der Tod ist das von Gott gegebene Ende des Lebens; Tod gibt es aber auch innerhalb des Lebens, nämlich wenn der Mensch außerhalb des Verhältnisses zu Gott lebt. Menschliche Existenz ist somit eine Gerichtssituation unter dem Gebotsanspruch Jahwes, wie ihn die Thora darstellt: wer auf die Thora hört, empfängt Gottes Segen im Leben. Innerhalb dieser Tradition stehen die Lebensaussagen, die bei Ezechiel zu finden sind. Gott will den Tod des Sünders nicht und verspricht ihm das Leben, falls er sich von der Ungerechtigkeit bekehrt; wie dem Gottlosen der Tod, wird dem Gerechten das Leben verkündigt. Man kennt die Weiterentwicklung des Judaismus als Religion mit Tempelkult und Gesetz, auf das eigene Volk bezogen, wodurch das Prophetenwort als Unterströmung in der Gemeinschaft lebendig blieb.

Bei Zarathustra ist die Wahl zwischen 'Leben gewinnen' und 'Leben verlieren' im jetzigen Leben ganz klar verkündigt worden, vor dem Hintergrund eines radikalen Dualismus zwischen Heiligem und Bösem Geist. Der Prophet ruft auf zum aktiven Dienst Ahura Mazdās, dessen Mitarbeiter der Gläubige werden muß. Die Alternative ist wichtig, nicht nur für das Individuum, sondern für Menschheit und Kosmos selbst. Das Leben soll der rechten Ordnung gemäß verlaufen. Auch nach der prophetischen Periode während Zarathustras Leben haben wir es zu tun mit einer lebensbejahenden Religion der freien Wahl zwischen dem erstrebten vollkommenen Gottesreich (Leben) und dem Reich der Finsternis und des Todes. Ungleich Judentum und Islam hat sich der Zoroastrismus später mit einer Priesterschaft auch stark rituell entwickelt, wodurch es innerhalb der Religion nur eine schwache „prophetische" Unterströmung gegeben hat. Dies ist auch der Tatsache zu verdanken, daß der Avesta nicht allgemein zugänglich gewesen ist.

Im gegenwärtigen Afrika haben etliche prophetische Bewegungen — auch innerhalb der christlichen Kirchen — dem alten Leben gegenüber innerhalb der Zeit ein neues Leben verkündigt und zu erschaffen versucht. Die charismatische Autorität der prophetischen Figuren ebenso wie die sozialen und politischen Implikationen dieser Bewegungen, die auch bei den genannten geschichtlichen Bewegungen der „prophetischen Religionen" eine Rolle gespielt haben müssen, sind evident. Auch wenn die Deutungen solcher prophetischen Bewegungen der Gegenwart unterschiedlich sind, ist auch hier die intendierte Alternative zwischen neuem und altem Leben klar vorhanden. Eine nähere Erforschung dieser Bewegungen heutzutage kann zu einem besseren Verständnis ähnlicher Bewegungen in der Vergangenheit beitragen.

Prophetische Verkündigung ist also wesentlich zu deuten als ein Aufruf zu neuem Leben, wobei das bisherige für alt, unheilvoll, tödlich, zum „Tod" erklärt wird. Dem Aufruf entgegenkommen heißt für den Gläubigen: das Leben gewinnen. Die Predigten und Verkündigungen der Propheten sind inhaltlich sehr verschieden; und dies ist nicht nur von der Substanz, sondern auch von der vorhandenen kulturellen Tradition, der Interaktion mit der Außenwelt, der gegebenen historischen und sozialpolitischen Situation, der Biographie des Propheten usw. her zu verstehen. Sie alle haben einen wichtigen Beitrag für das Fortschreiten der Menschheitsgeschichte geliefert, durch ihren grundsätzlichen Appell von Mensch zu Mensch, das alte Leben „alt" sein zu lassen und sich für ein neues zu öffnen. Die Sprache der Propheten ist somit reich an Symbolik hinsichtlich Tod und Leben, die sich spiegelt in einem Aufruf oder Dialog von stärkster religiöser Bedeutung.

DAS KREUZESSYMBOL IN DER ZENTRALASIATISCHEN RELIGIONSBEGEGNUNG *

Von HANS-JOACHIM KLIMKEIT

Die Ausbreitung der vorderorientalischen Weltreligionen (Nestorianismus, Manichäismus, Islam) in den weiten Raum der zentralasiatischen Seidenstraßen und deren dortige Begegnung mit indischen und ostasiatischen Glaubensformen (Schamanismus, Taoismus, Buddhismus) gehört zu den bemerkenswertesten Kapiteln der orientalischen Religionsgeschichte. Der weite Bereich zwischen Oxus und Huang-Ho bot den Religionen des Ostens und Westens in den wichtigsten Zentren der transkontinentalen Handelswege Stätten der Begegnung, deren volle Bedeutung als Kulturzentren uns erst aufgrund der Funde im sowjetischen und chinesischen Zentralasien sichtbar geworden ist. Vor allem die ostiranischen (mittelpersischen, parthischen und sogdischen), tocharischen, uigurischen und chinesischen Dokumente des innerasiatischen Christentums, Manichäismus und Buddhismus machen deutlich, daß dieses Aufeinandertreffen keine nur äußere Begegnung war, sondern auch eine Neuinterpretation westasiatischer Glaubensformen im Sinne östlicher, vor allem

Abkürzungen

APAW Abhandlungen der Preußischen Akademie der Wissenschaften, Phil.-hist. Klasse

SPAW Sitzungsberichte der Preußischen Akademie der Wissenschaften, Phil.-hist. Klasse

BSOAS Bulletin of the School of Oriental and African Studies

* Leicht revidierte, auf Wunsch des Hrsg. von längeren orientalischen Passagen entlastete Fassung des in der Zeitschrift für Religions- und Geistesgeschichte XXXI (1979), S. 99—115, erschienenen Aufsatzes: ›Das Kreuzessymbol in der zentralasiatischen Religionsbegegnung: Zum Verhältnis von Christologie und Buddhologie in der zentralasiatischen Kunst‹. Das hier beigefügte Bildmaterial ergänzt die Farb- und Schwarzweißbilder des o. a. ZRGG-Aufsatzes.

buddhistischer, Begrifflichkeit und Symbolik mit sich brachte. Freilich ist auch der Buddhismus von christlichen, manichäischen und islamischen Vorstellungen her geprägt worden, wie schon die bisher erfolgte Erschließung der Turfanquellen deutlich werden läßt.

Von den westlichen Glaubensformen war der Manichäismus in besonderem Maße bemüht, seine Lehrinhalte nicht nur verständlich darzulegen, sondern auch im Sinne einer bewußten Buddhisierung zu verdolmetschen. Es schloß sich das nestorianische Christentum zwar weniger im sogdischen und uigurischen, dafür aber um so mehr im chinesischen Sprachraum diesem Vorgehen an[1].

Zentralasien hat also in wesentlich stärkerem Maße als die Hochburgen der klassischen orientalischen Kulturen schon durch die vorwaltenden geographischen, ethnologischen und historischen Verhältnisse dazu beigetragen, daß sich der Vorgang einer *interpretatio Graeca* im klassischen vorderorientalischen Hellenismus in großem Maßstab auf der Basis einer *interpretatio Buddhistica* nichtbuddhistischer Religionen in Asia Major wiederholte. Bemerkenswert ist dabei der bewußte Versuch einer Inbeziehungsetzung verschiedener Glaubenssysteme zueinander auf der Grundlage einer gemeinsamen buddhistischen Formensprache in Text und Bild. Wenn also irgendwo die vielfach schon geforderte historische Phänomenologie vollziehbar ist, so in diesem Raum, wo systematisch-vergleichende und geschichtliche Forschung aus der Sache heraus in enger Verbindung und Vermittlung durchführbar sind. Als Beispiel einer solchen historischen Phänomenologie will sich dieser kleine Beitrag verstehen.

Wie schon angedeutet, läßt sich die Begegnung zwischen vorderorientalischen Religionen und der Glaubenswelt Asia Majors nicht nur in textlichen, sondern auch in künstlerischen Zeugnissen fassen. Wenn wir aus dem Kreise dieser Dokumente das Kreuzeszeichen thematisieren, so nicht zuletzt deshalb, weil wir es hier mit einem zentralen Symbol von Leben und Tod zu tun haben. Die Polarität wird schon darin sichtbar, daß in der lateinisch-christlichen Tradition das Kreuz vor allem als Hinweis auf die Passion Jesu gilt, die seinen Tod miteinschließt, während in der nestorianisch-ostchristlichen Überlieferung das Symbol vornehmlich auf den auferstandenen, verklärten, den Tod überwunden habenden

[1] Verwiesen sei z. B. auf die christlich-nestorianischen Texte, die gesammelt sind in: P. Y. Saeki, The Nestorian Documents and Relics in China. Tokyo [2]1951.

Christus hinweist. Als Triumph- und Siegeskreuz ist es zugleich Zeichen der Parusie Christi und auch der Vollendung aller Mysterien.

Die christologische Spannung, die Kirche und Gnostizismus schon in der Antike und Spätantike durchzieht, die Spannung nämlich zwischen verklärtem Christus und leidendem Jesus, gewinnt u. a. symbolischen Ausdruck in dem Unterschied zwischen dem Lichtkreuz als Ort göttlichen Lebens und dem Holzkreuz als scheinbarem Ort des Todes. Zum Ausdruck gebracht wird die Idee schon in den vermutlich im 3. Jahrhundert verfaßten ›Johannesakten‹ (97—102), wo der erhöhte Christus des Lichtkreuzes geradezu amüsiert auf den leidenden irdisch-körperlichen Jesus herabblickt, also „Christus als Zuschauer bei der Kreuzigung Jesu" erscheint[2]. Die in Nag Hammadi (Ägypten) neu aufgefundene ›Apokalypse des Petrus‹ (Nag Hammadi Codex VII, 3) kann den lebendigen Erlöser zwar am Holzkreuz hängen sehen, doch erscheint er dort als ein Lachender, denn nicht er, sondern sein „fleischliches Abbild", sein Ersatz, trägt die Nägel und Wundmale an Händen und Füßen und wird zuschanden gemacht und getötet (81, 3—82, 14)[3].

Grundsätzlich wird diese und eine weitere Unterscheidung durch die Manichäer nach Zentral- und Ostasien getragen. Inwiefern sie dort die Lehre von dem irdischen und verklärt-kosmischen Dharma-Leib des Buddha sowie die Lehre von seinen drei Leibern (Trikāya-Lehre) beeinflußt, sei dahingestellt. Jedenfalls differenzieren die Anhänger der Lichtreligion zwischen einem verklärten Christus, der eine Konkretisierung des Erlöserprinzips darstellt, wie er im sog. „Dritten Gesandten" (dem Erlöser des dritten kosmologischen Aktes) Gestalt gewinnt, und dem historischen „Jesus Messias", gegen dessen Göttlichkeit sie sich — trotz Kephalaia I, S. 13 — wenden[4]. Der historische Jesus ist weniger soteriologisch

[2] Vgl. K. Rudolph, Die Gnosis. Wesen und Geschichte einer spätantiken Religion. Göttingen 1977. S. 182.

[3] Zur dichotomischen und trichotomischen Christologie in den Nag Hammadi Texten s. z. B.: H. M. Schenke, Bemerkungen zur Apokalypse des Petrus. In: M. Krause (Ed.), Essays on the Nag Hammadi Texts (= Nag Hammadi Studies VI). Leiden 1975. P. 277—290; K.-W. Tröger, Der zweite Logos des großen Seth: Gedanken zur Christologie in der zweiten Schrift des Codex VII. Ebd., p. 268—276.

[4] In der genannten ›Kephalaia‹-Stelle werden Kreuzigung und Auferstehung fast als reale Ereignisse geschildert. Gegen die Göttlichkeit des historischen Jesus wendet sich dagegen z. B. das mittelpersische Turfanfragment M 28, das ebenso

als prototypisch bedeutsam. Er exemplifiziert das Leiden der „Lebendigen Seele“, also der in der Welt der Materie gefangengehaltenen Lichtpartikel oder Einzelseelen, deren Summe sprachlich nach Augustin (Enarr. in Ps. 140, 12) mit dem Begriff *Jesus patibilis* angedeutet wird. Dieser ist aber symbolisch durch das Lichtkreuz repräsentiert[5]. Er kann auch bei den symbolischen Transformationen, die innerhalb des manichäischen Systems möglich sind, wie in der apokryphen Johannes-Literatur als Knabe erscheinen, der sich sogar regelrecht mit dem verklärten Jesus unterhält (so z. B. im sog. ›Zarathustra-Fragment‹, dem mitteliranischen Turfantext M 42)[6]. Im Gegensatz zu der vorher genannten Stelle in den ›Johannesakten‹ ist das Lichtkreuz also hier nicht Zeichen des Erhöhten, sondern des allegorisch „Gekreuzigten“, also der göttlichen Seelen, die der Erlösung harren und zusammengefaßt sind im Bilde der „Lebendigen Seele“. So ergibt sich hier das Bild verschiedener Jesus-Gestalten auf verschiedenen Ebenen. Symbolisch ist dem leidenden Jesus manichäisch das Lichtkreuz zuzuordnen, dem historischen Jesus das Holzkreuz[7] und — wie wir sehen werden — dem verklärten Erlöser das Nestorianerkreuz, das an ein mit Perlen besetztes Malteserkreuz erinnert. Dabei ist wichtig festzustellen, daß der verklärte Erlöser gemäß einer weitverbreiteten gnostischen Vorstellung, die schon in den ›Johannesakten‹ (88—93) ausgesprochen wird, ein „polymorpher Christus“ ist, daß er also wie der indische Viśvarūpa gleichzeitig, oder wie der Buddha des Mahāyāna je nach Ort und Zeit und Umständen verschieden, unterschiedliche Erscheinungsformen annimmt[8].

gegen Zarathustra-Gläubige wie gegen Christen gerichtet ist. Siehe W. B. Henning, Zoroaster. Politician or Witch-Doctor? London 1951.

[5] Das wesentlichste außerkoptische Material dazu ist zusammengetragen bei: A. Henrichs u. L. Koenen, Ein griechischer Mani-Codex. In: Zeitschrift für Papyrologie und Epigraphik (1970), S. 97—216, hier S. 150 ff. Eine Zusammenstellung der koptischen Aussagen zum Lichtkreuz findet sich bei V. Arnold-Döben, Die Bildersprache des Manichäismus (= Arbeitsmaterialien zur Religionsgeschichte. Hrsg. v. H.-J. Klimkeit. Bd. 3). Bonn/Köln 1978. S. 108—115; ferner bei E. Rose, Die manichäische Christologie. Kap. 5 u. 6 (= Studies in Oriental Religions 5). Wiesbaden 1979, S. 99—103.

[6] F. C. Andreas u. W. B. Henning, Mitteliranische Manichaica aus Chinesisch-Turkestan III (= SPAW 1934). Berlin 1934, S. 878—881.

[7] Kephalaia I, S. 13: „Sie erhoben ihn auf das Holz des Kreuzes.“

[8] In Zentralasien ist die Idee z. B. belegt im parthischen Turfanfragment M 812.

Wenden wir uns nun Zentralasien zu, so gehen wir aus von der Zusammenfassung des wesentlichsten Materials zur nestorianischen Kreuzessymbolik, wie sie Wolfgang Hage geliefert hat. In seiner bisher noch nicht publizierten Habilitationsschrift hat er in Kap. 8 (›Bedeutung des Kreuzes‹) alle bisher bekannten Hinweise auf das Vorkommen des Kreuzeszeichens zwischen Persien und China zusammengetragen. Wesentliche Ergebnisse dieser Studie sind zusammengefaßt in einem 1976 von ihm publizierten Aufsatz: ›Christentum und Schamanismus‹[9]. Ferner hat Hage eine kartographische Darstellung der wichtigsten Fundorte aus der Zeit vor dem 14. Jahrhundert veröffentlicht[10].

Ausgehend von der Studie Hages, die Nestorianismus und Schamanismus in den Blick miteinbezieht, wollen wir hier vor allem der Verwendung des Kreuzes in Manichäismus und Buddhismus nachgehen und einige neue Materialien vorstellen. Bei diesem Programm müssen wir uns versagen, zur Ausbreitung der westasiatischen Religionen im Raum östlich des Oxus Stellung zu nehmen. Wir beschränken uns auf den Aufweis der wichtigsten phänomenologischen Linien.

1. *Die magische Verwendung des Kreuzes*

Gemäß dem volksreligiösen, schamanistisch geprägten Milieu Innerasiens zeigt die Verwendung des Kreuzeszeichens, das nicht selten in Verbindung mit dem buddhistischen Hakenkreuz (svastika) erscheint[11], daß

Übers. in: W. B. Henning, Brāhman. In: Transactions of the Philological Society 1944. London 1945. P. 112.

[9] W. Hage, Untersuchungen zum Leben der Christen Zentralasiens im Mittelalter. Ungedruckte Habilitationsschrift, Marburg 1976. Ders., Christentum und Schamanismus. Zur Krise des Nestorianertums in Zentralasien. In: Tradition — Krisis — Renovatio. Festschrift W. Zeller zum 65. Geburtstag. Hrsg. v. B. Jaspert u. R. Mohr. Marburg 1976. Siehe weiter tibetische Beispiele in G. Tucci, Tibet (= Archaeologia Mundi). Genf 1973. Abb. 29 u. 30.

[10] W. Hage, Das orientalische Christentum in Asien bis zum 14. Jh. (Karte). In: H. Jedin u. a. (Hrsg.), Atlas zur Kirchengeschichte. Die christlichen Kirchen in Geschichte und Gegenwart. Freiburg 1970. S. 27.

[11] Vgl. P. L. Gaillard, Croix et Swastika en Chine (1893). Neudruck Nendeln/Liechtenstein 1975.

es als Amulett, als auf der Stirn tätowiertes Schutzzeichen, als Gewand-, Kopf- und Stabschmuck wie auch als Wegzeichen magisch-apotropäische Bedeutung hat, und zwar innerhalb wie außerhalb des Nestorianertums. Als apotropäisches Mittel dient es, wie Hage gezeigt hat, der Sicherung des diesseitigen Lebens in einer von Geister- und Dämonenfurcht beherrschten Umwelt. Es entspricht dem Bedürfnis einer Religiosität, die nicht nur die Erlangung des jenseitigen Heiles, sondern auch die Bewältigung des täglichen Lebens durch magische Mittel zu erreichen sucht, wenn das Kreuzeszeichen in diesem Sinne verwendet wird. Durch die Anbringung von Kreuzen ebenso wie von Stupazeichnungen, Tierdarstellungen, *mantras* und *maṇḍalas* auf den Steinen und Felsen in der Umgebung von Karawanen-Rastplätzen wird der Wanderer auf seinem gefährlichen Weg über die innerasiatischen Handelswege geschützt. So fehlt also auch gerade hier inmitten einer volksreligiösen und buddhistisch geprägten Formenwelt das christliche Schutzzeichen nicht. Als Beispiel seien Kreuzesdarstellungen auf Felsen bei Gilgit und Tankse genannt. (Siehe Abb. 1 und 2 im Anhang.) Beide Orte waren wichtige Handelszentren und zugleich Karawanen-Raststätten auf der Route von Kashmir ins südliche Tarimbecken bzw. nach Tibet. Die kulturhistorische Bedeutung Gilgits sei durch den Fund der sog. ›Gilgit-Manuskripte‹, vornehmlich buddhistische Texte, in Erinnerung gerufen. Unbekannt war bisher irgendein Hinweis auf christliche Zeichen in diesem Raum[12]. Grundsätzlich ist die Auffindung, die der Verfasser zusammen mit Prof. Bräker, Köln, im Herbst 1976 machte, insofern keine Überraschung, als eine Reihe von christlichen Kreuzeszeichen aus dem benachbarten Ladakh bekanntgeworden sind, unter denen gerade das mit sogdischer Inschrift versehene Kreuz von Tankse im Shyok-Tal besonderes Interesse beanspruchen kann[13].

[12] Der genaue Fundort liegt ca. 5 km stromab von Gilgit, in der Nähe der Einmündung des Hunza-Flusses in den Gilgit-Strom, rechts vor der Brücke, die zum Dorfe Dainyor führt.

[13] Die Tankse-Kreuze sind zuletzt abgebildet in G. Gropp, Archäologische Funde aus Khotan, Chinesisch-Ostturkestan. Bremen 1974. S. 367. Die Inschrift besagt: „Im Jahre 210 [der Ära Yazdegard? = 841/848] … kam der Samarkander … Nôš-farn als Botschafter zum tibetischen Khan."

2. *Das Kreuz als kosmisches Zeichen*

Neben der magisch-apotropäischen Verwendung des christlichen Symbols steht die Bedeutung des Kreuzes als kosmisches Zeichen. Diese Bedeutung, die bereits dem Lichtkreuz in den ›Johannesakten‹ (99) zugesprochen wird, kommt dem raumsymbolisch gliedernden Denken innerasiatischer Wandervölker in elementarer Weise entgegen. Es wird schon in den frühesten alttürkischen Inschriften vom Orchon in der Mongolei deutlich, daß die Wohnstätte des Stammes und die Residenz des Khans ihre Bedeutung von der Tatsache erhalten, daß der heimische Ausgangspunkt aller Unternehmungen Schnittpunkt eines kosmischen Koordinatensystems ist, das nach Nord, Süd, Ost und West verweist[14]. Es entspricht diesem raummythischen Denken, wenn in der Nestorianerinschrift von Sianfu aus dem Jahre 781 das Kreuz als ein in der Schöpfung gesetztes, kosmisches Zeichen erscheint, von dem es heißt: Gott „setzte das Kreuz, um die vier (Himmels-)Richtungen zu bestimmen[15]", oder wenn eine chinesische Inschrift des 13. Jahrhunderts von den Christen sagt, sie hielten das Kreuz „für ein Symbol der vier Viertel, Zenit und Nadir[16]". Grundsätzlich entspricht das so interpretierte Kreuz dem buddhistischen *maṇḍala*, denn es spiegelt eine fundamentale raummythische Gliederung im Mikrokosmischen wider[17].

[14] So z.B. in der Kül-Tegin-Inschrift, Südseite, Zeilen 2 und 4. Text und Übersetzung bei T. Tekin, A Grammar of Orkhon Turkic (= Indiana University Publications. Uralic and Altaic Series. Vol. 69). Bloomington 1968. P. 231, 261.

[15] Vgl. W. Hage, Christentum und Schamanismus. S. 118 (Lit).

[16] A. C. Moule, The Use of the Cross Among the Nestorians in China. In: T'oung Pao., Bd. 28. Leiden 1931. P. 80f.

[17] Vgl. H.-J. Klimkeit, Das Phänomen der Grenze im mythischen Denken. In: E. Benz (Hrsg.), Die Grenze der machbaren Welt. Leiden 1975. S. 95—111.

3. Das Kreuz als Zeichen des verklärten Christus

Eine weitere Sinndimension ergibt sich für die Ausdeutung der Kreuzessymbolik im interreligiösen Milieu Innerasiens von dem spezifisch nestorianischen Blickwinkel her, der im Kreuz einen Hinweis auf den erhöhten, triumphierenden Christus sieht. So könnte das Kreuz gemeint sein, das z.B. Stab und Kopfbedeckung des teilerhaltenen nestorianischen Reiters von Kočo (Tempel zwischen östlichem Tor und kleiner Stupagruppe) schmückt[18] (siehe Abb. 3 im Anhang).

Dieses nestorianische Kreuz begegnet uns auch in der manichäischen Kunst Turfans, so daß die Frage berechtigt erscheint, ob das eben gemeinte Bild so wie weitere Beispiele dieser Art, wie z.B. die fragmentarisch erhaltene „Tempelfahne" mit dem „guten Hirten" aus Tun-Huang[19] oder andere Nestorianerkreuze aus dem weiten Raum zwischen Siebenstromland und China, nicht auch im manichäischen Sinne gedeutet werden können. A. von Le Coq hat in seinem Werk über manichäische Miniaturen auf ein Bruchstück eines manichäischen Seidenbildes aufmerksam gemacht, das eine in Umrissen erkennbare obere und eine zentrale, nur teilerhaltene Gestalt einer manichäischen Gottheit aufweist, die ein Nestorianerkreuz (oder Stab mit Kreuz) hält[20] (siehe Abb. 5 im Anhang).

Das Stück stammt aus dem Bibliothekskomplex der manichäischen Ruinengruppe K von Kočo und wird der Blütezeit des uigurischen Reiches zwischen 750 und 850 zugeschrieben.

Es ist klar, daß auch hier das Kreuz als Zeichen einer verklärten göttlichen Wesenheit gilt, wie schon der buddhistische Lotosblumen-Sitz andeutet, auf dem die Gestalt thront. Konkret haben wir an eine Form oder Ausprägung „Jesu des Glanzes" zu denken, der als verklärter Erlöser neben der Lichtjungfrau und Vahman (dem großen Noũs) bzw. der „Säule der Herrlichkeit" (nach Kephalaia VII) eine Emanation des „Dritten Gesandten" darstellt. Über ihm wäre danach sein geistiger Vater, der „Dritte Gesandte", abgebildet, was der innerasiatisch-buddhistischen

[18] A. Grünwedel, Altbuddhistische Kultstätten in Chinesisch-Turkestan. Berlin 1912. S. 339.

[19] Vgl. Saeki, Nestorian Documents. Titelseite und S. 408a.

[20] A. von Le Coq, Die buddhistische Spätantike in Mittelasien II. Die manichäischen Miniaturen. Neudruck Graz 1973. S. 5.

Darstellung von Emanationsschemen (z. B. dem Bild des Avalokiteśvara und seines geistigen Vaters Amitābha) entspräche.

Daß schon in der nestorianischen Kunst das Kreuz als Zeichen des erhöhten und verklärten Christus mit buddhistischer Symbolik ausgeschmückt wird, zeigen vor allem Beispiele aus dem chinesischen Raum, wo die Lotosblüte als klassisches buddhistisches Symbol für das Herausragen aus dem Sumpf der Welt mit dem Nestorianerkreuz in Verbindung gebracht wird (so z. B. im Kreuz von Sianfu und den Grabsteinen der nestorianischen Öngüt am oberen Huang-Ho-Bogen)[21]. In die gleiche Richtung verweist auch die Wolkensymbolik, die in Verbindung mit dem Nestorianerkreuz erscheint und sowohl taoistisch wie auch buddhistisch oder manichäisch gedeutet werden kann[22]. Auch die Verbindung von Hakenkreuz und christlichem Kreuz unterstreicht in buddhistischem, vor allem tantrischem, aber auch in magischem Sinne die Stellung des Erhöhtenkreuzes. In all diesen Fällen wird der überirdische, verklärte, sicherlich auch magisch-verklärte Charakter des Kreuzes durch eine asiatisch-religiöse Symbolik unterstrichen.

4. Kreuz und Kreuzigung als Zeichen göttlichen Leidens

Kann das Kreuz in verschiedenen religiösen Zusammenhängen als Zeichen einer todüberlegenen, göttlichen Macht gelten, so ergibt sich ein weiteres Bedeutungsfeld aus der Verwendung des Symbols für das zu erlösende, der Welt mit ihrer Todesverfallenheit ausgelieferte, wenn auch grundsätzlich göttliche Leben. Vor allem in der manichäischen und buddhistischen Kunst Innerasiens liegt dieser Sinn nahe.

Als erstes Beispiel sei ein kreuzförmig dargestelltes buddhistisches Wunschjuwel *(cintāmaṇi)* in einer Parinirvāṇa-Szene genannt (siehe Abb. 4 im Anhang). Es handelt sich um eine Darstellung in der sog.

[21] Siehe die zahlreichen Bildbeispiele in Saeki, Nestorian Documents. Vgl. ferner Gaillard, Croix et Swastika en Chine.

[22] Moule, The Use of the Cross, p. 81—86. Weitere Lit. angegeben bei Hage, Christentum und Schamanismus, S. 122, Anm. 46. Vgl. auch W. Sundermann, Mittelpersische und parthische kosmogonische und Parabeltexte der Manichäer (= Berliner Turfantexte IV). Berlin 1973. S. 46ff.

„Pretahöhle" (Höhle 3) in der 3. Anlage von Ming Oi bei Kizil in der Nähe von Kucha, wo das von einem Kreuz eingefaßte Wunschjuwel auf einer Lotosblume dargestellt ist. Von dem Kreuz gehen Flammen aus, die ebenso ziegelrot sind wie der Fruchtboden der Wasserblume. Die dreieckigen Felder des Kreuzesmusters sind nach A. Grünwedels Beschreibung hellgelb gerändert[23].

Diese ungewöhnliche, von der sonstigen *cintāmaṇi*-Darstellung abweichende Form befindet sich am Kopfende einer Darstellung des sterbenden Buddha. Wir fühlen uns hier erinnert an die manichäischen Parinirvāṇa-Hymnen, die den Tod Jesu und Manis im Sinne buddhistischer Parinirvāṇa-Symbolik und -Begrifflichkeit darstellen und dabei an das Parinirvāṇa Buddhas im Sinne des leidenden und sterbenden Jesus erinnern und dieses Ereignis, dessen anläßlich des Bema-Festes gedacht wurde, mit der erhofften Ankunft Maitreyas, als des kommenden „Buddha Mani" verbinden (so z.B. im mitteliranischen Turfantext M 5, in den parthischen Turfantexten M 8171 und M 5569, im sogdischen Bet- und Beichtbuch und in dem bisher wenig beachteten, durch Le Coq nur vorläufig übersetzten uigurischen Text T. II D. 173 a²)[24]. Diese Hoffnung aber bezieht sich auf die Erlösung der im Gefängnis des Körpers leidenden und harrenden Seelen, welche Sehnsucht die ganzen zentralasiatischen Manichaica durchzieht. Gerade die stark buddhisierten ostmanichäischen Texte können das Juwel (als *cintāmaṇi, ratna* und iran./toch. *didim*) als zu erlösende Seele auffassen, auch wenn andere Bedeutungsebenen damit verknüpft sind[25].

Sind die Beispiele in den chinesischen Texten Legion, so sei hier auf eine tocharisch/uigurische Textstelle verwiesen. Der aus Kočo in der Turfanoase stammende ›Hymnus auf den Vater Mani‹ auf Tocharisch B

[23] Grünwedel, Altbuddhistische Kultstätten, S. 170, Fig. 392.

[24] Siehe die Parinirvāna-Hymnen, die zusammengestellt und kommentiert sind bei L. J. R. Ort, Mani. A Religio-Historical Description of His Personality. (Supplementa ad Numen, Altera Series.) Leiden 1967. P. 238—243. Vgl. auch J. P. Asmussen, Manichaean Literature. New York 1975. P. 55—58. Ein Bruchstück des alttürkischen Parinirvāna-Hymnus ›Das Sūtra vom Kommen des Buddha‹ *(Burxan klmäki nom)* ist mitgeteilt in A. von Le Coq, Türkische Manichaica aus Chotscho I (= APAW 1911, Nr. 6). Berlin 1911, S. 10f.

[25] Zu diesem Thema s. die oben erwähnte Untersuchung von V. Arnold-Döben, Die Bildersprache des Manichäismus, S. 48—57.

und Alttürkisch[26] macht deutlich, daß die Leiden (uig. *ämgäklär)* der zu erlösenden Seelen, deren Symbol ja das Lichtkreuz ist, in enge Beziehung gesetzt werden zum erlösenden Wirken „Jesu des Freundes" und der Buddhas, die gerade als manichäische Heilsgrößen zu verstehen sind und unter denen der „Vater Mani" einen besonderen, andere Heilsgrößen wie den Glanzesjesus und den Buddha in sich schließenden Rang einnimmt. Dabei wird die Summe der zu erlösenden Seelen der Kirche tatsächlich als „heiliges Juwel" vorgestellt, das zugleich Jesus (als Mondgott) versinnbildlicht, wobei aber an den leidenden Jesus zu denken ist. Eine zweite und dritte Bedeutungsebene für das Juwel ergibt sich in diesem Text daraus, daß die manichäische Lehre gemeint ist (uig. *nom ratni,* „Lehrjuwel", anderenorts auch *ävanglium ratni,* „Evangeliums-Juwel", genannt), ferner aber der Juwelenschmuck (uig. *čintamaị rtni)* auf dem Scheitel des Mani. In diesem Sinne ist das *cintāmaṇi*-Juwel „würdig auf dem Scheitel (des Mani) gehalten zu werden". Alle drei Bedeutungsebenen werden wieder miteinander verknüpft, wenn es heißt: „So wirst du gesehen des Leidens wegen[27]".

Auf der Basis des kuchäischen Textes ist man geneigt, das kreuzförmige *cintāmaṇi*-Symbol am Kopfende des sterbenden Buddha in der Parinirvāṇa-Szene der Pretahöhle als manichäisch beeinflußtes Motiv aufzufassen, das hier also einen zentralen Platz im Rahmen buddhistischer Kunst gefunden hat.

Inwiefern auch die weiteren, von Grünwedel zeichnerisch mitgeteilten Beispiele von *cintāmaṇi*-Darstellungen in Kreuzesform bzw. mit kreuzförmiger Ausstrahlung auch in diesem Sinne zu deuten sind, muß z.Z. noch offenbleiben. (Sie befinden sich z.B. in der „Höhle mit den ringtragenden Tauben" in Ming Oi bei Kizil und in der „Asketenhöhle" von Toyuk[28].)

Bemerkenswert ist, daß der leidende Jesus, der also jedenfalls in der westlichen Tradition durch das Lichtkreuz repräsentiert wird, in ostmanichäischen Texten (z.B. dem sogdischen Xuāstvānīft-Fragment, Zeile 13,

[26] A. von Gabain u. W. Winter, Türkische Turfantexte IX. Ein Hymnus auf den Vater Mani auf „Tocharisch" B mit alttürkischer Übersetzung (= Abh. d. Dt. Akad. d. Wiss. zu Berlin. Kl. für Sprachen, Lit. und Kunst, Jg. 1956, Nr. 2). Berlin 1958.

[27] A.a.O., S. 10f.

[28] Grünwedel, Altbuddhistische Kultstätten, S. 123, Abb. 275; S. 330, Abb. 660.

oder der Londoner Hymnenrolle, z.B. Vers 234)[29] als *Buddha gotra,* also als Summe der fünf Tathāgatas interpretiert wird, die aus dem Urbuddha *(Ādibuddha)* hervorgehen. Daß schon phänomenologisch die engsten Beziehungen zwischen manichäischem „Fünfgott" und dem Urmenschen Xormuzda (iran. Ōhrmizd, Ahura Mazda) einerseits und den fünf Tathāgatas mit dem Urbuddha andererseits bestehen, ist schon mehrfach gesehen worden. Ist der *Jesus patibilis* in dieser buddhistischen Interpretation in den bisher bekannten Zeugnissen ostmanichäischer Kunst nicht belegt, so glaubt der Verfasser eine derartig zu deutende Darstellung der fünf Tathāgatas in ihren Lichtreichen im Herbst 1976 in dem westtibetischen, zum indischen Ladakh gehörenden Kloster Alchi (11./12. Jh.) gefunden zu haben. Eine indessen erschienene Veröffentlichung von Alchi-Wandbildern von D. L. Snellgrove und T. Skorupski, die auch diese Szene schwarz-weiß abbildet, geht auf die dort erscheinenden Kreuzessymbole nicht weiter ein[30].

Die Gesamtszenerie, die sich im 1. Stockwerk des Sum-Tsek (tib. *gsum-brtsegs*) genannten Dreistockwerk-Heiligtums von Alchi befindet, und zwar links des nördlichen Ausganges, zeigt die fünf Buddhas Vairocana (in der Mitte eines *maṇḍalas* zu denken), Akṣobhya (im Osten), Ratnasambhava (im Süden), Amitābha (im Westen) und Amoghasiddhi (im Norden), umgeben von diversen Bäumen und Symbolen sowie von indischen, tibetischen und zentralasiatisch anmutenden (vermutlich manichäischen) Anbetern. In diesem Rahmen erscheint das Kreuz einmal

[29] Das sogdische Xuāstvānīft-Fragment wurde zuerst veröffentlicht in W. B. Henning, Sogdica (=James G. Furlong Fund. Vol. XXI). London 1940. P. 63—67. Es ist besprochen bei J. P. Asmussen, Xᵘāstvānīft. Studies in Manichaeism (= Acta Theol. Danica, Vol. VII). Kopenhagen 1965. P. 235f. In diesem Werk findet sich auch eine ausführliche Behandlung der uigurischen Versionen des manichäischen Laienbeichtspiegels. Für weitere uigurische Manuskripte zu diesem Text siehe P. Zieme, Beiträge zur Erforschung des Xᵘāstvānīft. In: Mitt. d. Inst. f. Orientforschung. Bd. 12. Berlin (Ost) 1966. S. 351—360.
Die Londoner Hymnenrolle ist ins Englische übersetzt von Tsui Chi in: BSOAS, Vol. XI (1943—46), p. 174—219. Eine mir freundlicherweise von Dr. H. Schmidt-Glintzer, Bonn, zur Verfügung gestellte neue deutsche Übersetzung, die demnächst erscheint, wurde bei den folgenden deutschen Zitaten aus diesem Werk verwendet.

[30] D. L. Snellgrove u. I. Skorupski, The Cultural Heritage of Ladakh. Vol. I: Central Ladakh. Warminster 1977. P. 55, Abb. 41.

als weißes Balkenkreuz an Stelle des Mondes im unteren Felde des Amitābha, und zwar als Pendant zur Sonne. Diese außergewöhnliche Konstellation läßt sich nur aus manichäischen Voraussetzungen erklären, wo Sonne und Mond Mithra und Jesus als Formen des Dritten Gesandten (wie auch in anderer Funktion) repräsentieren. Das Kreuz erscheint ferner im Raume des Akṣobhya und kann hier als Lichtkreuz gedeutet werden, da es von einer hellgelb-strahlenden Umfassung eingerahmt ist. Akṣobhya ist durch die blaue Farbe gekennzeichnet, die hier sein Feld bestimmt, ferner durch die Geste der Erdanrufung *(bhūmisparśamudrā)* und schließlich durch seinen Donnerkeil *(vajra)*. Dieser ist aber gerade durch das Kreuzeszeichen ersetzt (siehe Abb. 6 im Anhang). Die Austauschbarkeit von Donnerkeil und Kreuz wird verständlich von dem vorher erwähnten zweisprachigen ›Hymnus an den Vater Mani‹ her, denn im Anfang des erhaltenen Textes wird Jesus — als Mondgott — mit dem Diadem des Indra verglichen. Es heißt von ihm, nachdem vom Sonnengott die Rede war, daß er „wie des Gottes Xormuzda Diadem" erscheine, der „zu sehen strahlend ist[31]". Mit dem Diadem des Indra kann durchaus seine Donnerkeil-Waffe gemeint sein, denn diese zeichnet ihn in der klassischen buddhistischen Kunst aus. Eine Übertragung auf Jesus ist übrigens schon in einer iranisch-manichäischen Namensform in einem turfanischen Hymnus erkennbar; dort heißt ein führendes Gemeinde-Mitglied „Jesus-Waffe" (iran. *Yīšô-zên)*[32]. Eine weitere und entscheidende Verbindung zwischen manichäischer Christologie und buddhistischer *buddha-gotra*-Theologie ergibt sich daraus, daß Xormuzda als manichäischer „Urmensch" buddhistisch im Sinne des Göttergottes Indra gedeutet wird. Von dem manichäischen „Urmenschen" aber sagt Henning zu Recht: „Der Urmensch ist letztlich identisch mit seinen [fünf] ‚Söhnen', der ‚Seele', ...; es ist also kein Unterschied, ob er selbst, oder seine Söhne, oder er samt seinen Söhnen [von der Materie bzw. dem Bösen] verschlungen wurde[33]."

[31] Hymnus auf den Vater Mani, in A. von Gabain — W. Winter, op. cit., Anm. 26, S. 10f. u. 13.

[32] F. W. K. Müller, Ein Doppelblatt aus einem manichäischen Hymnenbuch (Maḥrnāmag) (= APAW 1912). Berlin 1913. S. 1—42, hier S. 33.

[33] W. B. Henning, Geburt und Entsendung des manichäischen Urmenschen. In: Nachrichten von der Gesellschaft der Wissenschaft zu Göttingen 1933. Phil.-Hist. Klasse. Berlin 1933. S. 306—318, hier S. 315, Anm. 2.

Die Reihe der fraglichen fünf Buddhas in Alchi ist also buddhistisch wie auch manichäisch zu deuten. Im manichäischen Sinne stellt die Gesamtheit der fünf Buddha-Felder das fünffältige Lichtreich dar, das in seiner befreiten Form den Ort der Erlösung repräsentiert, in seiner unbefreiten Form aber dem Xormuzda gleicht, der die noch der Befreiung harrenden Seelen darstellt. Wie Xormuzda selbst ist auch der „Fünfgott" von seinem Ursprung und seinem Ziel her ein zu erlösender Erlöser, der prototypische Bedeutung hat für die Seele im Zustand der Vermischung. Gerade diese Vermischung eines Teiles des göttlichen Lichtes aber ist Voraussetzung dafür, daß „unsere Seele" die Erlösung erstrebt, die im fünffältigen Lichtreich meditativ bereits zu erschauen ist. So ist die Reihe der fünf Tathāgatas in ihren Lichtreichen ein verklärtes Spiegelbild der menschlichen Wirklichkeit wie auch eine Abbildung des endgültigen Erlösungszustands.

Diese Deutung erfährt ihre Stütze zunächst durch das zentralasiatische Laienbekenntnis. Im uigurischen Xuāstvānīft (I B) heißt es:

Der Sohn des Gottes Xormuzda, der Fünfgott, unsere Seele, kämpfte eine Zeitlang mit dem Teufel und wurde verwundet. Und indem er mit dem bösen Wissen ... vermischt wurde, wurde er verstandeslos und willenlos. Er vergaß gänzlich das Land der ewigen Götter, in dem er selbst geboren und geschaffen war, und wurde von den Lichtgöttern getrennt[34]."

Das sich daran anschließende Bekenntnis der Schuldverpflichtung läßt sich in manchen Einzelheiten auf Details unseres Bildes beziehen.

Textlich ergibt sich die Deutung der fünf Buddhas in ihren Paradiesen im manichäischen Sinne auch aus dem chinesisch-manichäischen Hymnus der Londoner Rolle (Verse 235—338), von dem jedenfalls ein Teil (Verse 262—338) sein Vorbild in einem parthischen Hymnus (Huwīdagmān I) hat. Dieses ist auch in einem Bruchstück auf Uigurisch erhalten.[35]

[34] Diese Übersetzung geht auf eine bisher unveröffentlichte deutsche Übertragung zurück, die ich der Freundlichkeit von Prof. J. P. Asmussen, Kopenhagen, verdanke.

[35] Siehe M. Boyce, The Manichaean Hymn-Cycles in Parthain (= London Oriental Series, Vol. 3). London 1954. P. 7f. u. 66—77. Vgl. auch W. B. Henning, A Fragment of the Manichaean Hymn-Cycles in Old Turkish. In: Asia Major, N. S., Vol. VII (1959), p. 122—124.

Daß dieser im ganzen ostmanichäischen Raum bekannte Hymnus wohl in Alchi seinen indirekten Nachklang findet, ergibt sich aus verschiedenen Indizien, die hier nicht ausgebreitet werden können. Im chinesischen Text wird jedenfalls in aller Klarheit zum Ausdruck gebracht, daß die „fünf großen Buddhas des Lichts“ genau „Körper und Leben allersinnbegabten Wesen“ sind (Verse 236—237). Indem dann auf die sprachliche und damit ethnologische Verschiedenheit der Menschen Bezug genommen wird (Vers 238), heißt es ferner von ihnen (Vers 238):

„Auch sind sie das weite große Licht des Herzens und des Verstandes
Und vermögen das Unheil und Leid der Finsternis zu befreien.“

Die Verknüpfung der Lichtbuddhas in ihren himmlischen Residenzen mit denen in der Gefangenschaft der Materie ist schließlich klar ausgesprochen (Vers 244):

„Erkennt und prüft die fünf großen Buddhas des Lichts:
Warum sind sie vom Vater gekommen in diese Welt?
Wisset, daß sie die Leiden auf sich genommen haben ohne eigene Sünde
Und daß die guten und geschickten herausgenommen werden aus der Teufels-(Mara)-Höhle.“

Bemerkenswert ist hierbei, daß der Hymnus ausgerechnet inmitten der Beschreibung des Reichs der fünf Lichtbuddhas vom „Fleisch und Blut Jesu“ redet (Vers 254):

„Und diese (die „lichten Perlen“ — gefangenen Seelen) sind Jesu Fleisch und Blut.“

Das erinnert unüberhörbar an die sakramentalen Wendungen, die bei Augustin, in den ›Kephalaia‹, im griechischen ›Mani-Codex‹ und im sogdischen ›Bet- und Beichtbuch‹ verwendet werden, um auf den *Jesus patibilis* zu verweisen[36].

Als dritter Text sei beispielhaft in diesem Zusammenhang der uigurische ›Große Hymnus auf Mani‹ genannt[37], der auch das „gepriesene

[36] Entsprechende Stellen sind zusammengetragen bei Henrichs u. Koenen, Ein griechischer Mani-Codex, S. 150ff.

[37] W. Bang u. A. von Gabain, Türkische Turfantexte III. Der große Hymnus auf Mani (= SPAW 1930). Berlin 1930. S. 51—132.

fünffache Götterland" thematisiert und ebenfalls eine Brücke zwischen manichäischen und buddhistischen Grundvorstellungen von dem in der Welt verstreuten Licht schlägt, wie sie z. B. in der ab Anfang des 8. Jahrhunderts aufblühenden ostasiatischen „Sekte des Blütenschmucks" formuliert wurden. In dieser Schule wird die Botschaft vom *Buddha Mahāvairocana* als höchste Wirklichkeit verkündet, die in allen Erscheinungen west. Es handelt sich im Falle von Vairocana um eine alles durchdringende, mit der „Soheit" *(tathatā)* identische, lichthafte Wirklichkeit, die in allen Lebewesen und selbst in jedem Staubkörnchen präsent ist und als substantielle, geradezu stoffliche Größe verstanden wird. Die in diesem Zusammenhang zu nennenden Schriften, vor allem das ›Blütenschmuck-Sūtra‹ (›Buddhāvataṃsaka-Sūtra‹) und die ›Abhandlung über die Erweckung des Mahāyāna-Glaubens‹ (›Mahāyānaśraddhotpādaśāstra‹), erinnern in ihrer Lehre von Buddha-Wesen und „Soheit" unüberhörbar an die gnostische Christologie.[38]

Es ist von daher nicht verwunderlich, wenn das Lichtkreuz als Hinweis auf die den irdischen Erscheinungen zugrundeliegende absolute Wirklichkeit, die als Glanz einer in der Welt verstreuten und damit leidenden Lichtmasse erscheint, gerade das *vajra*-Symbol ersetzt. Erscheint doch dieses Zeichen in diversen mahāyānistischen, vor allem aber vajrayānistischen Schulen als Hinweis auf die „Soheit" in ihren verschiedenen Explizierungen, als der „Dharma-Grund" aller Dinge *(dharmadhātu)* oder als deren „Diamant-Grund" *(vajradhātu; dhātŭ* — „Schicht" als Teil eines zusammengesetzten bzw. gemischten Ganzen). In gewissen Denkschulen, z. B. des Guhyasamāja-Tantra, wird der Donnerkeil zur zentralen Figur für das alles durchziehende Absolute im Sinne des „Vajra-Wesens" oder der „Vajra-Natur" *(vajrasattva)*[39].

Der *vajra* ist zudem thematisiert im Namen des dem Akṣobhya zugeordneten Bodhisattva, nämlich Vajrapāṇi, der als „Vajra-Träger" Initiationsgott und „Herr der Geheimnisse" *(Guhyapati)* ist. In einigen Richtungen figuriert der Bodhisattva Vajrasattva als die dem Akṣobhya zuge-

[38] Siehe dazu K. Ch'en, Buddhism in China. Princeton 1973. P. 297 ff.; F. H. Cook, Hua-yen Buddhism. The Jewel Net of Indra. University Park/London 1977; G. Rosenkranz, Der Weg des Buddha. Werden und Wesen des Buddhismus als Weltreligion. Basel 1960. S. 66 ff.

[39] Vgl. E. Conze, Der Buddhismus. Wesen und Entwicklung. Stuttgart [6]1977. S. 170 ff.

ordnete Wesenheit, und als solcher kann er in der Form des Vajradhāra den Urbuddha *(Ādibuddha)* repräsentieren, der alles durchdringt und aus dem alles hervorgeht. In jedem Fall wird in der Ikonographie und der entsprechenden textlichen Literatur der Herr des *vajra* zu dem ubiquitären Grund aller Dinge in Beziehung gesetzt.

In Alchi ist der Urbuddha als Vairocana dargestellt, dessen Wesen also alles lichthaft durchzieht, und der sich mittels seiner geistigen Emanationen im *maṇḍala* darstellt. Daß im Falle der Vairocana-Theologie aber nicht nur in Ost-, sondern auch in Zentralasien die engsten Beziehungen zur manichäischen Lehre vom *Jesus patibilis* bestehen, dafür sei als Beispiel für viele das uigurische Turfanfragment T. I D. 200 zitiert, in dem Vairocana als Lušyanta erscheint, unter welcher Bezeichnung (in der Namensform Lu-shê-na) er auch im Londoner manichäischen Hymnus genannt wird, wo er die manichäische „Lichtsäule" repräsentiert (Verse 364—367). Im uigurischen Text wird die Lehre von dem in der Welt verstreuten und leidenden Licht dem Lehrer Mayak Dharmadhana (?) in den Mund gelegt und als Vairocana-Theologie ausgegeben. Daß es sich tatsächlich um eine ursprünglich manichäische Lehre handelt, darauf verweist das im Text verwendete Wort für Priester *(dintar)*, das eigentlich einen „manichäischen Electus" meint. In dem bruchstückhaft erhaltenen Dokument heißt es:

„Und der Mönch, der derartige Taten tut, ... vernichtet das wahre Wesen sämtlicher Buddhas, die sich in der Dreiwelt befinden. Und er ist ein vollkommen sündiger und die Gebote gebrochen habender Priester *(dintar)*, sagt man. Und Mayak Dharmadana sagt folgendes: Jenes Lušyanta Buddhas Wesen ist alles: Erde, Berge, Steine, Sand; das Wasser der Bäche und Flüsse, alle Tümpel, Rinnsale und Gewässer; alle Bäume, alle Lebewesen und Menschen. Eine solche Stelle, die nicht von des Lušyanta Wesen erfüllt wäre, gibt es überhaupt nicht! Wenn ein Mönch seine Hand gegen irgend etwas erhebt, nach irgend etwas ausstreckt, so ist er dadurch gegen das Wesen des Lušyanta Buddha sündig geworden[40]."

Die Idee von der Ubiquität des göttlichen, gefesselten Lichts in der Welt, in lebenden ebenso wie in leblosen Dingen, ist Voraussetzung für die Vorstellung von der universalen Schuldverpflichtung im Sinne des Vergehens gegen dieses allenthalben verstreute Licht, wie sie in manichäischen wie auch buddhistischen Beichtformeln aus Turfan zum Ausdruck

[40] Zit. nach W. Bang u. A. von Gabain, Türkische Turfantexte V. Aus buddhistischen Schriften (= SPAW 1931). Berlin 1931. S. 99—132.

kommt. Auf deren enge Verwandtschaft hat der Verfasser bereits hingewiesen[41].

Es ist also verständlich, wenn der innerasiatische Buddhismus mit seiner von Haus aus mitgebrachten Botschaft vom universalen Leiden und mit seiner später entwickelten Lehre von der „Soheit" als „Dharma-Grund" *(dharmadhātu)* und „Diamant-Grund" *(vajradhātu)* aller Dinge die ihm vom Manichäismus zugespielte Lehre vom leidenden Jesus als Urgrund aller Dinge aufgreift und dabei auch die Symbolik vom Lichtkreuz als Zeichen des *Jesus patibilis* in sein ikonographisches Repertoire miteinbezieht und mit dem *vajra* gleichsetzt.

Der Zusammenhang zwischen *vajra* und *vajradhātu* einerseits und Lichtkreuz und in der Welt verstreutem Licht andererseits legt sich nahe. Der ubiquitäre Jesus, der im Lichtkreuz sichtbar wird, entspricht dem ubiquitären Buddha-Prinzip, das als „Soheit" *(tathatā)* im *vajra* Gestalt gewinnt. Die manichäische Grundlage dieser Lehre aber läßt sich bis in die apokryphe Johannes- und Thomasliteratur verfolgen. Vor allem das bei Manichäern beliebte ›Thomasevangelium‹, dessen Kenntnis bereits die ›Epistula Fundamenti‹ des Mani verrät, ferner die koptischen ›Kephalaia‹, das koptisch-manichäische ›Psalmbuch‹ und selbst gewisse Fragmente aus Turfan[42] dürften einen Hintergrund für die manichäische Doktrin vom lichthaften, leidenden, in der Welt verstreuten Jesus abgeben. Ein eindrucksvoller Bezug zur buddhistischen Begrifflichkeit aber ist bereits in dem zitierten zweisprachigen Mani-Hymnus aus Kočo gegeben, wo Jesus direkt mit dem „Diadem des Indra" verglichen wird.

Ist die manichäische Lehre von der Ubiquität Jesu bereits vorgebildet im ›Thomasevangelium‹, wo es in Logion 77 der Version des Nag Hammadi Codex II, 2 heißt:

„Jesus sprach: ich bin das Licht, das über allen ist ... Spaltet ein Holz, ich bin da, Hebt den Stein weg, und ihr werdet mich dort finden[43]",

[41] H.-J. Klimkeit, Manichäische und buddhistische Beichtformeln aus Turfan. Beobachtungen zur Beziehung zwischen Gnosis und Mahāyāna. In: Zeitschrift für Religions- und Geistesgeschichte, Bd. XXIX (1977), S. 194—228.

[42] H.-C. Puech, Gnostische Evangelien und verwandte Dokumente. Abschnitt E 2: Das Thomas-Evangelium. In: F. Hennecke u. W. Schneemelcher, Neutestamentliche Apokryphen. Bd. I. Tübingen [4]1971. S. 203f.

[43] Deutsche Übersetzung bei R. Haardt, Die Gnosis. Wesen und Zeugnis. Salz-

so findet diese Lehre ihren klarsten buddhistischen Widerhall im zitierten buddhistischen Lušyanta-Text oder auch im „Blütenschmuck-Sūtra“, das versichert:

„Alles Sein ist Leerheit; aber der Buddha ist der Lebewesen Licht ... In jedem Staubkörnchen ist der Buddha gegenwärtig: seine Kraft wirkt überall und begeistert die Bodhisattvas[44].“

Zusammenfassend stellen wir fest, daß das Kreuzessymbol in der zentralasiatischen Religionsbegegnung Interpretationen auf verschiedenen Bedeutungsebenen gestattet. 1. In dem vom volksreligösen Milieu her nahegelegten Verständnis kommt dem Zentralsymbol der Christen zunächst eine magisch-apotropäische Bedeutung zu. 2. Das Kreuz kann auf dieser wie auf einer mehr reflektierten Ebene auch zu einem kosmischen Symbol werden, das einem raumsymbolisch-gliedernden Denken entspricht. In diesem Sinne ist es dem buddhistischen *maṇḍala* zu vergleichen, wenn es eine fundamentale makrokosmische Gliederung im Mikrokosmischen spiegelt. 3. Sodann erscheint das Kreuz im nestorianischen Sinne als Zeichen des erhöhten, triumphierenden, dem Tod überlegenen Christus und als Hinweis auf die Vollendung aller Mysterien. 4. Schließlich weist es im Sinne gnostischer Ubiquitätslehre auf den gekreuzigten Jesus hin, der das in der Welt verstreute, „gequälte“ Licht repräsentiert. Auf dieser Ebene aber fügt sich die buddhistische Leidenstheologie nahtlos ins Bild ein, wenn sie nicht nur das passiv erlittene Leiden, sondern auch das aktiv ausgeübte Quälen aller Wesen und selbst der leblosen Dinge der Natur thematisiert. Die Lehre vom Bodhisattva, der alle Leiden auf sich nimmt und der sich schließlich als erlöster Erlöser darstellt, entspricht auch dem gnostischen Bild des Lichtgesandten. Vor allem aber

burg 1967. S. 189—202, hier S. 199. Vgl. auch Logion 24 (a. a. O., S. 193): „Es sprachen seine Jünger: Belehre uns über den Ort, an dem du bist, denn es ist notwendig für uns, nach ihm zu suchen. Er sprach zu ihnen: Wer Ohren hat, höre! Es ist Licht im Inneren eines Lichtmenschen und er leuchtet der ganzen Welt. Leuchtet er nicht, so ist Finsternis.“

[44] Zitiert nach E. Steinilber-Oberlin, The Buddhist Sects of Japan. London 1938. P. 66ff. — Der Text fährt fort in einer dem Thomasevangelium analogen Weise: „Alle lehrt er, wunderbar und geheimnisvoll, Weisheit. Alle seine Kinder führt er zur Reinheit des Geistes; er wohnt im Wesen aller Dinge.“ (Deutsch nach G. Rosenkranz).

die mahāyānistische Doktrin von der „Soheit" *(tathatā)*, die durch das Bild der *dharma*-Natur oder *vajra*-Natur konkretisiert wird, ist vom Grundsatz her einem gnostischen Weltverständnis analog. Findet die *vajra*-Natur ihren symbolischen Ausdruck im Donnerkeil, und bestimmt dieser das Wesen seiner verschiedenen Träger, nämlich Indras ebenso wie Akṣobhyas und seiner Bodhisattvas, erscheint ferner die *vajra*-Natur textlich immer wieder als ubiquitäre Lichtnatur, so wird die ikonographische Austauschbarkeit von *vajra* und Lichtkreuz verständlich.

Der überzeugendste Beleg für den Sachverhalt einer Begegnung zwischen gnostischem Christentum und Buddhismus ist jene Gruppe von Turfantexten, die Christentum bzw. Manichäismus auch von innen her zum Buddhismus in Beziehung setzen. Unter diesen sei beispielhaft auf den parthischen Text M 48 hingewiesen, der von der Bekehrung des buddhistischen Tūrān-Shāh durch Mani berichtet. Nach der Feststellung, daß die Weisheit des Buddha heller strahle als Sonne und Mond, bekennt der buddhistische König dem „Apostel" *(fryštg)* gegenüber: „...Du bist der größte und lichteste, denn wahrhaftig bist du selbst der Buddha[45]."

[45] Der parthische Originaltext ist neu hrsg. bei M. Boyce, A Reader in Manichaean Middle Persian and Parthian. Textes with Notes (= Acta Iranica 9). Leiden 1975. P. 34f., nach: W. Sundermann, Zur frühen missionarischen Wirksamkeit Manis. In: Acta Orient. Hung. XXIV, 1 und 3 (1971), p. 102—105, p. 371—376.

IM ZEICHEN DES GROSSEN ÜBERGANGS

Archetypische Symbolik des Todes in Mythos und Religion

Von DETLEF-I. LAUF

1. Grundsätzliche Aspekte

Der Religionspsychologie bietet sich ein reichhaltiges Feld zum Studium der Wirkung psychischer Phänomene und psychologischer Realitäten an, die zu komplexen Symbolbildungen und übertragbaren Formen der Rituale geführt haben, welche in den verschiedensten Mythen und Religionen im wesentlichen ganz autonom entstanden sind. Die Religionspsychologie untersucht die Wirkung von Religion auf die Psyche wie auch die Bedeutung psychologischer Grundfunktionen und psychisch bedingter Einstellungsweisen des Menschen in bezug auf das Erleben von / oder der Begegnung mit der Religion. Da wir aber nicht nur vor einem vielfältigen Erbe der überlieferten Zeugnisse der Religionen stehen, sondern auch über verschiedene, entwickelte Methoden der theoretischen wie angewandten Psychologie verfügen, ist vergleichende Religionspsychologie ein ideales Medium innerhalb der religionswissenschaftlichen Disziplinen, die Wirkung der Religion auf die Psyche und die Entfaltung relevanter psychologischer Reaktionsweisen zu untersuchen. Mit gleichem Anspruch jedoch müssen wir die existenziellen Notwendigkeiten, vor allem die ontologischen und soteriologischen Dimensionen der Psyche mit in Betracht ziehen, die ganz aus ihrer psychologischen Eigengesetzmäßigkeit heraus einen nicht zu unterschätzenden formenden Einfluß auf viele Aussagen der Religion haben.

Spätestens die analytische Arbeit der Psychologie wie aber auch die Kenntnis psychiatrischer Phänomene (z. B. das Eingebungssyndrom) lassen es gewiß werden, daß die menschliche Psyche von Grund auf religiös ist, ob dieses nun sichtbar zutage tritt oder nicht, spielt dabei keine Rolle. Die religiöse Komponente läßt sich bis in die Ursprünge der Geschichte verfolgen und kann in ihrer Funktion als archetypisch — hier einmal im Sinne als vom Ursprung her typisch — bezeichnet werden. Aus dieser fundamentalen Fähigkeit der Psyche, das Numinose wahrzunehmen und es wiederzugeben, ergibt sich die Evolution einer scheinbar endlosen Kette von Bildwerdungen psychischer Erfahrungen, die sich seit ältester magisch-mythischer Zeit bis hin zur Entwicklung der Hochreligionen in Form von Schriften, Ritualen, Zeremonien, Bildern und Symbolen manifestiert haben. Wir können uns in dieser kurzen Studie mit entsprechendem Zielthema nicht auf bestimmte Lehrunterschiede der Psychologie und deren Deutungsmöglichkeiten festlegen, sehen aber in diesem spezifischen Fall einige Berechtigung, unsere Vergleiche vor dem Hintergrund der Jungschen analytischen Psychologie zu interpretieren, die sich am weitesten in die religiöse Thematik und die psychologischen Wurzeln vorgewagt hatte.

In diesem Sinne sollen einige archetypische Funktionen in bezug auf die Konfrontation mit dem Todeserlebnis und den darauf gebotenen Antworten von Mythen und Religionen beleuchtet werden, wobei „archetypisch" die Bezeichnung für eine auf urbildlicher Funktion beruhende psychische Strukturformung sein soll. Das heißt schlicht gesagt, die Psyche reagiert auf bestimmte Fragen über Sein oder Nichtsein nach dem Tode auf eine gewissermaßen gleichförmige Art, die überall und unabhängig voneinander gleiche, analoge, ähnliche oder verwandte Bilder und Symbole produziert. Religionspsychologie steht in der Aufgabe, Ursachen und Wirkungen der Religion und der Psychologie in ihrem gesamten gegenseitigen Bezugsrahmen darzustellen. Dies geht auch nicht ohne phänomenologische Studien, die sich auf die ontologischen und rein psychologischen Gegebenheiten religiöser Symbolik ausdehnen müssen.

Leben, Wandlung, Verwandlung und Erneuerung (geistig-seelische Wiedergeburt bis zur Auferstehungssymbolik) bilden sich bereits im sogenannten Individuationsprozeß des im Hier und Jetzt lebenden Menschen dergestalt ab, daß wir psychologisch empirisch eine Fülle von Urbildern finden, deren innere Logik und Funktionsweise als archetypische Strukturierung solche Symbole zutage fördert, die schon lange als Vorlage für die Ausdrucksweisen des Mythos und vieler Religionsformen gedient haben. Wir finden praktisch jeden Teilbereich des individuell psychischen Lebens in den archetypischen Prägungen der Mythen und Religionen bereits vorgeformt in ganz spezifischen symbolartigen Erscheinungskonstanten, die ihrerseits den Archetypus als die treibende Urkraft erkennen lassen.

Mit der Symbolik des Todeserlebens und den Zeichen des großen Überganges in den Darstellungen der Religionen berühren wir einen Bereich seelischer Struktur-Ausdrucksformen, der übrigens nach Analogieformen aufgebaut ist, und welche bereits mit einem gleichermaßen universalen Anspruch im Schöpfungsmythos Gültigkeit haben. Werden und Sterben sind zwei Formen des *einen* Seins und die Vergleichbarkeit der Phänomene des psychischen Ausdrucksspektrums ist dermaßen auffällig, daß der Konsensus der Symbolik selbst den Spekulationen über die Möglichkeit eines nachtodlichen Seins einen Evidenzcharakter zu verleihen scheint. Jedoch ist es innerhalb der Religionspsychologie nicht unsere Aufgabe, Wert und Unwert sowie den Wahrheitsgehalt von Aussagen über nachtodliche Existenz festzustellen, sondern vielmehr die archetypisch bedingten Antworten und deren interessante Struktur sichtbar zu machen. Sie richten sich am Scheidewege des Lebens auf beide Seiten aus, auf die Bedeutung des Lebenswertes und des Sinnes im Angesicht eines Unbekannten, das sich zur Überschreitung unserer empirischen Daseinsnormen anschickt.

Wie schon beim Schöpfungsmythos finden wir uns wieder bei der Bilderwelt vom Übergang zum Tode in der Symbolik der Scheidung von Gegensätzen wie physischer Körper und Seele, Diesseits und Jenseits, Überwelt als Lichtwelt, himmlische Regionen, Paradiese und Unterwelt als Finsternis, Geisterwelt, Höllen oder Purgatorium. Ebenso kennzeichnend erscheinen die Identifikationen mit kosmologisch bedingten Urfunktionen aus der mythischen Weltstruktur wie Sonne und Mond, Wasser und Feuer oder Erde und Luftelement. Analog sind die Entfaltungen des Archetypus aus der Teilung von Licht und Finsternis, die sich in den Wertungen von Gut (weil im Lichte erkennbar) und Böse (weil im Dunkel verborgen und von dorther destruktiv wirkend) niederschlagen. Im wesentlichen folgt die Symbolik vom Tode als Wandlung immer den gleichen Strukturen, die wir aber auch als Darstellungen aus den Bereichen des Bewußten und des Unbewußten verstehen können. Aus psychologischer Sicht erkennen wir in der manifesten Symbolik und deren jahrtausendealten Geschichte einen gültigen Anspruch für unsere Deutung der Funktionen des menschlichen Bewußtseins, das „bewußt erkennt" und „unbewußt erlebt". Die Partizipation des Bewußtseins am schöpferischen Prozeß der Erfahrung macht es möglich, daß der Mensch durch den Beitrag seines Unbewußten das eigentliche Erlebnis der Faszination erfährt. In dieser auf der Tiefe gegründeten Erfahrung ruht die Fähigkeit, das aus dem unbewußt tief schöpferischen Grunde heraus wirksame Potential des Numinosen so mittels bewußter Akte zu überhöhen, daß eine Art Transgression persönlichen Seinserlebens in Richtung auf eine „echte" Transzendenz möglich erscheint. Dann wäre die Fähigkeit zu transzendieren eine auf bewußtem Handeln beruhende geistige Bereitschaft des Menschen, die nicht allein aus den nur unbewußten Schichten unseres Gesamtbewußtseins möglich oder zu erklären wäre. Wie auch im gleichen Sinne die höchst individuelle Immanenzerfahrung in der Seele ihre Tiefe nur dadurch erwirken kann, daß sie eine bewußte Einwirkung auf ein komplementär wirkendes Unbewußtes ausübt und damit dessen Tiefendimension kreativ belebt (wie im Falle etwa des Mystikers).

Wir kommen zurück zum grundsätzlich psychologischen Element einer Darstellung der Archetypen, die als Strukturformen im menschlichen Bewußtsein einen so umfassenden Einfluß auf die Symbolgestaltung des Todeserlebens haben, das immer wieder in markanten Strichen gezeichnet wird, wobei der Pinsel die Sensibilität der Seele ist, die sich am Todespunkte essentiell mit dem Wesen des Göttlichen und des Dämonischen in der einen oder anderen Form auseinanderzusetzen gezwungen sieht. Spätestens an diesem Punkte tritt ja die Valenz der religiösen Erfahrung voll ins Gewicht, denn die Psyche kommt an dieser Stunde ihrer Wahrheit nicht vorbei, wenn sie bestehen will, d. h. in irgendeiner Form fortzuleben hofft. Es ist dies auch der Ort, wo die eschatologischen Lehren und die Ausblicke von diesen, wie sie die Religionen anbieten, voll zum Tragen kommen.

Wir erkennen schon in zahlreichen mythischen Motiven und deren Wiederholung durch die Symbolik der Rituale, daß gewisse Archetypen das tragende Element einer fortdauernden Symbolik bilden, die sich immer wieder auf einen in sich homogenen Formenkodex bestimmter Zeichen verlassen kann. C. G. Jung bezeichnet die Mythen als „die eigentlichen Exponenten des kollektiven Unbewußten[1]", wobei wir hier von einer genaueren Definition des kollektiven Unbewußten absehen wollen. Und dieses kollektive Unbewußte bezeichnet nun Jung auch als

[1] C. G. Jung, Gesammelte Werke. Bd. 8. 1967 S. 177.

„eine Art überindividueller seelischer Tätigkeit[2]“, da sie auf der eben kollektiven Ebene eine scheinbar universale Formensprache entwickelt. Diese ist es, welche aus unbewußter Tiefe eine übergeordnete, d. h. symbolisch verbindliche Funktion ausübt, auf deren Wirklichkeit des Bildes sich viele Individuen einstellen können (Konsensus). So enthält nach Jung unser eigenes seelisches „Mythenkonglomerat unzweifelhaft das Abbild des psychischen Vorganges[3]“. Diese hypothetische Definition hilft uns auf jeden Fall, eine Phänomenologie aus den empirischen Bildern der Seele zu erleichtern. Wenn wir im folgenden einige Erscheinungsweisen aus Mythen und Religionen aufzeigen, die den Schluß auf archetypische Strukturierungen hin zulassen, dann demonstrieren diese auch, daß Religionspsychologie auf recht soliden Fakten und Phänomenen des seelischen Ausdrucks aufbauen kann, um daraus ihre zukünftige Richtung zu bestimmen.

Damit meinen wir im besonderen die Möglichkeit einer angewandten, d. h. praktischen Religionspsychologie, die als solche noch nicht formuliert worden ist. Eine vergleichende Studie von den seit alters her angewandten Symbolen für den großen Übergang des Lebens in den Tod und die Nachtod-Dimensionen wird uns wohl Jungs Feststellung bestätigen, daß „die stärksten Ideen und Vorstellungen der Menscheit auf Archetypen zurückzuführen[4]“ sind. Die Macht der Faszination im Todeserlebnis ist von gewaltiger Natur, sie ergreift alle Bereiche der Seele und stellt die ontologische Frage, die eschatologische, die ethisch-moralische, die philosophische und religiöse Frage auf ihre größte Probe. Diese dramatische Faszination angesichts dieser Problemstellung kommt bei Heidegger schon rein im Philosophieren über die Natur des Todes durch seine Wortsymbolik deutlich zutage. Denn der Tod als unausweichliche Zäsur ist bei Heidegger die „unüberholbare Möglichkeit des Daseins[5]“ und damit die „eigenste Möglichkeit des Daseins[6]“. Die eschatologische Chance ergreift die Seele aus dem psychologisch bedingten Primärtrieb oder Urinstinkt der Angst, welche sie zur größtmöglichen psychischen Leistung sozusagen spontan beflügelt. „Die Angst ängstet sich um das Seinkönnen des so

[2] C. G. Jung, a. a. O., S. 173.
[3] C. G. Jung, a. a. O., S. 178.
[4] C. G. Jung, a. a. O., S. 183.
[5] M. Heidegger, Sein und Zeit. Tübingen 1972. S. 259.
[6] M. Heidegger, a. a. O., S. 263.

bestimmten Seienden und erschließt so die äußerste Möglichkeit[7]", so würden wir mit Heidegger sagen. Diese Symbolik der Seele zum Tode zeigt uns aber auch, daß sie das eigentliche und wichtigste Moment des ganzen Lebens ist. Geburt hat die Not der biologischen Werdung, Tod aber ist Existenzproblem a priori. Das ist die Triebfeder der Seele im Existentiellen, die nach Möglichkeiten und Systemformen des Begreifens ihrer eigenen Lage sucht.

An dieser Stelle bieten auch der Mythos und die Formen der Religion jeweils auf verschiedener Ebene des geistigen Ausdrucksvermögens und aus der Einsicht in Gegebenheiten oder Offenbarungen der Seele sehr konkrete Symbole zur Bearbeitung an. Sie stellen Lösungsmöglichkeiten und Zielvorstellungen frei, durch die der finale Lebenssinn sich am Archetypus des Sinnes auch über seine diesseitige Existenzform hinausgreifend zu orientieren sucht. Denn wir müssen festhalten, daß alle Symbolik zum Tode und dem großen Übergang sich primär auf eine rekapitulierende Sinndeutung des bisherigen Lebens bezieht, und aus dieser allein ihr Postulat auf eine mögliche (spekulativ artikulierte) Fortsetzung nach dem Tode bezieht. Insofern ist schlicht, aber zutreffend zu sagen, daß eigentlich alle Symbolik des Todes und eines nachtodlichen Fortlebens ihren Sinn und die inhärente Kontinuität nur daraus bezieht, höchste Wertsetzungen auf das diesseitige, irdische Dasein zu projizieren, und dieses Leben zum Prüfstein für alles Zukünftige zu machen. Darum auch ist ein jedes Totenritual mit Recht eine Retrospektive des Lebens und stellt dieses in den Mittelpunkt, um allein daraus das Recht abzuleiten, von einer Zukunft in jenseitigen Bereichen zu sprechen.

Wie schon erwähnt, ist *Religion* in jedem Falle ein Phänomen oder eine notwendige Dimension unseres Seins, das sich vom Numinosen bestimmt glaubt, so daß es als eine 'Epiphanie' in der Seele erfahren wird.

Darum eben hat Religion fundamental mit der Seele, d. h. mit unserem ureigensten Leben als Vorgang des vitalen Seins zu tun. Ihr wird und muß Leben und Tod unbedingtes Anliegen sein. Dieses konkretisierte Jung in der zutreffenden und sehr realistischen Feststellung, daß die „Religionen als komplizierte Systeme der Vorbereitung des Todes[8]" anzusehen sind. Aus dieser unbestreitbar richtigen Anschauung über Religion erkennen wir deren eminent psychologische Wirkung auf den Menschen,

[7] M. Heidegger, a. a. O., S. 266.
[8] C. G. Jung, a. a. O., S. 467.

denn sie ist ein spirituelles System, das Lösungsmöglichkeiten entsprechend den vorgezeichneten archetypischen Strukturen erschließen kann. Wie sehr die verschiedenen Religionen in der Behandlung der Todes-und Erlösungssymbolik in sich verwandte Wege beschreiten, ist später noch zu zeigen. In allen wesentlichen Punkten geht die Religion mit der Entwicklung der Psyche konform. So bieten gerade die Religionen eine eschatologische Sinndeutung des Todes eben über diesen hinaus an, der als Zäsur zur Wandlung und Neudarstellung der Seele und deren Ausrichtung auf einen nicht mehr diesseitig weltlichen, sondern überweltlichen Raum der Numinosität beschrieben wird. Die über alle Kulturen nachweisbare Verbreitung der urbildlichen Hintergrundbilder weist, psychologisch gesehen, auf unbewußte Funktionsweisen der Psyche hin, die sich immer, wenn es um Wahrheitsbilder seelischer Erfahrung geht, in den Urbildern und Symbolen als den Metaphern für erahnte Wirklichkeiten ausdrückt.

2. Zur eigentlichen Symbolik des Todes

Bekanntlich zeigen sich Vorahnungen zum Tode auch im Traumerlebnis, und solche Träume können analytisch recht bald erkannt werden. Wir weisen nur einmal auf den präkognitiven Traum vom nahen Tode des Heroen Enkidu im Gilgamesch-Epos hin, um das älteste Zeugnis für Traumdeutung dieser Art zu belegen. Und dieser Traum stimmt in seinen Grundformen immer noch bis auf heutige Tage mit ähnlichen Bildern überein, die das vermehrte Auftreten von Wandlungs- und Wiedergeburtssymbolen, von Ortsveränderungen und dramatischen Durchgängen durch Engpässe zu einer anderen Seinsform erkennen lassen. So können wir sagen, daß ein guter Teil der in Mythen und Religionen gelehrten und geoffenbarten Weisheiten über Nachtodzustände auch eine Spiegelung psychischer Realitäten darstellen, deren erstaunliche Evidenzen wir nicht unberücksichtigt lassen können.

Wir erwähnten oben bereits die auch in der Todessymbolik charakteristische Scheidung der Komponenten, die als psychologisch bedingte Bilder die Dissoziation des psychophysischen Daseins aus seiner bisherigen Ganzheit andeuten. Die Mythen der Völker wie auch die bedeutendsten Aussagen der Religion zeigen uns hinter aller Vielfalt der Symbolik zum Tode an erster Stelle eine sogenannte 'Richtungs- und Destinationssymbolik' von einzigartiger Logik der inneren Abfolge und Geschlossenheit des Auftretens. Diese Richtungssymbolik bezieht sich auf die Art der bisherigen psychophysischen Integrität und der daraus nunmehr sich beim Tode ablösenden Seele, auf den vermuteten Weg der Seele in jenseitigen Welten und schließlich auf die finale Bestimmung der Seele als dem ihr zugedachten oder bestimmten Ort des Seins oder Nichtseins. Nehmen wir hierzu auch noch die primäre Struktur des Schöpfungsmythos zur Grundlage des „Weltbildes" eines idealen oder realen Universums, dann wird die nachtodliche Daseinsform für eine fortdauernde Seele in die ultimative Spannung und Dimension von Gott und Dämon gestellt, den Exponenten der Schöpfung auf der positiven und der negativen Seite. Damit sind seit den ältesten mythischen Darstellungen alle chthonischen und feurigen Elementarbereiche einerseits verknüpft, wie auch die höchst erhabenen oder 'enthobenen' Bereiche der Lichtwelten und Götterbereiche auf der Gegenseite.

Und bevor wir auf Details eingehen, stellen wir noch einmal die Frage nach den Totenritualen, die wohl kaum eine Daseinsberechtigung hätten, wenn ihre Aufgabe nicht in der Richtungssymbolik der Wegführung bestünde. Und diese erfüllt zumindest vier Notwendigkeiten der theoretischen und praktischen Seelenführung: 1. In vielen mythischen Überlieferungen war und ist das Totenritual Weg-Geleit; und zwar in der ursprünglichsten Form als 'weg'-leiten der Seele aus Furcht vor deren Wiederkehr aus der Totenwelt. Es wurden unter anderem auch verschiedene Barrieren und Bannorte eingerichtet, um die Seele an einer Rückkehr zu hindern. 2. Dient das Ritual als Ausdruck der Sorge um den weiteren Weg der Seele, daher auch die Versorgung mit Grabbeigaben und Wegzehr; alle diese Handlungen sind symbolische Reaktionsweisen, um den Weg der Seele sicherzustellen. 3. Weiterhin ist das Totenritual ein Versuch, die aus dem irdischen Daseinsbereich bekannten Moraltheorien und deren Erfüllung als Projektionen auf den nachtodlichen Bereich so anzuwenden, daß sie als Versuch einer Wegleitung der Seele in jenseitige Bereiche und vor allem als Stütze für das Erlösungsstreben dienen können. 4. Schließlich sind die Totenrituale dramatische, kultische und tief religiöse Aktivitäten, die vor allem auch den Anwesenden als eine Art Lebensbrevier und Ermahnung dienen sollen, als Symbol des möglichen Ablaufs für das Fortexistieren der Seele in einem Bereich, der nicht mehr durch das menschliche Daseinsmaß erfaßt werden kann. Psychologisch haben viele solcher Rituale auch den versichernden und psychisch heilsamen Charakter, daß die Trennung einen teleologischen Sinn erfüllt, der auch auf die Lebenden positiv zurückwirkt und somit einem Realitätsverlust und übersteigerter Regression bei den Trauernden entgegenwirkt. Die bekanntesten und sozusagen vollendeten Totenrituale können alle die hier genannten Stufen enthalten und beginnen schon bereits bei der Vorsorge für den Sterbenden, dessen letzte Stunden schon in den Prozeß der Seelenführung eingeschlossen werden.

Ein Blick auf die Manifestationsstufen der angewandten Todessymbolik in den einschlägigen Schriften und Ritualsammlungen läßt ohne Mühe eine Anzahl von charakteristischen Punkten erkennen, die sich durchgehend, d. h. bei vielen religiösen Traditionen und in Kulten auch entlegenster Gebiete, in vergleichbaren Grundstrukturen wiederfinden lassen. Wir greifen nur einige kennzeichnende Stationen heraus: 1. Beschreibung des Todesvorganges im einleitenden Ritual als Darstellung der inneren Aufzehrung des Lebens und seiner Energie, die sich als Flamme verzehrt und den Gegensatz Feuer und Wasser bildet. Diese Antipode der beiden Elemente ist von geradezu archetypischer Symbolkraft und bleibt bis hin zu den Höllendarstellungen als Darstellungsfaktor des Leidens erhalten. Physiologische Vorgänge werden zu stärksten Symbolbildern für Evidenzen, die kaum anders treffender darzustellen wären. 2. Wir finden dann die Symbolik des großen Durchganges auch als gefahrvollen Weg durch eine Finsternis, einen Engpaß oder durch einen höchst kritischen und entscheidenden Moment, bevor die Berichte von einer Neuorientierung der Seele und ihrem eventuellen Fortgang weiter ausgeführt werden. 3. Haben wir dann die weitverbreitete Symbolik von der großen Überfahrt, der letzten sozusagen noch spekulativen Geographie, die mit dem Totenfluß, dem Meer der Überfahrt und damit dem Wasser der endgültigen Trennung von der Daseinswelt beschrieben wird. Alle diese Dinge und auch die folgenden Punkte sind ja nur Bilder, gewisse Metaphern für Vorgänge, die hinterfragt werden müssen in bezug auf die Vorstellungen über chthonische oder uranische Endpunkte des Seelenweges oder über die Theorien eines Abstiegs oder Aufstiegs der Seele. Die Richtungssymbolik öffnet sich nach beiden Seiten. Was übrigens die Überfahrt betrifft, erscheint unübersehbar der Fährmann, und zur gleichen Dimension gehören ein oder zwei Begleiter der Seele als der gute und der böse Genius, welche die spätere Destination bereits antizipieren.

4. Eine andere Form der Überquerung ist nicht das Wasser, sondern die Überbrückung durch die Brücke oder die Regenbogenbrücke und ähnliche Symbole. 5. Je nach Überlieferung tritt zu einem verschiedenen Zeitpunkt eine Re-Formierung der Seele des Verstorbenen ein, die einen Seelenkörper oder Nachtodkörper bildet, der unzureichend auch mit Phantomkörper bezeichnet werden kann. Es tritt eine mehr oder weniger akzentuierte Gestaltwerdung des Seelenwesens ein, das nun den Nachtoderlebnissen ausgesetzt wird. Das alles aber sind 'Verbildlichungen', symbolische Erklärungsformen, auf die der diesseitige Mensch sein Hoffen und Wünschen übertragen kann. 6. Mit gleicher Regelmäßigkeit erscheint uns das Urbild von dem Wägen der Seele und dem letzten Gericht, das den Scheidungsprozeß der Seelen in die Orte des Leidens (Höllen) und die Räume der himmlischen Erhebungen einleitet. Dieses Gericht zeigt uns, daß der Mensch sich von jeher schon der Verantwortlichkeit für sein Tun bewußt gewesen ist. Sonst hätte sich daraus nicht ein so tief verwurzeltes Urbild von einer spekulativen und ganz hypothetischen Wägung der Seele nach dem Tode entwickeln können. Es ist überhaupt die ganz wesentliche psychologische Tatsache festzuhalten, daß die finalen und letzthin schicksalhaften Entscheidungen in den nachtodlichen Bereich übertragen werden. Dahinter steht aber ganz schlicht die Erkenntnis und die Absicht, den Tod als den Höhepunkt und das eigentliche Ziel menschlichen Daseins anzuerkennen. Hier wird die existentielle Frage nach dem Sinn des In-der-Welt-Seins zum Kulminationspunkt der ontologischen Frage nach dem Sein der Seele über ihre irdische Existenz hinaus. In diesem Sinne erwähnen wir das oben schon Gesagte über die Symbolik des großen Überganges, die ihre Logik und Berechtigung nur aus dem Daseinswert der Seele in dieser Welt beziehen kann. 7. Nachdem die Seele ihre Bestimmung im Gericht erhalten hat, ist die nächste Stufe die Wiederkehr in einer anderen Daseinswelt, die im allgemeinen nach alten mythologischen Schemata in drei Stufen als Unterwelt, Zwischenwelt oder als himmlische Sphäre aufgeteilt werden kann. Re-orientiert und in der Annahme einer neuen seelischen Daseinsform erscheint der Verstorbene im Hades, im Geisterland, in einer Seelenwelt, an abgeschiedenen Orten oder in himmlischen Regionen. Dämon oder Gottheit sind wieder die äußersten Exponenten zur Darstellung der Orte des letzten Weges für die Seele. 8. Schließlich müssen wir noch auf eine vor allem in den indischen Religionen des Buddhismus und des Hinduismus bekannte

Dimension hinweisen, bei der es sich um die Wiedergeburt der Seele in der Daseinswelt handelt, also eine Vorstellung von einem zyklischen Existenzwandel der Seele zwischen verschiedenen Daseinsformen, wobei die eigentliche Phase des Todes eine nur beschränkte Zwischenstufe zwischen zwei Existenzformen ist. Aber auch hier ist 'Karma', das Gesetz der Verantwortlichkeit für die Taten des Lebens, die kausale Voraussetzung für die Qualität des erneuten Daseins. Daß es Auswege aus der zyklischen Wiederkehr des Daseins der Seele gibt, spielt hier nicht die entscheidende Rolle der Betrachtung.

3. Einige Beispiele aus Mythen und Religionen

Wir möchten noch vorausschicken, daß wir sehr häufig eine richtungsorientierte Ereignisweise der Todessymbolik finden, die auf älteste kosmologische und mythologische Orientierungen Bezug nimmt, nämlich die Sonnensymbolik. Was läge nicht näher, als den Tag des Daseins im Leben mit dem der Sonne gleichzusetzen. Sie ist ein Urbild für den Kreislauf des Lichtes und des Lebens, und es ist nur natürlich, daß sie auch als Seelenführer (Psychopompos) der Begleiter auf dem Nachtwege der Seele ist. Sie nimmt die Seele mit sich in die Unterwelt und sichert aber auch deren Wiederkehr im Osten. Der Westen im Sonnenuntergangspunkt wird zum Symbol des Lebensendes, und der auf das Erdenleben bezogene Kreislauf des Daseins wurde durch die Bindung an die Sonne oft zum Sein auf kosmischer Ebene erhöht.

Kommen wir zu einigen Beispielen, um grundsätzliche Gemeinsamkeiten urbildlicher Prägung und Gestaltwerdung der Symbolik des großen Überganges sichtbar zu machen. Dabei sollen im Beginn einige mythische Überlieferungen stehen. In Polynesien auf Mangaia war Veetini der erste Mensch, der stellvertretend den irdischen Tod erleidet und somit Urbild für alles Sterben der Einwohner wird. Veetini stirbt im Westen[9] und geht zur Geisterwelt ein; aber noch einmal erscheint er in einer Vision als Sonnenheros am nächsten Morgen mit der Sonne im Osten, lehrt die Hinterbliebenen die Totenfürsorge und tröstet sie, um

[9] J. C. Andersen, Myths and Legends of the Polynesians. Vermont u. Tokyo 1969. P. 309—310.

dann auf dem Weg der Sonne mit ihr im Westen in die Unterwelt abzusteigen. In den mythologischen Überlieferungen auf Hawaii gibt es verschiedene recht differenzierte Darstellungen. So heißt es, daß sich die Seele oder der Geist *(uhane)* vom Körper *(kino)* trennt, und diese bildet dann eine zuweilen sichtbare psychoide Form *(lapu),* die dem Lebenden gleicht, dessen Sprache sprechen kann und in der Größe beliebig variabel ist[10]. Die jenseitige Welt der Toten, die sich aus einem Bereich des Leidens im Feuer und einem in Trauer und Dunkelheit zusammensetzt wird von Milu, dem Herrn der Unterwelt, beherrscht. Als Eingänge zur Unterwelt (Lua-o-Milu) gelten bestimmte Felsklippen und Klüfte auf Maui, Oahu oder Hawaii. Und dort befinden sich die Absprungplätze der Seele (Leina-ka-uhane), die nach Norden oder Westen orientiert sind[11]. Dort steht auch jeweils ein 'Baum der fehlleitenden Äste', von dem aus der Absprung in die Unterwelt erfolgt. Den guten Seelen erschließt sich die Aumakua als lichtvolle Himmelswelt, wo sie mit Flügeln und Regenbogen unter den Füßen frei verweilen[12]. Kosmologisch scheint uns die Orientierung nach Westen von größter Bedeutung zu sein; als älteste mythische Identifikation mit dem Tagesgestirn ist sie überall zu finden. Auf den polynesischen Inseln gilt jeweils der westlichste Punkt als der Ort, wo die Seelen 'überspringen'.

Noch breiter entwickelt ist das Spektrum der Symbolik in Melanesien auf den Malekula-Inseln. Noch an steinzeitlicher Kultur orientiert, berichten die Eingeborenen von der Reise der toten Seele durch den Dolmen, der als Höhle oder Schoß den notwendigen Durchgangsort und die Symbolik der verschlingenden großen Mutter bildet[13]. Bemerkenswert ist, daß die Beerdigung der Toten bei Sonnenuntergang stattfinden soll, einer Regel, der wir bei den Hopis in Nordamerika wieder begegnen. Unmittelbar nach dem Tode besteht für den Toten von Malekula die Gefahr, daß seine Seele schon beim Beginn der Reise durch den dämonischen Wächtergeist Le-hev-hev verschlungen wird. Aber immerhin erscheint am Eingang der Höhle zur Totenwelt auch der gute Geist Tagalawo, um den Weg zu ebnen. Danach beginnt die Seelenreise als die

[10] M. Beckwith, Hawaiian Mythology. Honolulu 1970. P. 144.

[11] M. Beckwith, a. a. O., p. 155, 157.

[12] M. Beckwith, a. a. O., p. 161.

[13] J. Layard, Der Mythos der Totenfahrt auf Malekula, in: ERANOS V (1937), S. 211—291.

eigentliche Überquerung des Todeswassers, das aber auch als das Wasser des Lebens bezeichnet wird. An dieser Stelle erscheint als Psychopompos das Motiv des Fährmanns von Ambrin, der die Seelen der Toten zu neuen Ufern bringt. Wir erkennen jetzt schon bereits die Bedeutung der Sonne und des Westens als ein Symbol des Überganges, des Abstiegs und der Wiederkehr, wie sie Andersen und Beckwith berichtet haben, und die dann in höchst ähnlicher Struktur wieder bei den Pueblos Nordamerikas zu finden sind. Die kosmische Identifikation spielt in der mythischen Darstellungsweise des Todes eine primäre Rolle. Dies wird ganz deutlich in den altägyptischen Totenschriften und auch z. B. an einem so entlegenen Ort wie bei den Na-khi-Stämmen von Südwestchina, wo die Seele nach dem Tode sich in eine Art Schattenwesen *(Ō-hä)* verwandelt. Und im höchst interessanten Totenritual der Na-khi heißt es dann:

> „Du bist im Land der hellen Sonne angekommen,
> und im Land des hellen Mondes, du bist hoch
> geleitet worden in den Bereich, wo man,
> einmal geboren, niemals stirbt[14]."

Wir brauchen uns nicht im besonderen bei den Überlieferungen des doch sehr bekannten ägyptischen Totenbuches aufzuhalten. Hier ist der Eingang in den Westen verbunden mit der Initialerfahrung der Seele, daß sie unmittelbar nach dem Durchgang des Todes in das 'helle Licht des Tages' sozusagen in eine neue Daseinsform tritt[15]. Mythologisch ist es die Wiedererfahrung der Sonne auf der Gegenseite dieser Erde, die zugleich den Raum für den Wandel durch die Unterwelt bildet. Die ganze osirische Theologie ist an den Sonnenmythos gebunden und hat neben seiner Bedeutung für das Totenritual auch initiatorischen Charakter. Im Mittelpunkt der Unterweltsereignisse steht das Gericht mit der Waage der Gerechtigkeit, um die moralische Qualität des Herzens zu wägen, wozu eine Feder der Göttin Maât dient. Zusammen mit dem bekannten negativen Schuldbekenntnis haben wir hier mit die erhabensten Symbole vom Durchgang durch die Probe der Seele vor uns, die natürlich wesentlich zur Förderung der Einsicht und einer seelischen Reorientierung der

[14] J. F. Rock, The Zhi-mä Funeral Ceremony of the Na-khi of South-West China. Wien 1955. P. 27.

[15] E. A. W. Budge, The Book of the Dead. New-York 1960. P. 355 u. 376.

Lebenden dienen sollen. Daß es hierbei auffallende Analogien in den Stufen der Todessymbolik zwischen Texten ägyptischer und tibetischer Totenrituale gibt, sei nur am Rande erwähnt[16].

Eine gewisse analoge Bedeutung hat der Weg der Sonne als Weg des Shamash in der sumerischen und babylonischen Mythologie. Wir kommen hier auf den Mythos von Gilgamesch zu sprechen, in dem sich zeigt, wie sehr die hintergründig vorhandene Struktur der Totensymbolik mit ihren unterweltlichen Wandlungen ein psychologisches Schema auch für den initiatorischen Charakter seelischer Erfahrungen bilden kann. Gilgamesch tritt als Heros, und zwar als Sonnenheros, die lange Reise auf der Suche des ewigen Lebens an. Er tut dies stellvertretend für alle anderen. Die mythische Reise erhält ihren Prüfstein und ersten Höhepunkt bekanntlich bei der Durchquerung des Berges Mâshu. Sie kann nur als ein symbolischer Tod des Gilgamesch gesehen werden, den er erleidet, um geistig erneuert wiedergeboren zu werden. Die Frage nach dem Leben wird zum Existenzproblem des Menschen. Im Text der Tafel IX, 40 wird ihm die Durchquerung des Berges Mâshu erlaubt, und Gilgamesh geht diesen Weg in den 12 Doppelstunden 'auf dem Wege des Shamash', um vor Sonnenaufgang auf der anderen Seite zu erscheinen[17]. Damit weist diese Stelle, die noch einmal auf Tafel X, 23, 24 bestärkt wird, aus, daß Gilgamesch den symbolischen Durchgang von West nach Ost beschritten hat, also eine Analogie zum mythischen Bild vom Weg der toten Seelen. Und bevor Gilgamesch auf der anderen Seite die große Überfahrt wagt, trifft er auf Siduri, die als ein Seelenbild und als Gestalt nahe dem Totenstrom psychologisch wohl jenem weiblichen Todesengel verwandter sein dürfte, wie er uns in der iranischen Religion des Zarathustra und viel später wieder im Koran erscheint (Sûrah 56, 12—26). Gilgamesch überquert als Heros mit Urshanabi den Totenfluß, um Utnapishtim nach dem Mysterium des Lebens zu befragen. Die existentielle Daseinsfrage wird gestellt, obgleich doch in der sumerischen Tradition längst die Unausweichlichkeiten bereits festliegen als der „große Ort unterhalb" *(kigal)*, in den Ishtar hinabstieg. Andere Namen nennen die Welt der Toten „das Land ohne Wiederkehr" *(kurnugia)* oder aber den „Ort des Irkalla " *(shubat*

[16] D.-I. Lauf, Geheimlehren tibetischer Totenbücher. Freiburg 1977. S. 211—217.

[17] A. Heidel, The Gilgamesh Epic and Old Testament Parallels. Chicago 1976. P. 67, 68 u. 74.

irkalla), wie das Reich des Totenherrschers Irkalla im Gilgamesch-Epos (VII, 33) genannt wird. Auch begegnet uns in der sumerischen Überlieferung wieder die Überquerung der Wasser des Todes, die als Ḫubur-Strom bekannt sind, auf dem der Fährmann Ḫumuṭṭabal die toten Seelen übersetzt.

Ganz auf die matriarchalische Primärsymbolik der großen Urmutter bezieht sich die Vorstellung von dem Wechsel zum Tode bei den Pueblo-Indianern Nordamerikas, und hier sind spezifisch die Hopi und die Navaho-Stämme anzusprechen. Schon deren wichtigste Kultbauten, die Kiva, sind eine getreue Wiedergabe des mythischen Weltbildes, das durch eine strenge Anordnung quaternärer Bezugssysteme schon auf die urbildliche Ganzheitsvorstellung als ideale Projektion der menschlichen Psyche abgestellt ist. Der Mensch ist einst aus der Urtiefe, der großen Mutter des großen Canyon entstanden, und sein Leben geht gleich wie die Sonne im Westen zur Neige. Man glaubt, daß sich die Seele des Verstorbenen gleich wie der Wind nach eigenem Willen *(yan'te-tseman)* in jede beliebige Form verwandeln kann. Der Tod ereignet sich als das Eingehen in den Ort der großen Mutter Sipápuni. Und diese weilt in der Urtiefe des Canyons im Westen. Der Weg der Seele geht symbolisch durch die Sipápu, die kleine quadratische Vertiefung innerhalb des Kiva, die als Ursprungsort und Sanctum der runden Kiva-Bauten zu verstehen ist[18]. Die Sipápu ist der symbolische Schöpfungsort und Ursprung der vier Welten der Hopi-Mythologie. Daher haben diese Indianer auch große Sorge zu tragen, daß der Verstorbene möglichst noch vor der Dämmerung am Abend zu beerdigen sei. Er wird auf einem Ort der Toten auf der westlichen Seite in der Art bestattet, daß sein Gesicht gegen Osten gerichtet ist. Auch hierin tritt die kosmologische Orientierung des Westens ebenso deutlich hervor wie die Ausrichtung auf den Osten als dem Ort der Wiederkehr und Erneuerung. Schließlich wird auf das Grab ein Stock gesetzt, der als schlichtes Symbol für die Leiter des künftigen Aufstiegs des Toten steht, für jene Leiter, über die die ganze Menschwerdung als Aufstieg durch die vier Welten nach der mythischen Überlieferung stattgefunden hat[19]. Am vierten Tage begibt sich die Seele in das Haus

[18] H. A. Tyler, Pueblo Gods and Myths. Oklahoma 1964. P. 50.
[19] H. A. Tyler, a. a. O., p. 54.

des Todes mit der Mahnung: „Du sollst in das Haus des Todes wandern und erfahren, daß das Leben wichtig ist[20]."

Wie stark nun die archetypische Identifikation aus dem mythisch orientierten Denken noch in die Gestaltung von psychologisch und eschatologisch orientierten Texten der Religionen hineinwirkt, zeigt der hier angebrachte Vergleich mit einem bedeutenden Meditations-sûtra des frühen Mahâyâna-Buddhismus. So besteht z. B. im Amitâyur-Dhyâna-Sûtra die Regel, daß man in die westliche Richtung orientiert über die Sonne meditieren soll, über ihr rotes Licht im Sonnenuntergange und dann über die Wasser. Danach soll man in einer dritten Stufe in der Sonne das Buddhaland Sukhâvatî des roten Buddha Amitâyus im fernen Westen wahrnehmen, das paradiesische Gefilde, in dem sich der rote Buddha des unendlichen Lebens (Amitâyus) befindet[21]. Und wenn diese Meditation im Leben erfolgreich verläuft, so versichert das Sukhâvatî-Vyûha, dann wird man, wenn die Stunde des Todes nahe ist, den Buddha Amitâyus mit seinen Jüngern und Bodhisattvas von Angesicht erkennen, und man kann mit ruhigem Geiste scheiden, um nach dem Tode im Buddhaland Sukhâvatî, dem westlichen Paradies, wiedergeboren zu werden[22]. Wir erkennen darin den Grundtenor urbildlicher Strukturen, der uns überall folgt, wo wir Mythos und Religion nach der Kunst der Metaphorik befragen, wie sie den großen Übergang gestaltet und an welche sozusagen psychologisch bewährten Vorbilder sie anknüpft.

Deutlicher dualistisch erscheint uns wieder das Bild in der zoroastrischen Religion, die eine Reihe grundsätzlicher Symbole der Todeserfahrung bringt, die vom Iran ausgehend wesentlich auch die Vorstellungen der Manichäer, der Mandäer bis hin zu den frühen islamischen Vorstellungen beeinflußten. Im Aögemaide Nask 70—76 erfahren wir, daß zu jedem in der Todesstunde der unsichtbare Todesengel kommt, der ohne Rücksicht das menschliche Leben auslöscht[23]. Und wieder haben wir unmittelbar nach dem Tode drei Nächte (hier „Probenächte"), bevor am vierten Tage der endgültige Abgang in die Unterwelt stattfinden soll. Über die Bedeutung und den Ursprung dieser drei bis vier Tage des ver-

[20] H. A. Tyler, a. a. O., p. 71.

[21] F. Max Müller, Buddhist Mahâyâna Texts, Part I, II, in: SBOE XLIX (1965), p. 169, 170.

[22] F. Max Müller, a. a. O., p. 99.

[23] M. M. Dawson, The Ethical Religion of Zoroaster. New York 1969. P. 205.

muteten Verweilens der Seele bei dem Toten (psychophysische Karenzdistanz?) in vielen, aber keineswegs allen Kulturen wäre eine eigene Studie erforderlich. Der erwähnte Todesengel als Psychopompos wird als junge Fee vorgestellt. Sie führt die Seele je nach deren Verdienst in die himmlischen oder die höllischen Regionen. Ort der Entscheidung und des Gerichtes ist die Çinvat-Brücke, auf der sich die guten von den schuldigen Seelen scheiden. Die guten Seelen gelangen in die drei Paradiese der guten Gedanken, der guten Worte und der guten Taten und werden Ahura Mazda schauen. Schließlich gelangen sie in das Reich des ewigen Lichtes als der vierten und höchsten Stufe (Yast XXII, 1—36). Die schlechten Seelen erreichen die Höllen der bösen Gedanken, Worte und Taten und versinken schließlich in der ewigen Finsternis oder Dunkelheit, dem Ort des Ahriman[24]. Die Çinvat-Brücke ist der Ort der Entscheidung und der Überbrückung, ihre Bedeutung ist schließlich mit der Waage der Gerechtigkeit etwa im ägyptischen oder dem tibetischen Totenbuch identisch. Die Auserwählten (bei den Manichäern die Electi) überqueren diese Brücke sicher, da sie den Seligen breit erscheint (Yasna XLVI, 10), während sie für die verdammten Seelen und Ungläubigen messerschmal und unpassierbar wird, wie es der Dadistan-i-Dinik XX, 1—4 beschreibt[25].

Eine recht deutliche Verwandtschaft zu den iranischen Lehren zeigt uns die islamische Lehre vom Todesprozeß, die wiederum in einigen wesentlich psychologischen Punkten mit adäquaten Vorstellungen altägyptischer Totenrituale und vor allem denen der tibetischen Totenbücher korrespondiert; das gleiche gilt für indische Vorbilder. Wir sind hier genötigt, grundsätzlich eine archetypische Erfahrungsstruktur vorauszusetzen, nach deren Muster bestimmte Manifestationen als Symbole der Dissoziation und der Transgression sichtbar werden. In der islamischen Tradition ist der letzte Weg des Menschen auf Erden der Pfad der Wandlung *(shari'a)* und der Tod bringt einen sogenannten Zwischenzustand *(barzakh)* mit sich, der die Zeit zwischen zwei Daseinsformen kennzeichnet (im tibetischen Totenbuch Bar-do genannt). Das eschatologische Ziel im Islam wäre das Erreichen des Schweigens *(sukun)* im Angesicht von Allah. Aber zuerst erscheint nach dem Tode der Engel des Todes (der

[24] M. M. Dawson, a. a. O., p. 230.
[25] M. M. Dawson, a. a. O., p. 71.

durch Allah-ta'ala geschaffen wurde) und nimmt die Seele *(ruh)* mit sich. (Sûrah 56, 12—26). Der Engel soll eine Höhe von 70000 Fuß haben und viertausend Flügel. Mit einem Fuß steht er an der Brücke der Jahannam (Höllen) und mit dem anderen Fuß auf dem Thron des Paradieses oder Gartens der Seligkeit[26]. Und in der Hadith (Überlieferung) erscheint die Sirat, die Brücke über Jahannam durch symbolische Dimensionen fast wie überzeichnet, sie hat sieben Bögen von je 3000 Jahren Länge und ist dünner als ein Haar oder die Schneide eines Schwertes. Der gläubigen Seele gelingt der Übergang, während die Ungläubigen ins Feuermeer stürzen. Die Beschreibung der Paradiesgärten *(jannat)* erscheint uns in einer phantastischen Fülle, die an ähnliche Vorstellungen wie etwa die des Sukhâvatî des Amitâyus oder an die Beschreibungen der Insel der Seligen *(emain ablach)* der keltischen Mythologie erinnern. Aber wir haben in der islamischen Religion eine Versetzung des eigentlichen eschatologischen Zieles auf den Endpunkt der Schöpfung, an dem in einer bestimmten Zukunft das letzte Gericht und die eigentliche Auferstehung der Seelen *(yaum al-qiyâmat)* stattfinden soll. Und hier verspricht der Qur'an im nachtodlichen Sein ein Leben, das wesentlich großartiger als das irdische sein soll. In diesem Punkte denken wir an die ägyptische Theologie, die dem nachtodlichen Leben allein den eigentlichen Charakter wirklichen und befreiten Seins in der Göttergemeinschaft zumaß. An dem schon erwähnten letzten Gerichte erscheinen zwei Schreiber zu den Seiten der Seele, auf der rechten Seite jener mit den weißen Buchseiten für die rechten Taten und auf der linken Seite jener mit schwarzen Bögen für die schlechten Taten. Und wir erfahren auch weiter, daß auf der rechten Seite Engel des Mitleids und auf der linken Seite Engel der Bestrafung erscheinen, wenn am Tage der Auferstehung im paradiesischen Garten die Waage der Gerechtigkeit aufgestellt wird[27]. Sie bestimmen die endgültige Scheidung zwischen den Bewohnern des Feuers und des Gartens der Paradieswelt. Wir brauchen hier die fast gesetzmäßig ablaufende Logik der dualistischen Aufteilung nicht weiter zu verfolgen, sie entspricht überall dem ältesten archetypischen Schema der Zuordnung von psychologischen Erfahrungswerten des Lichtes und der

[26] Imam 'Abdar-Rahim ibn Ahmad al-Qadi, Islamic Book of the Dead, A collection of Hadiths Concerning the Fire and the Garden. San Francisco 1977. P. 32.

[27] Ahmad al-Qadi, a. a. O., p. 50 u. 93.

Finsternis, die schon das Strukturschema des kosmogonischen Mythos abgegeben haben.

Wir haben uns bisher nicht den beiden Totenritualen widmen können, die wir im Uttarakhaṇḍa des Garuḍa-Purâṇa und in den Zeremonialtexten der tibetischen Totenbücher finden. Sie legen beide wie kaum andere Texte einen besonderen Wert auch auf die Beschreibung des Sterbens, bevor die Darstellungen nachtodlicher Zustände entwickelt werden. Beide, das indische Garuḍa-Purâṇa wie auch das tibetische buddhistische Totenbuch sind sozusagen als literarische, kultische, philosophische und religiöse Kompendien in der Kunst des Sterbens und der Deutung nachtodlicher Zustände zu verstehen, die Vollendung erreicht haben, was die Dichte und Intensität der ganzen Symbolik anbetrifft, mit der wir uns hier nur in wenigen Beispielen beschäftigt haben. Nach dem Garuḍa-Purâṇa I, 26 erfährt der Mensch in seinem letzten Daseinsaugenblick die göttliche Schau *(daivî dṛṣṭi),* in der ihm die ganze Welt in Einheit erscheint[28]. Im tibetischen Totenbuch steht im Moment des großen Übergangs das einmalige Erleben des großen Urlichtes, in dem eigentlich der höchste Bestimmungspunkt des Lebens gerade im Tode mit der Möglichkeit nachtodlicher Wandlung zusammenfällt. Nicht unähnlich erschien uns schon in den ägyptischen Totenschriften der Schritt des Toten „in das volle Licht" des Tages.

Wir haben aus der Vielfalt der Symbolik des Todes und des großen Übergangs nur einen minimalen Sektor beleuchtet, und wir ersehen bereits daraus das unendliche Bestreben der menschlichen Seele, den existentiellen Sinn ihres irdischen Daseins über diese Grenzen hinaus zu verlängern. In der Projektion ersteht eine Zukunftsvision, gebildet aus sehr konkreter Richtungs- und Bestimmungssymbolik und begleitet durch teleologisches Denken, aus der heraus rückblickend im Todesereignen das ganze irdische Leben eine je nach Urbildern und kulturellem Fundament begründete Dimension und Aktualität erhält, die das grundsätzliche Erlösungsstreben der Psyche aus der gebundenen Materie erkennen läßt. Das Fundamentale zeigt sich in der natürlichen seelischen Notwendigkeit, die höchst existentielle Frage nach der Stellung des menschlichen Seins im Kosmos nicht nur zu stellen, sondern sie aus innerem Antriebe

[28] E. Abegg, Der Pretakalpa des Garuda-Purâna — Eine Darstellung des hinduistischen Totenkultes und Jenseitsglaubens. Berlin 1956. S. 36.

eben auf die Beziehungsebene kosmologischer, universaler und idealer Bezüge und Identifikationen auszudehnen. Wenn wir die Symbolik des Mythos und die der hochentwickelten Religionen in unserer Frage *nebeneinanderstellen*, dann zeigt die erste den Versuch zur Begründung des Ursprungs und die zweite die Eschatologie, die Hoffnung auf Erlösung im Zukünftigen an.

EUROPA

PSYCHE — EIN SYMBOL?

Zum Verständnis von Leben und Tod im frühgriechischen Denken

Von BERNHARD UHDE

I

ἓν—πάντα — „Eines—Alles": mit diesen Worten begreift Heraklit[1] die das gesamte frühgriechische Dichten und Denken tragende Auffassung von der Spannung des Gegensatzes, die alles Erscheinende umgreift. Dieser Gegensatz legt sich in „Verbindungen: Ganzes und Nichtganzes, Einträchtiges Zwieträchtiges, Einklang Zwieklang, und aus Allem Eines und aus Einem Alles"[2] aus; er begegnet als einander ausschließender Wechsel von Tag und Nacht[3], von Wärme und Kälte[4], von Liebe und Streit[5]. Im Unterschied zu den Göttern, denen alles Gegensätzliche als Einheit erscheint[6], ist der Mensch dem Wandel als der Wirkung des Gegensatzes ausgesetzt[7], die den Übergang alles „Seienden" kennzeichnet[8]:

[1] Heraklit B 50; vgl. dazu H. Boeder, Grund und Gegenwart als Frageziel der frühgriechischen Philosophie. 1962. S. 80f.; H. Fränkel, Dichtung und Philosophie des frühen Griechentums. 1962. S. 425f.; B. Uhde, Erste Philosophie und menschliche Unfreiheit I. 1976. S. 15f.

[2] Heraklit B 10.

[3] Hesiod, Theogonie 748f.; dazu aber Heraklit B 57: „Lehrer aber der Meisten ist Hesiod: dieser, sind sie überzeugt, wisse am meisten, der Tag und Nacht nicht kannte: ist nämliches Eines."

[4] Melissos B 8, 3.

[5] Empedokles B 17.

[6] Vgl. Heraklit B 67, B 102. Aus der Sicht des Menschen sind die Götter jedoch in den Gegensatz „Olympisch — Chthonisch" eingeteilt; vgl. dazu W. Burkert, Griechische Religion der archaischen und klassischen Epoche. 1977. S. 306f.

[7] Vgl. Archilochos 58 (Diehl), der diesen Wechsel als Walten der Götter beschreibt und somit den Gegensatz von Göttern und Menschen zweifach bestätigt.

[8] Anaximander B 1.

die Erfahrung der Krise der Gegensätze — unter Menschen durch Aneinandergeraten gegensätzlicher Seiten im Krieg[9], im Menschen durch Unausgeglichenheit der Gegensätze in der Krankheit[10] — lehrt deren Macht; die Einsicht in das umfassende Walten von Gegensätzen — deren Abfolge als Wechsel von Freude und Leid[11], von Reichtum und Armut[12], von Freiheit und Unfreiheit[13], kurz: von Glück und Unglück[14] eintritt — achtet auf die durch deren Umschlag bedingte Vergänglichkeit, die auch höchstes Glück verzehrt. Die Sterblichen sind Elende, „die den Blättern gleichend bald aufleuchtend erstehen, der Erde Frucht genießend, bald aber hinschwinden ohne Leben (ἀκήριος)."[15] Daher mahnt die Erzählung von der Begegnung des Solon mit Kroisos, niemanden vor seinem Tode glücklich zu nennen[16]; ebenso verfehlt aber wäre es, einen Sterblichen wegen seines Todes zu rühmen:

> „Preise mir jetzt nicht tröstend den Tod, ruhmvoller Odysseus.
> Lieber möcht ich führwahr dem unbegüterten Meier,
> Der nur kümmerlich lebt, als Tagelöhner das Feld baun,
> Als die ganze Schar vermoderter Toten beherrschen."[17]

Diese Worte, gesprochen von der Psyche des Achill zu dem in den Hades hinabgefahrenen Odysseus, lassen nicht nur eine Fülle von Gegensätzen erkennen, die in der Spanne von Leben und Tod gehalten sind; sie lassen auch die Frage nach der im Leben und Tod erhaltenen Psyche aufkom-

[9] Vgl. Herodot, Prooemium; dazu B. Uhde, Die Krise der Gegensätze. 'ΙΣΤΟΡ'ΙΗ bei Hekataios, Herodot und Thukydides. In: Tijdschrift voor Filosofie 33 (1971), S. 559f.

[10] Vgl. Alkamaion B 4; Hippokrates, Über die alte Medizin XVI.

[11] Vgl. z.B. Pindar, Pythien VIII, 88f. Dazu H. Fränkel, ΕΦΗΜΕΡΟΣ als Kennwort für die menschliche Natur. In: Wege und Formen frühgriechischen Denkens. 1968. S. 23f.

[12] Vgl. z.B. die Lügenerzählung des Odysseus: Homer, Odyssee XIV, 192f.

[13] Vgl. z.B. Euripides, Hekabe 342f.

[14] Vgl. z.B. Homer, Odyssee XVIII, 130f.

[15] Homer, Ilias XXI, 464f.; vgl. dazu die schöne Stelle bei Herodot VII, 45f. sowie in den ›Sententiae...‹ des Ioannes Stobaeus (96: περὶ τοῦ βίου...; 120: σύγκρισις ζωῆς καὶ θανάτου) gesammelten Belege.

[16] Herodot I, 30f.

[17] Homer, Odyssee XI, 489f. (Übersetzung Voß).

men, die beide Seiten dieses die Menschen prinzipiell bestimmenden Gegensatzes vermittelt, da sie beiden eigen ist.

„Da von Anfang an alle nach Homer gelernt haben"[18], der „aller trefflichen Tragiker erster Lehrer und Anführer"[19] war, und da gerade dessen Vorstellung von der Psyche noch Platon zur Kritik fordert[20], mithin das frühgriechische Denken geprägt hat, ist sie zu erinnern — ist doch die homerische Dichtung nicht allein ein „schöner Spiegel des menschlichen Lebens", wie der Rhetor Alkidamas von der ›Odyssee‹ gesagt haben soll[21], sondern auch ein Lehrbuch über Götter[22], Tod und Unterwelt[23]. Insbesondere finden die dem Walten gegensätzlicher Kräfte ausgesetzten Menschen Beachtung; in der ›Illias‹ ist es die Entzweiung von Achill und Agamemnon, in der ›Odyssee‹ die Trennung von Fremde und Heimat, die — unterstützt von jeweils gegensätzlichem göttlichen Handeln[24] — das Geschick der Helden bestimmt.

Die Prooemia beider Epen Homers nehmen sofort Bezug auf die gegensätzlichen Bestimmungen, wobei in bezeichnenden Wendungen das jeweilige Geschehen zusammengefaßt wird. So heißt es zu Beginn der ›Ilias‹ von Achill: πολλὰς δ' ἰφϑίμους ψυχὰς Ἄιδι προΐαψεν ἡρώων[25] — „Und viele kraftvolle Psychai von Helden dem Hades er zusandte"; im Prooemium der ›Odyssee‹ ist es Odysseus, der ἀρνύμενος ἥν τε ψυχὴν[26] — „davontragend die Psyche" seine und der Gefährten Heimkehr erstrebt. Schon hier wird deutlich: die „Ilias" schildert das Los vieler Psychai bis zum Weg in den Hades[27], die ›Odyssee‹ die Leiden

[18] Xenophanes B 10.

[19] Platon, Politeia 595c 1.

[20] Platon, Politeia 386a f.

[21] Aristoteles, Rhetorik 1406 b 13f.

[22] Vgl. die Bemerkung bei Herodot II, 53.

[23] Vgl. die Diskussion bei Platon, Politeia 386 af.

[24] In der ›Ilias‹ führt der Konflikt bis zur Θεομαχία, der „Götterschlacht" (XX); in der ›Odyssee‹ rivalisieren besonders Poseidon und Athene, wie bereits die Θεῶν ἀγορά, die „Götterversammlung" (I) zeigt.

[25] Homer, Ilias I, 3f.

[26] Homer, Odyssee I, 5.

[27] Insbesondere der besten Gefallenen: auf griechischer Seite Patroklos (Ilias XV, 856), auf troischer Seite Hektor (Ilias XXII, 362).

einer Psyche bis zum Wiedergewinn häuslichen Glückes.[28] In der ›Ilias‹ endet die Schilderung vor den Toren des Hades, wie von der Psyche des Patroklos vorgetragen[29], in der ›Odyssee‹ ist die Reise in den Hades äußerste, von keinem bislang gekannte Gefahr[30]. Eben auf dieser Reise begegnet Odysseus, seine Psyche erhaltend, auch der Psyche des Achill, der selbst so viele Psychai zum Hades sandte[31]; auf des lebenden Odysseus' Preis des Todes des Achill erfolgt als Erwiderung die Klage der Psyche des Achill mit ihrem Lob des Lebens, die den Gegensatz von Leben und Tod so scharf kennzeichnet.[32]

Diese Gegensätze, deren Seiten noch in sich gegensätzlich erscheinen, werden weiter vertieft, weil sie als Folge der Selbstbestimmung des Achill aufbrechen. Achill weist — in der ›Ilias‹ — selbst darauf hin, als er den Boten des Griechenheeres von der Weissagung seiner Mutter Thetis erzählt. Zwei Wege zum Tode seien ihm zur Wahl: einerseits Kampf um Troja, Verlust der Heimkehr und Nachruhm; andererseits glückliche Heimkehr, langes Leben, aber kein bleibender Ruhm.[33] Achill wählt,

[28] Man mag diese Charakteristik auch den jeweiligen Anfangsworten der Dichtungen abnehmen: Μῆνιν... — „Den Zorn..." des Achill, der im „Zorne" rasend viele zu Tode bringt, indem er wegen des Zornes gegen Agamemnon den Kampf einstellt (μένος, vgl. Ilias I, 207), dem Zorn entsagt (Ilias XIX, 67f.) und zürnend kämpft (μενεαίνων, vgl. Ilias XIX, 367; XXI, 33; XXIV, 22), besingt die ›Ilias‹; Ἄνδρα... — „Den Mann..." Odysseus, seine Herkunft, seine Familie, seine Eigenschaften, seine Fahrten, seine Heimkehr und seinen Kampf schildert die ›Odyssee‹.

[29] Homer, Ilias XXIII, 69f.

[30] Vgl. Homer, Odyssee X, 496f.; XI, 156; XII, 21f.

[31] Homer, Odyssee XI, 467f.

[32] Derselbe Gegensatz, hier an die Helden gebunden, läßt sich auch den gesamten Epen abnehmen: die ›Odyssee‹ als „schöner Spiegel des menschlichen Lebens" (Alkidamas bei Aristoteles, Rhetorik 1406 b 13f.), die ›Ilias‹, wie der proverbiale Ausdruck κακῶν Ἰλιάς (Demosthenes 19 (De falsa legatione), 148: die Phoker, in der Reiterei überlegen, erschlugen bei Hedyleum 270 Thebaner, und so kam eine „Ilias von Übeln" über die Thebaner; vgl. Diodor 36, 6) nahelegt, als Bild von Verderben und Tod. Die Bemerkung des Aristoteles, ἡ μὲν Ἰλιὰς ἁπλοῦν καὶ παθητικόν, ἡ δὲ Ὀδύσσεια πεπλεγμένον καὶ ἠθική — „die Ilias ist einfach und pathetisch, die Odyssee aber verflochten und ethisch" (Poetik 1459 b 14f.), ist hierzu durchaus übereinstimmend und treffend.

[33] Homer, Ilias IX, 410f.

trotz Wiederholung von Todesdrohung und Todesankündigung[34], den Kampf, Ruhm und Tod: εὖ νύ τοι οἶδα καὶ αὐτός, ὅ μοι μόρος ἐνθάδ' ὀλέσθαι[35] — „Gut nun wohl weiß ich auch selbst: der meinige Teil ist, hier zu verderben". Die Weissagung wird sich erfüllen, Achill hat den eigenen Tod im Kampf vor Augen[36], seine Psyche wird wie die des Patroklos[37], des Hektor[38] und der anderen Helden zum Hades hinabfliegen.[39]

Anders das Los des Odysseus: war dem Achill von der Göttin Thetis der nahe Tod an den Mauern Trojas verheißen[40], so verkündet die Psyche des Sehers Teiresias dem Odysseus den fernen Tod nach glücklicher Heimkehr[41]. Beide Weissagungen sind einem sicheren Wissen um Alles entsprungen, das Vergangenes, Gegenwärtiges und Zukünftiges kennt[42]; dieses Wissen bedeutet dem Achill ὀλέσθαι — „verderben", dem Odysseus νόστος — „Heimkehr". Wenn es im Hades zur Begegnung beider Helden kommt, so ist dies Ergebnis der Eigenart der Wege beider Psychai. Die Psyche des Menschen aber bleibt über alle Gegensätze hinweg, im Leben und im Reich des Todes; hier erscheint sie im Körper, dort körperlos und einem εἴδωλον — „Abbild" gleich.[43]

[34] Homer, Ilias: von Achills Pferd Xanthos (XIX, 416f.), vom sterbenden Hektor (XXII, 358f.), von der ψυχή des Patroklos (XXIII, 80f.).

[35] Homer, Ilias XIX, 421.

[36] Vgl. Homer, Ilias XXI, 108f.; vgl. XXII, 365f. und XXIII, 150.

[37] Homer, Ilias XVI, 856.

[38] Homer, Ilias XXII, 362.

[39] Vgl. Homer, Odyssee XI, 222.

[40] Homer, Ilias XXII, 277f.

[41] Homer, Odyssee XI, 134f.; vgl. V, 203f.

[42] Vgl. Homer, Odyssee IV, 468; Ilias II, 485 und I, 70.

[43] Vgl. Homer, Odyssee XI, 476. Zur gesamten Problematik grundlegend in der Forschungsgeschichte: E. Rohde, Psyche. 1893. Darüber hinaus und bedeutend: E. Bickel, Homerischer Seelenglaube. 1926; J. Böhme, Die Seele und das Ich im homerischen Epos. 1929; B. Snell, Die Entdeckung des Geistes. 1955.

II

Die Psyche ist es, die den Menschen unterscheidend bestimmt: weder Göttern noch Tieren[44] ist sie eigen, sondern allein den sterblichen Menschen, deren Sterblichkeit sie so kennzeichnet, daß sie nur θνήτοι — „Sterbliche" genannt werden können, wie die Götter ἀθάνατοι — Unsterbliche heißen.[45] Diese Psyche entfliegt dem menschlichen Körper bei dessen Tod, sobald der θυμός (Thymos) die „weißen Knochen" verlassen hat.[46] So sagt in der ›Odyssee‹ der erste in der Reihe der Freier im Hause des Odysseus, als ihm das Spannen des Bogens des in der Ferne oder verstorben geglaubten Hausherrn mißlingt: πολλοὺς γὰρ τόδε τόξον ἀριστῆας κεκαδήσει θυμοῦ καὶ ψυχῆς[47] — „Viele Beste nämlich wird dieser Bogen des Thymos und der Psyche berauben"; und in einer Schlachtszene der ›Ilias‹ heißt es in gleicher Ausdrucksweise, der Held Diomedes habe zwei Gegner θυμοῦ καὶ ψυχῆς κεκαδών[48] — „des Thymos und der Psyche beraubt". Diese Formulierungen sind sehr genau[49]: den Betroffenen wird etwas geraubt, wobei die Abfolge des

[44] Ausnahme: Homer, Odyssee XIV, 426. Diese — mehrfach diskutierte — Stelle (Eumaios schlägt auf einen Eber: τὸν δ' ἔλιπε ψυχή) scheint den Scholiasten nicht aufgefallen zu sein. Eine Deutung bietet sich, wenn das Ergebnis dieses Schlages nicht den Tod des Tieres, sondern dessen Ohnmacht bewirkt und die Ausdrucksweise für die Ohnmacht eines (menschlichen) Körpers, gleichsam anthropomorph, angewandt wurde, ist doch von einer Ohnmacht eines Tieres ansonsten nie die Rede. Vgl. auch Bickel, a. a. O., S. 52 ff., und Anm. 68 hier. Snell, a. a. O., berücksichtigt die Stelle nicht; R. B. Onians, The Origins of European Thought. Cambridge 1951, zieht einen falschen Schluß aus ihr (S. 105).

[45] Vgl. Homer, Ilias XVIII, 361 f.; XII, 242; Odyssee XI, 218; III, 2 f.

[46] Homer, Odyssee XI, 221 f; vgl. Ilias XII, 386. Dazu M. P. Nilsson, Geschichte der griechischen Religion I. ^{2}1955. S. 194 f., Burkert, a. a. O., S. 301 f., wo allerdings nur auf die Psyche abgehoben ist.

[47] Homer, Odyssee XXI, 153; vgl. XXI, 170.

[48] Homer, Ilias XI, 334.

[49] Dieser Genauigkeit werden die Übersetzungen sehr unterschiedlich gerecht. Während alte Übertragungen der Stelle Odyssee XXI, 153 (z. B. Homeri quae extant omnia... cum Latine uersione... Io. Spondani... Basel 1583: „Multos enim hic arcus optimos priuabit / Animo et anima"; dabei steht „animus" für θυμός, „anima" für ψυχή. Treffend hier auch die berühmte Übersetzung von Johann Heinrich Voß.) immerhin die „Beraubung" deutlich erkennen lassen, zeugt manche

Raubes — erst ϑυμός, dann ψυχή — von Bedeutung ist; die Beraubten verlieren das Leben. Das Beraubte ist der Körper, σῶμα[50], dessen Sehnen dann Fleisch und Knochen nicht mehr halten[51]; die Geraubten aber trennen sich, nachdem sie dem Körper entflohen.

Der ϑυμός ist nicht nur dem Menschen gegeben, sondern auch Göttern und Tieren. Den unsterblichen Göttern kann der ϑυμός zwar schwinden, nicht aber gänzlich geraubt werden: Hephaist erzählt, er sei bei seinem Sturz vom Olymp derart von Zeus herabgeschmettert worden, daß ihm noch „wenig ϑυμός" eingewohnt habe[52], und der Gott Ares, von Athene verwundet, sammelt kaum noch ϑυμός in sich[53]. Sowohl Hephaist wie auch Ares werden durch das Schwinden des ϑυμός ihrer Kraft, nicht aber des Lebens beraubt, ist dieses doch bei Göttern nicht an einen erscheinenden Körper gebunden[54]. Anders bei Tieren: des ϑυμός „ermangelnd, denn die Kraft nahm das Erz", sterben die Opferlämmer[55], und der von Speeren getroffene Eber verendet, da ihm der ϑυμός entfliegt[56]. Der ϑυμός gibt dem erscheinenden Körper Kraft, die sich in Gemüt und Sinne auslegt[57]; diese Kraft ist als reines Vermögen erloschen, wenn sie sich von dem durch sie erhaltenen Körper getrennt hat, weil sie nur auf ihn gerichtet war. Das Tier besteht als bloßer Körper allein durch den ϑυμός und verliert mit ihm jegliches Dasein, da die für das Tier jeweils bezeichnend aufgefaßte Kraft dann verschwunden ist.[58]

moderne Übersetzung von Unverständnis (z. B. Homer. Odyssee. Griechisch und deutsch. Übertragung von A. Weiher. ²1967: „Ja, dieser Bogen wird vielen der Besten Gemüt und Seele noch betrüben"). — Die Bedeutung der Reihenfolge scheint bislang nicht hinreichend gewürdigt zu sein: die ψυχή folgt dem ϑυμός beim Tode.

[50] Homer, Odyssee XI, 53. σῶμα bedeutet bei Homer stets „Leiche"; vgl. dazu Snell, a. a. O., S. 21f.

[51] Homer, Odyssee XI, 218f.

[52] Homer, Ilias I, 592f.

[53] Homer, Ilias XXI, 417.

[54] Vgl. Homer, Odyssee X, 573f.; vgl. XVI, 161.

[55] Homer, Ilias III, 294.

[56] Homer, Odyssee XIX, 454; vgl. Ilias XII, 150. Dazu Bickel, a. a. O., S. 61.

[57] Vgl. zur Bedeutung auch Capelle, Vollständiges Wörterbuch über die Gedichte des Homeros... ⁹1889, s. v. ϑυμός.

[58] Daher können bestimmte Tiere als mit jeweils betimmten Kräften ausgestattet gedacht werden, deren sich auch die Götter bedienen, wenn sie in Tiergestalt erscheinen.

Wie das Tier wird auch der Mensch durch den θυμός, die Lebenskraft, in seiner körperlichen Erscheinung erhalten[59], wobei seine jeweilige Kraft eben vom θυμός bedingt ist. Als Menelaos beim Eidbruch der Troer durch einen Pfahl getroffen wird, beim Blick auf die Wunde aber erkennt, daß die Verletzung nicht tödlich ist, kehrt ihm der θυμός in die Brust zurück[60]; beim Anblick der beiden in die Schlacht ziehenden Ajas wünscht Agamemnon, allen Griechen möge ein solcher θυμός in der Brust werden[61]. So zeigt sich der θυμός, die Lebenskraft, im kraftvollen Handeln des Wachen als Tatkraft und Mut[62], während er im Schlaf[63] und in der Ohnmacht[64] solange bezwungen ist, als schwarze Nacht die Augen umfängt.

Der Schlaf ist „dem Tod am nächsten gleichend"[65], sind Schlaf und Tod doch „Zwillingsbrüder"[66]; daher kann der troische Held Akamas höhnend sagen, der von ihm tödlich getroffene Promachos „schlafe"[67]. In der Ohnmacht verläßt nun die ψυχή, nicht aber der θυμός den Körper[68]; beim Tod des Menschen entweicht vor der ψυχή der θυμός, der sich verflüchtigt.[69] Die ψυχή kehrt niemals wieder, wenn sie dem

[59] Vgl. Homer, Ilias IV, 524; XIII, 654.

[60] Homer, Ilias IV, 151f.

[61] Homer, Ilias IV, 288f.

[62] Bei Homer sehr häufig vom Menschen, aber auch vom Tier (vgl. Ilias XII, 300) ausgesagt. Vgl. Böhme, a.a.O., S. 69ff., S. 101.

[63] Vgl. die Wendung ὕπνος ... λύων μελεδήματα θυμοῦ (Homer, Ilias XXIII, 62; Odyssee XXIII, 343); Hermes hingegen schläft nicht, indem er etwas im θυμός erwägt (Ilias XXIV, 679).

[64] Vgl. Homer, Ilias XIV, 439; XXII, 475.

[65] Homer, Odyssee XIII, 79f.

[66] Homer, Ilias XVI, 672; vgl. XIV, 230. Dazu Hesiod, Theogonie 758f.

[67] Homer, Ilias XIV, 482f.

[68] Vgl. Homer, Ilias V, 696f.; XXII, 467; vgl. Odyssee XXIV, 348. Dazu Bickel, a.a.O., S. 52ff.

[69] Wenn Nestor von Peleus sagt, dieser würde, hörte er vom Rückweichen der Griechen vor Hektor, seinen θυμός aus seinen Gliedern zum Hades wünschen (Homer, Ilias VII, 131), so folgt daraus nicht, daß es im Hades θυμός gibt (vgl. Böhme, a.a.O., S. 103f.); wenn es sich um einen kontaminierten Vers handeln sollte (vgl. Snell, a.a.O., S. 29f.), so hat der Kontaminierende auf die todbringende Trennung von θυμός und Körper abheben wollen, auf die ja die — irreale — Selbstverwünschung zielt, und ist wohl nicht nur einer Verwechslung von Vers-

ϑυμός folgend dem „Gehege der Zähne" entflog; deshalb mag Achill nichts ihrem Besitz gleich schätzen, weder Ilios' Reichtum noch Apollons Schatz zu Pytho[70]. Diesen kostbarsten Besitz sucht Odysseus zu erhalten[71], ein Besitz, den man aufs Spiel setzen kann[72], um den es im Kampf auf Leben und Tod geht[73] und den man — wie den ϑυμός[74] — verlieren kann[75]. Die ψυχή entweicht beim Tod, löst sich aber nicht auf; vielmehr entfliegt sie, einem Traumbild ähnlich, flatternd[76], der Fledermaus vergleichbar, schwirrend[77], zum Orte, wo ψυχαί, εἴδωλα καμόντων[78] — „Psychai, Masken der Müden" hausen. Dabei bewegt sie sich rasch[79], unstet[80], Raum und Zeit überwindend, solange sie nicht in den Hades eingegangen ist; dort aber bleibt sie in Bewegung. Niemals kehrt sie zurück von dort, niemals mehr erscheint sie unter der Sonne: „vorbei an Helios' Toren und dem Land der Träume"[81] geht der Weg der ψυχαί der von Odysseus getöteten Freier; die ψυχή des Patroklos begegnet Achill im Schlaf[82], die ψυχή des Elpenor trifft Odysseus im Hades[83].

teilen (so Snell, a.a.O., S. 30) erlegen. — Vgl. auch Homer, Ilias XIII, 416, wo der Tote vor den Toren des Hades mit ϑυμός ausgestattet gedacht ist: hier handelt es sich offensichtlich um ironische Rede mit irrealem Bezug (gegen Burkert, a.a.O., S. 301, Anm. 11). — Siehe auch Böhme, a.a.O., S. 97ff.

70 Homer, Ilias IX, 401f. Vgl. Hesiod, Erga 686; dazu Pindar, Isthmien 2, 11; Sophokles, fr. 354 (Pearson).

71 Homer, Odyssee I, 5.

72 Vgl. Homer, Odyssee III, 74.

73 Vgl. Homer, Ilias XXII, 161; Odyssee XXII, 245.

74 Vgl. Homer, Ilias V, 852.

75 Vgl. Homer, Ilias XIII, 763.

76 Vgl. Homer, Odyssee XI, 222. Vgl. Euripides, Hekabe 705.

77 Vgl. Homer, Odyssee XXIV, 5f. Vgl. dazu den späteren, von Aristoteles (Tiergeschichte 551 a 14) erinnerten Sprachgebrauch, einen Schmetterling ψυχή zu nennen.

78 Homer, Ilias XXIII, 72; Odyssee XXIV, 14 (vgl. XI, 476).

79 Die ψυχή des Elpenor ist „zu Fuß" schneller im Hades als Odysseus mit dem Schiff (Homer, Odyssee XI, 58).

80 Vgl. Homer, Ilias XXIII, 74.

81 Homer, Odyssee XXIV, 12.

82 Homer, Ilias XXIII, 65f.

83 Homer, Odyssee XI, 51f.

Diese beiden ψυχαί sprechen, wenn sie den Körper ihrer irdischen Erscheinung wie auch ihre Erscheinung als εἴδωλον meinen, gleichermaßen von sich, indem sie Körper wie εἴδωλον „ich" nennen. ϑάπτε μοι — „Begrabe mich" sagt die des Patroklos zu Achill, μὲ κακκῆαι — „verbrenne mich" wünscht die ψυχή des Elpenor von Odysseus. Auch in der Wechselrede von ψυχαί untereinander ist dieser Sprachgebrauch, wenn die ψυχή des Agamemnon der des Achill die Verbrennung von dessen Leichnam schildert: καίεο δ'…"[84] — „Du aber branntest…" Stets auch sprechen die ψυχαί von sich, wenn sie ihr Erdenleben erinnern: ζωὸς ἔρεσσον ἐὼν μετ' ἐμοῖς ἑτάροισιν[85] — „Als Lebender ruderte ich mit meinen Gefährten", so die ψυχή des Elpenor; ἡμετέρου ϑανάτοιο κακὸν τέλος[86] — „Unseres Todes schlimmes Ende", so die ψυχαί der von Odysseus getöteten Freier.

War die ψυχή im lebenden Körper dessen unkörperlicher, unsichtbarer Besitz, so ist sie nach dem den Tod des Körpers bewirkenden Entweichen des ϑυμός von Körperlichkeit und Kraft geschiedene, doch als εἴδωλον sichtbare Maske: als Achill nach der ψυχή des Patroklos verlangend greift, kann er sie nicht fassen[87]; als Odysseus die ψυχή seiner Mutter umarmen will, entfliegt ihm diese wie ein Schatten oder Traumbild[88]. Die ψυχή des Agamemnon streckt im Hades dem Odysseus die Hände entgegen, doch „weder Stärke noch Kraft", wie er sie früher in den „biegsamen Gliedern" hatte, sind noch in ihnen.[89] ψυχή καὶ εἴδωλον — „Psyche und Eidolon" gibt es im Hades, wie Achill klagend bemerkt[90]; ein εἴδωλον — „Abbild , Maske" der Mutter hat Persephoneia dem Odysseus gesandt[91]. Um als εἴδωλον im Hades zu erscheinen, bedarf es für die Psyche der Bestattung des Körpers; auch er muß von der von Helios beschienenen Erde verschwinden, muß aus dem durch Raum und Zeit bestimmten Erscheinen genommen werden, war er doch mit der ψυχή als der Anlage seiner Bewegung verschmolzen.

[84] Homer, Odyssee XXIV, 67.

[85] Homer, Odyssee XI, 78.

[86] Homer, Odyssee XXIV, 124. Vgl. XI, 412f.

[87] Homer, Ilias XXIII, 99ff.

[88] Homer, Odyssee XI, 204f.

[89] Homer, Odyssee XI, 393f.

[90] Homer, Odyssee XXIII, 104.

[91] Homer, Odyssee XI, 213.

Daher ist für die Lebenden der Körper das „Selbst“[92], das den erscheinenden Menschen Prägende, das durch θυμός und ψυχή kraftvoll Bewegte; der Besitz der ψυχή legt sich als Fähigkeit zur Bewegung des Körpers aus, das εἴδωλον aber ist kraftloses Abbild der aufgehobenen Verbindung von Körper und θυμός: ein Schatten des Körpers, einer Maske gleich und als solche darstellbar, doch unruhig, als freigesetzte ψυχή in dauernder Bewegung, wandernd. Diese Unruhe wird besonders bei jenen ψυχαί im Hades deutlich, denen ein besonderes Schicksal eine andauernde, mühevolle Bewegung gibt: der ständig jagende Orion, der sich nach dem Wasser bückende Tantalos, der den Stein zu Berg stemmende Sisyphos, das mit dem Bogen zielende εἴδωλον des Herakles.[93]

Die Unruhe der ψυχαί wird beruhigt, wenn sie einen blutgemischten Trank erhalten, wie es Kirke dem Odysseus vor dessen Fahrt in den Hades befiehlt[94]. Dieser Trank, in einer Grube bereitet, besteht aus Honiggemisch, Wein, Wasser, Weißmehl und Blut von Opfertieren[95]; sein bestimmendes Merkmal ist das Blut, weshalb er dessen Namen als Bezeichnung erhält[96]. Durch den Genuß des Trankes gewinnen die ψυχαί die Kenntnis und klare Rede[97], während sie sich sonst nur zu erinnern vermögen. Hiervon ist der Seher, Teiresias, ausgenommen: gewinnen die übrigen ψυχαί durch den Trank Wissen um die Gegenwart zu dem der Vergangenheit hinzu — wie die Rede der ψυχή der Mutter des Odysseus zeigt, welche die Zustände auf Ithaka schildert —, so erreicht die ψυχή des Teiresias, nachdem sie vom „Blut“ getrunken hat, das Wissen um

[92] Vgl. Homer, Ilias I, 4f. Siehe dazu Bickel, a.a.O., S. 82ff.

[93] Homer, Odyssee XI, 572f. Andererseits kann auch die Verhinderung jeglicher Bewegung gegenüber Bewegtem als Strafe dienen, wie das Beispiel des Tityos zeigt. — Herakles' Körper — „er selbst“ — weilt am Tisch der Götter, ist er doch ihr Abkömmling und Liebling.

[94] Homer, Odyssee X, 516f.

[95] Homer, Odyssee X, 519f.; vgl. XI, 26f. (Wiederholung). Vgl. dazu Aischylos, Perser 607f. Der naheliegende Zusammenhang mit Bestattungsriten (vgl. Homer, Ilias XXIII, 34: das Opferblut umströmt den Toten) und Totenspenden (dazu Burkert, a.a.O., S. 123f.; S. 300f.) kann hier nicht behandelt werden.

[96] Vgl. Homer, Odyssee XI, 50; XI, 82; XI, 96 u. a.

[97] Vgl. Homer, Odyssee XI, 147f.

Künftiges neben dem des Vergangenen und Gegenwärtigen[98]. Daher erkennt sie Odysseus bereits vor dem Trinken, weissagt ihm aber nach dem Genuß des Trankes. Durch diesen wird die Anwesenheit der ψυχή bei ihrem irdischen Vermögen hergestellt, da die ψυχή mit ihm eine Verbindung eingeht, wenn sie ihn trinkt: kann die ψυχή doch nur in einer Verbindung ruhig und gegenwärtig sein, sofern diese Verbindung in einem Ausgleich von Gegensätzlichem besteht.[99]

Die Einheit der ψυχή — im lebendigen Körper Anlage zur Bewegung, freigesetzt bloße Form der Bewegung[100] — ist durchgängig erhalten, aber nicht ungebrochen.[101] Wie aber läßt sich diese menschliche ψυχή bezeichnen? Ihre Einheit, die hier zum „Körper", dort zum εἴδωλον in Beziehung steht, zeigt den Zusammenhalt zweier Erscheinungsformen; die gebrochene Identität der ψυχή läßt dabei einen Sachverhalt erkennen, der mit σύμβολον — „Symbol" benannt werden kann.[102] Diese Bezeichnung meint im älteren Sprachgebrauch ein Gegenstück, ein Erkennungszeichen, mit dem ein Pfand ausgelöst werden kann[103] oder dessen man sich als Gastfreund bedient, um sich durch den Vergleich der passenden Hälften eines Siegels etwa, von welchem der Gastgeber die eine, der erwartete Gastfreund aber die andere vorweist, als bekannt einzuführen[104]. Es ist also an zusammengehörige, ausein-

[98] Homer, Odyssee XI, 100ff.

[99] In diesem Zusammenhang ist zu beachten, daß die ψυχή den Körper auch im Blut einer Wunde verläßt (Homer, Ilias XIV, 518; XVI, 505. Vgl. auch das Heraklit zugeschriebene Fragment B 67a). — Der Zusammenhang der ψυχή mit den φρένες kann hier — ungeachtet seiner Bedeutung — nicht untersucht werden.

[100] Die Ableitung der ursprünglichen Bedeutung von ψυχή aus „Atem" (vgl. Nilsson, a.a.O., S. 194f.) legt diese Auffassung gerade nahe.

[101] Dieser entscheidende Gedanke ist auch maßgeblichen Interpreten (z.B. Böhme, a.a.O., S. 101, Anm. 1; W. Jaeger, Die Theologie der frühen griechischen Denker. 1953. S. 88ff.; Snell, a.a.O., S. 26) entgangen.

[102] Hierzu allerdings treffend H. Stephanus in seinem berühmten „Thesaurus Graecae Linguae", I, 1572, Spalte 703 s. v. Σύμβολον: „Ut autem Nota seu Signum latè patet, dèque variis rebus..." Vgl. Cicero, Topica 8: „hoc idem Aristoteles σύμβολον appellat, quod latine est nota."

[103] Vgl. Herodot VI, 86.

[104] Vgl. Euripides, Medea 613.

andergebrochene Hälften zu denken, die sich ergänzen[105]; eine spätere Formulierung des Aristoteles rechtfertigt diese Auffassung und macht sie für die Deutung von ψυχή hilfreich: ὡς σύμβολα γὰρ ὀρέγεται ἀλλήλων, διὰ τὸ οὕτω γίνεσθαι ἐξ ἀμφοῖν ἕν μέσον[106] — „Wie Symbola (zusammengehörige Hälften) nämlich streben sie zueinander, weil so aus beiden eine Mitte wird." So ist die Psyche durchaus als jene Mitte, als die Vereinigung der σύμβολα, in der die Gegensätze von Leben und Tod aufgehoben sind, zu begreifen; daraus auch nimmt sie ihre Identität, die alle körperlichen Erscheinungsformen überdauert und deshalb in die Aufmerksamkeit des Denkens gerät.

III

Wenn Herodot berichtet, die Ägypter hätten als erste den Gedanken ψυχή ἀθάνατός ἐστι[107] — „Die Psyche ist unsterblich" ausgesprochen, so haben diese nach seinem Zeugnis eine Wiedereinkleidung der Psyche in einen Körper, also eine Wiedergeburtslehre, angenommen. Ähnliches ist bei Pindar zu hören, wenn es heißt, Persephoneia entlasse Psychai, aus welchen Heroen entstehen.[108] Die Wirkkraft der Psyche hält an, so daß sie sich in eine neue Verbindung begibt, um sich verwirklichen zu können; mit diesen Gedanken verbindet sich eine neue Einschätzung jener Seite des „Symbolon Psyche", die bislang der körperlichen Erscheinung gegenüber geringer geachtet wurde. Pindar sagt: σῶμα μὲν πάντων ἕπεται θανάτῳ περισθενεῖ, / ζωὸν δ' ἔτι λείπεται αἰῶνος εἴδω/λον τὸ γάρ ἐστι μόνον ἐκ θεῶν...[109] — „Der Körper aller zwar folgt dem mächtigen Tod, lebend aber noch bleibt des Lebens (Aion) Abbild (Eidolon): dieses nämlich ist allein von den Göttern...". Was nicht sterblich ist, rückt in die Nähe der Götter; das Überdauern irdischer Erscheinung gibt der Psyche etwas Göttliches, während der Mensch als sterblicher Körper zum Tagwesen, zum Schatten wird:

[105] Vgl. den Wortgebrauch bei Platon, Symposion 191 d.

[106] Aristoteles, Eudemische Ethik 1239 b 31 f.

[107] Herodot II, 123.

[108] Pindar, fr. 133 (Snell).

[109] Pindar, fr. 131 b (Snell).

Ἐπάμεροι τί δέ τις; τί δ᾽οὔ τις; σκιᾶς ὄναρ / ἄνθρωπος[110] — „Tagwesen: Was ist man? Was ist man nicht? Ein Schatten im Traum — der Mensch."

Ebenso singt Aischylos: τὸ γὰρ βρότειον σπέρμ᾽ ἐφ᾽ ἡμέραν φρονεῖ, / καὶ πιστὸν οὐδὲν μᾶλλον ἢ καπνοῦ σκιά[111] — „Das menschliche Geschlecht aber für den Tag denkt, und beständig ist es nicht mehr als des Rauches Schatten"; daraus folgt, daß mühevollem Leben der Tod vorzuziehen sei[112]. Die Einsicht in die notwendige Vergänglichkeit alles Gewordenen, durch Anaximander vorgetragen[113], läßt den Wunsch der ψυχή des Achill, lieber einem Tagelöhner auf Erden zu dienen als im Hades zu herrschen, untergehen; nicht die ψυχή ist ein Schatten, sondern der erscheinende Mensch: ἄνθρωπός ἐστι πνεῦμα καί σκιὰ μόνον[114] — „Der Mensch ist Hauch und Schatten nur" , wie Sophokles erkennt.

Dieser erscheinende Mensch ist als bloßer Körper, ohne Verbindung mit der ψυχή, σῶμα — „Leichnam", wie schon Homer sah[115]. Die fortschreitende Arbeit der Philosophie nun wandte sich bald vom übergänglich Erscheinenden ab[116], mithin auch vom Körper, ist es doch die ψυχή, die „uns zusammenzwingt"[117]. Wenn Anaximenes diesen Sachverhalt einer Analogie wegen nennt, um den Aër als Prinzip des Kosmos zu bestimmen, so mag ihn die ständige Bewegung der Psyche veranlaßt haben, diese vergleichend zu nehmen, da er doch diese Bewegung eben dem Aër zuordnen will.[118] Kannte Homer noch die Vorstellung von der Schönheit des Toten[119], so ist nun der unbewegte, tote Körper „eher

110 Pindar, Pythien 8, 95f.

111 Aischylos, fr. 677 (Mette).

112 Aischylos, fr. 679 (Mette).

113 Anaximander B 1.

114 Sophokles, fr. 13 (Pearson).

115 Vgl. dazu K. Lehrs, De Aristarchi Studiis Homericis. [3]1882. S. 86f.

116 Vgl. Uhde, Erste Philosophie I, S. 10f.

117 Vgl. Anaximenes B 2.

118 Vgl. Kirk-Raven, The Presocratic Philosophers. Cambridge 1973 (Reprint). S. 144ff. (no. 143, 144); S. 158f. wird B 2 (Diehls) behandelt, jedoch nicht auf den Gedanken der Bewegung von ψυχή und ἀήρ eingegangen, der den Vergleich beider trägt.

119 Vgl. Homer, Ilias XXII, 73.

wegzuwerfen als Mist", wie Heraklit gesagt haben soll[120]; das Denken richtet sich aber immer mehr auf Eigenart und Vermögen der Psyche, da diese den Körper nicht nur bewegt, sondern — wie weiter eingesehen wird — auch bestimmt[121] und schließlich überdauert.

Das Überdauern der Psyche wird von alters her mit der Auffassung in Verbindung gebracht, die Psyche sei in den Körper eingegangen und werde von ihm in Gefangenschaft gehalten, wie Platon von der Lehre der Orphiker berichtet[122]. Mit der näheren Bestimmung von Psyche durch die Dichtung und Philosophie begründete sich eine Religiosität, die sich der Psyche besonders annahm; hatte der homerische Hymnus an Demeter einen Ritus beschrieben, der ewige Jugend verleihen sollte[123], so wird nunmehr der Glaube an die Unsterblichkeit der Psyche Inhalt der Religion. Die nähere Bestimmung der Psyche ermöglicht nun nicht allein deren Darstellung — auch in der Kunst[124] —, sondern auch deren Reinigung, wie sie in den Mysterien angestrebt wird[125].

Platon hat die Lehre von der Psyche für das Abendland maßgeblich gedacht und damit die Grundlage für deren Auffassung als „Seele" gegeben; Aristoteles' Schrift ›Περὶ ψυχῆς‹ nimmt die alte Bestimmung der Psyche als Prinzip der Bewegung auf[126], klärt aber auch deren Art und Ziel: Φαίνεται δέ γε δύο ταῦτα κινοῦντα, ἤ ὄρεξις ἤ νοῦς[127] — „Es scheinen aber doch diese zwei die Bewegenden: Streben und Vernunft". War die Psyche alter Auffassung und altem Sprachgebrauch nach als „Symbol" zu begreifen, so scheitert dieses Begreifen, wenn die Psyche ἐντελέχεια ἡ πρώτη σώματος φυσικοῦ ὀργανικοῦ[128] — „erstliche Verwirklichung eines natürlichen, organischen Körpers" ist. Das „Symbol Psyche" tritt hinter die begriffene Wirklichkeit zurück, ohne an Klar-

[120] Heraklit B 96.

[121] Vgl. Platon, Charmides 156 d f.; Nomoi 895 a 5 f.

[122] Platon, Kratylos 400 c 1 f.; vgl. Philolaos B 14. Dazu Nilsson, a.a.O., S. 678 ff.

[123] Homerische Hymnen, An Demeter 235 f.

[124] Vgl. Nilsson, a.a.O., S. 195 f.

[125] Vgl. — als Überblick — RE XVI, s. v. Mysterien (O. Kern); Burkert, a.a.O., S. 413 ff.

[126] Aristoteles, Über die Seele 403 b 27 f.

[127] Aristoteles, Über die Seele 433 a 9.

[128] Aristoteles, Über die Seele 412 b 5.

heit zu verlieren; sein Leben zeigt es in seiner eigenen Beweglichkeit, wie es selbst Bewegung anzeigte — Bewegung eines Lebens, das seine Unruhe als Unruhe der Seele in einem Prinzip aufgehoben haben wird, das die erstliche und letztliche Verwirklichung von allem ist.

NATURAE DEUS HUMANAE MORTALIS. ZUR SOZIALEN KONSTRUKTION DES TODES IN RÖMISCHER ZEIT

Von BURKHARD GLADIGOW

1. Den einfachsten Formen, in denen sich die verschiedenen Kulturen ein Weiterexistieren ihrer Toten dachten[1], ist transkulturell gemeinsam, daß die Modalitäten des Weiterexistierens allgemein durch die sozialen Rahmenbedingungen charakterisiert sind, insbesondere aber durch die soziale und emotionale Situation der Hinterbliebenen. Ein wesentlicher Teil der auf Bestattung und Grab bezogenen Riten zielt darauf, Kohäsion und Solidarität der Familie, Gruppe oder Gesellschaft auch über die Bruchstelle Tod hinaus aufrechtzuerhalten. Vor allem die Riten um die Bestattung sind darauf gerichtet, die Solidarität der Hinterbliebenen untereinander[2] zu sichern; der Tod eines Mitgliedes ruft in einer Gruppe so etwas wie eine 'Systemkrise' hervor, die Neustrukturierung und Soli-

[1] Vgl. J. G. Frazer, The Belief in Immortality and the Worship of the Dead. 3 Bde. London 1913—1924; K. Th. Preuß, Tod und Unsterblichkeit im Glauben der Naturvölker. Tübingen 1930; F. Heiler, Unsterblichkeitsglaube und Jenseitshoffnung in der Geschichte der Religionen. München – Basel 1950; M. Carrouges u. a., L'Enfer. Paris 1950; C. N. Edsman, The Body and Eternal Life, Stockholm 1946; I. Paulson, Seelenvorstellungen und Totenglaube bei nordeurasischen Völkern (1960), in: C. A. Schmitz, Religionsethnologie. Frankfurt 1964. S. 238—264; W. F. Otto, Die Manen oder von den Urformen des Totenglaubens (1923), Darmstadt 1962; ferner W. Fuchs, Todesbilder in der modernen Gesellschaft. Frankfurt 1973; B. Gladigow, Jenseitsvorstellungen und Kulturkritik. In: Zs. f. Religions- und Geistesgesch. 26 (1974), S. 289—309; R. Fulton (Hrsg.), Death and Identity, London – Sydney 1965.

[2] Hierzu von den verschiedenen Positionen aus L. Lévy-Bruhl, Die Seele der Primitiven. Düsseldorf – Köln 1956, S. 234ff.; B. Malinowski, Magie, Wissenschaft und Religion. Frankfurt 1973. S. 32ff.; D. G. Mandelbaum, Social Uses of Funeral Rites. In: R. Fulton, Death and Identity, p. 359ff.

darisierung verlangt. Das gemeinsame Opfer und das gemeinsame Mahl ('Leichenschmaus') gehören zum festen Ritenbestand derartiger Veranstaltungen.

Erst 'in zweiter Linie' ist ein Rahmen konzipiert, innerhalb dessen die traditionellen sozialen Verbindungsmodi zum Toten[3] aufrechterhalten werden können: in Gespräch, Speisung, Kleidung, Behausung. Auch hier dominiert das Interesse der Hinterbliebenen, die Unterbrechung der Sozialkontakte durch den Tod des Toten nach den eigenen Maßstäben zu überwinden. So wird die tiefgreifend gestörte Interaktion mit dem nicht mehr lebenden Gruppenmitglied außerordentlich häufig als eine potentielle 'Feindlichkeit' des Toten[4] gedeutet, die durch Ablösungsrituale im sozialen und ökonomischen Bereich aufgefangen werden muß — ein Beispiel für die soziale Konstruktion des Todes unter anderen. Ganz ähnlich ließe sich zeigen, daß auch in den Fällen, in denen den Toten ein neuer Status zugewiesen wird, seine (latente) Funktion darin liegt, einen Neid des Toten auf die Lebenden zu absorbieren.

Insoweit scheinen die einfachen Konzepte eines Weiterexistierens nach dem Tode eher auf die Bedürfnisse der Hinterbliebenen ausgerichtet zu

[3] Die allgemeine Literatur zu Totenriten ist zusammengestellt bei F. Heiler, Erscheinungsformen und Wesen der Religion. Stuttgart 1961. S. 515 ff. Ein schönes Beispiel für 'technische Lösungen' zur Befriedigung dieses Bedürfnisses sind die von den Oberfläche in das Grab hineinreichenden Versorgungskanäle ('Nährpipetten'), die mehrfach bei antiken Gräbern gefunden wurden (und zwar sowohl bei Erd- wie bei Feuerbestattungen!); Zusammenstellung von Funden bei J. M. C. Toynbee, Death and Burial in the Roman World. London 1971. P. 51 ff.; Tafel 14 der Aschenbehälter eines Brandgrabes, in den eine Bleiröhre für die *profusio* mündet. Grundsätzlich zu 'Verpflichtungen gegenüber unsichtbaren Partnern': A. Gehlen, Moral und Hypermoral. Frankfurt [3]1973. S. 55 ff.; ferner zu Kommunikationsformen mit Menschen in Erwartung des Todes B. G. Glaser u. A. L. Strauss, Awareness of Dying. Chicago 1965.

[4] J. G. Frazer, The Fear of the Dead. 3 Bde. London 1933—1936; grundsätzlich zu Angst und Ausgrenzung G. Baudy, Exkommunikation und Reintegration. Diss. Tübingen 1977 (mit Lit.). Zu Problemen einer Ablösung des Eigentums E. F. Bruck, Totenteil und Seelgerät im griechischen Recht. Eine entwicklungsgeschichtliche Untersuchung zum Verhältnis von Recht und Religion mit Beiträgen zur Geschichte des Eigentums und des Erbrechts. In: Münchener Beiträge zur Papyrusforschung 9 (1926); ferner H. Schreuer, Das Recht der Toten. In: Zs. f. vgl. Rechtswiss. 33 (1916), S. 333—432; 34 (1916), S. 1—208.

sein, als daß sie einen Entwurf 'des Individuums' für seine Zukunft nach dem Tode[5] darstellten. Noch mehr: Der Status des Toten liegt unter diesen Bedingungen noch voll im Einflußbereich der Gesellschaft[6] — die beispielsweise ihre Macht durch den Entzug der Bestattungs- und Totenriten noch über die 'bloße' Exekution hinaus wirksam werden läßt.

In denselben Rahmen einer sozialen Konstruktion des Todes gehört schließlich auch, daß selbst in den entsprechenden religiösen Theorien keine unbegrenzte Weiterexistenz der Toten angenommen wird, daß sogar ein Tod der Toten[7] konzipiert werden kann. In der Praxis war man sich wohl allgemein bewußt, daß die in Legende und Totenritual manifestierte Bindung des Toten an das soziale Gedächtnis des Stammes die Dauer seiner Fortexistenz[8] bestimmte. Eine 'Unsterblichkeit' ist auf diesem Wege nicht zu postulieren und nicht zu erwarten, höchstens die Negation von Weiterexistenz in der Form der *damnatio memoriae.*

Auf dem bisher betrachteten kulturellen Niveau werden die Konsequenzen der sozialen Konstruktion des Todes nicht in einer durchreflektierten Form gezogen. Die Praxis von Erbrecht und 'Familienplanung' zeigt andererseits deutlich, daß die Korrelation einer Weiterexistenz des Familienverbandes und seiner Toten 'gesehen' wurde. An den Extremfällen ist sehr deutlich zu belegen: Dem Mann 'ohne Familie', dem Fremden und dem Sklaven wird ohne weiteres überhaupt keine Fort-

[5] Zur Korrelation von Todesfurcht und Individualisierung E. Fromm, Die Furcht vor der Freiheit. Zürich 1945. S. 238f.; W. Fuchs, Todesbilder, S. 29ff., 114ff.

[6] W. Fuchs, Todesbilder, S. 31ff.; M. A. Holland, The Influence of Burial Customs on the Belief in a Future State, in: Folk-Lore 29 (1918), S. 34ff.; zum Aspekt des sozialen Gewalt H. v. Hentig, Die Strafe 1. Berlin 1954, sowie ders., Der nekrotrope Mensch. Vom Totenglauben zur morbiden Totennähe. Stuttgart 1964. S. 29ff.

[7] Vgl. E. Topitsch, Seelenglaube und Selbstinterpretation. In: Ders., Sozialphilosophie zwischen Ideologie und Wissenschaft. Neuwied-Berlin [3]1971, S. 188ff.; W. Fuchs, Todesbilder, S. 34ff.

[8] Zum Status des Toten als Funktion sozialer Regulation R. Hertz, Contribution à une étude sur la représentation collective de la mort. In: L'Année Sociologique 10 (1905/06), p. 126ff.; vgl. ferner H. Kelsen, Vergeltung und Kausalität. Eine soziologische Untersuchung. Den Haag 1941; ders., Seele und Recht. In: Ders., Aufsätze zur Ideologiekritik. Neuwied-Berlin 1964. S. 58ff.

existenz zugestanden. Und umgekehrt, nur wenn der Tote wirklich Teil des jeweiligen Sozialsystems war, löst sein Tod eine kollektive Reaktion aus.

2.1. Im griechischen Bereich, dem wir uns zunächst zuwenden wollen, gewinnt zu Beginn der archaischen Epoche — wohl schon im 7. Jahrhundert, in aller Deutlichkeit im 6. Jahrhundert zu greifen — eine strukturell völlig andere Konzeption von Weiterexistenz an Boden, eine Konzeption, die in dezidierter Form ein Weiterleben von der Bindung an den Familienverband unabhängig machte[9], und die in einem komplementären Prozeß *Alternativen* eines Weiterlebens thematisierte.

Das Aufkommen von 'Seelen'vorstellungen der charakterisierten Art fällt wohl nicht nur zeitlich mit einer Entwicklung zusammen, die man gern als die 'Entdeckung des Individuums' durch die griechische Lyrik[10] beschreibt. Das 7. und 6. vorchristliche Jahrhundert sind in Griechenland durch den weitgehenden Verlust einer intakten Landwirtschaft charakterisiert[11], durch landfahrenden Handel und Handwerk, Söldnertum und eine Konzentration der entwurzelten Landarbeiter und Handwerker in den Großstädten. Besonders für diese Gruppen von Menschen, die die ökonomischen und politischen Entwicklungen aus den Familienbindungen gelöst hatten, die Vereinzelten — aber auch: die Mobilen und Aktiven — scheint die Art von Frömmigkeit, die nun von den Mysterienvereinen propagiert wurde, eine neue Reorganisationsmöglichkeit geboten zu haben. Vor die Alternative gestellt, sich als Bruchstück einer zerfallenen (Groß-)Familie zu verstehen, oder aber als intaktes Ganzes für sich, eben als religiöses Individuum, wählten sie die zweite, zukunftsträchtige Lösung.

2.2. Parallel zu diesen nur andeutungsweise skizzierten Abläufen sind auch sonst für jene Zeit in der griechischen Welt Prozesse erkennbar, in denen Verwandtschaftsbeziehungen als strukturelle Basis von Relationen

[9] E. R. Dodds, Die Griechen und das Irrationale. Darmstadt 1970 (^{5}1966), S. 17ff.; B. Gladigow, Jenseitsvorstellungen, S. 295ff.

[10] B. Snell, Die Entdeckung des Geistes. Hamburg 1975. S. 56ff.; zu Archilochos als Exponenten der veränderten sozialen Verhältnisse H. Fränkel, Dichtung und Philosophie des frühen Griechentums. München 1962. S. 147ff.

[11] J. Hasebroek, Griechische Wirtschafts- und Gesellschaftsgeschichte. Tübingen 1931. S. 73ff.; F. Heichelheim, Wirtschaftsgeschichte des Altertums 1. Leiden ^{2}1958.

aufgegeben[12] werden, und zwar zugunsten intersubjektiver oder formaler Operationen. Damit sind nicht in erster Linie die Entwicklungen von, beispielsweise, Kosmogonien zu Kosmologien gemeint, von mythisch-genealogischen Schemata zu historisch-genetischen, sondern vor allem Veränderungen, für die der Rechtsbereich Indikator sein kann: Nicht mehr die Solidarität des Familienverbandes ist Träger von Ansprüchen und Adressat von Forderungen, sondern der einzelne als Rechtssubjekt.

Unter den angesprochenen kulturellen Rahmenbedingungen ist eine Individualisierung von Heilserwartungen als Rechtsansprüche befriedigend wohl nur durch einen 'Seelenbegriff[13]' zu leisten, der Träger von Alternativen nach dem Tode sein kann. Der Existenzbereich 'Jenseits' läßt die Defizite der Sozialordnung, die Defizite der diesseiten Rechtsverwirklichung nur dann für korrekturfähig[14] erscheinen, wenn zwischen Leben und Nachleben ein Konzept vermittelt wird, das Identität[15] konstituiert und Alternativen verdeutlicht.

2.3. Träger der 'neuen' Konzeption von 'Seele' sind die Mysterien[16], mit zu Älterem vermittelnden Positionen die eleusinischen, später und mit variierenden theologischen Konzeptionen die orphisch-pythagoreischen und die dionysischen. Das soziologische und politische 'Konzept' der Mysterien — sogar der eleusinischen — ist deutlich unabhängig, um nicht zu sagen konträr zu den verwandtschaftlichen und sozialen Strukturen ihrer Umwelt. Sklaven und Fremde, also nach — beispielsweise —

[12] Analysen der Prozesse bei E. Topitsch, Vom Ursprung und Ende der Metaphysik. München 1972. S. 47ff., 124ff.; kurz zusammengefaßt K. Eder, Die Reorganisation der Legitimationsformen in Klassengesellschaften. In: Ders. (Hrsg.), Seminar: Die Entstehung von Klassengesellschaften. Frankfurt 1973. S. 288—299.

[13] Zu den Entstehungsbedingungen E. Topitsch, Seelenglaube und Selbstinterpretation, S. 181—225; zur Struktur der Beziehungen B. Gladigow, Unsterblichkeit und Moral. Riten der Regeneration als Modelle einer Heilsthematik. In: Ders. (Hrsg.), Religion und Moral. Düsseldorf 1976. S. 99—117.

[14] Vgl. B. Gladigow, Jenseitsvorstellungen, S. 289—309.

[15] Das Problem der 'Identität' verschärft sich im Rahmen von Seelenwanderungslehren, hierzu B. Gladigow, Zum Makarismos des Weisen. In: Hermes 95 (1967), S. 407ff.

[16] W. Burkert, Griechische Religion der archaischen und klassischen Epoche. Stuttgart 1977. S. 413—451 mit Lit.

attischem Recht rechtlose Personen, und Personen minderen Rechts, Frauen und Metöken, konnten ohne Unterschied eingeweiht werden. Die Idee von der Gleichheit aller Menschen ist, bevor sie die Sophisten des 5. Jahrhunderts aufgriffen, ein eschatologisches Konzept der Mysterien gewesen — begrenzt freilich auf die Eingeweihten. Vor der strikten Bindung aller 'Leistungen' der Mysterien an die Einweihung waren alle gleich, Sklaven und Freie, Bürger und Nichtbürger, Männer und Frauen.

2.4. Komplementär zur Invarianz der griechischen Mysterien gegen die traditionelle soziale, rechtliche und politische Ordnung der griechischen Polis konstituieren die Mysterien allerdings einen neuen 'Sozialkörper', die Gemeinschaft der Mysten. Die neue Sozialbindung entfaltet dann ähnliche gruppendynamische Effekte wie die alten Sozialstrukturen: ein prononciertes Gemeinschaftsgefühl[17], etwa in dem Wunsch der Mysten nach gemeinsamer Bestattung gipfelnd, eine tendenzielle Intoleranz gegen Andersdenkende, die schließlich in sadistische Vergeltungsphantasien — ein Modell der christlichen Hölle[18] — mündet.

Man sollte sich freilich über die konkreten Erwartungen der Mehrzahl von Eingeweihten, später auch der hellenistischen Öffentlichkeit, über ihre Hoffnungen auf ein besseres Jenseits keine allzu weitgehenden Vorstellungen machen. Zieht man die Grabinschriften heran[19], dürfte die Normallage der Erwartungen zwischen unartikulierter Skepsis und sehr diffusen Hoffnungen anzusetzen sein. Für die bisher diskutierten Aspekte liegt die Bedeutung der griechischen Mysterien vor allem in ihrer Unabhängigkeit von den traditionellen sozialen und politischen Strukturen, erst in zweiter Linie in dezidierten Aussagen über ein individuelles Jenseits.

3.1. Das religiöse und soziale Potential der Mysterienvereine und späterer ähnlicher Organisationen läßt sich am deutlichsten vor dem Hintergrund der religiösen 'Rechte' von Sklaven in Griechenland zeigen. Die prinzipielle Sozialität von Todesbildern und Jenseitskonzepten ist *e con-*

[17] W. Burkert, a. a. O., S. 447—451; zur gemeinschaftlichen Bestattung mit Sklaven F. Bömer, Untersuchungen über die Religion der Sklaven in Griechenland und Rom. In: Abh. Akad. Mainz, Phil.-hist. Kl., 1961, Nr. 4, III, S. 120f.

[18] M. P. Nilsson, Geschichte der griechischen Religion 2. München 1961. S. 558.

[19] W. Peek, Griechische Grabgedichte. Darmstadt 1960. S. 34; weiterreichende Wertung des Befundes durch F. Bömer, a. a. O., Teil IV, S. 142—205.

trario am besten zu erkennen, bei denen also, die diese Voraussetzungen nicht ohne weiteres erbringen können.

Im homerischen Epos gibt es nicht die Spur eines Hinweises, daß ein Sklave nach seinem Tode in irgendeiner Weise weiterexistieren[20] könnte. Der Sklave hat selbstverständlich kein εἴδωλον, dem Postulat des Sozialbezugs aller Hoffnungen auf ein Weiterleben entsprechend gibt es für ihn überhaupt keinen Modus, kein Medium, das so etwas 'tragen' könnte. Was im Blick auf die homerischen Epen und ihr Publikum wie bloße Nichterwähnung, Desinteresse aussehen könnte, war bis in das 5. und 4. Jahrhundert hinein artikulierte Realität der athenischen Polis. Die Athener haben schon auf dem Felde von Marathon darauf geachtet, daß Athener einerseits und Fremde und Sklaven andererseits in getrennten Tumuli[21] beigesetzt wurden. Damit konnten — ohne daß das Prinzip der Kohärenz von bürgerlicher und religiöser Stellung verletzt wurde — die gefallenen Bürger heroisiert werden, Sklaven und Fremde aber ausgeschlossen bleiben. Da der Sklave nach attischem Recht keine Ahnen hat, keine Heimat — er besitzt ja auch kein Patronymikon —, keine Nachkommen im rechtlichen Sinne, da schließlich nach altem attischem Sippengesetz nur Blutsverwandte das Opfer am Grabe darbringen konnten, ist schon von daher seine Weiterexistenz nach dem Tode nicht recht 'denkbar'.

In den Fröschen des Aristophanes beispielsweise weigert sich Charon, den Sklaven Xanthias ins 'Jenseits' überzusetzen: δοῦλον οὐκ ἄγω, εἰ μὴ νεναυμάχηκε τὴν περὶ τῶν κρεῶν — (190) „einen Sklaven setze ich nicht über"; Xanthias, der dramaturgisch noch benötigt wird, muß 'außen' um den See herumlaufen. Charon weist zugleich auf eine mögliche Ausnahme vom Ausschluß der Sklaven hin: den Heldentod in der Schlacht[22]. Die Privilegierung der Kriegsgefallenen — in vielen Kulturen vertreten — kann, zumindest der Theorie nach, die Asozialität des Sklaven überwinden.

3.2. Die Zeugnisse aus der Zeit eines ausgeprägten Bürgerhochmuts der Athener dürfen freilich nicht zu dem Schluß verleiten, daß den grie-

[20] F. Bömer, a. a. O., S. 144.

[21] Pausanias I 32, 3; dazu F. Bömer, a. a. O., I, S. 132f.; IV, S. 140f.; S. 149ff.

[22] F. Bömer, a. a. O., IV, S. 149ff.; zum Allgemeinen B. Gladigow, Unsterblichkeit, S. 102f.

chischen Sklaven auch die Bestattung grundsätzlich versagt wurde. Aller Wahrscheinlichkeit nach war die ordnungsgemäße Bestattung eines Sklaven sogar Pflicht des Eigentümers[23]. Allerdings spricht einiges dafür, daß eine getrennte Beisetzung von Bürgern und Sklaven und ein verschiedener Modus der Bestattung, Verbrennung einerseits und Erdbestattung andererseits, relativ früh üblich wurden.

3.3. Genau an diesem Punkt nun sei der griechische Bereich verlassen und die Aufmerksamkeit den römischen Verhältnissen zugewandt. Die gestellten Probleme sind die gleichen, die Lösungen aber differieren in einer Weise, die weitergehende strukturelle Aussagen zu erlauben scheint.

Grundsätzlich scheint es wohl in Rom eine ähnliche patriarchalische Verpflichtung zur Beisetzung der eigenen Sklaven wie in Athen nicht gegeben zu haben; selbst wenn es sie gegeben haben sollte, hatte sie nicht die gleiche Wirksamkeit wie in Griechenland. Seit dem Ende der römischen Republik hören wir von der Einrichtung sogenannter *puticuli;* die *puticuli*[24] sind mehrere Meter tiefe Schächte, in die man zusammen mit anderem Unrat die anfallenden Leichen von Sklaven einfach hineinwarf, sich also ihrer auf dem einfachsten Wege entledigte. In diese Abfallgruben wurden allerdings — hier zeigt sich eine weitere Differenz in anderer Hinsicht — auch die Leichen von Freien geworfen, wenn sich niemand um sie kümmerte: *commune sepulcrum miserae plebi,* wie sie Horaz, Sermones I 8, 10, nennt. Die Bestattungsform differenziert insoweit nicht Bürger und Sklaven, sondern kurzgesagt Reiche und Arme.

3.4. Entsprechend sind dann auch soziologisch und ökonomisch die Ziele der einschlägigen Hilfsorganisationen einzuordnen: Die Begräbnisvereine, *collegia funeraticia*[25], die sich in dieser Zeit wohl nicht zuletzt

[23] F. Bömer, a. a. O., I, S. 88; vgl. Ps. Demosth. 43, 57.

[24] F. Bömer, a. a. O., I, S. 89 mit Nachweisen; zu den anderen Bestattungsformen bei den Römern J. M. C. Toynbee, Death and Burial in the Roman World. London 1971. Es wäre zu erwägen, ob diese *puticuli* nicht ebenfalls zu dem Vorstellungskomplex *orcus* ihre (negativen) Assoziationen beigetragen haben; vgl. W. Fauth, Der Schlund des Orcus. In: Numen 22 (1974), S. 105—127.

[25] W. L. Westermann, The Slave Systems of Greek and Roman Antiquity. Philadelphia 1955. S. 108f.; J. P. Waltzing, Etude historique sur les corporations professionelles chez les Romains. Louvain 1899—1900. F. Bömer, a. a. O., I, S. 97—98.

unter dem Eindruck der *puticuli* bilden, stehen sowohl Freien wie Sklaven offen. Es sind zunächst regelrechte Sterbekassen, in deren Satzungen man sich gegenseitig gegen Zahlung eines Monatsbeitrages, der *stips menstrua,* eine ordnungsgemäße Bestattung samt Grabstein zusicherte. Solche *collegia tenuiorum,* wie die Sammelbezeichnung derartiger Selbsthilfevereine auch lautete, übernahmen insbesondere in der Kaiserzeit über die Regelung der Bestattung hinaus die Funktionen von Unterstützungskassen und Geselligkeitsvereinen. Die neben der juristisch präzisen Bezeichnung *collegium* gebräuchliche Bezeichnung *familia*[26] zeigt, was in diesen Kultvereinen letztlich nach dem Willen der Mitglieder rekonstruiert werden sollte: der altrömische, patriarchalische Familienverband, der in seinem sozialen und religiösen System wie selbstverständlich auch die Sklaven mitumfaßte.

3.5. Die *collegia funeraticia* sind keine 'Mysterienvereine', mit deren Mitgliedschaft bestimmte Jenseitserwartungen verknüpft werden konnten — davon ist nirgends die Rede —, sondern auf eine rituelle Bestattung und das ehrende Angedenken durch einen Grabstein ausgerichtete Zusammenschlüsse. Der Rekurs dieser Vereinigungen auf die *familia* und die Götter des Familienkults[27] läßt den Schluß zu, daß trotz jener bedrückenden Großstadt'lösung' der *puticuli* die Bestattung des Sklaven im Rahmen der *familia* als der eigentliche Ort des toten Sklaven angesehen wurde. Von den römischen Grabinschriften her ist es in der Tat ein Normalfall, daß — anders als im Attika der klassischen Zeit — Herr und Sklaven zusammen bestattet wurden. Man errichtete bis in die Kaiserzeit seine Grabstelle

sibi libertis libertabusque et servis[28].

An den Zeugnissen der Scipionengräber läßt sich diese Praxis bis in das 1. nachchristliche Jahrhundert in allen ihren Aspekten gut verfolgen.

Daneben finden sich natürlich auch in zunehmendem Maße selbstständige Grabanlagen von Sklaven, sei es auf Kosten ihrer Herren, sei es auf Kosten ihrer Nachkommen oder ihres *collegium.* Das römische

[26] F. Bömer, a. a. O., I, S. 57—78.

[27] F. Bömer, a. a. O., I, S. 32ff.

[28] Überblick und Zusammenstellung der inschriftlichen Belege bei F. Bömer, a. a. O., IV, S. 170ff.

Sakralrecht respektiert das Grab eines Sklaven ebenso als *locus religiosus*[29] wie das Grab eines Freien.

4.1. Es ist immer wieder darauf hingewiesen worden, daß die Römer bis in die Prinzipatszeit hinein keine ausgestalteten Jenseitsvorstellungen besessen[30] haben; ja, daß sie solche Vorstellungen, obwohl sie seit frühester Zeit über Etrurien und Unteritalien in reicher Fülle 'zur Verfügung' standen, während der gesamten Zeit der Republik und noch darüber hinaus nicht rezipiert hätten. Soweit man sich über die Ursachen dafür überhaupt Rechenschaft abgelegt hat, laufen die Begründungen so oder so auf die topische 'Phantasiearmut' der Römer[31] hinaus — wohl kaum eine hinreichende Erklärung eines so komplexen Phänomens.

Die Gründe für diese 'Widerstandsfähigkeit' gegenüber etruskischen und griechischen Einflüssen müssen wohl in der Struktur der römischen *familia* gesehen werden, in ihrer Kraft zur Selbstdarstellung und zur Solidarität über erhebliche ökonomische, soziale und politische Veränderungen hinweg. Die spezifischen Differenzen zu den schon mehrfach angesprochen griechischen Verhältnissen lassen sich durch die Eigenart der römischen Ahnenverehrung beschreiben, daß sie an wesentlichen Punkten kein Totenkult war. Für die großen Familien steht im Zentrum der

[29] Zur rechtlichen Qualifikation des Sklavengrabes A. Pernice, Zum römischen Sacralrecht II. Sb. Akad. Berlin 1886. S. 1179f.

[30] Allgemein zu römischen Jenseitsvorstellungen F. Cumont, After Life in Roman Paganism. New Haven 1922; ders., Recherches sur le symbolisme funéraire des Romains. Paris 1942; ders., Lux perpetua. Paris 1949; W. F. Otto, Die Manen, S. 68—78; W. F. J. Knight, Elysion. On Ancient Greek and Roman Beliefs Concerning a Life After Death. London 1970. P. 108ff.; J. M. C. Toynbee, Death an Burial in the Roman World, p. 33—64; ferner I. A. Richmond, Archaeology and the After-Life in Pagan and Christian Imagery. London 1950; A. Brelich, Aspetti della morte nelle iscrizioni sepolcrali dell'impero Romano. Diss. Pannonicae I 7. Budapest 1937; W. Fauth, Der Schlund des Orcus. Zu einer Eigentümlichkeit der römisch-etruskischen Unterweltsvorstellung. In: Numen 22 (1974), p. 105—127; F. Bömer, a. a. O., IV, S. 138—205 (Grab und Jenseits).

[31] Vgl. etwa G. Wissowa, Religion und Kultus der Römer. München 1971 (= ^{2}1912). S. 238; K. Latte, Römische Religionsgeschichte. München ^{2}1967. S. 100; zur Problematik derartiger Charakterisierungen C. Koch, Der römische Juppiter (1937). Darmstadt 1968. S. 11ff.

Ahnenverehrung die *pompa funebris*[32], Selbstdarstellung des Geschlechts bei der Bestattung eines seiner Mitglieder: Alle großen Amtsträger in der Ahnenreihe des Verstorbenen treten im Trauerzuge auf, durch Sklaven oder Schauspieler vorgestellt, die ihre Masken *(imagines)* und ihre Amtsinsignien[33] tragen. Die biologische, soziale und politische Tradition der Familie wird bei der Bestattung demonstriert; zusammen mit der *laudatio funebris* ein Politikum ersten Ranges — nicht eine Jenseitshoffnung, eine Perspektive des Toten. Seine 'Zukunft' ist es, bei der nächsten Bestattung eines Familienmitglieds 'selbst' in der Reihe der Amtsträger und Ahnen mitzugehen, eine Zukunft von definierter Diesseitigkeit, in den Strukturen der Familie und des Staates.

4.2. Einige Einzelaspekte der *pompa funebris* mögen verdeutlichen, in welchem Maße der Tote als Person von seiner *gens* in Anspruch genommen werden konnte.

Besonders auffallend ist die Art und Weise, in der die Gesichtsmasken[34] der Toten in der *pompa funebris* verwendet werden. Geht man nämlich davon aus, daß das Abgußverfahren, das eine mühelose Vervielfältigung der Masken erlaubt hätte, in der Zeit, als die *pompa* von der Oberschicht rezipiert wurde, noch nicht eingeführt war, bedeutet das nicht weniger, als daß die Gesichtsmaske der Leiche zu diesem Zweck entzogen werden mußte. Einer Leiche 'ihre' Gesichtsmaske vor der Bestattung zu nehmen, den Toten ohne Maske beizusetzen, widerspricht allem, was außerhalb von Rom als 'kultische Theorie' der Totenmaske gilt. Für Rom scheint dieses Verfahren allein dadurch gerechtfertigt zu sein, daß der Tote als Amtsträger weiterhin in den folgenden *pompae* präsent war, repräsentiert sein sollte. Diesem Zweck diente schließlich auch die Aufbewahrung der *imagines* in einem kleinen Schrein im Atrium des römischen Hauses.

Von der Zeit an, in der die leicht zu vervielfältigende Abgußmaske verwendet wurde, behielt der Tote allerdings eine Maske auf dem Gesicht —

[32] Eindrucksvolle Schilderung einer *pompa* bei Polybios VI 53f. Zu Einzelheiten J. M. C. Toynbee, Death an Burial, p. 46—48 (mit den Tafeln 12 u. 13).

[33] Das sind neben der *toga picta* bzw. *praetexta* vor allem die *fasces;* vgl. hierzu noch B. Gladigow, Die sakralen Funktionen der Liktoren. In: Aufstieg und Niedergang der römischen Welt I 2. Berlin 1972. S. 306f.

[34] Vgl. F. Bömer, Ahnenkult und Ahnenglaube im alten Rom. Berlin 1943. S. 104—123.

unabhängig davon, ob er begraben oder verbrannt wurde. Die bei der römischen Oberschicht extrem lange Aufbahrung des Toten *(collocatio)*, bis zu sieben Tage, läßt eine Gesichtsmaske in jedem Falle als geboten erscheinen. In der Konsequenz der zuvor skizzierten Konzeption liegt schließlich, daß — wohl erst in späterer Zeit praktiziert — 'der Tote selber[35]' in seiner eigenen *pompa funebris* durch einen seine Maske tragenden Darsteller vorgeführt wurde. Man legte dabei Wert darauf, daß der betreffende Sklave Redeweise und Gestik des Toten nachzuahmen in der Lage war.

Der Einsatz von berufsmäßigen Schauspielern für die Darstellung der Toten und toten Ahnen weist in die gleiche Richtung. Das Interesse, die Toten möglichst individualisiert und charakteristisch zu präsentieren[36], steht in einem auffallenden Gegensatz zu der diffusen Mehrzahl, in der die Toten außerhalb der *pompa funebris* erscheinen.

Das gewohnheitsrechtlich verankerte *ius imaginum*[37] war grundsätzlich dem gentilizischen Adel vorbehalten und beschränkte sich bei der Darstellung der Ahnen darüber hinaus auf Amtsträger von curulischem Rang. Innerhalb dieses Rahmens waren von einer Präsentation in der Leichenprozession ausgeschlossen diejenigen, denen die bürgerlichen Ehrenrechte entzogen waren, sowie auch die durch Apotheose entrückten Kaiser. Diese definierte Weiterexistenz der Toten 'von Stand' ist also selbst innerhalb der Oberschicht noch einmal auf einen kleinen Kreis von Personen beschränkt und kontrastiert um so schärfer mit der unspezifischen, kollektiven Weiterexistenz der Toten als 'Totengeister'.

4.3. Unabhängig von ihrer Repräsentation in der *pompa funebris* erscheinen die Toten der römischen Familie als *divi parentum*[38] grundsätzlich in einer unbestimmten Mehrzahl; sie haben innerhalb des Kollektivs

[35] Sueton Vesp. 19, 2; weiteres bei Th. Mommsen, Römisches Staatsrecht 1 (^{3}1887). Stuttgart 1963. S. 444 mit Anm. 5.

[36] F. Bömer, Ahnenkult, S. 105 f. — Zur grundsätzlichen Problematik einer Repräsentation von Personen B. Gladigow, Zur Konkurrenz von Bild und Namen im Aufbau theistischer Systeme. In: H. Brunner, R. Kannicht u. K. Schwager (Hrsg.), Wort und Bild. München 1979. (6.1: Bild und Maske, Name und 'Seele').

[37] T. Mommsen, Römisches Staatsrecht 1, S. 442—452.

[38] F. Bömer, Ahnenkult, — S. 1—49; 104 ff. Zu dem exzeptionellen Singular *deus parens* im Brief der Cornelia an C. Gracchus (Nep. fr. 15 HRR II 39, 20 Peter) F. Bömer, a. a. O., S. 101 ff, und K. Latte a. a. O., S. 98, 2.

der Ahnengötter keine Individualität, weder ein Ahnherr noch ein Heros eponymos ist herausgehoben. Die *divi parentum* sind ihrer Familie weitgehend freundlich gedacht; sie schützen den inneren Frieden der Familie. Ihnen verfällt das männliche Familienmitglied, das den Vater verletzt hat, und die Schwiegertochter, die ihre Schwiegereltern tätlich angreift: *divis parentum sacer estod.* Da Sklaven nach der Konstruktion des römischen Privatrechts keine *parentes* haben — ebenso wie die Kinder von Sklaven zu ihren Eltern in keiner Rechtsbeziehung stehen — können sie schon von daher keine *divi parentum* besitzen.

Als Bezeichnung für 'Totengeister' kennen die Römer noch die *lemures* und die *larvae*[39], beides Sammelnamen für die negativen, schreckenden Aspekte der Toten als Gespenster. Seit dem ersten vorchristlichen Jahrhundert ist nun eine weitere kollektive Bezeichnung der Toten inschriftlich bezeugt, die *Di Manes*[40]. In dem expliziten Anspruch auf Göttlichkeit sind sie von den *divi* bzw. *di parentum* nicht unterschieden, aber offensichtlich weit besser geeignet, die Ansprüche der unteren Schichten zu tragen und zu integrieren.

4.4. Die Entwicklung muß sich hier mit erheblicher Geschwindigkeit vollzogen haben: Bereits gegen Ende des ersten nachchristlichen Jahrhunderts ist es praktisch selbstverständlich, daß die Weihung „*Dis Manibus* mit dem Namen des Toten im Genitiv" auch auf Gräbern von Sklaven[41] erscheint. Spätestens zu diesem Zeitpunkt hat niemand mehr ernsthaft bezweifelt, daß der Sklave eine Totenseele habe und diese, wie alle anderen Totenseelen in den Kreis der *Di Manes* eingehe. Ist die Überlieferung bei Varro, De lingua Latina VI 24, korrekt[42], hätten bereits im ersten vorchristlichen Jahrhundert römische Priester *Dis Manibus servilibus,* den göttlichen Manen von Sklaven, regelmäßige Opfer dargebracht.

Franz Bömer, dem wir eine umfassende Untersuchung über die Religion der Sklaven in der Antike verdanken, hat mit Recht vermutet[43], daß die Entwicklung, die den Sklaven *Di Manes* zugestand, aus der selbstverständlichen gemeinsamen Bestattung von Herren und Sklaven herzu-

[39] G. Thaniel, Lemures and Larvae. In: Am. Journ. Philol. 94 (1973), p. 182—188.

[40] W. F. Otto, Die Manen, S. 68ff.

[41] F. Bömer, Untersuchungen, IV, S. 179ff., 184ff.

[42] Zum Diskussionsstand F. Bömer, Untersuchungen, IV, S. 185ff.

[43] F. Bömer, Untersuchungen, IV, S. 170f.

leiten ist. Das soziale Faktum der Gemeinsamkeit der Bestattung führt ganz offensichtlich zu Konsequenzen in der religiösen Theorie: Auch Sklaven haben Totenseelen; im Kollektiv der *Di Manes* ist ihr Schicksal von dem der freien Bürger nicht zu unterscheiden.

4.5. Völlig problemlos scheint sich diese Entwicklung allerdings auch in Rom nicht vollzogen zu haben. Auf den großen Grabmonumenten der senatorischen, später kaiserlichen Familien[44] war man mit der Sigle D. M. *(Dis Manibus)* vor einem Sklavennamen zunächst deutlich zurückhaltender. Und zwar noch zu einer Zeit, in der von den Sklaven selber gesetzte Grabsteine den Anspruch auf eine göttliche Totenseele ohne Zögern dokumentierten.

Vergleicht man an diesem Punkt noch einmal die römischen mit den zuvor angesprochenen griechischen Verhältnissen, werden zwei komplementäre Differenzen samt ihren Konsequenzen deutlich. Die eine ist, daß die Aufnahme des toten Sklaven unter die *Di Manes* sicher nicht gleichbedeutend — nicht einmal mutatis mutandis — mit der Aufnahme der Sklaven in die Mysterienvereine samt deren Jenseitsversprechungen ist. Die andere, zunächst sehr befremdliche Differenz liegt darin, daß im griechischen Bereich unmittelbare Zeugnisse dafür, daß die Sklaven jene Jenseitserwartungen auch 'für bare Münze' nahmen, völlig zu fehlen scheinen. Es fehlen bis zur Zeit dominierenden römischen Einflusses Zeugnisse, in denen in hinreichender Deutlichkeit die Erwartungen der Sklaven an ihre Gleichwertigkeit im Tode und nach dem Tode angesprochen werden[45], — so, wie wir das im römischen Bereich in großer Zahl finden. Die griechischen Jenseitserwartungen, genauer, die Versprechungen, die die Mysterientheologien entwickelten, waren sicher farbiger, differenzierter, umfassender: Eine breite Wirkung und wohl auch eine konkrete Hoffnung scheint aber allein die soziale Einbindung des Todes im Rahmen der römischen *familia* erzeugt zu haben.

5. In dem bisher durchgeführten Vergleich der sozialen Bedingungen, unter denen das Konzept 'Weiterexistenz nach dem Tode' gestaltet wurde, ist die vielverhandelte Frage nach dem Verhältnis von Totenseele und Lebensprinzip[46] noch unberücksichtigt geblieben. In voller Schärfe, in

44 F. Bömer, Untersuchungen, IV, S. 183ff.

45 F. Bömer, Untersuchungen, IV, S. 157ff.

46 Die prinzipielle Trennung beider Konzepte ist das Verdienst von W. F. Otto,

der Präzisierung auf das durchlaufende 'Prinzip', stellt sich diese Frage wohl auch erst, wenn Prä- und Postexistenz einer 'individuellen' Seele entworfen werden. Seit der spätarchaischen Zeit ist für die Griechen die ψυχή das Konzept, das Konstanz und Identität über die körperlichen Veränderungen hinweg garantiert. Eine Aufwertung, die der antike Seelenbegriff vor allem, wie schon angedeutet, im Rahmen der Mysterien und ihrer Theologien erfahren hat.

Für eine Komplettierung unserer systematischen Ansätze bleibt die Frage, ob und in welcher Weise die Römer unter den Ansprüchen der zuletzt diskutierten Entwürfe eine 'Personalität' oder 'Identität' des Lebens gefaßt haben. Sie haben es wohl am ehesten unter dem Begriff des *genius*[47] getan, der jedem Manne, vor allem aber dem Familienvater zukam. Der Genius des Hausherrn wird insbesondere bei der Feier seines Geburtstages, *dies genialis,* wie auch bei der Bereitung des Hochzeitsbettes, *lectus genialis,* angerufen, an den beiden Punkten also, an denen die Fortführung der Familie betroffen ist.

Komplementär zur sozialen Konstruktion des Todes (und der Totenseele) wird in diesem Sinne auch das 'Leben', die Personalität des Römers in den Strukturen der Familienordnung beschrieben: in seiner Eigenschaft, Erzeugter und Erzeuger zu sein. Horaz hat diese Konzeption des Genius in ein spannungsvolles Oxymoron gefaßt, ein Oxymoron, das seine Spannung aus dem Antagonismus von Göttlichkeit und Sterblichkeit sowie aus dem Anspruch einer individuell definierten Existenz auf überzeitliche Dauer bezieht: *Naturae deus humanae mortalis* (Ep. II 2, 188). *Naturae humanae deus,* der Genius ist „das göttliche Wesen menschlicher Existenz" und *deus mortalis,* der Genius ist auf die Lebensspanne beschränkt, er endet mit dem Tode des Menschen.

Die Manen, 1923 ([2]1958), in Auseinandersetzung mit E. Rhodes These von der ψυχή als 'Doppelgänger'.

[47] W. F. Otto, Die Manen, S. 74ff.; K. Thraede, in: Reallexikon für Antike und Christentum 10 (1976), Sp. 52—83, s. v. genius — Zur Gesamtproblematik vgl. ferner P. L. Berger u. Th. Luckmann, Die gesellschaftliche Konstruktion der Wirklichkeit. Frankfurt 1970 passim und s. v. Selbst u. K. Schefold, Die Verantwortung vor den Toten als Deutung des Lebens, in: Wandlungen. Studien zur antiken und neueren Kunst. Waldsassen, S. 255—277.

GERMANISCHE RELIGIOSITÄT ALS LEBENSBEZOGENER SCHICKSALSGLAUBE

Von Rainer Flasche

Trotz der für unsere Fragestellung in mancher Hinsicht recht schwierigen und spärlichen Überlieferung, bedingt durch Entstehungszeit und Charakter der Quellen, wollen wir nicht die objektive Vorstellungswelt germanischer Religion, sondern das religiöse Selbstverständnis der *homines religiosi* germanischer Stammeskulturen in den Mittelpunkt unserer Betrachtungen stellen. Nur so scheint uns gewährleistet, religiöses Sich-Verhalten als Lebensvollzug und Weltbewältigung in seiner umfassenden Existenzialität aufschlüsseln zu können.

Germanische Religiosität ist, wie für alle Stammesreligionen charakteristisch, ein auf das Diesseits und die Lebensgemeinschaft gerichtetes, den überlieferten und angenommenen Ordnungen entsprechendes Sich-Verhalten eben gegenüber jenen Ordnungsprinzipien. Als Grundgesetz ihrer Welt gilt den Germanen, wie wir noch näher sehen werden, das *Werden*, innerhalb dessen und dem gegenüber sie in aktiver Betätigung stehen. So ist ihnen, wie de Vries so treffend sagt, „das Leben …, auch und gerade in seinem religiösen Aspekt, ein immerwährender Kampf[1]"; denn Lebensbedrohung ist Ordnungsbedrohung und umgekehrt, wobei sie sich bei dieser Auseinandersetzung mit und neben den lebenserhaltenden und -beschützenden Mächten wissen.

Wie aber wird Leben im religiösen Selbstverständnis jener Menschen erfahren, und wie manifestiert sich diese Erfahrung in Symbolen und im Lebensvollzug? Bevor wir diesen Fragen skizzenhaft nachgehen, muß festgehalten werden, daß Leben nicht als abstrakte Größe oder reine Begrifflichkeit gemeint ist, sondern den Germanen immer als durchaus konkrete Seinserfahrung gegenwärtig war, als Werden und Wirken: im Lauf des Jahres, im Zyklus der Natur, im zwischenmenschlichen Bereich

[1] J. de Vries, Die geistige Welt der Germanen. Darmstadt 1964. S. 195.

als Stammes- und Sippengeschichte, im Verhältnis zum *extra se* als ein auf Gegenseitigkeit beruhendes Prinzip von Ursache und Wirkung, oder besser: von *actio* und *reactio*. Die Grundtendenz ihres Selbstverständnisses und ihres Lebensvollzuges ist also zu fassen als ein *Werden aus dem Werden des Werdens*, bzw. identisch damit als ein *Leben aus dem Leben des Lebens*.

Dies wird deutlich an den Symbolen, die den Werdecharakter der germanischen Welterklärung beherrschen und sich im Weltenbaum *Yggdrasil* konzentrieren, dessen Wurzeln sich bis in die tiefsten Tiefen der Erde und damit der Zeit verlieren, der nicht nur als „Eibensäule[2]" das All trägt, sondern dessen Krone auch das All beherrscht. Er manifestiert sich im heiligen Baum an heiliger Stätte, in dem „wintergrünsten Baum[3]", der Eibe, die sich bis heute als Lebensbaum auf unseren Friedhöfen erhalten hat. Aus ihrem Holz waren nicht nur Runenstäbchen[4], sondern wohl auch die Orakelstäbe geschnitten[5], mit deren Hilfe die Germanen über das weitere Werden Aufschluß zu erlangen hofften. Freilich ist auch dieser, die Farbe des Lebens verkörpernde, immergrüne Weltenbaum dem Vergehen geweiht und damit zugleich „ein Symbol des Weltenschicksals[6]"; denn wenn die Untergangsschrecken von *Ragnarok* losbrechen, dann „steht Yggdrasils Stamm erzitternd, es dröhnt der alte Baum[7]", doch aus der zerborstenen Welt entsteht eine ebensolche neue, dem Werden des Werdens entstammende. Denn wie das Leben und das Schicksal, die, wie wir noch sehen werden, identisch sind, so wächst auch die Welt von innen heraus, eben wie ein Baum, langsam zur Größe, die Frucht schon im Innern besitzend. Deshalb wird der Baum nicht nur zum Symbol des Schicksals, sondern auch zum Stammbaum als Vergegenwärtigung des Werdens und Wachsens und Sichverzweigens einer Sippe[8] und ihres Fortbestandes in Fruchtbarkeit und Größe, wie letztlich auch noch, gleichsam im Nebenhinein, das königliche Zepter zeigt, die *chunicgerta*,

[2] Siehe F. R. Schröder, Ingunar-Freyr. Tübingen 1941. S. 11—12.

[3] Ebd., S. 2.

[4] Ebd., S. 7.

[5] Siehe M. Ninck, Wodan und germanischer Schicksalsglaube. Jena 1935, S. 306.

[6] W. Gehl, Der germanische Schicksalsglaube. Berlin 1939. S. 234.

[7] Voluspa 47.

[8] Siehe Ninck, a. a. O., S. 215.

die Königsgerte als Zeichen der Wirkungs- und Werdekraft[9]. Neben dem immergrünen Baum symbolisiert sich diese Vorstellung des immerwährenden Werdens im Wasser[10] — die Wurzeln des heiligen Baumes reichen ja gerade deshalb bis zu den immersprudelnden Quellen —, das als lebensspendend und in ständiger Bewegung erfahren wird[11]. Die Welt also wird als eine von Werden und Wirken durchlebte gedacht, in sie wissen sich jene Menschen eingebunden, sie sind ihrer teilhaftig.

So umfaßt Leben und gerade auch religiöses Leben für die *homines religiosi* germanischer Zeit: Geworden-Sein — Werden — Sein-Werden, das jedoch in ein Gewesen-Sein-Werden zurückschwingt, denn das Vergehen ist aufs engste mit dem Wiederentstehen verbunden. Nur ein als Frevel oder Schuld empfundenes Ausbrechen aus dem Strom des Werdens bedeutet ein Vergangen-Sein, einen Tod im Sinne eines endgültigen 'Aus', was jedoch, wie wir noch sehen werden, nicht individualistisch gemeint ist, sondern immer den „Stammbaum", die ganze Sippe meint.

Diese Idendität von Leben und Werden — und letztlich auch Schicksal — wird für uns offenkundig an den Personifizierungen eben dieser Lebensauffassung, den *Nornen*. Sie waren es, die den Quell des Lebens zu bewachen hatten, „sein lebensspendendes Wasser zu verteilen und das Leben und Lebensgesetz in Kraft zu erhalten[12]" hatten, die die „Schicksalsfäden", die Lebensfäden also, spannen, und die in ihrer unpersönlichen „Personifikation[13]" jenes germanischen Grundgesetzes vom immerwährenden Werden nicht nur über Göttern und Menschen, sondern gleichsam im Zentrum der Welt überhaupt standen. Sie *sind das* Werden, *das* Leben, *das* Schicksal! Dies wird deutlich, wenn wir Voluspa 20 hören: „Von dort kommen Frauen, die vieles wissen, drei — aus dem See, der unter dem Baum liegt. Urd hieß die eine, die andere Werdandi — sie ritzten auf Scheite — Skuld die dritte. Lose legten sie, Leben koren sie den Menschenkindern, Männerschicksal[14]." Hier haben wir in weni-

[9] Ebd., S. 195.

[10] Siehe ebd., S. 203ff. 304ff.

[11] Daneben wären noch Seerose (s. ebd., S. 227f., 286ff.), Schiff (s. ebd., S. 210ff.), Rad (s. ebd., 214f., 312f.) und Becher (s. ebd., S. 134ff.) zu nennen.

[12] G. Gunnarson, Nordischer Schicksalsglaube. München 1936. S. 11.

[13] Siehe dazu Gehl, a. a. O., S. 81.

[14] Siehe ebd., S. 85.

gen Zeilen die gesamte Vorstellung von den das Werden verkörpernden Nornen — in ihrer Weiblichkeit zusätzlich ein weiteres Symbol der Fruchtbarkeit! — komprimiert, ein Werden, das die Welt von Ost nach West, die Erde und das All beherrscht[15].

Jeder der drei „Namen", Urd, Werdandi und Skuld, kann einzeln bereits Schicksal bedeuten[16], wobei freilich zu beachten ist, daß Urd als *Urthr* gemeingermanisch anzutreffen ist, Skuld das eigentliche Pendant dazu und Werdandi doch wohl die jüngste Ergänzung[17] dieser Trias bildet. Doch bereits die Spannung zwischen Urd und Skuld macht den tiefempfundenen Bewegungs- und Werdecharakter dieser Lebensvorstellung und Kosmologie deutlich. Denn gerade weil Werdandi niemals allein auftreten kann, sondern nur im Zusammenhang mit Urd oder Skuld oder beiden gemeinsam, also dem Gewordenen und dem werdenden Werden, hat das Sein keinerlei statische Qualität, sondern ist dem lebendigen Strom des Werdens unterworfen: Gegenwart ist für die Germanen niemals etwas Seiendes, sondern immer etwas Geschehendes, an dem der Mensch freilich aktiv beteiligt ist, und das als Skuld[18], „wie alles lebendige, schaffende Leben, mehrere Möglichkeiten offen[19]" läßt. Deshalb nämlich ist den Germanen das irdische Leben Aufgabe, Forderung, die als aktive Lebensgestaltung für die Sippe oder den Stamm, und dies ist das entscheidende!, Frucht zu tragen hat[20], zumal, wie de Vries sagt, „kein Jenseits mit märchenhaften Versprechungen einer immerwährenden Seligkeit[21]" winkt. Vielmehr geht es um Lebensgestaltung im Hier und Jetzt, um aktive Annahme des Lebens als das (bzw. sein) Schicksal, das den Menschen trägt und hebt und so zum Helden macht, der dennoch dem weitertreibenden Leben, dem Werden an sich, nicht entrinnt[22],

[15] Siehe dazu Helgakvida Hundingsbana I, 2—4, in der Edda-Ausgabe von Neckel.

[16] Siehe Gehl, a. a. O., S. 96.

[17] Siehe ebd., S. 97f.

[18] Denn *skuld* ist auch im übertragenen Sinne immer sowohl positiv als auch negativ gedacht!

[19] Gunnarson, a. a. O., S. 13.

[20] Deshalb ist z. B. auch der Selbstmord bis auf wenige, vielleicht kultisch bedingte Ausnahmen, ein sich aus diesem Lebensgefühl selbst ausschließender Vorgang.

[21] de Vries, a. a. O., S. 194.

[22] Ebensowenig wie die Götter! Siehe z. B. Ninck, a. a. O., S. 190.

wie uns ein Vers aus dem ›Sigurdlied‹ zeigt: „Nicht werde ich fliehen, wüßtest Du mich auch dem Sterben geweiht, nicht als Feiger bin ich geboren[23]." Denn nahm man sein Schicksal tätig an, so war und blieb es eine Dienerin des Ganzen, gleichsam die Erhaltung des Lebens als Werden überhaupt[24].

Somit wird deutlich, wie gleich noch näher betrachtet werden soll, daß Schicksal mit Leben und Werden identisch ist, und daß in diesem Zusammenhang Glaube auch nicht Hingabe an irgend etwas oder irgendwen bedeuten kann, sondern Vertrauen auf *etwas* meint, Vertrauen auf das Leben und die damit gegebene aktive Gestaltung desselben. Germanischer Schicksalsglaube ist also *Vertrauen auf das Leben* und Werden und die darin eingeschlossene und daraus erwachsende Mit- und Selbstgestaltung. Deshalb auch kann er keinerlei Fatalismus[25] beinhalten, sondern ist dem germanischen Selbstverständnis gemäß Erfüllung und tätige Durchführung des individuellen, immer ins Kollektive einmündenden Lebens[26]. In diesem Sinne ist Schicksal Berufung[27], auch wenn es sich um *wewurt* handeln sollte[28]. Schicksal[29] hat so immer die Qualität des Werdens und Schaffens, und bildet damit „die heilige Mitte des Lebens[30]", umfaßt *authr* und *nauthr*, Glück und Unglück, Leben und Sterben. Es ist

[23] Sigurdlied 20.

[24] Die Auflehnung gegen das Schicksal, ebenso wie dessen Versuchung, etwa die Episode Hagens mit dem Kaplan (Nibelungenlied 1542f. u. 1574f.) scheinen spät, unter fremdreligiösem Einfluß entstanden zu sein.

[25] Siehe die bei Gehl, a.a.O., S. 183ff., zusammengestellten Zeugnisse für dieses Selbstverständnis, die sich jedoch alle als spät, interpoliert oder anders deutbar herausstellen (s. ebd., S. 192f.)

[26] Das beweist auch immer wieder die germanische Dichtung, denn für sie ist der entscheidende und fruchtbare Augenblick nicht der Zeitpunkt, da sich das Schicksal erfüllt, sondern derjenige, in welchem dem Helden sein Schicksal aufdämmert, was formal dann durch einen Monolog zum Ausdruck gebracht wird.

[27] Jedoch nicht eine absolute Willensfreiheit voraussetzend! Siehe Gehl, a.a.O., S. 185f.

[28] Weitere Beispiele siehe H. Naumann, Germanischer Schicksalsglaube. Jena 1934. S. 85.

[29] Der „germanische Wortschatz" für Schicksal einschließlich einer Reihe etymologischer Fragen findet sich gut zusammengestellt bei Gehl, a.a.O., S. 19—38.

[30] Ninck, a.a.O., S. 191.

zugleich etwas Äußeres und Inneres, fruchtbar und unbegrenzt: „Schicksal als ein fließendes, schöpferisches Gesetz ist Unendlichkeit und Leben[31]", wie es G. Gunnarson treffend faßt, und es ist zugleich, wie etwa schon die Bedeutungsfülle von *sköp* zeigt, Sinn und formendes Element[32] des Lebens, was man schließlich auch als „Harmonie von Wollen und Müssen[33]" deuten kann, wie es W. Gehl tut.

Deshalb nämlich ist Schicksal als Leben und Werden dem germanischen Selbstverständnis ohne die weitere zentrale Vorstellung von *Ehre* und ohne das Eingebundensein in die Sippe[34] nicht denkbar. So ist es „schöpfungsmächtig oder untergangsreif[35]", „die ganze Summe von Vergangenheit, Gegenwart und Zukunft[36]" und wird immer von einer grenzenlos bejahenden Haltung getragen[37]. Deshalb meint es „zugleich selbstverständliche Gegebenheit wie fordernde Aufgabe[38]" und wird verstanden als ehrenvolle Verwirklichung des Werdens und Lebens in und für die Sippe, so daß auch der „Held" nicht „allein aus dem Ganzen ‚seines' Schicksals, sondern aus dem Ganzen ‚des' Schicksals schlechthin[39]" lebt, aus dem Werden und Fortleben der Welt und des sich in der Sippe verkörpernden Lebens. So ist Schicksal in seiner Identität mit Werden und Leben[40] das Urgesetz germanischen Selbstverständnisses[41] und weist sowohl in den ethischen wie in den sozialen Bereich.

Soziales Sein ist daher immer auch dem Werden unterworfen als ein „Sichselbstbehaupten[42]". Nur so lassen sich individuelle und kollektive

[31] Gunnarson, a.a.O., S. 5.

[32] „Form", „Gestalt", „Sinn" etc.

[33] Gehl, a.a.O., S. 191 u. 194f.

[34] Siehe a. Ninck, a.a.O., S. 226.

[35] Gunnarson, a.a.O., S. 16.

[36] Ebd., S. 16.

[37] Siehe a. Naumann, a.a.O., S. 87.

[38] Gehl, a.a.O., S. 195.

[39] Ebd., S. 197.

[40] Ebd., S. 228.

[41] Siehe a. F. Kauffmann, Über den Schicksalsglauben der Germanen. In: Zs. f. dt. Philologie 50 (1926), S. 382f.

[42] V. Grönbech, Die Germanen. In: Chantepie de la Saussaye, Lehrbuch der Religionsgeschichte. Hrsg. v. A. Bertholet u. E. Lehmann. Tübingen ^{4}1925. Bd. II. S. 557.

Existenz weiterführen. Dabei ist freilich die Anteilhabe am Leben als Schicksal, der Anteil an Lebenskraft, von seiner sozialen[43] oder erfolgsbezogenen Staffelung geprägt, wobei allerdings der einzelne immer als Glied seiner Gemeinschaft im größeren Zusammenhang integriert bleibt, der unabdingbar das religiöse Selbstverständnis trägt, da es nur so möglich war, in Kultus und Ritus die unentbehrlichen Heilsgüter der Gemeinschaft zu sichern, „den natürlichen Gang der organischen Welt zu gewährleisten[44]", die Lebendigkeit des Lebens zu erhalten. Leben und Schicksal sind niemals individuell gedacht, sondern „mein" Leben ist immer „unser" Schicksal!

Die Ehre des Helden ist die Ehre der Sippe, die nur ohne Verstoß gegen das Leben Anteil behalten konnte an diesem Leben und Werden. Dies macht das Wesen des „tragischen Helden" aus, der um der Ehre willen und damit um des Lebens der Gemeinschaft willen die Lebensmächtigkeit des Lebens wiederherstellt oder sich dem Untergang preisgibt. Denn in der Sippengebundenheit und deren ehrenvollem Fortbestand liegt die Anteilhabe am Leben beschlossen, darin sind Schicksal, Leben und Werden identisch[45]. Deshalb auch sind Unfruchtbarkeit und jedes Vergehen gegen das Leben, die Gemeinschaft und die Ehre die eigentlichen Frevel, die Untergang zeitigen. Von hier aus wird in aller Konsequenz verständlich, daß die Annahme einer anderen Religion als Sippenschändung und damit als Verrat am Leben überhaupt empfunden wurde, wie etwa in der ›Kristnisaga‹: „In diesem Sommer wurde Stefnir wegen Christentums verklagt; die Klage erhoben seine Verwandten, weil Christentum damals als Sippenschändung galt[46]." Denn damit waren Ehre und zugleich Leben der Sippe dem Untergang geweiht. Denn der

[43] Der Führer, Fürst oder Held z. B. besaß mehr Leben, mehr Schicksal als der gemeine Mann oder der normale Sippenangehörige. Siehe z. B. Grönbech, a. a. O., S. 559.

[44] de Vries, a. a. O., S. 162.

[45] Siehe Grönbech, a. a. O., S. 562: „Durch die Einzelnen wirkt und denkt und wächst immer die zeitliche Persönlichkeit, so daß Taten und Erfindungen überhaupt nicht individuelles Eigentum werden können; die Ehre, die der Held gewinnt, erkämpft er für seine Sippe, und folglich hat er keinen persönlichen Anspruch auf Ruhm für ewige Zeiten."

[46] Sammlung Thule 23, 169 nach W. Baetke, Die Religion der Germanen in Quellenzeugnissen. Frankfurt am Main 1937. S. 50. Ebd. ein weiteres beredtes

Sippenmord ist das schwerste antisoziale Vergehen! „Ein Fluch traf uns, Bruder: Dein Blut hab' ich vergossen! Niemals wird das ausgelöscht — Unheil schuf die Norne[47]", wie es im Hunnenschlachtlied heißt; die Blutrache dagegen ist das den sozialen Frieden wiederherstellende Gebot der Sippe, wie das ›Nibelungenlied‹ wohl am eindrücklichsten bezeugt.

Denn *Ehre* war den Germanen nichts anderes als das „gemeinsame Eigentum von Vergangenheit, Gegenwart und Zukunft[48]", also etwas an das Werden konkret Gebundenes, ein Wirken, und zwar ein solches, aus dem das für die Sippe oder den Stamm positive Ergebnis folgt. Ist dem nicht so, ist dem Dasein in Schande, was kein Leben mehr bedeutet, das Sterben vorzuziehen. So bildet Ehre als das qualitativ positive Werden und Wirken das Herzstück menschlichen Lebens, ohne die es weder wirkliches Leben noch ein damit identisches Schicksal gibt[49]. Hier ist auch der eigentliche Sinn von der verhältnismäßig späten Vorstellung über „des Toten Tatenruhm" angesiedelt, die letztlich nicht individuell gemeint ist, sondern sich auf Sippe und Stamm und deren sozialen und ethischen Fortbestand bezieht; denn „Heldentum" ist Bewährung, selbst im Untergang, der Lebendigkeit des Lebens gegenüber, worin Wollen und Müssen untrennbar verbunden sind[50], dem antistatischen Bewußtsein der germanischen Menschen entsprechend. Das ist gemeint, wenn z. B. in der ›Vatnsdoelsaga‹ davon die Rede ist, daß jeder dem ihm bestimmten Schicksal folgen muß[51]. Dies ist der lebensmächtige Einklang mit dem Werden, nicht etwa passives Erleiden eines irgendwie determinierenden Schicksals[52]. Es ist ethische, soziale und damit zugleich religiöse Verpflichtung, ja Selbstverständlichkeit. Denn Ehre und Schicksal sind Werden und Leben, wie ja die Gesamtheit der Welt nicht von außen geschaffen

Zeugnis: „In der nächsten Nacht, nachdem Gest getauft war, träumte er, sein Vater Bard käme zu ihm und sagte: „Übel hast Du getan, daß Du Deinen Glauben verlassen hast, den deine Vorväter gehabt haben, und hast Dich zum Sippenwechsel zwingen lassen und bist zum größten Schandfleck dieses Geschlechts geworden." (Saga von Bard Snaefellsas 11.).

47 Ebd., S. 103 (Sammlung Thule 1, 32: Hunnenschlachtlied).

48 Grönbech, a. a. O., S. 557.

49 Siehe a. de Vries, a. a. O., S. 25.

50 Siehe a. Gehl, a. a. O., S. 199.

51 Siehe Baetke, a. a. O., S. 99.

52 Wie etwa Ninck, a. a. O., S. 198, meint.

ist, sondern wird „in immer sich erneuerndem und sich weiter entfaltendem Geschehensprozeß[53]", wie es M. Ninck faßt. Hier haben wir den Grundzug germanischer Religiosität vor uns, den W. Gehl mit dem Begriff „organischer Schicksalsglaube[54]" einzufangen sucht, der Leben und Sterben im soziologischen Kontext der Sippe umfaßt, nicht aber den Tod als ein endgültiges 'Aus', noch die Hoffnung auf eine andere, bessere Welt. Denn Welt als Werden ist identisch mit dem eigenen Lebenskreis, den es weiterzugestalten, zu verteidigen oder wiederherzustellen gilt. Und selbst nach dem sich im Endkampf der Götter und Menschen gegen den gemeinsamen Feind vollziehenden Untergang entsteht keine andere Welt, sondern eine ebensolche aus sich selbst heraus: aus dem Werden des Werdens.

Nur von hier ist der eigentümliche Unterschied zwischen Verstorbenen und Toten, zwischen Sterben und Tod zu verstehen. Die Verstorbenen leben weiter in einer anderen Existenz[55] oder kehren in der Sippe wieder als „Wiedergeborene". Sie haben damit Anteil an Leben und Werden — und sei es als „*Fylgien*[56]" —; doch dem Tod verfallen sind nur die Unfruchtbaren, mit und in denen die Sippe untergeht, und jene, die nicht dem Werden und damit der aktiven Gestaltung der Welt und dem Fortbestand von Sippe und Stamm tatenvoll dienen, die nämlich, die „feige[57]" = „dem Tod verfallen[58]" sind. Sie laden Schande auf sich, indem sie sich antisozial verhalten und so Unfruchtbarkeit jedweder Art das Ergebnis ihres Handelns oder Nichthandelns ist. Dies ist nach germanischem Selbstverständnis das 'Aus', der einzig wirkliche Tod. Alles andere ist Leben!

Daher ja auch die Vorstellung vom völligen Auseinanderbrechen der Sippen im Verlaufe des Endkampfes und des sich darauf ereignenden Weltuntergangs[59]. Das *Sterben* hingegen bildet einen *Übergang*, ist eine Grenze, die wiederum verschiedene Werdemöglichkeiten in sich birgt[60],

[53] Ebd., S. 334.

[54] Siehe Gehl, a. a. O., S. 223, 225 ff.

[55] Siehe Ninck, a. a. O., S. 336; siehe a. Grönbech, a. a. O., S. 563 f.

[56] Siehe z. B. Gehl, a. a. O., S. 132.

[57] Wobei die Grundbedeutung „feindselig" (siehe F. Kluge, Etymologisches Wörterbuch der deutschen Sprache. Bearb. v. W. Mitzka. Berlin [19]1963. S. 189) deutlich auf den antisozialen Aspekt „wider die Gemeinschaft" verweist.

[58] ags. fæge; as. fēgi; an. feigr.

[59] Siehe Naumann, a. a. O., S. 25.

[60] Siehe z. B. Grönbech, a. a. O., S. 564 ff.

sei es als ein Leben unter den verstorbenen Mitgliedern der Sippe und ein Hineinwirken in das Denken und Handeln der Lebenden, sei es als Wiedergeborener in den Enkeln und Urenkeln[61], in denen dann wiederum Werden, Leben, Schicksal in ihrer Idendität wirkungsmächtig für die Sippe, den Stamm und damit die Welt sind.

Somit sind sowohl der kosmische als auch der soziale Bereich im Selbstverständnis der Germanen vollkommen von diesem Werdeprinzip durchdrungen, getragen von dem, was wir lebensbezogenen Schicksalsglauben nennen, der letztendlich auch mit dem Leben der Götter aufs engste verschlungen ist. Denn mit ihnen steht man im Bündnis wider alle Widrigkeiten, die Leben und Werden treffen oder einschränken könnten. Mit ihrer Hilfe sucht man, im Orakel die Mauern zwischen Gegenwart und Zukunft aufzubrechen, damit man um so bewußter am Werdeprozeß teilnehmen kann. Ihrer Unterstützung und ihrer übermenschlichen Kräfte bedarf man vor allem in den Krisen des Lebens, weiß sich von ihnen jedoch nicht abhängig, sondern das Verhältnis ist vielmehr als ein bündnishaft Aufeinandergewiesen- und -bezogensein zu charakterisieren. Die Götter sind eingeschlossen in die soziale und kosmische Ordnung[62], die immer als ein Ganzes, in das man qua Geburt, dem Werdeprinzip gemäß, hineingestellt ist, erfahren wird. Die Gemeinschaft der Götter, der Lebenden und der Verstorbenen in ihrem gemeinsam dem Leben verhafteten Werdecharakter macht das Grundprinzip germanischer Religiosität als lebensbezogener Schicksalsglaube aus. Solange die Menschen nicht aus dieser Ordnung auszubrechen[63] suchen oder sich gegen sie vergehen, findet dieser Schicksalsglaube bündnis- und ordnungsgemäß durch den tatenwilligen Einsatz seine Erfüllung. Dies macht die germanische Religion in ihrer uneingeschränkten Diesseitsbezogenheit zu einer typischen Stammesreligion. Denn Leben ist Werden und Werden ist Leben nach der ihm eigenen ewigen Gesetzlichkeit[64].

[61] Siehe ebd., S. 565.

[62] Siehe z. B. de Vries, a. a. O., S. 193.

[63] Siehe Baetke, a. a. O., S. 96/97.

[64] Wenn hier eine geistesgeschichtliche Randbemerkung erlaubt sein darf, so der Hinweis darauf, daß man die sog. „Lebensphilosophie" von hier aus wohl auch als Vollendung des seit der Reformation sich wieder deutlicher artikulierenden germanischen religiösen Selbstverständnisses verstehen könnte.

LEBEN UND TOD IM URTEIL DES CHRISTENTUMS

Von Peter Meinhold

Zu den Urphänomenen des menschlichen Daseins gehören Leben und Tod. Sie haben die antike, die mittelalterliche und die neuzeitliche Menschheit immer wieder zu einer Auseinandersetzung herausgefordert. In seiner Stellungnahme hat der Mensch die ihn umgebenden Phänomene nach ihrem Wert für sein aktuelles Dasein befragt. Für das Selbstverständnis des Menschen ist diese Arbeit von fundamentaler Bedeutung. Wenn er zur Klarheit über seine Stellung in der Welt und über die ihm von dieser gewiesenen Aufgaben kommen will, muß er sich Rechenschaft über seine Haltung zu Leben und Tod geben können.

Wir wollen uns vorwiegend mit dem frühchristlichen Urteil über diese Phänomene befassen, können aber nur einige dafür charakteristische Positionen behandeln. Auch auf den breiten, für das frühchristliche Urteil wichtigen religionsgeschichtlichen Hintergrund können wir nur mit wenigen Andeutungen eingehen.

I

Die Vorstellungen von Leben und Tod sind bereits in der vorchristlichen antiken Geistes- und Religionsgeschichte eng miteinander verbunden.

Schon in der klassischen griechischen Philosophie gibt es ein korrespondierendes Verständnis von Leben und Tod. Diese werden einerseits als die das menschliche Dasein beherrschenden Naturphänomene verstanden. Aber bereits Platon und Aristoteles haben sie in einem tieferen Sinn aufgefaßt. „Leben" eignet dem Menschen nicht nur, sofern er ein natürliches Wesen ist. „Leben" ist die ihm zu individueller Gestaltung und zur Verwirklichung des Überzeitlich-Allgemeinen in seiner persönlichen Existenz gegebene Aufgabe.

Diesem Verständnis des Lebens entspricht die Auffassung des Todes, der ebenfalls als unabänderliches Menschenschicksal verstanden wird, das man mit dieser Deutung zu bewältigen sucht. Aber Platon und Aristoteles haben, jeder in seiner Weise, den Tod in das Leben der Menschen mit einbezogen. Dieses findet seine Vollendung im Tode, mit dem der Leib vernichtet wird, aber die Seele die Unsterblichkeit gewinnt, die die beiden Philosophen für die menschliche Existenz schlechthin postulieren.

In der Stoa werden diese Anschauungen fortgebildet. Das Aufgeben der philosophischen Lebenshaltung und die Hingabe an die äußeren Güter der Welt werden als der eigentliche 'Tod' beurteilt. Die Philosophie ist die Kunst des richtigen Lebens und Sterbens. Der nicht durch Schuld oder Sünde gebundene Mensch weiß sich in voller Freiheit dem Tode gegenüber, der ihn von der materiellen Welt löst.

Im Neuplatonismus und in der Gnosis werden diese Gedanken dahin weitergebildet, daß der Tod, der die Trennung von Leib und Seele bewirkt, kein Übel, sondern ein Gut ist, weil er die Befreiung von einem Leben bringt, das recht eigentlich ein Sterben ist. „Leben" kommt in dieser Vorstellungswelt nur der göttlichen und schlechthin jenseitigen Kraft des Einen zu[1].

Erst im Judentum ist eine andere, für das christliche Urteil wichtig gewordene Haltung zu Leben und Tod durchgebrochen. Das Alte Testament führt das Leben auf den einmaligen schöpferischen Akt Gottes zurück. Wie Gott der Herr des menschlichen Daseins ist, das er mit Gütern und zeitlicher Dauer ausstatten kann, so ist er auch der *Herr des Todes*. Der einzelne Fromme und das Volk Israel sind durch das an sie ergehende Wort Gottes in die Entscheidung zwischen Leben und Tod gerufen. Man hofft auf die Verwirklichung der göttlichen Verheißung, die Gott selbst jenseits dieses Lebens herbeiführen wird. Der griechische Gedanke, daß der Tod selbst in das Leben der Menschen mit einzubeziehen ist, weil er seine Erfüllung sei, liegt Israel ebenso fern wie der Selbstmord, mit dem man die Freiheit von diesem irdischen Leben zu gewinnen meint[2].

[1] Statt weitere Literatur zu nennen, darf ich zu diesen Ausführungen auf die beiden ausführlichen Artikel über „Leben" und „Tod" von Rudolf Bultmann in Kittels Theologischem Wörterbuch zum Neuen Testament, Bd. II, S. 833 ff. (ζάω, ζωή), und Bd. III, S. 7 ff. (θάνατος) verweisen.

[2] Vgl. zu diesen Ausführungen die Beiträge von G. von Rad über „Leben und Tod im Alten Testament" in: KThWb II, S. 844—850, und den sich anschließenden Artikel von R. Bultmann, Der Lebensbegriff des AT., a. a. O., S. 850—853.

Auf dem Hintergrund dieser hier nur eben angedeuteten religionsgeschichtlichen Perspektiven muß die Deutung von Leben und Tod im frühen Christentum gesehen werden. In ihr wirkt vor allem die spätjüdische Auffassung nach, daß der Mensch nach seinem Tode zur Verantwortung für sein Leben vor das göttliche Gericht gezogen wird. Im ganzen und im einzelnen ist dann aber das christliche Urteil über Leben und Tod durch Jesus von Nazareth und die Interpretation des ihm widerfahrenen Geschickes bestimmt.

II

Ohne uns auf die Fragen der synoptischen Überlieferung im Rahmen dieses Aufsatzes näher einlassen zu können, dürfen wir hier von der Tatsache ausgehen, daß Jesus von Nazareth selbst eine Deutung seines Lebens, Sterbens und Todes als einen wesentlichen Bestandteil seiner Verkündigung gegeben hat[3]. Aus der synoptischen Darstellung des Wirkens und der Verkündigung Jesu läßt sie sich erheben.

Jesus selbst hat danach in doppelter Weise über seinen Tod gesprochen. In erster Linie versteht er ihn als Prophetenschicksal. Er will damit sagen, daß auch ihm das Schicksal der göttlichen Sendboten zuteil werden wird, das Jerusalem den Propheten in der Vergangenheit bereitet hat[4]. Wie diese Stadt immer die zu ihr gesandten Propheten abgelehnt, wie sie die „Gerechten" ermordet hat, so daß sie als Inbegriff für die Tötung der „Gerechten" von Abel an gelten kann, so hat sie auch die Verkündigung Jesu abgelehnt und so wird sie ihm das gleiche Schicksal wie allen Propheten vor ihm bereiten[5]. Das Theologoumenon des Prophetenmordes spielt für die Deutung des eigenen Lebens und Sterbens durch Jesus von Nazareth eine entscheidende Rolle.

Sodann hat Jesus das ihm eigene Schicksal der Ablehnung seiner Botschaft durch Jerusalem und das jüdische Volk, d. h. das ihm widerfahrene

[3] Diese und die folgenden Ausführungen ruhen auf der Voraussetzung, daß die Aussagen Jesu von Nazareth über sich selbst als dem Bringer göttlichen messianischen Heils zu seiner Verkündigung wesentlich hinzugehören, so daß sie also nicht das Werk der Gemeinde sind, die sie Jesus erst später in den Mund gelegt hat, um damit ihre eigenen Probleme autoritativ lösen zu können.

[4] Lk. 13, 34 f.; Mt. 23, 37—39.

[5] Mt. 23, 29—35.

Leiden und die Tötung nach Art der Ermordung der Propheten, als die einzigartige göttliche Bestimmung verstanden. Er hat diese Widerfahrnisse als das über diesem seinem Leben liegende göttliche „Muß" gedeutet, dem er sich nicht entziehen kann[6].

Mit diesem Blick auf das ihm auferlegte Geschick hat Jesus selbst den Anstoß für die frühe christliche Gemeinde gegeben, sich mit dem Faktum seines Leidens und Sterbens auseinanderzusetzen und dieses nach seinem Sinn für sie selbst zu interpretieren. So sind Leiden, Sterben und Tod Jesu zum Thema geworden, unter dem und mit dem die Gemeinde die Deutung dieser Fakten vorgenommen hat, um sich dann überhaupt mit den auch ihr widerfahrenden Schicksalen auseinanderzusetzen.

Besonders deutlich tritt die Interpretation des Todes Jesu als Prophetenschicksal in der Rede des Stephanus hervor, mit der dieser sich vor dem Synedrion verteidigt hat[7]. Jesus erscheint dabei als „der Gerechte" schlechthin, den die Juden in Verfolg ihrer ständigen Gottesfeindschaft getötet haben[8]. Diese Deutung des Todes Jesu durch Stephanus, den Repräsentanten des hellenistischen Teils der Urgemeinde, läßt erkennen, wie schon in dieser Gruppe der Urgemeinde Sterben und Tod Jesu aufgefaßt worden sind: als der Tod des „Gerechten", der die Reihe der vor ihm gekommenen und auf ihn hinweisenden Propheten beschließt. Aber die Aussage des Stephanus steht in der Urgemeinde nicht allein da.

Neben dem Verständnis des Todes Jesu in dem hellenistischen Teil der Urgemeinde steht die ihres palästinensisch-jüdischen Teils und die des Paulus, der Synoptiker und des Johannesevangeliums. Diese genau zu differenzierenden dreifachen Aussagen über das Sterben und den Tod Jesu machen deutlich, daß schon in frühester christlicher Zeit Leben, Sterben und Tod zum Thema der christlichen Spiritualität geworden sind. Zunächst ist diese Thematik auf die Person Jesu bezogen. Aber die Aussagen eines anderen Teils der Urgemeinde, des Paulus, der Synoptiker und des Johannesevangeliums, gehen über diese Begrenzung hinaus und entwickeln die Thematik nach ihrer allgemeinen Bedeutung für das christliche Leben.

[6] Lk. 24, 26 f.
[7] Act. 7 2—53.
[8] Act. 7, 52.

Am deutlichsten begegnet uns die Behandlung dieses Themenkreises bei dem Apostel Paulus. Sie ist ja schon als Überlieferung von der Urgemeinde her auf ihn gekommen. An verschiedenen Stellen seiner Briefe hat er diese auch als eine urgemeindliche gekennzeichnet. Danach hat schon die Urgemeinde dem Tode Jesu die bestimmte Deutung beigelegt. Sein Tod ist, wie diese vorpaulinische Tradition besagt, geschehen „für unsere Sünden", was dann zugleich auch als „Erfüllung der Schrift" bezeichnet wird[9].

Somit ist als sicher anzunehmen, daß schon die Urgemeinde den Tod Jesu nach Jes. 53 verstanden und ihm damit die ihr geltende, ihr zukommende Deutung beigelegt hat[10]. Sie hätte diese Übertragung der alttestamentlichen Stelle auf Jesus aber nicht vornehmen können, wenn Jesus dazu nicht selbst den Anlaß gegeben hätte. Das ist die entscheidende historische Voraussetzung. Sie wird gewöhnlich übersehen, wenn man die Interpretation des Todes Jesu als Sühneopfer und als geschehen „für unsere Sünden" „nach der Schrift" als das Werk der Urgemeinde bezeichnet. Natürlich ist sie es gewesen, die diese Interpretation des Todes Jesu vorgenommen hat. Wo sollte sonst die sachgemäße Stellungnahme zum Tode Jesu herkommen, wenn nicht aus der frühen Gemeinde, deren Glieder doch Jesus z. T. selbst berufen und in ihren Anfängen um sich versammelt hat?

Die Urgemeinde hat in dieser Weise den Tod Jesu nach dem ihr geltenden Sinn interpretiert. Sie hat damit an die Aussage, die Jesus über sich selbst und seinen Tod gemacht hat, angeknüpft. Die Deutung, die er seinem Tod für den Fortbestand der Gemeinde zugeschrieben hat, hat sie aufgenommen und fortgeführt. Die bestimmte Deutung des Todes Jesu ist also in jeder Hinsicht das Werk der Urgemeinde. Aber man hängt niemandem einen Mantel um, der ihm nicht paßt, und wenn er nicht selbst zur Vornahme eines solchen Aktes den Anlaß gegeben hätte. Schon die Urgemeinde hat Jes. 53 als eine Weissagung auf Jesus gedeutet. Bereits die Urgemeinde hat damit die christologische Exegese des Alten Testamentes geübt, die die Voraussetzung für die Deutung des Todes Jesu nach Jes. 53 abgibt[11].

[9] 1. Kor. 15, 3.

[10] Zur Erklärung des κατὰ τὰς γραφάς wird im Text Nestles auf Jes. 53, 8f. verwiesen. Vgl. die Kommentare z. St.

[11] Vgl. dazu R. Bultmann, Theologie des Neuen Testaments. Tübingen 1953. S. 47.

Auf der Linie der ihm überkommenen Tradition hat sich auch der *Apostel Paulus* gehalten. Er hat sie aber nach ihrer grundsätzlichen Seite hin fortgeführt. Er ist auf diese Weise der erste Zeuge einer christlichen Spiritualität für die Thematik von Leben, Sterben und Tod geworden. Durch die Selbstdeutung, die Jesus seinem Leiden und Sterben und dem ihn treffenden Geschick der Kreuzigung gegeben hat, ist diese Weiterbildung veranlaßt worden.

Der Apostel Paulus hat auch zuerst — weshalb wir ein Recht haben, ihn als den ersten Zeugen der christlichen Spiritualität anzusprechen — die Gegenüberstellung von Tod und Leben, von dem ersten und dem zweiten Adam, von Fleisch und Geist vorgenommen[12]. Paulus ist dabei von der tiefen Frage bewegt, warum der Tod in die Welt gekommen und zum allgemeinen Menschenschicksal geworden ist, so daß man von einer Verfallenheit der Menschheit an den Tod sprechen kann.

Nach Paulus ist eine vierfache Aussage über den Tod zu machen. Der Tod wird erstens als allgemeines menschliches Schicksal angesprochen. Der Mensch lebt in einem Leibe, der schlechthin θνητόν ist. Der Mensch ist immer von der Gefahr des Todes umgeben. Allein von Gott und seiner Welt ist der Tod fern[13].

Paulus weiß zweitens um den Tod der Menschen für das Gute oder für andere Menschen. Er kann sogar den Tod Christi in Analogie zu dieser Auffassung sehen. Er betont auch das Opfer, das er selbst als Apostel für andere mit seinem Tode zu bringen bereit ist. Er kennt die „Treue bis zum Tode", besonders der Märtyrer[14]. Der Tod verliert drittens für ihn niemals seinen Schrecken. Der Tod ist und bleibt der Feind des Menschen. Er wird nicht als sein „Bruder" oder als eine Art „Schlaf" angesehen. Er verliert nichts von seiner Furchtbarkeit für den Menschen. Er ist der ἔσχατος ἐχϑρός, den Christus zunichte gemacht hat. Erst durch den Sieg Christi über den Tod hat der Tod seinen „Stachel" für den Menschen verloren[15].

[12] Zu dieser Gegenüberstellung durch Paulus vgl. Röm. 8, 38; 2. Kor. 4, 12; 1. Kor. 15, 45—47.

[13] 1. Kor. 15, 53 f. — 1. Tim. 6, 16 als gegensätzliche Aussage von Gott, der allein Unsterblichkeit hat.

[14] Röm. 5, 6 f.; 2. Kor. 4, 12; 1. Kor. 9, 23 f.

[15] 1. Kor. 15, 26; 1. Kor. 15, 54 f.

Man begegnet bei Paulus keinem Lob und keiner Hervorhebung des Todes, wie sie in der griechisch-hellenistischen Welt die Stellung zum Tode kennzeichnet[16]. Es ist sehr charakteristisch, daß es auch in der christlichen Welt nicht das Problem des Selbstmordes gibt. Man rühmt nicht die angebliche Freiheit von der Welt, zu der man durch den Tod gelangen soll. Der Tod behält in der christlichen Sicht immer seine Schrecken für den Menschen. Er macht das Leben nicht zu einem durch den Tod zu gewinnenden Gut.

An keiner Stelle in seinen Briefen sieht der Apostel Paulus den Tod als einen Naturvorgang an, der damit seiner geistig-religiösen Bedeutung und seiner Schrecknisse entkleidet würde. Wohl kann der Tod als Person vorgestellt und der Teufel als der „Herr" des Todes bezeichnet werden[17], aber es bleibt doch, trotz dieser Personifizierung, der Tod immer dem Leben als das dem Wesen Gottes entsprechende Gut des Menschen entgegengesetzt.

Die eigentliche Stellung des Apostel Paulus zum Tode gegenüber der jüdischen und auch nichtjüdischen Beurteilung des Todes drückt sich viertens darin aus, daß Tod und Sünde zusammengefaßt werden. Der Tod erscheint in dieser Sicht als die Folge und als die Strafe der Sünde[18]. Paulus hat dieses Todesverständnis an der Gestalt Adams und damit an einer in seinem Sinne geschichtlichen Größe anschaulich gemacht. Durch den Ungehorsam dieses einen Menschen ist der Tod als eine Folge seiner Sünde in die Welt gekommen[19]. In dieser ist er nun nicht als physische, sondern vor allem als geistige Macht wirksam. Auch wenn die nichtjüdische Welt nicht der Sünde Adams gefolgt sein sollte, so ist doch auch sie der Herrschaft des Todes unterworfen[20].

Im Unterschied zum griechischen Denken versteht Paulus den Tod also nicht als eine Naturgegebenheit, die etwa in der Materie oder in der Hingabe des Menschen an die Sinnenwelt oder in dem Verlust seiner Geistigkeit ihren Grund hätte. Paulus stellt immer die Verantwortung des Men-

16 Zur Sache vgl. die Ausführungen von Bultmann in dem oben, Anm. 1, genannten Artikel ϑάνατος in: KThWB III, S. 7 f.

17 Vgl. Hebr. 2, 14.

18 Röm. 1, 32; 1. Kor. 15, 56. — Vgl. dazu auch Bultmann, Theologie des N. T., a.a.O., S. 243 f.

19 Röm. 5, 12. 17 f.

20 Röm. 5, 14.

schen für seine Sünde und damit auch für seinen Tod heraus. Sie ist auch gegeben, wenn der Mensch sich gegen das in sein Herz geschriebene Gesetz vergangen hat. So gibt es für den Apostel den nicht aufzulösenden Zusammenhang von Gesetz, Sünde und Tod in der mosaischen und in der nichtmosaischen Menschheit; denn auch diese führt ihr leben κατὰ σάρκα[21]. Kein Mensch kann ihm entrinnen und ist der Verantwortung für seine Sünden enthoben.

Mit dieser Beurteilung des Todes hat Paulus die Antwort auf die ihn bewegende Frage nach der Verbreitung des Todes in der Menschheit gegeben. Das Gesetz, das in der jüdischen Menschheit als das geschriebene, in der nichtjüdischen als das natürliche, dem Herzen der Menschen eingeprägte wirksam ist, provoziert nicht nur die Sünde, sondern hat immer auch den Tod für die Sünde zur Folge. Der Mensch, dessen Wesen σάρξ ist, bleibt immer dieser Welt verhaftet, die eine vergängliche, dem Tode verfallene ist. Er kann sich aus ihr nicht selbst befreien. Wegen des unlöslichen Zusammenhangs von Gesetz, Sünde und Tod wird er nur noch tiefer in den Tod verstrickt, gerade auch dann, wenn er meint, durch die Erfüllung des Gesetzes zur Freiheit zu gelangen[22].

Der Apostel Paulus hat mit dieser Interpretation des Todes und mit dem Aufweisen eines vom Menschen nicht aufzulösenden Zusammenhanges zwischen Gesetz, Sünde und Tod eine für die christliche Spiritualität grundlegende Deutung des Todes gegeben. Sie ist im Christentum der nachpaulinischen Zeit immer als die Aufgabe für den Christen empfunden worden, sich mit dem Tode nicht als einem Naturphänomen, sondern vor allem als einer geistigen Macht, die Ursache und Folge der Nichterfüllung des Gesetzes durch den Sünder ist, auseinanderzusetzen. Erst im Glauben an die Auferstehung Christi gewinnt der Mensch die Freiheit auch seinem Tod gegenüber[23].

Eine andere, ebenfalls in die Geschichte eingegangene und immer in ihr wirksam gebliebene Interpretation des Todes geht auf *Johannes* zurück, den Verfasser des vierten Evangeliums, der unter seinem Namen gehenden Briefe und einer Apokalypse. Auch für Johannes gilt, daß die

[21] Röm. 8, 13; Gal. 6, 8.

[22] Vgl. den ganzen Abschnitt Röm. 7, 7—25. — Zur Sache vgl. Bultmann, a.a.O., S. 243 f.

[23] Röm. 6, 10. 14; 1. Kor. 15, 21; 2. Kor. 13, 4.

Menschheit außerhalb der in Jesus Christus erfolgten Offenbarung dem Tode verfallen ist. Auch für ihn ist das Todesverhängnis eine Folge der Sünde. Die Sünde aber besteht für Johannes in der Abwendung des Menschen von Gott und in der Zukehr zu der sarkischen Welt. Er kann das Leben, das er in dieser sucht, nicht gewinnen[24].

Das Wesen des Todes besteht für Johannes darin, daß er als geistige Macht die „Furcht" (φόβος, ϑλῖψις) auf das Leben aller Menschen wirft. Deshalb muß der Mensch mit seinem Wirken selbst als „tot" bezeichnet werden. Nur im Glauben an den Sieg Jesu Christi kann er sich über den Tod erheben. Deshalb kommt dem Tode Christi die eigentliche Heilsbedeutung zu. Er ist „der Tod des Todes". In dem Tod Jesu Christi sind die Auferstehung und das *Leben* begründet, auf das der Tod keinen Anspruch erheben, keinen Schatten werfen kann. Wer sich im Glauben den Tod Christi aneignen kann, hat damit auch den eigenen Tod überwunden[25].

Noch stärker als der Apostel Paulus aber spricht Johannes vom „zweiten Tod[26]". Mit diesem Wort ist die Vernichtung der Herrschaft des Todes in der Menschheit und auch als geistiger Macht gemeint. Gerade im johanneischen Schrifttum wird mit aller Deutlichkeit betont, daß der Glaubende nicht sterben werde, wenn er das Brot empfängt, das Jesus selbst vom Himmel gebracht hat, denn es ist das Brot des Lebens. Der Christ ist aus dem Tode in das Leben hinübergeschritten. Jedenfalls muß sich für Johannes die Vernichtung des Todes in einem neuen Wandel ausweisen[27]. Die gleiche Folgerung zieht auch Paulus. Nach ihm lebt der Glaubende nicht mehr sich selbst. Sein Leben und Sterben muß im Dienste des erhöhten Christus geschehen[28]. Christus ist der πρωτότοκος ἐκ τῶν νεκρῶν[29]. Wie der Tod als geistige Macht über das Leben der Ungläubigen triumphiert, so daß deren Leistungen als tot erscheinen müssen, so beherrscht die Hoffnung auf die Auferstehung und die Überwindung des Todes das Leben der Glaubenden. Wie Christus für alle gestor-

[24] Vgl. den instruktiven Artikel σάρξ von E. Schweizer, insbes. bei Johannes in: KThWB VII, S. 138 ff.

[25] Zur Sache vgl. Bultmann, Art. ϑάνατος in: KThWB III, S. 18 f.

[26] Apok. Joh. 2, 11; 20, 6. 14, 21, 8.

[27] Ev. Joh. 6, 50 f.; 11, 25 f.; 5, 24; 1. Joh. 3, 14.

[28] Röm. 14, 7—9.

[29] Kol. 1, 18; vgl. Röm. 8, 29.

ben ist, so sind auch alle mit ihm gestorben[30]. Auch das Kreuz gewinnt unter diesem Aspekt einen neuen Sinn. Der Glaubende wird die Leiden, die ihn treffen, im Lichte der neuen Christusgemeinschaft, in der er steht, interpretieren[31].

Die Übernahme des Todes Christi erfolgt, wie der Apostel Paulus bekennt, in der Taufe. Sie geschieht immer als Taufe in den Tod Christi; sie bildet das Begrabenwerden mit ihm und die Auferweckung mit ihm zu einem neuen *Leben* ab[32]. Die Gemeinsamkeit mit dem Sterben und dem Tode Jesu zeigt sich in der Haltung des Christen zum Leiden und dem Festbleiben in der Verfolgung.

Die Übernahme des Todes Jesu setzt bei dem Glaubenden das neue Leben als einen sich am Menschen vollziehenden Vorgang in Bewegung. Dieser begründet einerseits die Hoffnung auf die Parusie Christi, wie er andererseits das Verlangen nach dem Tode weckt, der von der Vorläufigkeit des irdischen Seins befreit, während die Nichtglaubenden „im Tode bleiben" werden. Sterben ist deshalb für den Christen der Gewinn des neuen Lebens[33].

Johannes kann sogar sagen, daß man mit dem eigenen Tod Gott selbst verherrlicht[34]. Die Bruderliebe wird bei Johannes auf die Erfahrung der Liebe Jesu gegründet, mit der der Herr für die Seinen in den Tod gegangen ist[35].

Es dürfte deutlich geworden sein, daß im Neuen Testament die Thematik von Sterben und Tod in ihrer Bedeutung für den Glaubenden und für seine Lebenshaltung grundgelegt ist. Im Anschluß an diese Aussagen des Neuen Testamentes ist sie zum alles beherrschenden christlichen Seins- und Lebensverständnis geworden, das in einer von ihr ausgehenden Tradition weitergebildet worden ist. So gibt es in der christlichen Spiritualität die sich an Paulus und an Johannes, überhaupt an die neutestamentlichen Aussagen anschließende Tradition mit der Fortführung der Thematik von Leben, Sterben und Tod. Es ist durchaus möglich, daß die von uns herausgearbeitete paulinische und die johanneische Linie sich gegenseitig berühren, verbinden und ergänzen.

[30] Röm. 6, 10 f.
[31] Röm. 8, 18, 31 ff.
[32] Röm. 6, 4 ff.
[33] Phil. 1, 21.
[34] Ev. Joh. 21, 19.
[35] Ev. Joh. 13, 1 ff.

III

Die Fortführung der johanneischen Lösung der Thematik von Sterben und Tod findet sich vor allem bei dem Bischof *Ignatius von Antiochien*. Es ist ihm natürlich auch die paulinische Tradition bekannt. Man kann zum Beleg auf die wiederholte Bezugnahme auf die Briefe des Apostels Paulus durch Ignatius verweisen, in denen der Apostel die Deutung des Sterbens und Todes Jesu und die Begründung des neuen Lebens gegeben hat.

Ignatius aber hat den eigenen Martyriumstod auf dem Hintergrund des paulinischen und johanneischen Verständnisses vom Tode Jesu und der Überwindung des Todes durch die Auferstehung gedeutet. Er gehört zu jener Generation von Christen aus den ersten Jahrzehnten des zweiten nachchristlichen Jahrhunderts, die das Martyrium vor Augen haben. Sein Brief an die Gemeinde zu Rom muß als die Selbstaussage eines christlichen Märtyrers im Hinblick auf das vor ihm liegende Geschick angesehen werden[36]. Er hat sie unmittelbar vor seinem Tode abgegeben. Wir haben kein zweites, diesem Brief zu vergleichendes Zeugnis aus der frühchristlichen Literatur, in dem der Märtyrer den Tod deutet, dem er entgegengeht. Deshalb muß gerade Ignatius von Antiochien als ein früher Zeuge christlicher Sinndeutung in bezug auf Sterben und Tod von uns besprochen werden.

Wir können hier jedoch nicht im einzelnen darlegen, wie dieser frühchristliche Episkope zugleich der Pneumatiker ist, der als solcher die Unterordnung unter das Amt des Episkopen fordert. Aber darauf sei ausdrücklich verwiesen, daß sich die religiöse Haltung dieses Mannes gerade in seinem einzigartigen Verlangen nach dem Martyrium ausdrückt[37]. Sein an die Gemeinde zu Rom gerichteter Brief läuft dem eigenen Transport dorthin voraus und sucht die Gemeinde zu bewegen, ja nicht das Martyrium zu verhindern, dem er entgegengeht. Ignatius sucht das entschei-

[36] Vgl. zu dieser Frage meinen Aufsatz: Episkope — Pneumatiker — Märtyrer. Zur Deutung der Selbstaussagen des Ignatius v. Antiochien, in: Saeculum XIV (1963), S. 308—324.

[37] L. Bouyer, Einführung in die christliche Spiritualität. Mainz 1965, bespricht zu dem Kapitel 5: ›Die Prinzipien des asketischen Lebens‹ und in dem Abschnitt ›Askese und Martyrium‹ (S. 128 f.) das Verlangen des Ignatius v. Antiochien nach dem Martyrium als eine einzigartige Manifestation christlicher Spiritualität.

dende religiöse Erlebnis am Ende seines Lebensweges; es steht nicht am Anfang desselben. Deshalb wird es vom Tode und der Auferstehung Jesu her gedeutet: „Ihn suche ich, den für uns Gestorbenen, ihn will ich, den um unseretwillen Auferstandenen[38]".

Das Martyrium ist für Ignatius geradezu *imitatio Christi*. Der Märtyrer versteht seinen Tod in Analogie zum Kreuzestode Jesu. Er deutet sein Leiden als „ein Sterben auf Jesus Christus hin[39]". Diese Interpretation des Martyriums durch Ignatius knüpft unmittelbar an das Leiden und den Tod Jesu an. Das Martyrium ist das dem Leiden und Sterben Jesu entsprechende Geschick. Mit ihm wird der Märtyrer immer mehr zum Jünger werden[40]. Erst mit seinem Tode, wenn nichts Somatisches von ihm zurückgeblieben ist, wird dieser Prozeß des Jüngerwerdens vollendet sein. Christus selbst wird zum Urbild des Märtyrers. Ignatius betont immer wieder seine Liebe zum Leiden und seinen Willen zum Sterben[41].

Das Martyrium ist sodann die einzigartige Gelegenheit, von dem irdischen Sein befreit und in das göttliche versetzt zu werden. Es ist ein Teilhaben am Sein Gottes und des erhöhten Christus.

Das Martyrium macht Ignatius ferner des vollendeten göttlichen Seins teilhaftig, so daß recht eigentlich das „Sterben" ein „Leben" und das „Leben" ein „Sterben" ist. Das Martyrium ist die „Geburt" zu einem neuen Sein, das mit dem auferstandenen Christus teilhaftig macht[42]. Es bringt die Überwindung dieses Lebens, das ein Sterben ist. Der Tod befreit den Märtyrer von der Scheinwirklichkeit dieses Äons. Das sichtbare Sein ist „nicht gut", während das wahre Sein, das der Gläubige durch die Teilhabe am Sein Christi gewinnt, für die Welt „nicht sichtbar" ist. Der Untergang von der Welt ist der Aufgang zu Gott[43]. Dann erst wird der Märtyrer als Christ erfunden werden. Er wird es nicht mehr nur dem Namen nach sein. Dann erst wird er überhaupt „etwas sein" und in das wirkliche „Menschsein" versetzt werden[44].

38 Ign. ad Rom. 6, 1.
39 Ign. ad Rom. 6, 1.
40 Ign. ad Rom. 5, 3.
41 Ign. ad Smyrn. 4, 2; ad Rom. 4, 1; 7, 2.
42 Ign. ad Rom. 6, 1.
43 Ign. ad Rom. 2, 2; 3, 2; 9, 2.
44 Ign. ad Rom. 6, 2; 3, 2; 9, 2.

Ignatius von Antiochien erweist sich mit diesen Ausführungen als ein früher Vertreter christlicher Daseinsbewältigung. Bei ihm ist das Thema vom Sterben und Tod zum entscheidenden theologischen Prinzip für die Deutung des eigenen Geschickes im Anschluß an die der Person Jesu widerfahrene Verurteilung geworden. Ignatius führt dabei sowohl die paulinische wie die johanneische Tradition in bezug auf die Interpretation von Leiden und Sterben Jesu fort. Was erstere betrifft, so hat er sich selbst als den Schüler des Paulus gesehen, der die *imitatio Pauli* übt, zu der ja der Apostel auch selbst aufgefordert hat[45]. Aber auch die johanneische Tradition wirkt bei ihm fort, wenn er sein Verlangen nach dem Martyrium als einen Verzicht κατὰ τοὺς ἀνθρώπους ζῆν bezeichnet und wenn er der vergänglichen, irdischen Speise „das Brot Gottes", nämlich das Fleisch und Blut Jesu Christi, als „unvergängliches Liebesmahl" gegenüberstellt[46].

Die durch das Martyrium erlangte Christusgemeinschaft wird der durch die Eucharistie gewonnenen gleichgestellt oder mit einem Bilde beschrieben, das von der Eucharistie hergenommen ist: „Gottes Weizen bin ich, und durch die Zähne der Bestien werde ich zermahlen, damit ich als reines Brot des Christus erfunden werde[47]."

Die Christusauffassung des Ignatius ist für diese Deutung wichtig. Christus ist die irdische Verkörperung des wahren geistlichen Lebens und das Haupt der sich durch den Glauben an ihn anschließenden Menschheit. Gott ist in ihm als Mensch zu einem neuartigen göttlichen *Leben* erschienen[48].

Der Tod als kosmische Macht ist durch diese Erscheinung des neuen Menschen vernichtet worden. Der Glaube an den Tod Christi mit seiner heilsschaffenden Funktion wird auch Ignatius vor dem Tode bewahren. Die neue und vertiefte Auffassung der Eucharistie wird mit dieser Aussage verbunden. Christi Fleisch ist ja vom Leben durchdrungen, und es kann auch durch den Tod nicht zerstört werden — im Gegenteil, die Eucharistie ist das φάρμακον ἀθανασίας, das auch über den Tod hinausführt[49]. Christus ist der Träger dieser göttlichen Lebenskräfte. Er

[45] Ign. ad Eph. 12, 1; vgl. 1. Kor. 4, 5; 11, 1; Phil. 3, 17.
[46] Ign. ad Rom. 7, 5.
[47] Ign. ad Rom 4, 1.
[48] Ign. ad Eph. 19, 3.
[49] Ign. ad Eph. 20, 2.

ist wahrhaft „Fleischesträger“, der eine Arzt, der σαρκικός und πνευματικός zugleich ist[50]. Man erkennt, wie bei Ignatius von Antiochien die Thematik von Leben, Sterben und Tod mit der Christusanschauung eng verbunden ist und von dieser her die Interpretation des eigenen Martyriums empfängt.

IV

Diese grundlegenden frühchristlichen Positionen in bezug auf Leben, Sterben und Tod haben sowohl mit der paulinischen wie mit der johanneischen Deutung dieser Phänomene eine Fortführung und Weiterbildung u. a. durch *Martin Luther* erfahren, der in der Anknüpfung an die biblischen Gegebenheiten eine eigene „Theologie des Todes“ entwickelt hat. Es sei gestattet, mit einem historischen 'Sprung' seine Position noch zu verdeutlichen.

Luthers Spiritualität, namentlich in seiner Frühzeit, beruht auf dem letzten und umfassenden Gegensatz von „Geist“ und „Fleisch“, von *spiritualis* und *carnalis* als zwei gegensätzlichen Seins- und Lebensprinzipien. Sie bedingt damit aber auch eine andere Haltung gegenüber dem Sterben und dem Tode. Im Zusammenhang seiner Schilderung des spiritualen Menschen, der der Christ ist, entwickelt Luther seine so oft mißdeutete Rechtfertigungslehre und die neue Theologie des Todes.

Der spirituale Mensch verlangt nach der göttlichen Gerechtigkeit *usque ad mortem*, wie dieses Leben überhaupt durch ein Sehnen nach der Gerechtigkeit, nicht aber durch ihren Besitz bestimmt sein muß[51]. Der spirituale Mensch ist der *homo fidei*, von dem Luther als von einem Glied des *populus spiritualis* spricht. Zwei Völker und zwei Menschentypen werden einander gegenübergestellt. Während der eine sich auf seine Taten als die von ihm vollbrachten Werke beruft, kennt der andere nur die Sehnsucht nach dem Handeln, so daß seine Werke immer den Charakter der Vorläufigkeit und Unerfülltheit haben. Sie müssen durch die göttliche Gnade angenommen und für „gut“ erklärt werden[52].

[50] Ign. ad Eph. 7, 2.

[51] W. A. 56, S. 264, 35. — Luthers Werke, insbesondere seine Vorlesung über den Römerbrief des Apostels Paulus, werden nach der Weimarer Ausgabe (W. A.) zitiert.

[52] Ebd., S. 328, 21 ff.

An dieser Stelle setzt Luthers *Theologie des Todes* ein. Sie läßt erkennen, daß er die paulinische Deutung des Todes und des Sterbens übernommen und weitergebildet hat. Wir sind, solange dieses Leben währt, immer in Sünden. Gott aber haßt den Leib der Sünde; er ist bereit, ihn durch einen anderen zu ersetzen und gebietet uns, ihn ebenfalls zu hassen, zu zerstören und in den Tod zu geben *(mortificare)*. Wir müssen den Ausgang aus diesem Leib suchen, um in sein Reich eingehen zu können[53]. Luthers Rechtfertigungslehre und seine Theologie des Todes sind nur auf dem Boden seines spiritualen Menschenverständnisses möglich. Sie bilden die beiden Pole dieser spiritualen Menschen- und Lebensauffassung.

Luthers Theologie des Todes kennt einen doppelten Tod, den natürlichen, zeitlichen und den ewigen Tod. Der zeitliche Tod besteht in der Trennung von Leib und Seele. Er ist nur ein Bild, ein Gleichnis, gleichsam an die Wand gemalt, im Vergleich zu dem ewigen Tod, der als der spirituale bezeichnet wird, weshalb ihn die Schrift sehr häufig mit der Ruhe und dem Schlaf vergleicht[54]. Luther ist nicht an dem zeitlichen Tod interessiert, der für die spirituale Betrachtung des Todes keine Probleme aufweist. Es interessiert ihn nur der ewige Tod, der seinerseits als ein doppelter verstanden wird.

Der eine Tod ist der gute, ja der beste Tod, denn er ist der Tod der Sünde, in dem die Seele von der Sünde getrennt wird. Der Leib wird von seiner Verfallenheit *(corruptio)* erlöst und durch die göttliche Gnade mit dem lebendigen Gott verbunden. Dieses aber ist der Tod im eigentlichen Sinne, denn in allen anderen Todesarten bleibt eine Verbindung mit dem Leben zurück, aus der wieder neues Leben hervorgeht, wie es die natürliche Todesart ausweist. Im „ewigen Tod" erfolgt diese Rückkehr in das Leben nicht, denn er ist ja mit dem Leben Gottes, dem reinsten, glühendsten Leben verbunden. Nur für diesen Tod sind die Bedingungen des Todes absolute und vollkommene, denn mit ihm geht das ganze Wesen des sündigen Menschen unter. Aus ihm wird nichts wieder an Leben hervorgehen, denn er ist „*der Tod des Todes*[55]".

Mit dieser Gedankenführung hängt nun Luthers Verständnis der Rechtfertigung zusammen. Ohne seine Theologie des Todes ist diese

[53] Ebd., S. 321, 2 und 16.

[54] Ebd., S. 322, 10 ff.

[55] Ebd., S. 322, 15 ff.

nicht zu verstehen. Der Sünder wird von Gott gerecht gemacht, indem ihm Gott seinen Geist und sein Leben mitteilt, so daß die Sünde nicht mehr zurückkehrt. Gott hat durch Christus aufgehoben, was der Teufel durch Adam in die Menschheit eingeführt hat, die Sünde und den Tod. Deshalb hat Gott „den Tod des Todes", die Sünde der Sünde, das Gift des Giftes und die Gefangenschaft der Gefangenschaft der Menschheit gegeben und ihr damit das neue spirituale Leben, das keinen Tod kennt, zuteil werden lassen[56].

Der ewige Tod aber ist der Tod der Verdammten, der Tod des Sünders, in dem nicht die Sünde und der Sünder sterben. Es stirbt vielmehr in dieser zweiten Todesart der Mensch, während die Sünde weiterlebt: *haec est mors peccatoris pessima*[57]. Wenn der Apostel vom Tode Christi redet, dann spricht er *sacramentaliter* davon. Er bezieht in den Tod und die Auferstehung Christi das Leben des inneren Menschen mit ein, der mit Christus auferstanden ist und nicht mehr das sucht, was auf Erden ist. Er lebt jetzt das Leben, das ewig ist und keinen Tod kennt. Der Untergang des Todes ist der Eintritt in dieses Leben ohne Tod[58].

Mit dieser Auffassung des Todes verbindet Luther zwei weitere wichtige Aussagen, zunächst einmal in bezug auf das Leben des spiritualen Menschen. Es besteht darin, daß er sein Herz von allen Dingen in der Welt abgezogen hat, so daß er der Welt gestorben und ein *mortuum cadaver* für die Welt geworden ist, die für ihn tot ist[59].

Die zweite Aussage Luthers bezieht sich auf die Taufe. Seine Spiritualität steht nicht im Gegensatz zur Institution der Kirche, sondern belebt diese von einer neuen Seite her. Nicht alle Menschen können der Welt ganz abgestorben und damit im Stande der Vollkommenheit sein. Deshalb gibt es die Institution der Taufe. Sie ist eine Taufe in den Tod, ja zum Tode. Die Taufe ist auf den geistlichen Tod ausgerichtet und zur Erweckung des göttlichen Lebens bei dem Sünder eingesetzt. So gibt es für den spiritualen Menschen, der der Christ ist, die Mortifikation, die er bewußt übt[60].

[56] Ebd., S. 322, 23 ff.
[57] Ebd., S. 322, 5 ff.
[58] Ebd., S. 322, 3 ff.
[59] Ebd., S. 324, 10 ff.
[60] Ebd., S. 324, 15 ff.

Luther unterscheidet drei Arten von Menschen: die einen, die nicht sterben wollen und das Kreuz und die Mortifikation in ihrem Leben verabscheuen; die anderen, die mit vielem Seufzen und unter großem Aufheben leiden, sich schließlich aber geduldig in das Sterben fügen, obwohl es ihnen schwerfällt, von allen verachtet und verabscheut zu werden. Die dritte Gruppe von Menschen geht mit Freuden in den Tod, weil nur so die Sünde überwunden und Gottes Herrschaft zu ihnen kommen kann[61]. In seiner Römerbriefvorlesung hat Luther diese „Theologie des Todes" entwickelt. Sie steht mit seiner Rechtfertigungslehre in einem unmittelbaren Zusammenhang, wie der hier gebrauchte Begriff der Mortifikation deutlich macht.

In einem frühen Sermon über die Taufe hat nun Luther diese Gedanken weiter ausgeführt. Die Taufe hat nach ihm darin ihren Sinn, daß der alte Mensch in den Tod gegeben wird. Gott wirkt seine Mortifikation, zu der wir uns ebenfalls im Taufbunde verpflichtet haben. Aber erst mit dem realen Tode wird der Leib der Sünde ganz untergehen. Gleichzeitig wirkt Gott in uns den neuen Menschen. Dieser wird mit unserem leiblichen Tode von Gott vollkommen gemacht werden[62]. Von diesen Gedankengängen aus ist die Taufe bei Luther zum Sakrament der Rechtfertigung geworden.

In diesen Zusammenhang gehört nun alles, was Luther in bezug auf dieses und das zukünftige Leben, das nur in der von Gott und von uns geübten Mortifikation des alten Menschen wirklich werden kann, gesagt hat. Vielleicht kann das Wort Luthers: „*Wer getauft wird, der wird zum Tod verurteilt*[63]" diese besonderen Zusammenhänge deutlich machen.

V

Es wäre nun sehr reizvoll, diese Thematik weiter in der spanischen, französischen und deutschen *Mystik* des 17. Jahrhunderts zu verfolgen. Wir können dieser Aufgabe hier leider nicht nachgehen, sondern wollen nur mit dem Hinweis auf den vom Luthertum zum Katholizismus über-

[61] Ebd., S. 324, 24 ff.
[62] W. A. 2, 727 ff., bes. S. 730 f.
[63] Ebd., S. 728.

getretenen Mystiker *Angelus Silesius* schließen, der die geistliche Deutung der Phänomene von Leben, Sterben und Tod mit einzigartiger Prägnanz gegeben hat.

Der Tod schenkt dem Menschen nach Angelus Silesius eine neue Freiheit. Er versetzt ihn in ein neues geistliches Leben, das eigentliche Leben. Unter der Überschrift ›Das Sterben machet Leben‹ wird dieser Gedanke so ausgedrückt[64]:

> Indem der weise Mann zu tausendmalen stirbt /
> Er durch die Wahrheit selbst um tausend Leben wirbt.

So kann der Tod überhaupt verneint werden, weil er immer der Übergang zu einem neuen Leben ist[65].

> *Es ist kein Tod.*
>
> Ich glaube keinen Tod: sterb' ich gleich alle Stunden /
> So habe ich jedesmal ein besser Leben funden.

Es kann dann auch das wahre Leben nur als durch den Tod gegeben gepriesen werden, und wie sich die Geburt Gottes in uns ereignen muß, so auch seine Auferstehung. Als „ewiger Tod" kann dann ähnlich wie bei Luther der Tod bezeichnet werden, der nicht zu einem neuen Leben führt.

> *Der ewige Tod.*
>
> Der Tod / aus welchem nicht ein neues Leben blühet /
> Der ist's / den mein Seel' von allen Töden fliehet.

Mit diesen Gedanken wird dann ein Lobpreis des Todes verbunden, der als das „beste Ding" gerühmt wird[66].

> *Der Tod ist's beste Ding.*
>
> Ich sage / weil der Tod allein mich machet frei /
> Daß er das beste Ding aus allen Dingen sei.

Wie sich nach dem bekannten Wort von Angelus Silesius die Geburt Gottes nicht nur im Stall zu Bethlehem, sondern auch in uns ereignen

64 Angelus Silesius, Der cherubinische Wandersmann, Nr. 27, in: Sämtl. poetische Werke und eine Auswahl aus seinen Streitschriften. Hrsg. v. Georg Ellinger. I. Bd. Berlin 1923. S. 25.

65 Ebd., Nr. 30, und 29, S. 25.

66 Ebd., Nr. 35, S. 26.

muß, so auch seine Auferstehung, indem wir uns selbst zu einem neuen Leben erheben[67]:

> *Steh selbst von den Toten auf.*
>
> Ich sag / es hilft dir nicht / daß Christus auferstanden /
> Wo du noch liegen bleibst in Sünd und Schanden.

Mit diesem Ausblick beschließen wir diese Ausführungen, die zeigen wollten, wie die Phänomene von Leben, Sterben und Tod ihre existentielle Behandlung und Einlösung im Christentum zu allen Zeiten gefunden haben. In dieser Tatsache ist es auch begründet, daß es innerhalb des Christentums kaum eine religiöse Symbolik in bezug auf Leben und Tod gibt, lediglich eine im übrigen sehr sparsam gebrauchte Bildsprache, die der Gleichnisrede verwandt, aber nicht mit ihr identisch ist.

VI

Wenn die Symbolik in bezug auf Leben und Tod im Christentum nicht ausgestaltet worden ist, so sind doch einige wenige grundlegende bildhafte Vorstellungen festgehalten und mit ihren Assoziationen entwickelt worden. Zu diesen gehört in erster Linie das Bild von den beiden Wegen, die zum Leben oder zum Tode führen, das schon von Jesus in der Bergpredigt gebraucht worden ist. Es hat die Verwendung dieses Bildes in der frühchristlichen Paränese sicher erleichtert, wenngleich dem Jesuswort jede Einzelausführung fehlt, wie sie für die Verwendung dieses Bildes in der christlichen Katechese charakteristisch ist[68].

Das Wort „Weg" hat an den einschlägigen Stellen den neuen Sinn von Glaubens- und Verhaltensweise und religiöser Unterweisung angenommen. Die Didache kennzeichnet die beiden Wege als den des Lebens und den des Todes. Der Barnabasbrief stellt sie unter den Gegensatz von „Licht" und „Finsternis". Die beiden Wege sollen dann nicht an das Ziel von „Licht" und „Finsternis" führen, sondern die *Mächte* bezeichnen, die den einen oder den anderen der beiden Wege beherrschen. Das

[67] Ebd., Nr. 63, S. 30.

[68] Vgl. Mt. 7, 13 ff. und die Ausführungen zu ὁδός in: KThWB V, S. 65 ff. — Vgl. das Verständnis von ὁδός, bes.in Apg. 14, 16 f. — Jesus selbst als Weg in: Ev. Joh. 14, 4 ff.

Bild vom Wege tritt weiterhin in verschiedenen Verbindungen auf. Wir gehen ihnen hier — da irrelevant für unser Thema — nicht nach[69].

Häufiger sind die bildhaften Aussagen in bezug auf das Leben. Sie begegnen besonders zahlreich in der johanneischen Literatur. Hier ist das Verständnis des Begriffs *Leben* auf die Gestalt des Jesus von Nazareth als der Verkörperung des göttlichen Lebens in dieser Welt konzentriert. Er ist Bringer und Vermittler göttlichen Lebens in seinem Gekommensein, in seiner Person, in seinem Wort und in seinen Taten. Das Bild vom „Licht", das das Leben der Menschen ist und in der Finsternis der Welt leuchtet, wird auf Jesus Christus bezogen. Es wird mit anderen Bildern verbunden, die den johanneischen Begriff des Lebens verdeutlichen. Jesus Christus ist das „Brot" und das „Wasser des Lebens". Sein Kreuz ist das „Holz des Lebens". Der Erhöhte allein kann das „Buch des Lebens" öffnen. Die Märtyrer empfangen den „Siegeskranz des Lebens". Von den Glaubenden gehen „Ströme des Lebens" aus. Er ist „Führer zum Leben", wie an anderen Stellen des urchristlichen Schrifttums gesagt wird[70]. In allen diesen Aussagen dominiert das hier jeweils gebrauchte Bild in Verbindung mit dem Begriff „Leben" in übertragenem Sinn. Von einer religiösen Symbolik kann nicht die Rede sein.

Ähnlich verhält es sich bei den in Verbindung mit dem Begriff „Tod" gebrauchten Bildern. Bei ihnen scheint ein ursprünglicher mythologischer Hintergrund noch deutlich durch. Gegenüber dem Tode erweist sich Christus als der „Erste", der „Letzte" und der „Lebendige". Er besitzt die „Schlüssel des Todes und des Hades", womit seine dem Tode überlegene Macht ausgesagt wird[71].

Die Vorstellungen vom „Hades" sind in der frühchristlichen Literatur gegenüber dem ursprünglich griechisch-hellenistischen Verständnis umgestaltet. Das Wort wird im Neuen Testament entweder zur Bezeichnung

[69] Did. 1—6, bes. 1, 1—4, 14: αὕτη ἐστὶν ἡ ὁδὸς τῆς ζωῆς. — 5, 1: ἡ δὲ τοῦ θανάτου ὁδός ἐστιν αὕτη. — Barn. 18—20 — Zur Sache vgl. Aalen, Die Begriffe 'Licht' und 'Finsternis' im Alten Testament und im Rabbinismus. In: Skrifter utgift av Det Norske Videnskabs — Akademii Oslo. II. Hist.-Filos. Klasse (1951), Nr. 1.

[70] Joh. 1, 4, 5; 5, 35; 8, 12; 6, 35. 51. 58; Offb. Joh. 3, 5; 5, 5, 7; 17, 8; 20, 11—15; 2, 10; vgl. Jak. 1, 12; Offb. Joh. 4, 4; 13, 8.

[71] 1. Kor. 15, 45. 47 f.; Offb. Joh. 1, 18 und J. Jeremias in: KThWB III, S. 744ff.

des Ortes, an dem die Seelen bis zur Auferstehung verweilen oder da die Seelen der Gottlosen und der Nichtchristen zu treffen sind, verstanden. Trotz der durchscheinenden mythischen Vorstellungswelt ist die bildhafte Verwendung des Begriffes deutlich, wenn der „Hades" die Welt der von ihrem Leib getrennten Seelen bezeichnen soll, während sonst der endzeitliche Strafort als „gehenna" angesprochen wird[72].

Der bildhafte Charakter des aufgenommenen Wortes kommt auch in der Bezeichnung des Todes als „Schlaf" zum Ausdruck. Sie ist nicht im hellenistischen Verständnis gemeint, sondern will von der Realität der Auferstehung her die Entmächtigung des Todes aussagen.

In ähnlicher Weise geht Paulus mit den von ihm gebrauchten Bildern zur Bezeichnung des Todes um. So kann er vom „Giftstachel" des Todes, vom Tod als dem „letzten Feind", vom „Geruch des Todes", vom „Gesetz des Todes", vom „Leib dieses Todes" und vom Tode als dem „Sold" für die Sünde sprechen. Auch in der deuteropaulinischen Literatur ist in diesem Sinne von dem Sieg des Lebens gegenüber dem Tode die Rede[73].

Der mythische Hintergrund leuchtet in der Bemerkung des Hebräerbriefes auf, daß Christus durch seinen Tod dem auch über den Tod herrschenden Diabolos die Macht genommen habe. Aber unmythisch ist die Bemerkung, daß durch sein Leiden die Entmächtigung des Todes erfolgt ist und daß er die Menschen von der „Furcht vor dem Tode" befreit hat[74].

Die Übertragung dieser Vorstellungen auf die kirchliche Wirklichkeit zeigt sich in der Einführung des Gedankens von einer unvergebbaren „Sünde zum Tode". Für sie sollen die Christen nicht mit ihrer Fürbitte eintreten[75].

Eine irgendwie geschlossene Symbolik in bezug auf Leben und Tod liegt also, wie die hier gebotenen Beispiele mit aller Deutlichkeit zeigen, gerade im frühen Christentum nicht vor. In den hellenistischen Mysterienreligionen und in der Gnosis ist sie dagegen zu konsequenter Entfaltung gekommen.

[72] Vgl. Joh. 11, 11—12; 1. Thes.. 5, 10; Mk. 5, 39 par.

[73] 1. Kor. 15, 55 f. 26; 2. Kor. 2, 16; Röm. 8, 2. 6; Röm. 6, 23; 7, 24; Vgl. 2. Tim. 1, 10.

[74] Hebr. 2, 14; 5, 7.

[75] 1. Joh. 5, 16. — Hebr. 4, 4—6.

DER TOD IN SAGE UND MÄRCHEN

Von Lutz Röhrich

„... und wenn sie nicht gestorben sind, so leben sie noch heute". Nichts charakterisiert den schwerelosen Schwebezustand des Märchens zwischen Wirklichkeit und Nichtwirklichkeit besser als diese Schlußformel vieler Erzählungen. Die Formel weist nicht nur auf die Zeitlosigkeit des Märchens hin, sondern mehr noch auf den glückseligen Zustand des Märchenhelden, für den es eigentlich keinen Tod gibt. Zumindest ist der Tod für ihn nichts Endgültiges; allenfalls ein vorübergehender Zustand. Einige Beispiele mögen dies verdeutlichen:

Schneewittchen (KHM 53) stirbt nicht, obwohl sie für tot gehalten wird. Doch verwest sie nicht in ihrem gläsernen Sarg, und als die Sargträger stolpern, fährt der „giftige Apfelkrütz" aus ihrem Hals, und Schneewittchen erwacht aus ihrem Scheintod. Die ermordete Königin in KHM 11 (›Brüderchen und Schwesterchen‹) kommt zurück, um nach ihrem Kind zu sehen. In dem Augenblick, als sie der König erkennt, kehrt sie ins Leben zurück. Eine Lebenswurzel macht den Helden wieder lebendig: „Der Tote ward wieder ins Leben gebracht und merkte gar nichts von der Wunde" (KHM 60, ›Die zwei Brüder‹). In einem anderen Märchen machen drei Schlangenblätter den Helden wieder lebendig (KHM 16). Die tote Königstochter wird aus ihren zusammengelegten Knochen wiederbelebt (KHM 81). Im Märchen vom „treuen Johannes" wird der Held in einen Stein verwandelt — ein todähnlicher Zustand, der aber wieder aufgehoben wird. Und auch die getöteten Königskinder kehren wieder ins Leben zurück (KHM 6). Der von seiner Stiefmutter geschlachtete Junge des Machandelbaum-Märchens (KHM 47) verwandelt sich in einen Vogel und zum Schluß wieder in seine menschliche Gestalt, und nach dem Tod der bösen Stiefmutter setzt man sich „so recht vergnügt" zum Essen[1]. In anderen Fällen ‚träumt' der Held nur, „er wäre gestorben

[1] Vgl. M. Belgrader, Der Märchentypus AT 720. My Mother Slew Me — My

und befinde sich auf dem Weg nach dem Himmel" (KHM 178). Wo die Märchen in ihrer ursprünglichen Form tragisch schließen[2], haben die Brüder Grimm noch ein *happy ending* hinzugefügt. Die Gattung ‚Märchen' verlangte das sozusagen. Ein gutes Beispiel bietet das Rotkäppchen-Märchen (KHM 26). Die Vorlage bei Perrault endet mit dem Tode Rotkäppchens, das — wie schon zuvor seine Großmutter — vom Wolf aufgefressen wird. Es handelt sich um eine Warnerzählung für kleine Mädchen, sich nicht mit ‚Wölfen' einzulassen. Doch so durfte das Märchen nicht enden; so war es nicht gattungsgemäß. Und deshalb übernahmen die Brüder Grimm den glücklichen Ausgang vom ›Wolf und den sieben jungen Geißlein‹ (KHM 5).

Dennoch gibt es im Märchen den Tod; aber es gibt ihn nur für die ‚anderen'. So sterben z.B. die Eltern des Helden entweder am Anfang der Erzählung, damit der Held ganz auf sich selbst gestellt, von allen Bindungen befreit (als Waisen- oder Stiefkind) seine Abenteuer bestehen kann (z.B. KHM 21, 47, 53, 65, 153, 185, 188); oder die Eltern sterben am Schluß der Erzählung, um dem jungen Paar den Weg zur Herrschaft frei zu machen: „... und als der alte König gestorben war, so bekam er auch das ganze Reich" (KHM 100); „... nach des alten Königs Tod bekam er das Reich" (KHM 111). Und es sterben natürlich die Gegenspieler des Helden, zumeist sogar einen drastisch-grausamen Tod: sie werden als Hexen auf dem Scheiterhaufen verbrannt (KHM 49), an den Galgen gehängt (KHM 110), von wilden Tieren zerrissen oder im Nagelfaß im Meer ertränkt (KHM 11, 135). Die ‚falsche Braut' spricht sich selbst das Urteil, in einer Nageltonne zu Tode geschleift zu werden (KHM 89). Die böse Stiefmutter muß in rotglühenden Schuhen so lange tanzen, bis sie tot zur Erde fällt (KHM 53). Die Hexe in ›Hänsel und Gretel‹ stirbt den Tod im Backofen, den sie den beiden Kindern zugedacht hatte (KHM 15). Rumpelstilzchen (KHM 55) vernichtet sich selbst. Der böse Wolf — den Bauch voller Steine — fällt in den Brunnen und ertrinkt (KHM 5).

Father Ate Me (Das Märchen von dem Machandelboom, KHM 47). Diss. Freiburg i. Br. 1978. Der Verf. weist anhand der internationalen Oikotypen nach, daß diese Erzählung eigentlich eine ‚Sage' ist: In den meisten Fällen findet keine Wiederbelebung des Getöteten statt.

[2] Vgl. L. Röhrich, Märchen und Wirklichkeit. Wiesbaden [3]1974, bes. Kap.: Märchen mit schlechtem Ausgang, S. 46—55. A. Gutter, Alter, Krankheit und Tod in der Jugendliteratur. In: Informatio 23 (1978) und 24 (1979).

Der Held allein bleibt vom Tod ausgenommen. Wie ein Schlüsselwort enthüllt diese Situation die magische Formel für das Zauberschwert, zu dem der Held sagt: „Köpf' alle 'runter, nur meiner nicht!" ... „da rollten alle Köpfe zur Erde und er war allein der Herr und war wieder König vom goldenen Berge" (KHM 92). Es ist ein ungeheurer egozentrischer Rigorismus, mit dem das Märchen nicht nur die Gegenspieler des Helden, sondern auch seine Verwandten, Eltern und Geschwister beiseite räumt, um dem Helden allein den Platz für seine Selbstverwirklichung und sein Glücksstreben frei zu machen.

Bleiben wir im Quellenbereich der Grimm-Sammlung, so sind die scheinbaren Ausnahmen von dieser Regel im Grunde keine ‚eigentlichen Märchen', sondern *Sagen* oder *Exempel*: In der Erzählung vom „singenden Knochen" (KHM 28) wird der Held getötet und aus seinen Knochen eine Flöte geschnitzt, die ein Lied singt, das die Freveltat kundtut. Eine Rückverwandlung zum Leben findet nicht statt. Dies ist deutlich kein Zaubermärchen, eher eine Sage oder gar eine Kriminalgeschichte oder eine moralische Erzählung mit dem Inhalt: alles kommt eines Tages doch ans Licht; ähnlich wie die Erzählung ›Die klare Sonne bringt es an den Tag‹ (KHM 115). Auch alle anderen Fälle der Kinder- und Hausmärchen, in denen die Hauptfigur stirbt (und tot bleibt), sind klassische Beispiele für ‚Sagen', wie z.B. ›Das Märchen von der Unke‹, das eben kein Märchen ist, sondern eine Sage vom Typ ‚Kind und Schlange': Ein Kind, das in einem Sympathieverhältnis zu einer Schlange steht, siecht dahin und stirbt, nachdem die Schlange erschlagen wurde. Ähnliches gilt für die Erzählungen ›Das Totenhemdchen‹ (KHM 109) oder ›Das eigensinnige Kind‹ (KHM 117).

›Die Prinzessin im Sarge‹ (KHM 219) ist zunächst stark durch Elemente der Vampirsage geprägt. Doch dann erhält das ‚Märchenhafte' wieder den Vorrang: Die Prinzessin wird aus ihrem Grab zum Leben erlöst und auch ihre Opfer: „Auf einmal taten sich alle Gräber auf, und alle Soldaten, die die Prinzessin umgebracht hatte, waren wieder lebendig". Zu den Stücken der KHM der Brüder Grimm, die eigentlich Sagen sind, gehört auch ›Der Grabhügel‹ (KHM 195): Der Leichnam eines reichen Mannes muß bewacht werden, denn der Teufel will ihm die Haut abziehen[3]. Es gibt also nur scheinbare Ausnahmen, und bei näherem

[3] Vgl. V. Merkelbach, Der Grabhügel (KHM 195). Diss. Mainz 1964.

Zusehen erweisen sich die betreffenden Erzählungen nicht als Märchen, sondern als Sagen; oder die Erzählungen nähern sich dem Schwank: Im ›Märchen, von einem der auszog, das Fürchten zu lernen‹ (KHM 4) übersteht der Held in einem Spukschloß furchtlos alle möglichen Abenteuer mit Totengespenstern und anderen Verkörperungen aus dem Totenreich. Er spielt mit Toten ein Kegelspiel, dessen Figuren aus Totenköpfen und Totenbeinen bestehen. Gehängte werden vom Galgen geholt, Tote stehen aus ihrem Sarg auf usw. Von diesem Gruselkabinett läßt sich der Held allerdings nicht im mindesten beirren. Das ‚Gruseln' wird ihm damit nicht beigebracht. So steht die Erzählung weit ab von dem numinosen Erschrecken, mit dem in Sagen solche Erlebnisse berichtet werden. Die Brüder Grimm bleiben mit ihrer Erzählung „im typischen Märchenbereich, in dem der Tod niemals als ‚das ganz Andere' erscheint und den die letztlich seelenlosen Märchenfiguren so durchwandern, daß sie einer existentiellen Erfahrung von Tod (oder Liebe) per definitionem speciei gar nicht teilhaftig werden können. Damit bleibt ihnen aber auch der Weg zum Fürchten im eigentlichen Sinn versperrt[4]. ‚Märchen' und ‚Fürchten' schließen sich gegenseitig aus, und insofern ist der Titel von KHM 4 nur ironisch zu verstehen.

In zwei Erzählungen der Kinder- und Hausmärchen der Brüder Grimm tritt der Tod in Person auf. Beide Stücke sind ausgesprochene *Exempel*: In den Varianten vom ›Gevatter Tod‹ (KHM 44) werden Gott und der Teufel von einem armen Mann als Paten für sein neugeborenes Kind ausgeschlagen, dagegen der Tod akzeptiert, weil er alle gleich macht. Der exemplarische Grundgedanke der Erzählung meint: Gegen den Tod hilft letztlich keine List und kein Hinausschieben. KHM 44 gehört zu den Erzählungen, die nicht aus der mündlichen Überlieferung aufgezeichnet worden sind, sondern eine literarische Vorlage haben. In diesem Fall stammt sie aus Hans Wilhelm Kirchhoffs ›Wendunmuth‹ (1563—1603). Allerdings haben die Brüder Grimm das Exempel so sehr der Märchenform angepaßt, daß die moralische Lehrerzählung nur knapp durchschimmert. — In der Erzählung von den ›Boten des Todes‹ (KHM 177) schließt ein Mensch mit dem Tod einen Vertrag, in dem der Tod verspricht, vor seinem Kommen Boten zu senden. Plötzlich und unvorher-

4 H. Rölleke, Märchen von einem, der auszog, das Fürchten zu lernen. In: Fabula 20 (1979), S. 193—204, hier: S. 203.

gesehen steht dennoch eines Tages der Tod vor dem Menschen und fordert ihn auf mitzukommen. Der Mensch weigert sich, da der Tod ja doch die in Aussicht gestellten Boten nicht gesandt habe. Doch der Tod erwidert, er habe doch Krankheiten und Altersbeschwerden aller Art als Boten vorausgeschickt; und so ist er im Recht und rafft den Menschen hinweg. ‚Todesboten' sind in diesen Erzählungen schon Seitenstechen, Ohrenschmerzen, Zahnweh, Husten oder das Ergrauen der Haare. Wiederholt begegnet in der geistlichen Literatur des Mittelalters die Mahnung, auf diese ‚Boten des Todes' zu achten, und so handelt es sich hier um einen Stoff, der in der lehrhaften Dichtung mehrfach aufgegriffen worden ist[5]. KHM 177 ist wiederum ein Exempel, das deutlich auf eine predigtmäßige Erläuterung des *memento mori* zurückgeht.

Der personifizierte Tod kommt in der Sage in mancherlei Zusammenhängen vor. Insbesondere Pestsagen handeln davon, daß der Tod von Haus zu Haus geht und ‚anklopft'. Es ist auffällig, daß der Tod in der Sage selten in der Gestalt eines Skeletts erscheint. Wenn er überhaupt beschrieben wird, dann eher als ein „kleines Männlein" oder als ein „hagerer, unheimlicher Fremder".

„Im Weissenbachgraben sah man vor langer Zeit ein kleines Männlein in gläsernen Zockeln (Holzschuhen). In der Hand trug es einen kleinen Besen. Auf die Frage nach seinem Ziele antwortete es, daß es im Preimser Winkel auskehren wolle. Nach einiger Zeit wurden dort viele Leute von einer ansteckenden Krankheit hinweggerafft[6]."

„Bevor eine Brücke über die Enns führte, wurde der Verkehr zwischen Lahrndorf und Sand mit einer Zille bewerkstelligt. Zum Fährmann kam in der Nacht ein hagerer Mann in einem schwarzen Mantel und liess sich über die Enns setzen. Als der schweigsame Gast auf der Dambachseite ausstieg, fragte er nach der Schuldigkeit. Der Ferge getraute sich nicht, von dem unheimlichen Fremden etwas zu verlangen. Der Fremde aber erwiderte: ‚Das ist dein Glück, sonst hättest du auch sterben müssen!' Dann ging er hinein ins Dambachtal. Bald darauf hub ein grosses Sterben an. Nur der Ferge blieb am Leben. Er hatte den Tod über die Enns gesetzt[7]."

[5] Vgl. L. Röhrich, Erzählungen des späten Mittelalters und ihr Weiterleben. Bd. I. Bern und München 1962. S. 80—92 u. 259—262.

[6] G. Graber, Sagen und Märchen aus Kärnten. Graz 1944. S. 13.

[7] A. Depiny, Oberoesterreichisches Sagenbuch. Linz 1932. S. 24, Nr. 32.

Der personifizierte Tod ist übrigens nicht nur männlich. Im Grenzgebiet zum slavischen und zum romanischen Sprachgebiet erscheint nicht selten auch die ‚Tödin', zumal in den betreffenden Sprachen der Tod grammatisch femininum ist.

„Einst wanderten der Tod und seine Frau, die Tötin, durch das Reusstal hinauf. Bei Meitschlingen blickte die letztere gegen den Gurtneller Berg hinauf und merkte, dass es da sehr viele alte Leute habe. Sie ballte ihre Fäuste gegen den Berg und rief: ‚Wartet nur, iähr altä Chremäsä, ych wil-i scho appäwischä.' Aber der Tod meinte: ‚Ja, wenn dsi Chralläberri ässet, channsch-nä dü nyt a'tüe.' Sie stritten laut miteinander, so dass ein Mann im Tangel jenseits der Reuss es hörte. Bald kam der Beulentod, und es starben viele Leute, auch auf dem Berg. Da erinnerte sich jener Mann des Zwiegespräches und sagte den Leuten, sie sollten Korallenbeeren essen. Die es taten, blieben vom Tode verschont[8]."

Eine interessante Sonderstellung nehmen die Märchen vom ‚dankbaren Toten' ein (KHM 217)[9]. Dabei handelt es sich um einen Motivkomplex, der strukturell zu mehreren Erzähltypen gehört (Aa-Th 505—508). Gemeinsam ist all diesen Märchen die Ausgangssituation: Der Held trifft auf seiner Wanderschaft einen Toten, dem wegen seiner Schulden die Bestattung versagt wird. Der Leichnam wird ausgepeitscht, bespieen oder sonstwie entehrt. Der Held kauft den Toten frei und läßt ihn begraben, wofür er seine gesamte Barschaft hingibt. Der Fortgang der Erzählungen, d. h. die Art und Weise, wie der Tote sich dankbar erweist, ist von Typ zu Typ verschieden.

Die märchenhaften Erzählungen zeigen zunächst sehr eindrucksvoll die Art und Weise, wie das Märchen — ganz im Gegensatz zur Sage — den Toten auftreten läßt. In keiner Variante tritt der Tod mit den numinosen Merkmalen eines Leichengespenstes, einer Spukgestalt oder eines

[8] J. Müller, Sagen aus Uri. Bd. I. Basel 1926. S. 54, Nr. 82 f.; vgl. J. Hanika, Die Tödin. In: Bayer. Jb. f. Vkde. (1954), S. 171—184.

[9] Vgl. S. Liljeblad, Die Tobiasgeschichte und andere Märchen mit toten Helfern. Lund 1927; L. Röhrich, Erzählungen des späten Mittelalters. Bd. II. Bern – München 1967. S. 156—212 u. 438—446; M. Lüthi, So leben sie noch heute. Betrachtungen zum Volksmärchen. Göttingen 1969. S. 85—100; O. Kahn, Kommentar zum Märchen vom Dankbaren Toten und dem Kopf des Hexenmeisters. In: Die Freundesgabe. Jb. d. Ges. z. Pflege des Märchengutes der europ. Völker (1976/1977), S. 31—44; Enzyklopädie des Märchens, Art. ›Dankbarer Toter‹ von L. Röhrich, Bd. III, Berlin 1979.

furchtgebietenden Wiedergängers auf. Er erscheint auch nicht wie die Toten der Sage als Totengerippe, das sich aus dem Grab erhebt, sondern in der märchenhaft sublimierten Gestalt eines Engels, eines Ritters oder eines ‚Reisekameraden', wie in Hans Christian Andersens berühmtem Märchen. Nichts an seiner äußeren Gestalt deutet darauf hin, daß es sich um einen Totengeist handelt, bis er am Schluß der Erzählung sich selbst zu erkennen gibt.

Den ältesten Beleg für eine Erzählung von der Bestattung eines unbekannten Toten als verdienstvolle Tat und der anschließenden Hilfe des ‚Dankbaren Toten' enthält das Buch ›Tobit‹, eine alttestamentarische apokryphe Schrift aus der Zeit um 200 v. Christus[10]. Die Frage nach dem Verwandtschaftsgrad der beiden Erzählbereiche und nach ihrer gegenseitigen Abhängigkeit ist in der neueren Märchenforschung wiederholt gestellt und unterschiedlich beantwortet worden. Ein Teil der Forscher hielt die biblische Tobiasgeschichte für den Seitentrieb eines indoeuropäischen Märchens, das schon Jahrhunderte vor Christus gelebt hat. Für ein so hohes Alter schien vor allem der offensichtliche Zusammenhang der Erzählung mit urtümlichem Totenbrauch zu sprechen: Daß ein Gläubiger nicht nur über Leben und Tod eines Schuldners, sondern nach seinem Tod auch über dessen Leichnam verfügen konnte, hat seine rechtshistorischen Entsprechungen in altägyptischen, altgriechischen und altrömischen Gesetzen. Die Märchen vom Dankbaren Toten haben aber auch einen nicht zu übersehenden Exempelcharakter. Sie schildern Extremfälle menschlicher Opferbereitschaft: Selbstlosigkeit und Mitleid werden gefordert sogar gegenüber Toten, von denen vernünftigerweise keinerlei Dankbarkeit und Gegenleistung erwartet werden kann. Die Erzählungen von ‚Dankbaren Toten' haben wahrscheinlich einen ganz anderen religions- und geistesgeschichtlichen Hintergrund, nämlich die mittelalterlich-christliche Totenfürsorge.

Es entspricht vor allem cluniazensischem Gedankengut, die Toten sich dankbar erzeigen zu lassen. Berichte über Erscheinungen Verstorbener, die durch fromme Werke erlöst sein wollen, häufen sich seit dem 11. Jahrhundert, ausgehend vor allem von Cluny, wo Abt Odilo im Jahre 998 das Allerseelenfest eingeführt hatte, das sich nun über das ganze Abendland ausbreitete und bereits 1006 von Papst Johannes XVIII. für die

[10] Vgl. RGG, 3. Aufl., VI, S. 907, Art. ›Tobitbuch‹ von R. Meyer.

gesamte Christenheit angeordnet wurde. Entsprechend finden sich Arme-Seelen-Geschichten in den Werken des Thomas von Chantimpré, im ›Speculum exemplorum‹ und im ›Dialogus miraculorum‹ des Caesarius von Heisterbach. Das Auftreten des Dankbaren Toten entspricht also nicht bloß einfach archaischem Wiedergängerglauben, sondern steht in voller Übereinstimmung mit der kirchlichen Lehre, und gerade in populären Arme-Seelen-Büchern ist immer wieder auf das Beispiel Tobias hingewiesen worden[11]. Die exemplarische Aktualität der Erzählung vom ‚Dankbaren Toten' ist jedoch nicht erst durch die cluniazensische Propagierung des Arme-Seelen-Gedankens aufgekommen, sondern hat vermutlich schon in älteren christlichen Überlegungen zur Totenbestattung einen Ansatzpunkt gefunden, z. B. in dem Werk ›Die Sorge für die Toten‹ (›De cura pro mortuis gerenda‹) des hl. Augustin (354—430). Dies ist vermutlich das Fundament, auf dem christliche Katechese weiterbaute. Die dankbaren und helfenden Toten gehören jedenfalls durchaus in die mittelalterliche Gläubigkeitsschicht. Und das Tobiasbuch ist mehr als andere apokryphe Schriften der Bibel verbreitet, gelesen und vielfältig als Erbauungsschrift verwendet worden[12].

Die helfenden Toten gehören sonst durchweg in den Bereich der Sage. Ebenso wie der ‚Dankbare Tote' im Märchen erweisen sich die ‚Armen Seelen' der Sage wohltätig und hilfreich gegenüber ihren Guttätern. Wer für eine ‚Arme Seele' betet, genießt auch deren Schutz. Es gibt hier durchaus ein Verhältnis der Gegenseitigkeit. Das illustrieren etwa die bekannten Sagentypen, in denen erzählt wird, wie Tote zur Verteidigung von Lebenden auftreten, die für sie gebetet haben[13]. Schon in den ›Libri miraculorum‹ des Caesarius von Heisterbach findet sich ein früher Beleg für die Erzählung von der Waffenhilfe der ‚Armen Seelen'[14]:

[11] Zum Beispiel J. Ackermann (Hrsg.), Trost der Armen Seelen. Belehrungen und Beispiele über den Zustand der Seelen im Fegfeuer. Einsiedeln [18]1859.

[12] Vgl. Aurelius Augustinus: De cura pro mortuis gerenda; dt. unter dem Titel: Die Sorge für die Toten. Würzburg 1975. S. 4, 7 f., 18 u.a.

[13] Zum Beispiel J. Müller: Sagen aus Uri. Bd. III. Basel 1945. Nr. 1030 ff., S. 23ff.

[14] Caesarius von Heisterbach, Libri Miraculorum II. Hrsg. v. A. Hilka. Bonn 1937. S. 140

Ein Ritter, der immer für die Armen Seelen betete, wird von Feinden verfolgt und flüchtet auf einen Friedhof. Da erheben sich die Verstorbenen aus ihren Gräbern und stehen ihm bei.

Wir wissen, daß gerade diese Sage aus cluniazensischen Exempeln hervorgegangen ist, und von dieser Erzählung gibt es auch eine ganze Anzahl von bildlichen Darstellungen, insbesondere an Friedhofskapellen — ein sicherer Hinweis auch dies, daß es sich um ein christliches Exempel handelt.

Die Toten sind auf die Gebetshilfe der Lebenden angewiesen. Das ist der Inhalt unzähliger Arme-Seelen-Sagen. Am drastischsten wird das demonstriert in der Sage vom Niesgeist[15].

„Ein Bauer fuhr spät in der Nacht von Engelshütt nach Rittsteig. Als er nun ärgerlich dahinstapfte, sah er plötzlich ein Lichtlein glühen. Dieses begann zu flackern und nieste laut. Da sagte der Bauer: ‚Helf Gott!' Wieder nieste das Lichtlein. ‚Helf Gott!' sagte der Bauer nochmals, doch nicht mehr so freundlich. Jetzt nieste das Lichtlein zum dritten Male. Statt nun den Segen nochmals zu sprechen, schrie der Bauer ärgerlich: ‚Jetzt helf dir der Teufel!' — Da kam das Lichtlein näher heran und eine Stimme klagte aus ihm heraus: ‚Ich bin die Seele deines Vaters. Du hättest mich erlösen können.' Dann verlor es sich seitwärts ins Moor und wurde nicht mehr gesehen[16]."

Das Niesen provoziert fromme Wünsche, wie „Gott segne dich!", „Helf dir Gott!", „God bless you!", und von diesen frommen Wünschen braucht der Niesgeist ein gehöriges Quantum für seine Erlösung. Doch scheitert diese meist an der Ungeduld des Lebenden, der vielleicht neunundneunzig Mal, aber eben nicht hundert Mal (!) zu diesem frommen Wunsch bereit ist und der beim hundertsten Niesen schließlich zum Fluch greift: „Wenn dir Gott nicht helfen kann, so helf dir der Teufel!" Diese Erzählungen zeigen einerseits die Hilflosigkeit und Hilfsbedürftigkeit der 'Armen Seelen', andererseits sind sie Ermahnungen für die Lebenden, in der Fürbitte für die Verstorbenen doch ja nichts zu unterlassen und in dieser Fürbitte geduldig anzuhalten. Insofern verraten auch diese Erzählungen klerikalen Einfluß.

[15] Vgl. L. Röhrich, Sage und Märchen. Erzählforschung heute. Freiburg 1976. S. 68 u. 95.

[16] H. Eichhof, Der goldene Steig. Bayerwaldsagen, Lichteneck o. J. (um 1951). S. 46.

Die Schuld, die die ‚Armen Seelen'[17] zu Lebzeiten auf sich geladen haben, ist in den Sagen stark typisiert. Neben Mord und Kindsmord tauchen eine Reihe von sozialgebundenen Verfehlungen auf, wie Hartherzigkeit gegen Arme, Bestechlichkeit, Parteilichkeit, Meineid, Diebstahl, Mißhandlung und Tötung von Tieren, Nahrungsfrevel im weitesten Sinn: Verschwendung der Nahrung, Mißbrauch von Brot, Verschütten von Milch etc. Zahlenmäßig an der Spitze stehen vor allem Grenzverfehlungen, betrügerisches Verhalten, Vergehen von Hirten und Sennen.

Bei der Bestrafung nach dem Tode gilt mehrfach das Prinzip der 'Spiegelnden Strafe':

Einem Brandstifer schlägt dauernd eine Flamme aus dem Gerippe. — Der betrügerische Wirt, der beim Einschenken immer den Daumen in das Glas hielt, hat einen glühenden Daumen. — Die Wirtin, die Wein panschte, muß in jeder Hand einen Wasserkübel schleppen. — Streitende Bauern setzen auch als friedlose Seelen ihren Zank fort. — Ein Hartherziger, der einem Bettler eine Ohrfeige versetzt hat, erlangt Frieden, als auch er eine Ohrfeige bekommt. — Die Hand eines Kindes, das die Eltern geschlagen hat, kommt aus dem Grab hervor und verschwindet erst, als die Mutter sie mit Ruten peitscht. — Ein umgehender Grenzfrevler muß den versetzten Grenzstein tragen. Dabei ruft er beständig: „Wo soll ich ihn hintun?" Ein Vorüberkommender antwortet: „Tu ihn hin, wo du ihn hergenommen hast!" Der Grenzstein fährt mit einem Krach an die richtige Stelle. Der Wiedergänger ruft: „Darauf habe ich schon lange gewartet. Jetzt bin ich erlöst!" — Eine geizige Bäuerin, die dem Bettler ein Almosen verweigert und statt dessen die übrigen Knödel in den Schweinekübel wirft, bekommt einen Schweinekopf und muß mit den Schweinen zusammen fressen. — Ein Hirte, der auf eine Kuh nicht genügend aufgepaßt hatte, so daß sie einen Abhang hinunterfiel, muß nach seinem Tod mit größter Anstrengung immer wieder die Kuh den Berg hinauftragen. Doch sobald er oben angelangt ist, fällt sie ihm wieder hinunter. Das mühsame Heraufschleppen des abgestürzten Tieres ist das Gegenstück zum Hinunterwerfen der Tiere zu Lebzeiten[18].

[17] Vgl. J. Sailer, Die Armen Seelen in der Volkssage. Diss. München 1956; E. Moser-Rath, Art.: Arme Seele. In: Handwörterbuch der Sage. 3. Lfg. Göttingen 1963. Sp. 628—641; G. Thomann, Die Armen Seelen im Volksglauben und Volksbrauch des altbayerischen und oberpfälzischen Raumes. In: Verhandlungen des Hist. Vereins für Oberpfalz und Regensburg 110 (1970), S. 161 ff.

[18] Nachweise bei: I. Müller und L. Röhrich, Der Tod und die Toten (Deutscher Sagenkatalog), in: Dt. Jb. f. Vkde. 13 (1967), S. 346—397; vgl. L. Röhrich, Das Verzeichnis der deutschen Totensagen. In: Fabula 9 (1967), S. 270—284.

Oft müssen die ‚Armen Seelen' nach ihrem Tod ‚nacharbeiten', d.h. sie müssen das, was durch ihre Schuld zugrunde gegangen ist, wiedergutmachen. Sinn dieser Jenseitsarbeit ist entweder die Wiederholung des Verbrechens als Strafe oder das Bemühen um Korrektur und Wiedergutmachung. Im Leben Versäumtes muß noch im Tode nachgeholt und aufgearbeitet werden. Auch nicht eingehaltene Versprechen oder Gelübde binden den Toten noch immer an die Erde. Das gilt insbesondere für religiöse Pflichten:

Die im Leben versäumte Beichte muß noch gesprochen werden. — Ein Toter, der es bei Lebzeiten versäumt hat, eine gelobte Wallfahrt auszuführen, kehrt nach seinem Tode wieder. Er ist erlöst, als ein Lebender ihm die Erfüllung des Gelübdes abnimmt.

Man ist versucht, dabei an die Verse Rainer Maria Rilkes zu denken, wo es heißt:

> „... und das Totsein ist mühsam
> und voller Nachholn, daß man allmählich ein wenig
> Ewigkeit spürt..." (1. Duineser Elegie).

Es besteht gar kein Zweifel, daß eine nicht geringe Zahl von Totensagen mittelalterlich-kirchlichen Exempeln ihren Ursprung verdankt. Ein besonders aufschlußreiches Beispiel ist die Sage von der Bestrafung der Pfaffenkonkubine. In den bayerisch-österreichischen Sagen heißt sie „Pfaffenkellerin", womit eigentlich die Haushälterin eines Priesters gemeint ist. Wenn eine solche Frau ein buhlerisches Verhältnis mit einem Geistlichen unterhält, so ist es nach ihrem Tod ihr Schicksal, zum Leibroß des Teufels zu werden. Der Teufel läßt sein Pferd bei einem Schmied beschlagen, und als dieser den ersten Nagel in den Huf des Pferdes einschlägt, fängt dieses mit menschlicher Stimme zu klagen an: „Schlag nicht so tief!" und gibt sich als eine Verwandte (Tochter, Nichte, Base etc.) des Schmiedes zu erkennen[19]. Was an dieser Erzählung auffällt, ist, daß die Bestrafung sich nur auf die Frau bezieht und nicht auf den Priester, der den Zölibat gebrochen hat.

[19] Vgl. L. Röhrich, Teufelsmärchen und Teufelssagen. In: Sage und Märchen. Erzählforschung heute, a.a.O., S. 252—272; ders., Die Ballade vom Teufelsross. In: Der Deutschunterricht 15 (1963), Heft 2, S. 73—89; D. R. Moser, Verkündigung durch Volksgesang. Studien zur Liedkatechese der Gegenreformation. Hab.schrift Freiburg 1978.

Durch und durch christlich geprägt ist auch die Sage von der Geistermesse oder dem Totengottesdienst:

Ein Lebender betritt in der Meinung, daß Frühkirche abgehalten wird, um Mitternacht eine erleuchtete Kirche, in der ein Gottesdienst stattfindet. Plötzlich bemerkt er, daß die Teilnehmer dieses Gottesdienstes alles längst Verstorbene sind und er sich in einer Totengemeinde befindet. Im letzten Augenblick gelingt es ihm, aus der Kirche zu fliehen. Sein Mantel bleibt in der Kirchentür hängen, und am anderen Morgen findet man ihn in tausend Fetzen. Das wäre auch das Schicksal des Teilnehmers an der Geistermesse gewesen, wäre er in der Kirche geblieben.

Die Sagen handeln im allgemeinen davon, daß es für die Lebenden gefährlich werden kann, in den Bereich der Toten einzudringen. Doch ist dies erst eine Entwicklung der Sage in den nachmittelalterlichen Jahrhunderten. Wir wissen, daß diese Sage sich aus einer älteren Legende gebildet hat, in der die Teilnahme an einer Messe der Heiligen für eine besondere Auszeichnung eines sündenfreien Menschen gehalten wurde. In einigen Sagen der katholischen Innerschweiz hat sich sogar diese eher legendenmäßige Version der Sage noch bis in unser Jahrhundert erhalten[20].

Nur auf dem Boden christlicher Tradition ausgebildet haben kann sich die Erzählung von der Ladung ins Tal Josaphat und vom Westerkind. Das Tal Josaphat war der Ort, wo nach jüdischem und frühchristlichem Glauben das Jüngste Gericht stattfinden sollte[21]. In der Sage tritt das Motiv vor allem dann auf, wenn alle irdischen Rechtsmittel versagt haben. Diese Sage verbindet sich gelegentlich mit der Westerkind-Vorstellung. Als ‚Westerkind' bezeichnet man einen Säugling, der, ohne Nahrung genossen zu haben, gleich nach der Taufe stirbt. Der Name kennzeichnet den Säugling im ersten Hemd, dem Westerhemd, d.h. dem Taufkleid. Einem solchen Kind wurden besondere Kräfte bei Gott zugeschrieben: Weil es noch keine Sünde begangen hat, hat es im Jenseits ein Guthaben, das es nicht für sich selbst braucht, sondern anderen, wie z.B. seinem Taufpaten, zukommen lassen kann[22].

[20] Vgl. O. Schell, Einige Bemerkungen zu den Sagen von Geisterkirchen und Geistermessen. In: Westdt. Zs. f. Vkde. 8 (1911), S. 113—119; B. Deneke, Legende und Volkssage. Diss. Frankfurt 1958: A. Gattlen, Die Totensagen des Alemannischen Wallis. Diss. Freiburg/Schweiz 1948.

[21] Vgl. S. Hardung, Die Vorladung vor Gottes Gericht. Bühl 1934.

[22] Vgl. R. Wildhaber, Die Sage vom Westerkind. In: Schweizer Volkskunde. Korrespondenzblatt der Schweiz. Ges. f. Vkde. 37 (1947), S. 102—107.

Die Sagen von toten Kindern sind überhaupt sehr bemerkenswert[23].

Die Seelen ungetaufter Kinder führen als Irrlichter einen nächtlichen Wanderer an ein Wasser, um sich von ihm taufen zu lassen. Nachdem er sie getauft bzw. auch nur mit Wasser bespritzt hat, verschwinden sie.

Für die Kinder gibt es ganz offenbar eigene Jenseitsvorstellungen. Am bekanntesten ist die eines Kindertotenzuges, der von Frau Perchta angeführt wird. Auch hierbei handelt es sich wieder um einen Zug der ungetauft verstorbenen Kinder.

Einen stark exemplarischen Charakter hat auch die Sage vom Toten als Gast (AaTh 470 A):

Ein Betrunkener stößt auf dem Friedhof mit dem Fuß an einen Totenschädel und lädt ihn zu sich zum Essen oder Trinken ein. Der Tote erscheint und nimmt den Gastgeber mit ins Grab.

Die Überlieferung der Erzählung beginnt in der Exempel-Literatur des späten Mittelalters. Immer wieder wird dabei betont, daß ein Mensch in betrunkenem Zustand einen Toten zum Gastmahl eingeladen und welche negativen Folgen diese Einladung für ihn gehabt hat. Aber mehr als Trunkenheit hat die mittelalterliche Kirche sicher noch andere Dinge beanstandet, die in diesem Exempel zum Ausdruck kommen, nämlich Reste alten Totenkults, wie z. B. die Speisung der Toten beim jährlichen Erinnerungsmahl. Diese Züge sind das eigentlich frevelhafte Geschehen. Aus den mündlichen Sagen wird dies deutlicher als aus dem literarischen Don-Giovanni-Stoff[24].

Lehrhaften Charakter hat auch der weit verbreitete Sagentyp 'Freunde in Leben und Tod':

Zwei Freunde machen miteinander aus: Wer zuerst stirbt, soll dem anderen erscheinen und ihm mitteilen, wie es ihm im Jenseits ergangen ist. Bald darauf stirbt der eine und erscheint — wie verabredet — dem überlebenden Freund. Dieser

[23] Vgl. J. Pentikäinen, The Nordic Dead-Child Tradition (= FFC 202). Helsinki 1968. S. Graf v. Pfeil, Das Kind als Objekt der Planung. Eine kulturhistorische Untersuchung über Abtreibung, Kindstötung und Aussetzung. Göttingen 1979.

[24] Vgl. L. Petzoldt, Der Tote als Gast. Volkssage und Exempel (= FFC 200). Helsinki 1968; L. Röhrich, Erzählungen des späten Mittelalters, a. a. O., Bd. II, S. 53—85 u. 407—415.

fragt gleich: „Wie sieht es in der Ewigkeit aus?" Der Tote erwidert: „Es ist nicht so, wie ich gemeint habe, aber auch nicht so, wie du gemeint hast, aber alles wird dort sehr genau genommen" (oder es wird eine andere Warnung erteilt).

Kirchliche Exempel scheinen wesentlich zur Ausbildung dieser Sage beigetragen zu haben. Die Lehrhaftigkeit des Stoffes liegt auf der Hand: Ändere dein Leben, solange noch Zeit ist[25]. Nun müssen Lehren, die sich aus Sagen ergeben, nicht notwendigerweise solche der christlichen Katechese sein. Gerade Totensagen stellen z. B. auch Verhaltensnormen hinsichtlich der brauchtümlichen Trauerzeit auf. So z. B. die Sage vom zurückkehrenden toten Bräutigam, die man analog zu G. A. Bürgers berühmter Schauerballade den Lenoren-Typ nennt[26].

Ein Mädchen weint so sehr um seinen im Krieg gefallenen Geliebten, daß dieser gezwungen ist, zu ihr zurückzukehren. Er nimmt sie auf sein Pferd, und sie reiten zusammen durch die Nacht. Immer wieder fragt er sie:

Wie scheint der Mond so hell,
die Toten reiten schnell,
Feinsliebchen, graut dir nicht?

Der gespenstische Ritt endet auf dem Friedhof, wo der tote Bräutigam ins Grab sinkt.

Das Stück gibt eine deutliche Lehre gegen übertriebene Trauer. „Er warnte sie noch, ja keinen Verstorbenen mehr zu sich zu verlangen." So oder ähnlich lautet oft der Schluß dieser Sage. Auch die Erzählungen vom nassen Totenhemdchen (KHM 109) oder vom Kind mit dem Tränenkrüglein sind solche Beispiele, mit denen vor allzu langer und selbstzerstörerischer Trauer gewarnt wird. Die Erzählung berichtet von einem Kind, das die Tränen, die seinetwegen vergossen werden, in einem Krug auffangen und diesen mit sich herumschleppen muß. In der parallelen Erzählung vom nassen Totenhemd kommt ein verstorbenes Kind zu seiner Mutter zurück und beklagt sich, daß ihre Tränen sein Totenhemdchen beständig naß machen. Die Schlußsätze dieser Sagen machen die

[25] Vgl. G. Petschel, Freunde in Leben und Tod. Diss. Göttingen 1967; L. Petzoldt, Friends in Life and Death. In: Rhein. Jb. f. Vkde. 19 (1968), S. 101—161.

[26] Vgl. W.-E. Peuckert, Lenore (= FFC 158). Helsinki 1955; liedhafte Varianten des Stoffes und weitere Literaturangaben bei L. Röhrich u. R. W. Brednich, Deutsche Volkslieder I, Erzählende Lieder. Düsseldorf 1965. Nr. 8, S. 65 ff.

Erzähltendenz deutlich: „Man soll den Toten nicht nachweinen, denn jede Träne, die man um sie vergießt, tut ihnen weh“; oder: „Jede Träne, die um einen Begrabenen geweint wird, fällt in dessen Leichentuch und macht es naß“[27].

Manche Sagen erzählen von der Fortsetzung der ehelichen Gemeinschaft mit dem überlebenden Partner:

„Das hat mir der alte Pfarrer selbst erzählt. Wie er noch ganz frisch ist hier nach Hochwies gekommen, hat ihn sein Vorgänger aufgeklärt über die Gemeinde. Und als Beispiel, wie hart der Aberglauben in den Köpfen noch stecken tut, hat er ihm ein Beispiel erzählt:

Um 1860 herum ist eine Frau zu ihm gekommen und hat ihn um ein Mittel gebeten und einen Rat. Sie hat ihm gesagt, ihr toter Mann kommt jede Nacht zu ihr und verlangt, sie soll mit ihm schlafen. Der Pfarrer hat ihr das wollen ausreden und hat ihr gesagt, sie tut das nur träumen, das kann nicht sein. Sie sagte, das sei die heilige Wahrheit. Jetzt ist der Pfarrer bös geworden und hat ihr erklärt, sie soll ihn nicht belügen. Dann hat das Weib ihr Hemd aufgerissen und ihm auf ihrer Brust gewiesen blaue Flecken. Die hätte sie davon, daß sie ihrem toten Mann nicht wollte zum Gefallen sein, weil sie sich vor dem Toten hat gefürchtet. Da habe er sie verprügelt und aus dem Bett geworfen. Deswegen sei sie ja hier.

Der Pfarrer hat ihr nicht ausreden können, daß das eine Einbildung ist und sie im Traum aus dem Bett gefallen sein muß, sich so wird geschlagen haben. Um sie los zu werden, hat er dann ihr einen alten, verschlissenen Chorrock aus der Kirche holen lassen. Den soll sie sich umhängen, er wird ihr helfen. Und wirklich hat sie später behauptet, das hätte geholfen, der Tote wäre vor dem Geweihten zurückgeschreckt. Er sei noch drei Nächte vergebens gekommen, dann nimmer[28].“

Enge vitale Bindungen werden auch durch den Tod nicht abgerissen. So kehrt auch die tote Mutter zu ihrem Kind zurück.

„In Drüber war eine Frau gestorben und hatte ein kleines Kind hinterlassen. Für dieses mochte nicht so gesorgt sein, wie es eigentlich hätte geschehen müssen; denn acht Tage nachher kam nachts um elf Uhr die verstorbene Mutter in die Stube, worin das Kind lag, ging hin zur Wiege, nahm dasselbe heraus und tat so, als wenn sie es säugte. Dann suchte sie die Kindertücher zusammen, ging damit aus dem Hause hinaus und zum Brunnen, wo sie dieselben wusch und zum Trocknen ausbreitete. Hatte sie dies getan, so kam sie in die Stube zurück, wo sie bei dem

[27] Nachweise bei: I. Müller und L. Röhrich (wie Anm. 18).

[28] W. E. Peuckert (Hrsg.), Hochwies. Göttingen 1959. S. 36 f., Nr. 67.

Kinde blieb, bis es zwölf schlug, worauf sie verschwand. Am anderen Morgen war alles in der Wiege ganz so, wie es am Abend gewesen war. So kam der Geist der Mutter vier Wochen lang jede Nacht eine Stunde, dann erschien er nicht wieder[29]."

Eine verstorbene Mutter kann auch ihr Kind nachholen. In diesen Fällen spricht man von einem ‚Nachzehrer'. Unter einem Nachzehrer versteht man vor allem einen Toten, der in seinem Grab an seinem Leichentuch saugt und dadurch andere Verwandte ins Grab nachzieht. Der Vampir dagegen verläßt als ‚lebender Leichnam' sein Grab, um Blut zu saugen[30]. Die Vampirsagen nehmen in der Regel einen typischen Verlauf:

Ein Toter kommt aus seinem Grab heraus und saugt einem schlafenden Menschen Blut aus. Daraufhin sucht er seine Grabstätte wieder auf. Seine Opfer siechen dahin. Man öffnet das Grab des Toten, und an diesem erweisen sich die Zeichen der vampirischen Existenz, wie Unverwestheit und Blutspuren. Man ergreift Gegenmaßnahmen; ein zweiter Tod muß an dem Verstorbenen vollzogen werden. Dem Toten wird der Kopf zwischen die Beine gelegt, oder das Herz herausgerissen, oder er wird gepfählt, d. h. der Tote wird sozusagen im Grab festgenagelt. Das radikalste und wirksamste Mittel ist das Verbrennen. Das Feuer vernichtet den Körper vollständig. Die Asche wird in alle Winde zerstreut oder ins Wasser geworfen.

Es ist auffallend, wie wenig christliche Züge in die Vampir- und Nachzehrer-Sagen Eingang gefunden haben. Es ist niemals von christlichen Erlösungstaten die Rede wie bei anderen Toten oder ‚Armen Seelen', sondern diese Toten werden total vernichtet. Nicht die Erlösung des ruhebedürftigen Toten bildet das Ende dieser Erzählungen, wie sonst in den Wiedergängersagen, sondern allein die Befreiung der Lebenden von der Gefährdung durch die Toten. Der Tote muß unschädlich gemacht werden. Die Vampirthematik ließ keine Verchristlichung ihrer Inhalte zu.

Zu den gewiß altartigen Totenvorstellungen der Sage gehört die sog. Bahrprobe. Es handelt sich um eine Gottesurteilvorstellung des mittelalterlichen Rechts:

Um den Mörder eines Erschlagenen ausfindig zu machen, führt man die Beschuldigten an die Bahre des Getöteten. Wenn dessen Wunden erneut zu bluten beginnen, gilt dies als Beweis, und der Mörder als überführt.

[29] G. Schambach-W. Müller, Niedersächsische Sagen und Märchen (= Denkmäler dt. Volksdichtung 1). Stuttgart 1948, S. 219, Nr. 235.

[30] Vgl. D. Sturm u. K. Völker (Hrsg.), Von denen Vampiren oder Menschensaugern. Dichtungen und Dokumente. München 1968.

Aufgrund des Bahrrechtes wird im Nibelungenlied Hagen als Mörder Siegfrieds identifiziert[31]. Auch aus anderen literarischen Zeugnissen des Mittelalters kennen wir die Bahrprobe[32]. Aber auch in Sagenaufzeichnungen des 19. und 20. Jahrhunderts sind diese Vorstellungen noch lebendig:

„In Niedergestelen lagen zwei Bürger des Wassers wegen im Streit. Der eine machte kurzen Prozess und warf den anderen in den Graben, wo er zerschmettert aufgehoben wurde. Der Täter konnte nicht ermittelt werden. Am Begräbnistag sagte der Pfarrer: ‚Bevor ich den Toten bestatten lasse, müssen alle meine Pfarrkinder an dem Sarg vorbei und eine Viertelminute dem Toten die Hände auflegen.‘ Als der Mörder an die Reihe kam, fing das Blut des Ermordeten wieder an zu fliessen. Da rief der Prior: ‚Du bist der Mörder‘, worauf dieser seine Tat bekannte[33].“

Noch in ›Porgy und Bess‹, der Bettleroper von du Bois und Gershwin, gibt es eine ähnliche Vorstellung: Porgy hat Angst, zur Polizei zu gehen, um Crowns Leichnam zu identifizieren. Porgy hat ihn umgebracht, und er hat Angst, daß der Leichnam in seiner Gegenwart bluten würde.

Rechtsvorstellungen sind überhaupt innerhalb der Totensagen sehr gewichtig. Wenn ein Toter nicht die ihm nach der Sitte zukommenden oder von ihm ausdrücklich erbetenen Grabbeigaben erhält, so kommt er so lange wieder, bis sein Begehren erfüllt und ihm sein Recht zuteil geworden ist[34].

„In alter Zeit starb in Flehingen eine Wöchnerin mit ihrem neugeborenen Kinde, und dieses wurde ihr, in ihrem Arme liegend, mit ins Grab gegeben. Die zwei folgenden Nächte erschien sie ihrer Mutter und bat, sie möge ihr Faden, Nadel, Schere, Fingerhut, Wachs und Seife ins Grab geben, weil sie in jener Welt für ihr Kind noch nähen und waschen müsse. Die Mutter erfüllte dieses Begehren, worauf der Geist sich nicht wieder sehen liess[35].“

[31] Nibelungenlied, Str. 1044 f.

[32] Vgl. H. Fehr, Das Recht in den Sagen der Schweiz. Frauenfeld 1955. S. 27—31; S. Anger: Die Bahrprobe in Sage und Rechtsbrauch. In: Die Heimat 74 (1967), S. 12—15;

[33] J. Jegerlehner, Sagen und Märchen aus dem Oberwallis. Basel 1913. S. 164f., Nr. 37.

[34] Vgl. M. Zender, Die Grabbeigaben im heutigen deutschen Volksbrauch. In: Zs. f. Vkde. 55 (1959), S. 32—51; G. Wiegelmann, Der ‚lebende Leichnam‘ im Volksbrauch. In: Zs. f. Vkde. 62 (1966), S. 161—183; G. Gühring, Der Tod in der Volkssage der deutschsprachigen Gebiete. Diss. Tübingen 1957.

[35] B. Baader, Volkssagen aus dem Lande Baden. Karlsruhe 1851. Neudruck Hildesheim 1973. S. 286, Nr. 304.

Ganz offensichtlich außerchristlich ist auch die Vorstellung vom Tanz der Toten und vom geraubten Leichenhemd, die Goethe in seiner Ballade ›Der Totentanz‹ gestaltet hat und die auf eine volkstümliche Fassung zurückgeht[36].

Ein Totengräber sieht einen Toten aus dem Grab steigen und sein Totenhemd ablegen. Er holt es sich und flüchtet damit in die Kirche. Der zurückkehrende Tote verfolgt ihn, erreicht ihn aber meist nicht, da die Glocke das Ende der Geisterstunde schlägt.

Die Idee der Totengemeinschaft hat jedenfalls schon lange vor der Christianisierung die Totensagen beherrscht. Das ergibt sich auch aus den Vorstellungen von Totenheeren, Gespensterzügen, vom Nachtvolk und Wilden Jäger, die hier nicht weiter verfolgt werden können. Vielmehr sollen die Ergebnisse noch kurz zusammengefaßt werden.

Der Komplex der ‚Totensagen' bildet die größte Gruppe von Volkssagen. Dabei heben sich deutlich verschiedene kulturhistorische Schichten ab. Vorherrschend ist christlicher Einfluß. In diesen Fällen geht es um die Erlösung von büßenden ‚Armen Seelen' und Totengeistern. Davon hebt sich eine nichtchristliche Schicht der Wiedergänger, Vampire und Nachzehrer ab. Aber auch alle nur möglichen sonstigen Toten- und Jenseitsvorstellungen stehen in der Sage nebeneinander. Weit über die eigentlichen Totensagen hinaus hat in den Volkserzählungen die Begegnung mit dem Übernatürlichen oft den Tod zur Folge. Eine Erklärung für den Tod mag der ausgestandene Schrecken, eine numinose Erschütterung sein, den manche Sagenberichte ausdrücklich hervorheben. Die Sage zeigt hierin jedenfalls ein völlig anderes Bild als das Märchen. Während das Märchen den Tod ignoriert oder ihn doch wenigstens für seinen Helden ausklammert, sprechen Sagen unaufhörlich vom Tod; sie zeigen geradezu eine gewisse Nekrophilie. Sterben und Tod und das Leben nach dem Tode sind zumindest das fast beständige Thema der Sage. Das Märchen bricht auf dem Höhepunkt der Biographie seines Helden ab; das ist in der Regel die Märchenhochzeit. Die Sage dagegen zielt auf das Ende des Lebens und befaßt sich mit dem Zustand des Menschen nach seinem

[36] Vgl. H. Rosenfeld, Der mittelalterliche Totentanz. Köln — Graz 1968. S. 44ff.; K. Meyer-Baer, Music of the Spheres and the Dance of Death. Princeton/NJ 1970.

Tode. Während das Märchen egoistisch zentriert ist, ist die Sage altruistisch auf den Toten und sein Schicksal gerichtet. Wenn ‚Erlösung' im Märchen eine Rückkehr in ein Leben ohne Tod bedeutet, meint ‚Erlösung' in der Sage ein Aufhören der Ruhelosigkeit und ein Eingehen in einen endgültigen Totenzustand oder — christlich gesehen — in die ewige Seligkeit. Unsere beiden Erzählweisen zeigen ganz verschiedene psychologische Einstellungen: Wunschdenken im Märchen und Angstdenken in der Sage; und sie dokumentieren damit zwei grundsätzlich verschiedene Verhaltensmuster des Menschen angesichts des Todes: Das Märchen skizziert den Menschen, der den Tod ausklammern möchte, ihn vielleicht sogar ausklammern muß, wenn das Leben weitergehen soll. Auf der anderen Seite zeigt die Sage den Menschen, der unausweichlich und beständig vom Tod umgeben ist.

DIE MUSIKALISCHE "DARSTELLUNG" DES TODES ALS RELIGIÖSES PHÄNOMEN

Von Gunther Stephenson

Für meine Frau

Es ist bisher kaum der Versuch gemacht worden, musikalische Phänomene einer religionswissenschaftlichen Betrachtung zu unterziehen. Zu den Objekten dieser Betrachtung gehört aber alles, was durch religiöse Intention seinen gedanklichen, bildhaften oder konkreten Ausdruck gefunden hat. Die Religionswissenschaft beschäftigt sich daher nicht nur mit Texten, Geschichtszeugnissen, mit Mythen, Riten und religiösen Vorstellungen, sondern ebenso mit den Verdinglichungen religiöser Intention im Bereich der Kunst. Diese Aufgabe gilt auch für die bisher zu wenig beachteten Phänomene der Musik, denen der Ahnherr der Religionsphänomenologie, G. van der Leeuw[1], eine ebenso feinsinnige wie kenntnisreiche Untersuchung gewidmet hat.

Solche Untersuchungen können nur sinnvoll sein, wenn man davon ausgeht, daß die Musik eine Schöpfung des Menschen ist, die sich in ihren Strukturen durch alle Kulturen jahrtausendelang ziemlich konstant erhalten hat, während Europa bisher — nach der Auffassung F. Busonis — nur einen Teil des prinzipiell Möglichen realisiert hat. Schöpferische musikalische Leistungen sind ebenso wie andere Kulturleistungen der allgemeinen Anthropologie zuzuordnen, die bei aller historischen Vielfalt doch „natürliche Ordnungen" kennt, wie gerade die Gestalt- und Strukturpsychologie gezeigt hat. Aus diesem Grunde läßt sich auch von einer „Natur der Musik" sprechen[2], denn es besteht trotz verschiedenartigster ethnologischer Forschungen eine „Strukturanalogie zwischen Welt,

[1] G. van der Leeuw, Vom Heiligen in der Kunst. Gütersloh 1957 (dt).

[2] W. Wiora, Natur der Musik? Unnatur heutiger Musik?. In: Die Natur der Musik als Problem der Wissenschaft. Hrsg. v. W. Wiora. Kassel 1962.

Mensch und Tonkunst[3]“. Die Möglichkeiten der Natur werden in der Geschichte entdeckt und verwirklicht. Die Basis bilden stets eine Reihe von Konstanten, die allen musikalischen Äußerungen eigen sind, wie etwa: Töne, Tonhöhen, Intervalle, Äquivalenzen der Oktave, Rhythmus, Tempo, Lautstärke, Klangfarbe, Gesetzlichkeiten und Grenzen des Hörens, eben die natürlichen physiologischen Ordnungen.

Wenn man noch hinzunimmt, daß die Grundanschauungen über die „ursprüngliche Bedeutung der Musik“ in allen Kulturen ziemlich gleich sind, wie M. Schneider[4] gezeigt hat, daß nämlich die Musik primär in Mythos und magisches Ritual eingebettet war, daneben auch praktischen Zwecken und philosophischen Erörterungen diente, schließlich gerade die Polarität von Leben und Tod in der unreflektierten musikalischen Frühperiode eine beträchtliche Rolle spielte, so darf man an die Erscheinungswelt der Musik wohl die Frage herantragen, inwiefern sie der Erkenntnis religiöser Inhalte sowohl geschichtlich wie phänomenal förderlich sein kann. Es gilt also, die bisherigen Ansätze zur Musikphänomenologie für die Religionswissenschaft auszuwerten.

Daß für diese Zielsetzung ein Objektivierungsvorgang erforderlich ist, der beim sinntragenden Ereignischarakter der Musik ansetzt, wenngleich eine begriffliche Analyse musikalischer Gestaltungen nur sehr begrenzt möglich ist, muß bei aller Evidenz musikalischer Aussage einschränkend betont werden. Denn diese „ist ein einheitlicher Sinnakt, der sich nicht aus einer Anhäufung von Fakten rekonstruieren läßt, die nur vom Ganzen her verständlich sind“, sagt E. Ansermet[5]. — Das notwendige „objektive Denken“ unterscheidet stets ein klangliches und ein psychologisches Phänomen und verkennt damit den ursprünglichen Zusammenhang. Dennoch fordert auch E. Ansermet die Erarbeitung einer Musikphänomenologie[6]. Unsere

[3] Wiora, a. a. O., S. 9.

[4] M. Schneider, Die historischen Grundlagen der musikalischen Symbolik. In: Die Musikforschung 4 (1951), S. 113—143.

[5] E. Ansermet, Die Grundlagen der Musik im menschlichen Bewußtsein. München 1965. S. 16. — Vgl. dazu auch J. Bouman, Ernest Ansermet über die Krise in Musik und Religion. In: Denkender Glaube. Festschrift für C. H. Ratschow. Hrsg. v. O. Kaiser. Berlin/New York 1976.

[6] Ansermet, a. a. O., S. 21. — Anm.: Sehr viel früher und ganz anders angelegt: H. Mersmann, Versuch einer Phänomenologie der Musik. Darmstadt 1973. Nachdruck von 1922.

Aufgabe ist es jedoch, die Ergebnisse einer phänomenologischen Betrachtung der Musik, die sich der Elemente und Strukturen des Klangs einschließlich der Symbolfrage zu widmen hat, für eine religionswissenschaftliche Fragestellung nutzbar zu machen. Denn für sie ist maßgeblich die Frage von Bedeutung, ob und wie eine religiöse Intention im musikalischen Ausdruck sichtbar wird oder gar Symbolgestalt annimmt, nachdem von einer frühzeitlichen Einheit von Religion und Musik nicht mehr ausgegangen werden kann. Dabei werden wir uns aus naheliegenden Gründen auf den vertrauten Bereich der neueren europäischen Musikgeschichte beschränken müssen, ohne die grundsätzliche Möglichkeit einer vergleichenden Phänomenologie in Frage zu stellen.

Eine besondere Variante der religionswissenschaftlichen Fragestellung stellt unser Thema dar: Leben und Tod als Wirklichkeitserfahrung menschlichen Daseins. Wir können folglich präzisieren: Gibt es wiederkehrende musikalische Figuren, charakteristische Ausdrucksmittel unserer Todesbilder, um entsprechende Klangphänomene oder gar ihre symbolische Bedeutung hinreichend interpretieren zu können? — Sollte sich diese Frage als sinnvoll erweisen, so wartet auf die musikalische Hermeneutik[7] noch eine dankbare Aufgabe. Die religionswissenschaftliche Hermeneutik fügt sich unmittelbar an: Lassen sich durch hinreichende Klärung der musikalischen Problematik Erkenntnisaufschlüsse für die europäische Religionsgeschichte gewinnen? Gibt die Phänomenseite der musikalischen Todesaussage neue oder ergänzende Aufschlüsse über die religiöse Verfassung des europäischen Menschen? Ist es vielleicht sogar möglich, in der Tonsprache religiöse Symbole zu erkennen, die sich auch außerhalb der engeren christlichen Tradition finden? Unter Beachtung eines nicht zu engen Begriffs Religion scheint dieser Weg erfolgversprechend zu sein. Man sollte sich nicht allzuviel Zurückhaltung auferlegen, um auch wissenschaftlich das religiöse Phänomen Musik ins Blickfeld treten zu lassen. „Ein Geheimnis läßt sich aber nicht durchdringen, indem man ihm das Geheimnisvolle raubt; man muß es als Phänomen begreifen und verstehen wollen, warum es in seiner Erscheinung ein Mysterium ist und bleibt und woraus es besteht[8]". Schließlich stößt selbst die sublime

[7] Siehe H. Kretschmar, nach H. Pfrogner, Musik. Geschichte ihrer Deutung. Freiburg 1954. S. 338—345.

[8] Ansermet, a. a. O., S. 22.

musikalische Sprache auf Grenzen, die in eine andere Wirklichkeit hinübergleiten. —

Wir wollen uns auf Umwegen zum eigentlichen Thema der religiösen Aussage in der Musik vortasten, indem wir zunächst darüber nachdenken, in welcher Weise der Mensch in seiner Geschichte den ihn bestimmenden Daseinsmächten Leben und Tod in seinen Empfindungen, Vorstellungen und Schicksalserfahrungen begegnet ist. — Die Religionsgeschichte kennt viele Variationen dieser bleibenden menschlichen Grunderfahrung. Es gibt etwa die Apotheose des Lebens, die den Tod nicht wahrhaben will oder ihn magisch zu bezwingen versucht; aber auch eine lebensbejahende, heitere Unbekümmertheit. Der Tod wird schließlich komplementär ins Leben hineingenommen. — Nach einer gewissen Reflexionsstufe erscheint der Tod als Macht der Vernichtung, der Fremdheit oder Feindlichkeit, als Ausdruck der Endlichkeit oder gar als das unaufhebbare Lebensgesetz. - Die vitale Reaktion äußert sich dann als Grauen, Angst, Schrecken, Gefühl der Ausweglosigkeit, Qual und Trostlosigkeit, — aber auch als trotziges Aufbegehren und Abwehr mit der Absicht, den Tod mit allen Mitteln zu überwinden. In jedem Falle wird der Tod als bedrohender Antipode zum eigenen Daseinsverständnis erlebt. Daraus entspringt häufig der Wille zur Fortsetzung des Lebens: die Toten erhalten eine neue L e b e n s qualität, die das vitale Leben relativiert. Naturvölker kennen den „lebenden Leichnam“, das Totenreich, dessen Sein sie mit dem eigentlichen Heil in der Gemeinschaft verbindet. Der Tod erhält ebenso eine religiöse Bedeutung wie das gelebte Leben. Die Reaktionen auf diese Vorstellungswelt heißen dann: Beschwichtigung, Ergebung, Trauer, Vorsorge für das ‚ewige Leben‘. Das Spektrum ist sehr groß. — In den sublimen Formen der Hochreligionen setzt sich dann schließlich eine Wertverlagerung zugunsten des ‚wahren Lebens‘, des ‚geistlichen Lebens‘, des ‚eigentlichen Seins‘ durch, die das vitale Leben als ‚geistlichen Tod‘ betrachtet und das ‚heilige‘ Leben im Diesseits oder ‚Jenseits‘ (von Zeit und Raum) ansiedelt. Die Skala reicht bis zur Ablehnung des vitalen Lebens in der Erwartung des ‚heilen‘ Seins nach dem vitalen Tod. Diese Art der Todesbegegnung kennt viele Schattierungen von der gelassenen Ruhe, von Abschied und Wehmut, Verlöschen und Traurigkeit bis hin zur beseligten Zuversicht, Sehnsucht nach Friede und Heil. — In welchem mythischen oder gedanklichen Referenzrahmen diese Perspektiven und

Verhaltensweisen auftreten, d.h. in welchen Schichten der Erfahrung von Wirklichkeit[9] sie beheimatet sind (z.B. Ahnenverehrung, Schicksal, Gott oder Naturunendlichkeit), bleibt für unsere Frage relativ unbedeutend.

Als besonders bedeutsam darf in diesem Zusammenhang freilich noch die Mystik angesehen werden, weil sie einen Standort jenseits aller angesprochenen Gegensätze einnimmt, der dazu führen kann, die Polarität von Leben und Tod überhaupt aufzuheben und in einer höheren Einheit zu verschmelzen. —

Im Rahmen dieser kurzen Skizze sollte jedoch beachtet werden, daß die angedeuteten und weitere Variationen der Todesbegegnung sich oftmals verschränken; gerade das gilt auch für die Musik.

Da wir es für unseren Versuch nur mit einer kurzen Spanne der europäischen Geschichte zu tun haben, die durch das christliche Weltbild und seine säkular-humanen Ausläufer geprägt ist, haben wir diesen religions- und geistesgeschichtlichen Hintergrund besonders ins Auge zu fassen. Die Todesbegegnung fügt sich zunächst in die christliche Gedankenwelt mit ihrer göttlichen Heilsordnung ein, löst sich dann im Zuge eines Individualisierungsprozesses zunehmend aus dem vorgegebenen Rahmen, ohne daß dabei die religiöse Motivation verloren zu gehen braucht. Wir werden beobachten, daß neben der christlichen Vorstellungswelt die schon im Mittelalter angelegte Tendenz zur Hereinnahme des Todes in das Leben voranschreitet und damit die ‚objektive' Heilsordnung unter Abschwächung ihrer Gültigkeit verinnerlicht wird. — Das allgemein menschliche Schicksal, das eigene Leben *sub specie mortis,* das Schattenreich als polare Zuordnung, die romantische Todessehnsucht ("Freund Hein"), das persönliche Ewigkeitsstreben rücken in den Vordergrund. Alles dies — bis hin zur Mystik — sollen uns die musikalischen Beispiele verdeutlichen.

Ein weiterer Umweg ist freilich noch erforderlich: Voraussetzungen und Grenzen der musikalischen Darstellbarkeit wollen noch bedacht werden. — Zunächst einmal wäre zu berücksichtigen, daß wir es für die Musikepoche von Bach bis Mahler nicht mit noch urtümlich-unreflektierter

[9] G. Stephenson, Zum Religionsverständnis der Gegenwart. In: Zs. f. Missions- u. Relig.wiss. 60 (1976), S. 181—216.

Musik zu tun haben, die in einen anonymen Traditionszusammenhang eingebettet ist, sondern mit ausgesprochener Kunstmusik, die äußerst differenzierten ästhetischen Gesetzen folgt, und in der Regel — sofern wir den zweckfreien Schöpfungsakt einmal beiseite lassen — vom Komponisten für einen bestimmten Hörerkreis geschaffen wurde, bei dem ein kultiviertes musikalisches Aufnahmevermögen vorausgesetzt wird. Diese Tonsprache kann, muß aber nicht von einer religiösen Intention im engeren Sinne *(ad magnam gloriam Dei)* ausgehen, wie es noch im Mittelalter und anderen Kulturen der Fall war. Die kunstvolle Kette: Komponist — Interpret — Hörer bedingt einen Mangel an Allgemeinverständlichkeit; sie setzt sowohl Musikalität wie Vertrautheit mit den Kulturtraditionen voraus, im Gegensatz etwa zum schlichten Volkslied. Sozial gesehen ist also nur ein relativ kleiner Kreis der europäischen Völker für Aussage und Form der Kunstmusik ansprechbar. Dieser Umstand gilt jedoch für alle größeren Leistungen der Hochkulturen. Zu diesem Vorgang gehört auch das Auseinanderklaffen von Inhalt und Form, wie es ältere Kulturstufen in dieser Schärfe nicht kannten, und das schließlich zu einer reinen Formalästhetik geführt hat, die die Fragestellung unseres Versuchs erübrigen würde. Für uns ist der Aussagewille des Tonkünstlers als Repräsentant seiner Zeit entscheidend. Das Problem besteht in der Vermittlung dieser Aussage durch die Form.

Versetzen wir uns in ein Konzerterlebnis, das bekanntlich auch bei einer Aufführung der ›Matthäuspassion‹ in einer Kirche zu einer säkularisierten Form der Musikdarbietung geworden ist. Ob wir ein Klavierkonzert von Mozart oder ein Streichquartett von Brahms hören, spielt für die anstehende Beobachtung keine Rolle. Tausend Menschen lauschen aufmerksam den Interpreten. Manchen bieten sie einen formalen Genuß, bei den meisten werden zugleich Gefühle verschiedenster Art ausgelöst, Gefühle allgemeiner und besonderer Art. Die Reaktionen sind je nach Stimmungslage und Disposition des Hörers unterschiedlich. Ein schwermütig-verhaltener Streichersatz läßt den einen an den Tod eines geliebten Menschen denken, löst beim anderen wehmütige Erinnerungen aus. — Ein heiteres Menuett von Haydn erweckt bei dem einen Glücksgefühle, bei dem anderen körperlich spürbare Lust zum Tanzen. Hinzu treten die gedanklichen Assoziationen des Hörers, denen bei der Instrumentalmusik immerhin ein ziemlich großer Spielraum gelassen wird. Das Gefühl, das durch ein schwebendes Adagio ausgelöst wird, nämlich Ruhe oder Besinnlichkeit, kann die Assoziation: Frieden oder Ergebenheit auslösen, ein düsteres Staccato der Bässe Grauen erzeugen, das den Gedanken an Zusammenbruch oder ein Gespensterreich hervorbringt. Es steht also höchst problematisch mit den Gefühlsinhalten und Assoziationen. Die Musik „kann Stimmungs- und Gefühlsqualitäten nicht streng festlegen", eine gewisse „Schwankungsbreite" muß also angenommen werden, denn „ein strenger, ursächlicher Zusammenhang zwischen Tonstück und den im Hörer hervorgerufenen Vorstellungen und Gemütsbewegungen darf nicht angesetzt werden[10]".

Dieser Verunsicherung wäre zunächst entgegenzuhalten, daß sich die vom Komponisten intendierten allgemeinen Gefühlsqualitäten durchaus in recht homogener Weise beim Hörer niederschlagen: ein Adagio wird nicht als Tanzweise mißverstanden, ein schwermütiger Satz erzeugt keine Lustgefühle. Abzusehen ist lediglich vom Konkretwerden der Gefühlsinhalte. Das mag ein längerer Abschnitt aus Ferucio Busonis Ästhetik belegen:

„Wohl ist der Musik gegeben, die menschlichen Gemütszustände schwingen zu lassen: Angst [...], Beklemmung, Erstarkung, Ermattung [...], Entschluß [...], Zögern, Niedergeschlagenheit, Ermunterung, Härte, Weichheit, Aufregung, Beruhigung, das Überraschende, das Erwartungsvolle, und noch mehr: ebenso den inneren Widerklang äußerer Ereignisse, der in jenen Gemütsbestimmungen enthalten ist. Nicht aber den Beweggrund jener Seelenerregungen selbst, nicht die Freude über eine beseitigte Gefahr, nicht die Art der Gefahr, welche die Angst hervorruft; wohl einen Leidenszustand, aber wiederum nicht die psychische Gattung dieser Leidenschaft, ob Neid oder Eifersucht; ebenso vergeblich ist es, moralische Eigenschaften, Eitelkeit, Klugheit, in Töne umzusetzen, oder gar abstrakte Begriffe, wie Wahrheit und Gerechtigkeit, durch sie aussprechen zu wollen. — Könnte man denken, wie ein armer, doch zufriedener Mensch in Musik wiederzugeben wäre? Die Zufriedenheit, der seelische Teil, kann zu Musik werden; wo aber bleibt die Armut, das ethische Problem, das hier wichtig wäre: zwar arm, jedoch zufrieden?" (F. Busoni, Entwurf einer neuen Ästhetik der Tonkunst. 1. Aufl. 1907.)

Ferner zeigen uns die übereinstimmenden Hörerfahrungen der meisten jener genannten tausend Besucher, die sich mit der anspruchsvollen

[10] W. Kurzschenkel, Die theologische Bestimmung der Musik. Trier 1971. S. 304. — Dort auch das folgende Zitat aus der Ästhetik von F. Busoni (1907).

Musikkritik weitgehend decken (welche Aussagekraft hätte sonst eine kompetente Musikkritik?), daß die zentralen Absichten des Komponisten durchaus gleichartig verstanden werden. Ähnlich äußert sich auch E. Ansermet[11].

Doch über die vermittelten Gefühlsinhalte geht die Musik in ihren Hochformen weit hinaus. Hier setzt die musikalische Hermeneutik ein, deren führender Protagonist H. Kretschmar[12] war. Sie ist nach ihm eine „Dolmetschkunst“, die „die letzte und wertvollste Ernte der gesamten Musiklehre“ einzubringen hat. Sie hat „den Sinn und Ideengehalt zu ergründen, den die Formen umschließen“. Er fordert schon zu Beginn des Jahrhunderts, es müsse möglich sein, den Geist eines ganzen Musikstücks in allen Gliedern offenzulegen. „Die Formen sind Mittel des Ausdrucks. Was ausgedrückt werden soll, ist etwas Geistiges.“ — Man ist heute vorsichtiger geworden, wenn es sich um die klare Erfaßbarkeit der vom Komponisten intendierten ‚Objekte‘ handelt. Das gilt auch für das Bild des Todes, unser Thema. Überwiegend wird die Meinung vertreten, daß eine Textvorlage, ein Programm oder eine Überschrift (ggf. Widmung) vorliegen muß, um eindeutig sagen zu können, was der Komponist zu musikalischer Gestalt bringen wollte. Das gilt insbesondere für die Symbolik, wie Goldschmidt[13] betont. Selbst bei Kretschmar heißt es schon: „Es ist ihr [der Musik] versagt, zu objektivieren und allein genaue Bilder und Begriffe zu geben[14].“ Die besondere Aufgabe der musikalischen Hermeneutik sieht er allerdings gerade in der Interpretation der Instrumentalmusik, da das musikalische „Sprechvermögen“ tiefer dringe als die Sprache. Sein Schüler A. Schering[15] hat daraus ein Programm entwickelt. — Hier scheiden sich die Geister. Die für das Musikverstehen so maßgeblichen Faktoren Intuition (mit Sachverstand) und Evidenz gelten einer kritischen Musikwissenschaft als unzureichende Mittel für eindeutige Feststellungen[16].

[11] Ansermet, a.a.O., S. 11 u. 13.

[12] Kretschmar, a.a.O., S. 338 u. 345.

[13] H. Goldschmidt, Tonsymbolik. In: Zs. f. Ästhetik u. Allg. Kunstwiss. 15 (1921), S. 1—42. — Vgl. dazu auch: F. Blume, Musik, Anschauung und Sinnbild. In: Musik u. Bild. Festschrift Max Seiffert. Kassel 1938. S. 143—150.

[14] Kretschmar, a.a.O., S. 341.

[15] A. Schering, Das Symbol in der Musik. Leipzig 1941.

[16] G. Stephenson, Geisteswissenschaften — Grenze und Ausblick. In: Scheidewege 7 (1977), S. 164—187.

Der nächste Schritt unserer Betrachtung der musikalischen Aussage führt unmittelbar zu der lange Zeit außerordentlich kontrovers geführten Diskussion über die musikalische Symbolik. Es ist unmöglich und auch nicht erforderlich, die verschiedenen Standpunkte in Kürze zu erörtern. Dennoch können wir uns für die anstehende Frage mit der einfachen Feststellung: „Gefühle sind der Musuk immanent, ihre Ausdrucksfähigkeit liegt zutage, ihr Sinn äußert sich in Symbolen" nicht zufriedengeben.

Schließlich darf man nicht als selbstverständlich unterstellen, daß erst mit der Symbolaussage die höchste Form musikalischer Qualität erreicht sei. Das Kraftfeld musikalischer Wirklichkeit besteht auch für sich — außerhalb der Symbolik. Der „unmittelbare Ausdruck, der allem Symbolischen vorangeht[17]", kann überzeugender wirken als die Sinnvermittlung durch das Symbol. In der Regel stellt zwar die symbolische Vermittlung die vergeistigste Form der Tonsprache dar; aber es muß nicht so sein. Dies gilt auch für das musikalische Bild des Todes.

Vielleicht ist die Definition des Symbols aus Eislers ›Handwörterbuch der Philosophie‹, wenn auch komplex, so doch hilfreich. Symbol ist hier ein „Kennzeichen, ein Sinnbild, d. h. ein Anschauliches, Sinnliches, Besonderes, das ein Abstraktes, Übersinnliches, Geistiges, einen Sinn vertritt, bedeutet, lebendig darstellt und ausdrückt".

Damit ist das Bedeuten und die stellvertretende Präsenz eines außermusikalischen Inhalts (z. B. Todeserfahrung) angesprochen. Das Symbol kann Zeichen, Bild oder Handlung sein. Was das Symbol vertritt, könnte aus dem Bereich der Natur, der menschlichen Gefühle und Vorstellungswelt stammen. Damit wäre freilich ein sehr weiter Symbolbegriff angesetzt, wie ihn A. Schering vertritt. Es ist eine pragmatische Frage, ob man diesem weit verbreiteten Symbolverständnis folgen will, das etwa das Gewitter in Beethovens ›Pastorale‹ oder den Seufzer in einer Bachkantate Symbol nennt. Unseres Erachtens sollte die Tonmalerei und Affektdarstellung, überhaupt jede Nachahmung und Widerspiegelung optischer, akustischer und körperlich anschaulicher Vorgänge im Sinne obiger Definition nicht zu den musikalischen Symbolen gezählt werden. (Vgl. auch H. Goldschmidt). Erst dann, wenn das Abstraktum ‚Natur' oder beim

[17] H. A. Grunsky, Das Symbolische in der Musik. In: Blätter f. dt. Philosophie 1 (1927/8), S. 366—384, hier S. 366.

Seufzer: ‚Trauer' als eine ganzheitliche Sinnsphäre Klanggestalt findet (also gerade bei den Bezugs-‚objekten'), kann man von Symbol sprechen. Schließlich gehört zum Symbolgehalt einer Musik, daß er in Worten nur umschrieben werden kann und nur im musikalischen ‚Ereignis' (E. Ansermet) sinnfällig existent wird; denn echten Symbolen eignet dank ihrer Bild- und Zeichenhaftigkeit stets Mehrdeutigkeit. Es läßt sich also niemals dinglich festmachen: dies bedeutet das, es sei denn, eine textliche Grundlage läge vor, die über die Tonmalerei (Allegorie) hinausginge.

Für das Musikverstehen als Ganzes gehen jedoch in der Praxis häufig mehrere Ausdrucksschichten ineinander über, so daß Klangnachahmungen, Zahlenordnungen, Empfindungen und Sinn-Vermittlung im Symbol zugleich Klanggestalt gewinnen können. — Für die ältere Zeit, vom ausgehenden Mittelalter bis zu Bach, waren die symbolischen Ausdrucksformen (im weiteren Sinne) weitgehend fest im musikalischen Ordnungsgefüge verankert. Erst im 18. und 19. Jh. wird das Problem komplexer und die Symbolschöpfungen werden individueller und damit auch historischer. Die Klanggestalt verliert an Eindeutigkeit und gewinnt an Tiefe. — Schließlich bleibt nochmals zu betonen, wie sehr die Symbolerfassungsmöglichkeit den in der Tradition beheimateten, geschulten Hörer voraussetzt. Wer die christliche Religion nicht kennt, weiß mit dem Balkenkreuz nichts anzufangen. Wer die indische Tradition nicht kennt, versteht die berühmten 'Ragas' nicht, d.h. kann ihren symbolischen Gehalt nicht erfassen. Das gilt auch für die europäische Kunstmusik.

Die musikalische Aussage, ob unmittelbarer oder symbolischer Ausdruck, bedient sich — wie jedermann weiß — der bekannten Klangelemente: Rhythmus, Tonhöhe, Tonbewegung (Melodie), Harmonie, Tempo, Lautstärke, Tonarten, Modulation, Klangfarben und Dynamik[18]. Sie wollen in ihrem Zusammenwirken bedacht sein, wenn (relativ) überzeugende und vergleichbare Charakteristika für die oben angeführten Variationen der Todesbegegnung entstehen sollen. Rhythmus oder Tempo allein erzeugen noch kein beschwingtes Lebensgefühl, Bässe allein bedeuten noch keine Trauer. Selbst die Tonartenqualitäten wechseln in ihrem Aussagegehalt im Laufe der Musikgeschichte, wenngleich eine relative

[18] M. Schlesinger, Grundlagen und Geschichte des Symbols. Ein Versuch. Hildesheim 1967. Nachdruck v. 1930. Darin Kap. 8: Symbolik in der Tonkunst.

Stabilität der Aussage wohl anzuerkennen ist[19]. — Ein drastisches Beispiel für die Aussageveränderung durch Wechsel von Tempo, Rhythmus und Dynamik bringt F. Heinrich[20] für die a-Moll-Symphonie, op. 56, von Mendelssohn. Der düster-melancholische Charakter des einleitenden 'Andante con moto' wird handfest in sein Gegenteil verkehrt, wenn statt Andante: Allegro, statt Piano: Forte, statt Legato: Staccato gespielt wird. Dieses eine Beispiel mag für viele stehen. — Ein synkopischer 3/4 Takt wird ebensowenig eine düstere Todesahnung aufkommen lassen wie ein Fortissimo der Posaunen in F-Dur. — Es kommt also auf die Kombination der Elemente an. Die Frage lautet demnach: Welche musikalischen Ausdrucksmittel und Formelemente geben Aufschluß über die Intention des Komponisten (bzw. über seine schöpferische Intuition), vom Tod zu sprechen, auch wenn keine Textvorlage gegeben ist? — Gibt die Kombination der Ausdrucksmittel einen verläßlichen Anhaltspunkt für die beabsichtigte Aussage oder gar deren Symbolgehalt? Eine gewisse Analogie von innerem Gehalt und seiner sinnlichen Konkretisierung muß vorliegen, sofern nicht analogiefreie Charakteristik gewählt wird (Goldschmidt). Der natürlichen Gehörsreaktion, Schuberts Streichquartett Nr. 14 in d-Moll mit Erschütterung aufzunehmen, müssen ganz bestimmte und feststellbare Gestaltelemente zugrunde liegen. (Vgl. F. Busoni!) Wäre dies nicht der Fall, so würde die Intention des Komponisten die beabsichtigte Aufnahme durch den Hörer verfehlen.

Das Spektrum der Schattierungen der Todesbegegnung umspannt freilich die mannigfachsten musikalischen Ausdrucksweisen. Zielt der Sinnbezug auf Trauer, Abschied und Trostlosigkeit, so könnte der kombinierte Gebrauch der Bässe, des Piano, schleppender Rhythmus in absteigender Linienführung, überwiegender Moll-Tonart, Bevorzugung von tiefen Streichern und Pauken den entsprechenden Gehörseindruck vermitteln. Anders jedoch spricht die 'unendliche Melodie' im Solo des englischen Horn (Tristan, III. Akt, 1. Szene) einsame Wehmut und Ergebenheit aus. Die Todeserfahrung kann aber auch zu einem beseligenden *fascinans* (R. Otto) der Erfüllung werden, wie es mit anderen Klangmitteln der Tristanschluß im pianissimo des tuttis in H-Dur zeigt. —

[19] P. Mies, Der Charakter der Tonarten. Köln 1948.

[20] F. Heinrich, Die Tonkunst in ihrem Verhältnis zum Ausdruck und zum Symbol. In: Zs. f. Musikwiss. 8 (1925—1926), S. 66—92; hier S. 76.

Wiedergewonnenes ‘Leben’ als Todesüberwindung verlangt konträre Klangmittel, etwa hohe Geigen, Flötensolo, helle Trompeten, E-Dur. Ganz sicherlich gibt es begrenzte ‘Gesetzmäßigkeiten’ innerhalb der Ausdrucksmittel eines Kulturkreises, die sich mindestens im Bereich der Elementar-Symbolik (A. Schering) auch für interethnische Vergleiche nutzen lassen. A. Schering schreibt in seinem faszinierenden Buch: „Sprachen wir oben davon, daß mit den Sinngehalten auch die Symbole wechseln, so wäre doch zu fragen, ob für bleibende Sinngehalte nicht auch bleibende Symbole nachzuweisen sind[21].“ — Bei M. Schlesinger heißt es: „Da gewisse Tonbewegungen, Rhythmen, Klangfarben von den großen Komponisten in ein und derselben Absicht gebraucht worden sind, so haben sich für einzelne Empfindungsgebiete gewisse, sich immer wieder findende Eigentümlichkeiten herausgebildet, denen eine in bestimmter Richtung wirkende Kraft des Symbolisierens innewohnt[22].“

Auf unserem Umwege über die Grundsatzfragen musikalischer Tonsprache sind wir nun an dem Punkt angelangt, einige Beispiele aus dem Musikschaffen der letzten 300 Jahre selbst sprechen zu lassen. — Der Tod läßt sich nur umschreiben durch das Reich des Schattens, das der polaren Lichtseite zugeordnet ist. Er hat so zahlreiche Formen musikalischer Verdeutlichung gefunden, daß eine Aufzählung des Bekanntesten hier vorangestellt sei: Lechners Motetten ›Deutsche Sprüche von Leben und Tod‹, Bachs große Passionen, die h-Moll-Messe, seine Kantaten vor allem; — Glucks ›Orpheus‹ und ›Alceste‹, Mozarts ›Zauberflöte‹, ›Don Giovanni‹, Teile aus seinen späten Symphonien und vor allem sein ›Requiem‹; Beethovens ›Eroica‹ (2. Satz), Schuberts ›Winterreise‹, das Streichquartett ›Der Tod und das Mädchen‹, schließlich einige der späten Klaviersonaten. — Ferner denken wir an Brahms’ ›Deutsches Requiem‹, an das Verdische Spätwerk, an Wagners ›Tristan‹ und das mythisch-hintergründige Gebilde des ›Ring‹, an Bruckners 7. Symphonie (2. Satz), an den Schluß seiner Neunten (›Abschied vom Leben‹), an Mahlers 2. Symphonie (›Auferstehung‹) und seine ›Kindertotenlieder‹, endlich an R. Strauß’ ›Tod und Verklärung‹ und Bergs ›Wozzeck‹ mit dem einzelnen, stehenden Ton auf h. — Die Liste ließe sich leicht fortsetzen.

[21] Schering, a. a. O., S. 128.
[22] Schlesinger, a. a. O., S. 38.

Im Rahmen dieser knappen Untersuchung ist es leider nicht möglich, alle für unser Thema bedeutsamen Epochen der europäischen Musikgeschichte zu berücksichtigen. So können wir weder auf die Zeit vom 16. Jh. bis Bach mit ihrer festgefügten 'Figurenlehre' noch auf das 20. Jh. näher eingehen. Das müßte einer umfassender angelegten Studie vorbehalten bleiben.

Beginnen wir daher mit dem Meister, dessen Werke ohne den verkündigten und gelebten christlichen Glauben unvorstellbar wären: Bach. Eingebettet wie der Mensch ist auch seine Musik in die christliche Heilsordnung und in die „lebendige Idee der religiösen Gemeinschaft[23]". Er vollendet eine jahrhundertealte Tradition religiöser Musik. Das eschatologische Moment des Todes als „Durchgang und Eingang zum Leben in Christus" bildet das Zentrum seiner musikalischen Aussage, auch wenn der sonst feinsinnige Interpret W. Oehlmann meint, es sei „erstaunlich, wie wenig Bachs ganzes Werk über den Tod aussagt[24]".

In den Kantaten findet die Todesbegegnung ihre persönlichste Ausdrucksform, auch hier in verschiedenen Schattierungen. Vom Gegensatz Tod und Auferstehung ist das Grundmotiv der Osterkantate, Nr. 31 („Der Himmel lacht ...") geprägt, „das erfüllteste Stück dieser Kantate ist die Sopranarie ›Letzte Stunde, brich herein‹ mit ihrem wiegenden Rhythmus, der Oboenbegleitung in gleichmäßiger Achtelbewegung, deren Forte/Piano-Wechsel eine merkwürdige Schattierung gibt, dem Baß-Piccicato, das den Stundenschlag symbolisiert, und dem simultanen Choral in den Bratschen[25]." Albert Schweitzer[26] nennt dieses „Todeswiegenlied ein mystisches Träumen vom Tode". — „Untergangsstimmung, Angst vor dem letzten Gericht ist mit eindrucksvollen Farben gemalt in der Kantate ›Schauet doch und sehet‹ (Nr. 46). Bebende Bässe und dramatische Bewegungen schildern das Bild des aufziehenden Unwetters; doch der endlich einfallende ‚Strahl', Christi Licht, vertreibt das dunkle Wetter, worin lyrisch-pietistisch des Himmels Süßigkeit als des Sterbenden Trost gemalt wird[27]."

[23] H. Goerges, Das Klangsymbol des Todes im dramatischen Werk Mozarts. München 1969. Nachdruck. S. 6.

[24] W. Oehlmann, Bild und Wesen des Todes in der Musik. In: Die neue Rundschau 51 (1940), S. 175.

[25] Georges, a. a. O., S. 11.

[26] A. Schweitzer, Joh. Seb. Bach. Wiesbaden 1951 (Erstaufl. 1908). S. 524.

[27] Goerges, a. a. O., S. 14.

Die Antithese von Tod und Leben, wenn auch später nicht mehr in einem so krassen Gegenüber, ist bleibendes Kennzeichen des Bachschen Stils. „Die Idee des Todes erhält ihren Sinn durch den gegensätzlichen Aspekt“, entweder auf das ewige Leben oder auf das irdische Dasein in Mühsal und Trauer bezogen. In den Spätwerken bereitet sich eine Entgrenzung dieser Gegensätzlichkeit vor[28].

In den großen Passionen treffen wir auf ein anderes Bild des Todes. Das Leiden und Sterben Christi wird in einem breiten, heilsgeschichtlichen Gemälde dargestellt, in der ›Johannes-Passion‹ dramatischer, in der ›Matthäus-Passion‹ episch-kontemplativer. Gemäß der Konzeption des ›Johannes-Evangeliums‹ stellt die Passion den einsamen, wissenden Christus der aufgebrachten Volksmenge gegenüber, die an seiner unverständlichen Sendung „Ärgernis“ nimmt. Die erhabene Größe Jesu, bereit, seinen ihm aufgetragenen Erlösungsweg zum Tode zu gehen, wird mit gemessener Baßstimme und begleitenden Streicherpassagen wiedergegeben. Die letzten Worte „es ist vollbracht“ bejahen das Opfer des Gott-Menschen. Der Tod wird als das große, leidvolle Geheimnis dargestellt. „Der Klang des Ganzen ist dunkel, beinahe düster (g-Moll-, c-Moll-, fis-Moll-Bereich ist vorherrschend), die Harmonik dissonanzenreich, die Thematik der Volkschöre bizarr und kraß realistisch, die Anlage scharf gegliedert, die Gegensätze werden einander hart gegenübergestellt“, bemerkt H. Goerges[29].

Ein Letztes mag für das Beispiel Bach noch erwähnt werden: die sog. Zeichensymbolik. Ihren Symbolcharakter dürften wir heute kaum noch als solchen erkennen. Zu dieser Gattung gehört z. B. das weit verbreitete „in der Regel den Raum einer Quarte ausfüllende absteigende Lamento-Motiv[30]“. Die im Baß beginnende bekannte Kantate „Weinen, Klagen ...“ (die in das spätere Crucifixus der h-Moll-Messe einging) rechnet etwa dazu. Offensichtlich wird regelmäßig an den Passionsgedanken erinnert. — Schließlich ist an die weit verbreitete Kreuz-Symbolik zu denken. Das Kreuzzeichen entsteht, wenn wir etwa die Noten 'h-e-fis-h' so miteinander verbinden, daß die beiden äußeren und die beiden inneren Noten

[28] Goerges, a. a. O., S. 17.

[29] Goerges, a. a. O., S. 20.

[30] H. Hahn, Die musikalische Symbolik im Instrumentalwerk J. S. Bachs. In: Symbolon 5 (1966), S. 103—120, hier S. 108 f. — Vgl. auch K. Ziebler, Das Symbol in der Kirchenmusik J. S. Bachs. Kassel 1930.

miteinander eine gerade Linie bilden. Dieses Zeichen als 'Symbol' für das christliche Kreuz ist zur Bachzeit allgemein gebräuchlich, obwohl der tragische Todescharakter klanglich gar nicht direkt erkennbar wird. — Der ›Parsifal‹ ist durchsetzt mit Symbolen dieser Art, auch außerhalb der berühmten Gralsglocken, die in ihrem Ausdruckscharakter eher das Reich des Heils bekunden. Bei Bruckners 9. Symphonie (Schlußsatz) wird das Kreuzmotiv sogar von einer Oktave umschlossen. — Hinzuweisen wäre noch auf die überragende Rolle der Zahlensymbolik im Bachschen Werk. Wir finden sie in vielen musikalischen Gattungen, vor allem aber im Symbolum Nicaenum der h-Moll-Messe, auch im Hinblick auf den Todesgedanken. — Wie weit die Zahl als Symbol im engeren Sinne aussagekräftig ist, mag hier offen bleiben.

Glucks Werk steht schon im Zeichen der Aufklärung. Kraftvolle Klarheit des Gedankens, verbunden mit dem Pathos der Gattenliebe, wird im ›Orpheus‹ zur lebendigen Anschauung. Hier wird die klassische Typenlehre der rationalistischen Ästhetik mit der Wärme menschlicher Grundgefühle angereichert. Die Menschen werden zu „Repräsentanten gültiger Ideen[31]", Leben und Tod in ihrem Kontrast zu klangverkörperten Ideen. Die Idee der Liebe begegnet dreimal dem Tod in anderer Gestalt, um ihn schließlich zu besiegen. Einen eschatologischen Akzent gibt es nicht. Das dunkle Reich des Schattens kann durch den vergeistigten Lebenswillen des Orpheus bezwungen werden. Das Menschliche steht auch in der mythischen Welt ganz im Mittelpunkt. Dennoch erinnert dieses Werk noch deutlich an die beschwörende Kraft, die der Musik in alten Zeiten in der Begegnung mit jenseitigen Mächten zufiel.

Aus der Fülle der Klanggestalten können hier leider nur zwei Beispiele angeführt werden. Der Kenner möge seine eigene Erfahrung beisteuern, um das Ganze abzurunden. Herausragend sind die plastischen Chöre der Gluckschen Musikdramen. Ihnen kommt eine doppelte Funktion zu: als kontemplativer, außenstehender Kommentator (vgl. die Antike!) oder als dramatischer Gegenspieler des Helden, als korrelate Idee. „Die großen Furienchöre als Träger der Todesidee sind dem opferbereiten Menschen entgegengestellt." Sie wirken „wie ein ehernes Gesetz, ... wie ein furchtbares, fremdes Wesen, zu dem es keine Beziehung gibt." Ihr Charakteristikum: „ein durchgehender, starrer Rhythmus, der sich zusammensetzt

[31] Goerges, a. a. O., S. 57.

aus kleinen 2-Takt-Gruppen: (♩ ♩ ♩ | ♩. ♪ ♩), die sich immer wiederholen. Die Wirkung des außermenschlichen Pathos entsteht [meist düsteres c-Moll] durch die Akzentuierung des punktierten Viertels im 2. Takt und durch die dadurch erreichte breitere Gewichtsverteilung. Von diesen pathetischen Rhythmen werden die ganzen Furienscenen getragen. [—...] Die Harmonik ist herb und dissonanzenreich.“ Instrumental ist die orchestrale Posaunen- und Zinkenverstärkung zu beachten, die „den schaurigen Klang der ‚No‘-Rufe nach der Seite des Furchtbaren hin unterstreicht.“ — „Auch die sich gewaltig auftürmende Melodik mit den verminderten und übermäßigen Intervallen ist von einem düsteren Pathos[32]“.

In ausgesprochener Kontrastharmonie werden von Gluck die seligen Gefilde des Elysiums gezeichnet. Dieses Bild des Jenseits nimmt — der Zeit entsprechend — die Züge eines idyllischen Arkadiens an. Die Lieblichkeit dieses Bereichs spricht — bei stilisierter Naturnachahmung — durch schwebende Rhythmen fast tänzerischer Art. „Die einfachen Tonarten F-, C-, B-Dur erfahren keine Trübung; Modulationen sind äußerst selten und bleiben im engsten Tonica-Dominant-Umkreis; Dissonanzen finden sich kaum. Der weiche Holzbläserklang ist vorherrschend: Flöte, Fagott, Englischhorn[33].“ — Das 'heile Leben' nimmt die Form naiver Paradiesvorstellung an, kennt noch nicht die religiöse Vergeistigung wie später Bruckners Werk. — Doch die Todesbegegnung wird musikalisch — besonders im 1. und 2. Akt zu Beginn — schon in das eigene persönliche Schicksal verlagert, in das Leben hineingenommen, wie später bei Mozart und Schubert. Trotzdem gibt es in dieser objektivierten Darstellungsweise noch keine Einheit von Leben und Tod, der Tod bleibt noch ein Fremder. —

Mozarts Werk, besonders aus seinen letzten Lebensjahren, bietet eine Fülle von Beispielen verschiedenartigster Schattierungen. Eingebettet in das beschwingte Rokoko-Zeitalter hat dieser angeblich so heitere Geist eine Tiefe des Daseins ausgelotet, die den Tod in das Leben einbezieht. Er ist bei aller schmerzlichen Aussage nicht so sehr der drohende Gegner oder das christliche Gericht, sondern der Wohltäter des Menschen geworden,

[32] Goerges, a.a.O., S. 58 f. — Vgl. auch die Ausführungen von W. Oehlmann, a.a.O., S. 176/177, und die Einleitung zur Partiturausgabe von ›Orpheo u. Euridice‹ von H. Abert.

[33] Goerges, a.a.O., S. 60.

auf den das Leben zustrebt und den es innerlich zu bewältigen gilt. Der oft zitierte Brief Mozarts an den kranken Vater vom 4. April 1787 spricht vom Tode als „dem wahren Endzweck unseres Lebens" und von der Vertrautheit „mit diesem wahren, besten Freunde des Menschen", „daß sein Bild nicht allein nichts schreckendes mehr für mich hat, sondern recht viel beruhigendes und tröstendes! und ich danke meinem Gott, daß er mir das Glück gegönnt hat, mir die Gelegenheit zu verschaffen, ihn als den Schlüssel zu unserer wahren Glückseligkeit kennen zu lernen". Nicht zuletzt hat die aktive Mitgliedschaft Mozarts im Freimaurerorden ihn zur erneuten Begegnung mit dem Mysterium des Todes geführt, ein Umstand, der biographisch und geistesgeschichtlich von erheblicher Bedeutung ist, weil das religiös motivierte Humanitätsideal bestimmend für ein gelösteres Verhältnis zur orthodoxen Aussage der Kirchenmusik wurde. Über seine christliche Gläubigkeit wissen wir zu wenig.

„Die 'Maurerische Trauermusik' (c-moll) rechtfertigt vielleicht am meisten die scheinbar seltsame Tatsache, daß wir die Logenkompositionen Mozarts ins Kapitel Kirchenmusik einreihen. Sie ist kein Kirchenwerk, aber eine religiöse Komposition; sie ist das Band zwischen der solennen Messe in c-moll und dem Requiem. Die gleiche Tonart wie im Kyrie der Messe; was die Posaunen in der Messe andeuten, das sagen jetzt die Bläser in einem feierlichen Choral oder Marsch: Trauer, Ernst, Gefaßtheit, Trost. Wenn man will, kann man alle Symbole des Freimaurertums in den 69 Takten finden: die parallelen Terzen und Sexten, die Bindungen, den Klopfrhythmus. Es ist der Gedanke an den Tod, der schon das Kyrie (der c-moll-Messe) beherrscht hatte, nur das das Kirchliche jetzt gewandelt ist ins Maurerische[34]."

Die gemessen, ja abgeklärt schreitende Trauermusik — durchzogen von einem Cantus firmus in Es-Dur — bewegt sich zwischen einer trauernden und tröstenden Stimme und schließt ganz unvermittelt in einem E-Dur-Akkord, Zeichen einer befreienden und bejahenden Auf(Er)lösung.

›Zauberflöte‹ und ›Requiem‹ stammen aus dem Todesjahr 1791. Hier spricht Mozart seine persönlichste Sprache. Die ›Zauberflöte‹ allein mit ihrer erhaben-feierlichen Grundtonart Es-Dur wäre einer eigenen Betrachtung zu unserm Thema wert. Wir müssen uns auf die Bemerkung beschränken, daß in diesem großen Einweihungsmysterium vom Leben

[34] A. Einstein, Mozart. Sein Charakter, sein Werk. Frankfurt 1968 (Erstausg. 1945). S. 367 f.

und Sterben in mehreren Variationen der Todesbegegnung (Nebenhandlungen!) der Akzent auf dem vergeistigten Humanitätsgedanken des Sarastro-Reiches liegt, dessen Charakter (frei von Furcht oder Sehnsucht) Würde und feierliche Größe ist. In der Priestersphäre besiegt die Macht des Geistes den Todesschatten. — Weitgespannte Melodienbögen, dunkle Bläser und gemessene Streicher erinnern an die verhaltene Tonsprache Glucks. Der religiöse Ernst der menschlichen Bewährung gibt den musikalischen Hintergrund zur märchenhaften Zauberwelt. Für die weitergehende Klanganalyse sollte der interessierte Leser das ausgezeichnete Mozart-Buch von H. Georges heranziehen.

Das ›Requiem‹ blieb bekanntlich unvollendet[35]. Große Partien konnten von Mozart nur noch skizziert werden. Dennoch trägt das Gesamtwerk — bis auf die letzten 3 Teile — seine Handschrift. Vermutlich hat er in dem anonymen Auftraggeber einen Todesboten gesehen und dieses letzte Werk als seine Totenmesse empfunden.

Das Introitus beginnt mit periodisch aufsteigenden Dezimen-Schritten in einer nach Innen gekehrten Ruhe, die — wie das ganze Werk — „einsame Zwiesprache mit dem Tod" führt[36], bis der Chor mit dem getragenen 'Requiem' einsetzt. Eine geheimnisvolle Bezogenheit ist der Grundcharakter, „in der sich letzte Dunkelheit mit überirdischer Helle durchdringt". Von dieser „strengen, gebetsartigen Trauerstimmung" hebt sich kraß das angsterfüllte, schreckenerregende ›Dies irae‹ im Staccato des kraftvollen Chores ab. Das Ottosche *tremendum* gewinnt einzigartige Gestalt. — Das mit der Soloposaune in B-Dur eingeleitete ›Tuba mirum‹ läßt das weihevolle Pathos der Baßstimmen an den erhabenen Bereich Sarastros gemahnen. Die Verwandtschaft zur ›Zauberflöte‹ ist zwingend. Punktierte Rhythmen bestimmen den unerbittlichen Charakter des ›Rex tremendae majestatis‹.

Die ersten 8 Takte des ›Lacrymosa‹, mit denen Mozarts Handschrift abbricht, versetzen uns mit ihren getragenen, zarten Violin-Triolen, die den fast mystischen Klang des Chors umspielen, in die abgeklärte Sphäre

[35] Sehr schön bereichert ein kleiner Aufsatz von K. Marguerre, Der Todesgedanke in der Musik. In: Der Tod in Dichtung, Philosophie und Kunst. Hrsg. von Hans H. Jansen. Darmstadt 1978. S. 57—63, mit zahlreichen musikalischen Belegen — bes. v. Mozart — unsere Konzeption; man beachte besonders seine Ausführungen zu ›Don Giovanni‹ und zum ›Requiem‹.

[36] Goerges, a. a. O., S. 217 f.

sublimer Vergeistigung. „Es ist das Reifwerden des Todes im Leben, die Erfüllung einer zugrundeliegenden Zweieinheit[37]!"

Selbst ein so knapper, eben nur andeutender Hinweis auf die Todesaussage bei Mozart darf den einige Jahre vorher entstandenen ›Don Giovanni‹ nicht übergehen, denn hier lernen wir besonders in den Compthur-Szenen jene überschäumende, rücksichtslos herausfordernde Lebensbesessenheit kennen, die angesichts der außermenschlichen Macht des „steinernen Gastes" (Compthur) rasch in das Kreaturgefühl der Angst und des Grauens umschlägt. Doch der dämonische Trotz des Lebens zerbricht, unabwendbar, an der endgültigen Grenze, die der Tod ihm setzt. Musikalisch steht d-Moll im Zentrum; tiefe Streicher begleiten den punktierten Compthur-Rhythmus:

Die Schlußszenen des Zusammenbruchs, der Richtspruch des Todes über ein verfehltes Leben und das Wissen Giovannis um die innere Notwendigkeit seines Schicksals gehören zu den eindrucksvollsten Todes'begegnungen' der europäischen Musikgeschichte. Kierkegaard hat dieser Todesverfallenheit des Menschen beredten Ausdruck verliehen.

Die große Zeit der Romantik verdichtet die Subjektivierung und damit Ver-Innerlichung der Todesbegegnung. Die Grenzen werden durchlässig. Bei Novalis heißt es: „Durch den Tod wird das Leben verstärkt", aber „Leben ist der Anfang des Todes. Das Leben ist um des Todes willen. Der Tod ist Endigung und Anfang zugleich[38]". In diesem Geiste wird man auch von Schubert sagen dürfen: Seine „Musik spricht immer, auch wo sie ganz klingende, atmende Natur zu sein scheint, zugleich mit dem Tode; das ist ihr Geheimnis und ihre Tiefe[39]".

Wem diese Sätze zu intuitiv erscheinen, der möge sich das Lied ›Der Tod und das Mädchen‹ (op. 7,3) vornehmen, das 1817 nach einem

[37] Goerges, a. a. O., S. 218.

[38] J. Choron, Der Tod im abendländischen Denken. 1967 (dt). S. 163.

[39] Oehlmann, a. a. O., S. 177.

Gedicht von Matthias Claudius entstand. Das schwermütige und dunkle, aber doch mild versöhnliche Thema der ersten 8 Piano-Takte in d-Moll führt uns in einen Text ein, der dem ängstlich abwehrenden Mädchen die Stimme des Todes entgegenstellt: „Bin Freund, und komme nicht zu strafen. Sei guten Muts! Ich bin nicht wild; sollst sanft in meinen Armen schlafen.“ Welch eine Entfernung von Intention und Ausführung bei Bach! Das Rahmenthema des Todes nahm Schubert acht Jahre später im gleichnamigen Streichquartett als op. 29, Nr. 2, im zweiten (Variationen-)-Satz wieder auf. Das Werk erscheint als das „erschütternde Dokument eines Menschen, der in Schmerzen zu höchster Erkenntnis gereift war[40]“, und steht daher noch nicht ganz im Zauberkreis des Novalis wie später Wagners ›Tristan‹. — Angst und Bedrohung durch ein todgeweihtes Schicksal, wie sie die ersten Takte des Allegro zeichnen,

münden in ein Gefühl der Überwindung und Erlösung, wie wir sie im Andante con moto mit dem Liedthema dann deutlicher vernehmen:

[40] F. Hug, Franz Schubert. Leben und Werk eines Frühvollendeten. Frankfurt 1958. S. 246.

Der Tod „tritt als Freund und Erlöser zu einem gequälten Menschen, der die Last seines Lebens und Leidens los sein möchte[41]". Die Weise des tröstenden Freundes 'Tod' wird noch einmal verdrängt durch den atemberaubenden Totentanz des Presto. Die unheimlich hetzende Bewegung (6/8) des Hauptthemas kommt auch durch das auflichtende Seitenthema nicht zur Ruhe. Der Grundtenor ist Angst und Ausweglosigkeit. F. Hug würdigt das Werk als seltene ästhetische Einheit. „Es gibt wenige Werke in der Musikliteratur, die bestimmte Erlebnisse und Empfindungen aus dem Bereich des Seelischen in einem geistigen Prozeß, als der das Komponieren anzusprechen ist, in so reiner musikalischer Gestalt zeigen[42]."

Einen ähnlichen Grundton schlagen die Lieder der 1827 komponierten ›Winterreise‹ an, ein Zyklus „schauriger Lieder", wie Schubert selbst sie seinen Freunden ankündigte. Einsamkeit und Ausweglosigkeit, Todessehnsucht und -bereitschaft bestimmen viele dieser Lieder des begnadeten Wiener Komponisten. „Ist es aber nicht so, daß mit zunehmendem Licht auch die Tiefe der Schatten wächst[43]?" — Beispielhaft seien wenigstens zwei Lieder dieses Zyklus hier angeführt; sie mögen für viele stehen: ›Der Wegweiser‹ und ›Das Wirtshaus‹. — Der ›Wegweiser‹ (g-Moll) führt mit seinem schreitenden, monotonen Rhythmus auf es und ges den einsamen Wanderer auf „eine Straße, die noch keiner ging zurück". „Unverrückt vor meinem Blick" zeigt der 'Wegweiser' ihm das Ziel der menschlichen Wanderung, den Friedhof. Der „Totenacker" ist das „kühle Wirtshaus", das den Todmüden in der sehr langsamen Einleitung freundlich und tröstlich empfängt (f-Dur). Er glaubt sich am Ziel; doch die irrlichternde Unheimlichkeit dieser seltsamen Herberge verrät ihm (Dur-Moll-Wechsel), daß sein „treuer Wanderstab" ihn weiterbegleiten muß. Seine Sehnsucht nach Ruhe wird abgewiesen.

Eine letzte Reifestufe erreicht die romantische Verwobenheit von Tod und Leben im Streichquintett in C-Dur(!) aus dem Todesjahr Schuberts, das ähnlich dem Mozartschen Quintett (KV 615) in einer Tonart steht, die Bejahung und überwindende Läuterung zugleich bedeuten kann. Besonders verwiesen sei auf das Adagio, spez. seine E-Dur-Teile.

41 Hug, a. a. O., S. 248.
42 Hug, a. a. O., S. 247.
43 Hug, a. a. O., S. 319.

70 Jahre später hat sich die geistige Welt in Europa gründlich verändert. Zweifel an der Festigkeit der kulturellen Substanz und die Vorahnungen der kommenden Katastrophenzeit werden durch einen innerlich so zerrissenen Menschen wie Mahler musikalische Anschauung. — Das Christentum befindet sich in einer tiefen Krise; Nihilismus, Sentimentalität, naiver Glaube und bewußte Reflexion des überkommenen Erbes kennzeichnen den religiösen Spannungszustand der Jahrhundertwende, von einem enthusiastischen Fortschrittspathos einmal abgesehen. — Mahlers symphonisches Werk spiegelt alle diese heterogenen Elemente einer Umbruchsituation, bis hinein in den ästhetischen Eklektizismus, den Gegensatz von schöpferischem Impuls und sentimentaler Banalität[44].

Seine 2. Symphonie in c-Moll, die ›Auferstehungssymphonie‹, soll uns als letztes Beispiel der musikalischen Versinnlichung des Todesgedanken dienen. Dieses Werk legt Zeugnis ab von einem tief empfindenden, gequälten Herzen, das seinen letzten Lebenssinn gefunden hat, einen Sinn, der zu dieser Zeit erst wieder errungen werden mußte. — Wir beschränken uns auf die kurze Beleuchtung des 1. und 5. Satzes dieses Riesenwerks, in dem alle Klangregister gezogen werden, um eine Expression des Gefühls zu erreichen, die sich nur sehr locker an den gewählten Text hält. — Die Wahl des Textes für den letzten Satz wurde durch ein sehr persönliches Erlebnis des Komponisten bestimmt: die Teilnahme an der kirchlichen Totenfeier für Hans v. Bülow in Hamburg im Jahre 1894. Der Chor sang die Klopstock-Verse „Auferstehn"; das gab den Ausschlag für das innere und äußere Finale des Werks, dessen Thema Tod und Leben für Mahler keine ästhetische Geste bedeutete, sondern von fundamentaler Substanz war.

Mahler nennt den 1. Satz (Allegro maestoso) eine „Totenfeier". Damit wird für den Zweifler die Intention des Komponisten eindeutig. Hinzu fügte er nachträglich einen programmatischen Text („Wir stehen am Grabe eines geliebten Menschen..."), den er später jedoch wieder zurücknahm, weil er die Aufnahme „der individuellen Anschauungskraft des einzelnen" überlassen wollte. Die Schlichtheit dieser Texte wäre der Dimension dieses Werkes auch nicht gerecht geworden.

[44] K. Blaukopf, Gustav Mahler. Wien 1969.

Die apokalyptischen Visionen dieser Symphonie beginnen mit einem rhythmisch harten c-Moll-Ansturm grollender Streicher-Bässe. Die erregten Figuren dieses Themas im fortissimo und pianissimo gewinnen langsam Gestalt, unterstützt von Becken und Pauken, Elemente des Abgrunds heraufbeschwörend. Die zarte Kantilene des lichten Seitenthemas in seiner traumhaften Stimmung verweilt in rückblickender Wehmut (Oboe und Harfe), wird jedoch immer wieder von der dämonischen Gewalt des Hauptgedankens verdrängt. Das hinzutretende choralartige Thema der Hörner erfährt eine beklemmende Steigerung: der Tod erscheint in seiner ganzen Majestät, hier noch ohne jeden christlichen Gedanken. —

Das Finale bringt, wie meist bei Mahler, den Höhepunkt der Grundkonzeption: Der Tod löscht das Leben nicht aus, er wird überwunden. „Du warst nicht umsonst geboren, hast nicht umsonst gelitten", heißt es in der von Mahler erweiterten Klopstock-Dichtung, die eine beträchtliche Individualisierung und freie Textbehandlung zeigt. Seine Vision zielt auf den Gedanken der Unsterblichkeit in Gestalt eines undogmatisch verstandenen Auferstehungsglaubens. — Das innere Geschehen dieses gewaltigen Satzes ist angesichts des außerordentlichen Klanggemäldes kaum noch mit Worten darstellbar. Deshalb mag Mahlers eigene Interpretation an ihre Stelle treten:

„Wir stehen wieder vor allen furchtbaren Fragen und der Stimmung am Ende des ersten Satzes. Es ertönt die Stimme des Rufers. Das Ende alles Lebendigen ist gekommen, das jüngste Gericht kündigt sich an und der ganze Schrecken des Tages, aller Tage ist hereingebrochen. Die Erde bebt, die Gräber springen auf, die Toten erheben sich und schreiten in endlosem Zug dahin. Die Großen und Kleinen dieser Erde, die Könige und die Bettler, die Gerechten und die Gottlosen — alle wollen sie dahin. — Der Ruf nach Erbarmen und Gnade tönt schrecklich an unser Ohr. — Immer furchtbarer schreit es daher — alle Sinne vergehen uns, alles Bewußtsein schwindet uns beim Herannahen des ewigen Gerichts. — Der große Appell ertönt; die Trompeten der Apokalypse rufen. — Mitten in der grauenvollen Stille glauben wir eine ferne, ferne Nachtigall zu vernehmen, wie einen letzten, zitternden Nachhall des Erdenlebens. — Leise erklingt im Ohr der Heiligen und Himmlischen: „Auferstehn, ja auferstehn wirst du!" Da erscheint die Herrlichkeit Gottes! — Ein wunderbares Licht durchdringt uns bis ans Herz. Alles ist stille und selig. — Und siehe da: Es ist kein Gericht, es ist kein Sünder, kein Gerechter — kein Großer und kein Kleiner, es ist nicht Strafe und nicht Lohn! Ein allmächtiges Liebesgefühl durchdringt uns mit seligem Wissen und Sein." —

„Wild herausfahrend" beginnt der Satz. Die Hornmelodie kündet den mahnenden „Rufer in der Wüste" an. Die zunächst zarte Choralmelodie (des 1. Satzes) verdichtet sich zu einem düsteren „Dies irae", das in einen Aufmarsch der Toten einmündet. Die Trompeten rufen zum „großen Appell". Drängend angstvolle Erwartung kennzeichnen die fallenden Sekunden im Posaunenthema, das später im Glaubensmotiv wiederkehrt:

Den sublimen Höhepunkt der Symphonie bildet nach einer fast unwirklichen Stimmung die Generalpause (Der Tod ist nicht mehr darstellbar!), nach der der Chor a-capella pianissimo einsetzt: „Auferstehn, ja auferstehn wirst du ..." Das Orchester tritt hinzu, wird lebendiger; das Alt-Solo intoniert jene Melodie voll zaghafter Zuversicht: „O, glaube, mein Herz, es geht dir nichts verloren ...". Beschwörend singt der Chor im piano: „Hör auf zu beben, bereite dich zu leben!" — Das eigentliche Leben ohne Erdenschwere wird erst kommen. Zum kraftvollen Unisono wird das „Sterben werd' ich, um zu leben". Alle Klangregister werden vereint, um die Auferstehung zu feiern. — Ist der Tod auch hier dem Leben urverwandt? Mahler war in seinem weitgespannten Rahmen gläubiger Christ. Uns will erscheinen, daß die objektivierte Form der 'Auferstehung der Toten' mit der Abwandlung einer allseitigen Versöhnung nur den Rahmen für den eigenständigen Glauben an das 'ewige Leben' abgibt, dessen kraftvoller musikalischer Ausdruck zeitweilig den Weltschmerz des ruhelosen Wanderers im Fin de Siècle überwindet.

Wir müssen uns versagen, noch auf Mahlers großes Vorbild Bruckner einzugehen. Es lohnte eine eigene Untersuchung zum Thema. Reichlich apodiktisch sei nur noch vermerkt, daß der mystische Grundzug seines Werks (anders als bei Mahler!) die immanente Spannung von Leben und Tod fast aufhebt. Die 'absolute' Musik dieser Art hat die Gegensätze überwunden, denn die Endlichkeit des Lebens ist gesprengt[45]. Alles ist Leben geworden, wie uns besonders schön die 7. Symphonie (E-Dur) und die 9. in d-Moll zeigen. Zur weiteren Vertiefung möchte ich auf die

[45] Vgl. auch Oehlmann, a.a.O., S. 177.

Arbeiten von E. Kurth, E. Doernberg, A. Halm, F. Thieß und jetzt auch W. Wiora verweisen[46].

Unser Versuch hat — zunächst auf musikalischem Gebiet — doch soviel anhand der Beispiele verdeutlichen können, daß die intendierte Aussage (sofern Textvorlage oder Überschrift gegeben ist) bei der kombinierten Verwendung von Klangmitteln sinnfällig wird. Das gilt insbesondere für das große Gebiet der Tonmalerei und Affektdarstellung. Umgekehrt läßt sich phänomenologisch nicht mit Sicherheit auf ein außermusikalisches Objekt (etwa: Sinngehalt Tod) schließen, wenn keine Textvorlage es anzeigt. Damit ist die Symbolfrage im engeren Sinne angesprochen. Aus der instrumentalen Form allein läßt sich die Aussage Tod noch nicht nachweisen, weil Symbolgehalte nur der intuitiven Erfassung zugänglich sind. — Doch bietet uns die überall angewandte Hoch-Tief-Symbolik[47] in Kombination mit entsprechender Rhythmik und Harmonik ein hohes Maß an Erkenntnissicherheit, denn sie kristallisiert sich gerade für unser Thema als musikalisches Mittel der Ursymbolik von Leben und Tod heraus. Die gedankliche Brücke lautet: Hell und Dunkel, Tag und Nacht, Licht und Finsternis, Himmel und Erde, leicht und schwer, und — mit Vorbehalt: Dur und Moll, steigende und fallende Linien. — Himmlische Sphären werden niemals durch Bässe wiedergegeben, dunkle Abgründe niemals durch Flöten, um nur ein Beispiel zu nennen. — Wenn wir von der Ursymbolik Licht und Finsternis ausgehen, die auch mythologisch oft einem gemeinsamen Schoß entwächst und damit komplementäre Kräfte anzeigt, so bedeutet dies musikalisch, daß sich der Übergang vom Tod ins 'eigentliche Leben' als lichtes E-Dur durch hohe Violinen oder Holzbläser versinnlichen läßt, aber auch der mächtige Quellgrund des

[46] A. Halm, Die Symphonie A. Bruckners. München 1923. — E. Doernberg, A. Bruckner, Leben und Werk. München 1963. — E. Kurth, Bruckner. 2 Bde. Berlin 1926. — F. Thiess, Das Gesicht unseres Jahrhunderts. Briefe an Zeitgenossen. Stuttgart 1923; darin Kap. Musik, S. 201 ff. — Eine bestechende Studie lieferte jüngst W. Wiora mit seinem Beitrag ›Über den religiösen Gehalt in Bruckners Symphonien‹ (vgl. Anm. 50: S. 157—184). Neben übernommenen und verwandelten Formen der kirchenmusikalischen Tradition werden zahlreiche Beispiele eigenständiger musikalischer Formgebung religiöser Intentionen überzeugend vorgeführt.

[47] Vgl. Grunsky, a. a. O., S. 377.

keimenden Lebens in den Tiefenlagen der Bässe oder Pauken erscheinen kann. Mit anderen Worten: dunkel heißt nicht unbedingt Tod — und hell nicht Leben. Es kommt in jedem Falle auf die überzeugende Kombination mehrerer Klangelemente an, die freilich auch dann noch die Frage offen lassen, warum der Komponist gerade dieses Thema oder diese Tonwendung für seinen Darstellungswillen benutzte[48].

Fragen wir abschließend nach den religionswissenschaftlichen Erkenntnissen, die sich aus dem Rundgang durch die europäische Musikgeschichte ergeben. — Die verschiedenen Todesbegegnungen und ihre Deutungen lassen sich überzeugend musikalisch versinnlichen, sofern in der Vokalmusik der Text auf die Intention hinweist. Formale Analogieschlüsse auf den entsprechenden Ausdruck in der Instrumentalmusik sind möglich. Dennoch stößt eine begriffliche Aussage bei der Phänomenbeschreibung bald auf ihre Grenze, da ein wissenschaftlicher Objektivierungsvorgang der Totalität musikalischer Todesbegegnung nicht gerecht werden kann. Die seelische Tiefenerfahrung nämlich wird in ihrer letzten Schicht der Wirklichkeitsbegegnung — jenseits der Gefühlwelt — selbst unsagbar. Der Tod selbst kann in dieser Dimension musikalisch nur noch durch die Generalpause oder Fermate ausgedrückt werden. Hier erfährt auch sogar die symbolische Aussage ihre natürliche Grenze. — Für den vorausgehenden Spielraum musikalischer Ausdrucksmöglichkeit eröffnet sich jedoch der symbolischen Aussage ein weites Feld, deren Intentionen sich hinreichend formal erschließen lassen, um A. Scherings Frage zu beantworten. — Die religiöse Intention wird hörbar im musikalischen Ausdruck, ggf. vermittelt durch das Symbol[49], das freilich in seinem Vertretungscharakter einen ganzheitlichen Bereich nur in uneigentlicher Weise umschreiben kann, — damit aber einen Erfahrungsbereich aufschließt, den etwa allegorische Tonmalerei nicht erreichen kann.

[48] Vgl. Goldschmidt, a. a. O., S. 16.

[49] Zum Problem der religiösen Symbolik sei verwiesen auf: St. Wisse, Das religiöse Symbol. Versuch einer Wesensdeutung. Essen 1963. — M. Eliade, Betrachtungen über religiöse Symbolik. In: Antaios 2 (1960/1961), S. 1—12. — P. Tillich, Das religiöse Symbol. In: Blätter f. dt. Philosophie 1 (1927/1928), S. 278—291. — S. Holm, Religionsphilosophie. Stuttgart 1960. S. 115 ff. — B. P. Schliephacke, Bildersprache der Seele. Berlin 1970. — E. Cassirer, Wesen des Symbolbegriffs. Darmstadt ^{6}1977.

Daß das musikalische Bild des Todes ein religiöses Phänomen darstellt, das zum Gegenstand religionswissenschaftlicher Forschung werden kann, läßt sich u. E. sinnvoll nur dann positiv beantworten, wenn wir einen weiten Religionsbegriff voraussetzen (vgl. Anm. 9), der den Menschen mit einer Wirklichkeit konfrontiert, deren er durch eine Vielzahl möglicher Perspektiven teilhaftig wird und die er im Vorfeld mystischer Unmittelbarkeit nur symbolisch wahrzunehmen vermag. Dies gilt freilich nur unter der Voraussetzung, daß sowohl individuelle Anlage und musikalisches Aufnahmevermögen wie auch ein gesellschaftlich tradierter Glaubensrahmen ihn dafür disponiert. Dieser Bezugsrahmen kann jedoch auch jene Wirklichkeitsbegegnung verstellen oder aber von ihr überwunden werden. — Musikalisch bedeutet dies: Durch ihre kultische Einbindung oder eine entsprechende Textvorlage (z. B. Choral, Messe) erhält die Musik noch nicht eo ipso religiösen Charakter (bekanntlich gibt es Choräle mit ursprünglich weltlichem Text). Auch der traditionelle Gebrauch prägt ihr noch keinen religiösen Stempel auf[50]. Andererseits kann ein nichtchristlicher Text von Schubert oder Wagner oder gar ein Instrumentalwerk wie das ›Konzert für Viola und Orchester‹ (op. posthum) von Bartók durchaus zu einer musikalisch religiösen Aussage führen, wenn eine Tiefenerfahrung des Lebens symbolische Gestalt gewinnt und zur Teilhabe an einem unauslotbaren Mysterium aufruft. Musik kann als sprechendes Medium der Wirklichkeit durchaus religiöse Erlebnisse 'beschreiben' bzw. hervorrufen. Ob und wie sich dies strukturell

[50] In einem ausgezeichneten, soeben erschienenen Werk: Religiöse Musik in nichtliturgischen Werken von Beethoven bis Reger. Regensburg 1978, widmet sich der Hrsg. W. Wiora (Einleitung!) aus der Sicht der Musikwissenschaft eingehend der Frage, ob sich der spezifisch religiöse Charakter einiger Musikwerke — ohne Rücksicht auf Funktion oder Text — musikalisch belegen lasse. Wiora kommt zu einem positiven Ergebnis, indem er den Versuch unternimmt, die Religionsdefinitionen der klassischen Religionswissenschaft zugrunde zu legen und die Musikwissenschaft auffordert, sich an der Religionswissenschaft zu orientieren. Er kommt damit unserem Anliegen kontrapunktisch entgegen, die Ergebnisse der Musikwissenschaft für die Religionsphänomenologie nutzbar zu machen. — Dennoch scheint uns der Ansatz bei der Theorie des Heiligen (trotz überzeugender Belege!) für die gemeinsame Arbeit nicht ausreichend zu sein, da die tiefen Grenzerfahrungen menschlicher Existenz in ihrer religiösen und musikalischen Relevanz über den Bereich des Heiligen hinausgehen bzw. auf anderer Ebene liegen.

erhärten läßt, dazu möge dieser Versuch die musikwissenschaftliche Forschung anregen. — Die Religionswissenschaft sollte sich einen so eminent aussagekräftigen Bereich wie die Musik zukünftig zur Forschungsaufgabe machen, die u. E. noch viele fruchtbare Ergebnisse zeitigen wird.

Aufgrund dieser Untersuchung läßt sich wohl so viel festhalten, daß die musikalische Aussage über den Tod mit seinen verschiedenen Zugängen und Vorstellungen deutlich macht, in welchem Maße sich die religiöse Verfassung des europäischen Menschen vom Barock bis etwa 1900 gewandelt hat. Dieser Prozeß läßt sich als eine zunehmende Individualisierung beschreiben, für die der Tod mehr und mehr in das eigene Leben einbezogen wird, damit seine 'objektive' Fremdheit verliert und zur Überhöhung des Lebens — gleich welcher Art — beiträgt[51]. — Damit kommt eine Entwicklung zum vorläufigen Abschluß, die mit der Bewußtwerdung des Ichs in der Renaissance begann und im Lebenstaumel des Barock den Tod weithin als fremde Macht vergegenständlichte und dem Menschen häufig in mythischen Gestalten gegenüberstellte. Die Romantik führte wieder zu einer religiösen Existenzaussage, die im Mittelalter *(media vita in morte sumus!)* unter anderer Akzentuierung bereits das Lebensgefühl bestimmte. — Religionsgeschichtlich entspricht dies einer Emanzipationsbewegung von der vorgegebenen christlichen Heilsordnung zur freien Individualreligiösität, eingebettet in einen langfristigen Säkularisierungsprozeß, der eben eine Verhältnisbestimmung von Musik und Religion erst aufkommen läßt.

Die zweite eingangs gestellte Frage nach der Möglichkeit einer vergleichenden Phänomenologie musikalischer Todesdarstellung läßt sich gegenwärtig noch nicht hinreichend beantworten, obschon unsere einleitenden Betrachtungen zur 'Natur der Musik' und die teilweise schon recht überzeugenden Ergebnisse der Musikwissenschaft zuversichtlich stimmen. Der musikalische Strukturvergleich verschiedener Kulturkreise bleibt ein schwieriges und nicht unproblematisches Unterfangen, bei

[51] G. Simmel hat in seinem Buch: Rembrandt, ein kunstphilosophischer Versuch. München 1925, tiefsinnige Betrachtungen über die Ganzheitlichkeit von Leben und Tod angestellt. Seine Ausführungen über den Tod, der „von vornherein ein character indelebilis des Lebens" sei und dessen Erfahrung mit der entwickelten Individualität wächst, belegen am Beispiel von Rembrandt und Shakespeare sehr eindrucksvoll unsere These von der zunehmenden Immanenz des Todes im Leben im Verlauf der europäischen Musikgeschichte (S. 89—100).

dem sowohl soziologische und psychologische wie kultische und ästhetische Gesichtspunkte zu berücksichtigen sind. Aufgrund der ähnlichen musikalischen und physiologischen Disposition des Menschen wird jedoch die Zeit kommen, in der man nicht nur bestimmte Klangelemente einer bestimmten Todesbegegnung zuordnen kann (vieles ist schon bekannt), sondern auch interkulturelle Vergleiche wenigstens für die 'Elementarsymbolik' wird anstellen können. Sowohl die ursprüngliche religiöse Einbindung der Musik wie ihre kulturbildende Funktion sollten erwarten lassen, daß sich die Religionsphänomenologie schon bald der faszinierenden Aufgabe annehmen kann, Musik als Ausdruck religiöser Intentionen zu verstehen und strukturell zu vergleichen. Für den europäischen Teilbereich möchte dieser Versuch zum Bild des Todes dafür einen Baustein liefern.

AFRIKA

DIE UNTERWELTSBÜCHER IN DEN ÄGYPTISCHEN KÖNIGSGRÄBERN

Von HELLMUT BRUNNER

Kaum ein Kulturvolk hat sich so viele Gedanken um den Tod gemacht wie die alten Ägypter. Daß ein großer Teil ihrer uns erhaltenen Literatur sich mit solchen Fragen beschäftigt, die wir dem Jenseits zurechnen würden, verzerrt zwar das Bild: Sind doch die Papyrusrollen aus der Welt der Lebenden, also aus dem der Nilüberschwemmung ausgesetzten Fruchtland, durch Feuchtigkeit größtenteils zugrunde gegangen, während die trockene Wüste den Inhalt der Gräber weitgehend bewahrt hat. Aber auch wenn wir diese Uneinheitlichkeit der Erhaltung abziehen — der Jenseitsliteratur der Ägypter kommt eine bedeutende Rolle auch innerhalb der ägyptischen Texte zu. Bevor wir eine Gruppe dieser Literatur selbst betrachten und eine Deutung versuchen wollen, sei zunächst eine ägyptische Begriffsbestimmung vorgenommen, nämlich die von Tod und Leben.

Wenn wir einmal von allerneusten Unsicherheiten der Medizin über den Zeitpunkt des Todes absehen, so können wir von einer klaren Unterscheidung zwischen Tod und Leben und einer scharfen Grenze ausgehen. Übersetzen wir aber die entsprechenden ägyptischen Begriffe, so kommen — für unser Verständnis — Ungereimtheiten heraus. In einem Weisheitslehrentext aus dem 3. Jahrtausend ist von dem unwilligen Schüler, der nicht lernen und nicht Vernunft annehmen will, die Rede. „Er tut alles, was man verachtet", heißt es da, „so daß er täglich getadelt wird. Er lebt von dem, wovon man stirbt, seine Nahrung ist es, verkehrt zu sprechen. Sein Charakter ist seinen Vorgesetzten bekannt, die sagen täglich: ‚Ein lebendig Toter[1]' ". Wieso ist man tot, fragen wir, wenn man verkehrt spricht? — Wenn ein ägyptischer Text sagt: „Das Vermögen des Ungerechten hat keinen Bestand, seine Kinder finden keinen Rest davon

[1] Ptahhotep 579—585.

mehr vor. Der Harte schafft sich das Ende seines Lebens, seine eigenen Kinder sind ihm nicht mehr ergeben. Wer sich beherrscht, hat Anhänger, aber es gibt keinen Erben für den, der durch eigene Schuld unvernünftig (unbeherrscht) ist[2]", so verstehen wir gut, was der Mann sagen will, können aber nicht sehen, wieso der Harte sich „das Ende seines Lebens schafft", zumal gleich anschließend gesagt wird, daß ihm seine Kinder nicht mehr ergeben sind, daß er also offenbar noch lebt.

Sinuhe, ein hoher ägyptischer Hofbeamter, ist, als er von der Ermordung seines Königs erfährt, ins Ausland geflohen, obwohl er nicht an der Verschwörung beteiligt war. Mag sein, daß er sich für verantwortlich hält, das Komplott nicht aufgedeckt zu haben. Jedenfalls fühlt er sich verbannt, ohne es zu sein. Er verbringt sein Leben in Asien und wird dort alt. Schließlich kommt ein Gnadenbrief des Königs zu ihm, der ihn an den Hof zurückruft, ausdrücklich, damit er dort sterben und rituell begraben werden kann. Sinuhe quittiert diesen Erlaß mit den Worten: „Wie schön ist die Herzensgüte, die mich vor dem Tode rettet[3]!" — Wieso, fragen wir? Ist doch gerade vom Tode die Rede; allerdings von dem in der Heimat, nicht in der Fremde, wo barbarische Begräbnissitten offenbar die Aussicht auf ein Fortleben für einen Ägypter verdüstern. Wer rituell begraben wird, ist „vor dem Tode gerettet", auch wenn er gerade gestorben ist.

Entsprechende „Unstimmigkeiten" finden wir mehrfach in Gebeten und Hymnen, wo der Gottheit zugesprochen wird, „sie rette auch den, der schon in der Unterwelt (also tot) ist[4]". Mit „tot" bzw. „in der Unterwelt" meinen die Ägypter nicht nur Gestorbene in unserem Sinne, sondern auch alle, die in irgendeiner Isolation leben, sei es, daß sie gesellschaftlich ausgestoßen, geächtet werden (wie der „Harte", der „Unvernünftige", d.h. Unbeherrschte, den seine Kinder verachten), sei es, daß sie durch eine Auslandsreise aus dem Familien- und Dorfverband zeitweilig ausgeschieden, sei es auch, daß sie krank sind; wer hat nicht schon erlebt, wie sehr eine selbst leichte Krankheit den Menschen isoliert, wenn ihm plötzlich Beruf und Familie, Zeitungsnachrichten, Fernsehen gleich-

[2] Loyalist. Lehre § 12, 3—8; G. Posener, L'enseignement loyaliste. Genf 1976.

[3] Sin. B 203; Übersetzung z. B. E. Hornung, Meisterwerke altägyptischer Dichtung. Zürich – München 1978. S. 33.

[4] Zum Beispiel H. Brunner, Ägyptische Texte. In: Religionsgeschichtliches Lesebuch zum Alten Testament (= ATD Erg. Reihe 1). Göttingen 1975. S. 50 u. S. 60.

gültig geworden sind. Ägypter können im Leben „tot" sein, wenn sie aus ihrer gesellschaftlichen Umgebung, auch nur vorübergehend, ausscheiden. Wer fühlt sich nicht dabei an die Worte des Vaters im Gleichnis vom verlorenen Sohn erinnert: „Denn dieser mein Sohn war tot und ist wieder lebendig geworden; er war verloren und ist gefunden worden" (Lk. 15, 24 und 31)?

Umgekehrt sind die Ägypter überzeugt, und das gehört zu den Grundlagen ägyptischen Glaubens, daß das Leben nach dem Sterben weitergeht, wenn auch in einer anderen Existenzform. Wir können in diesem Rahmen nicht auf die mannigfaltigen Aspekte dieses Weiterlebens eingehen — historische Schichten überlagern sich, soziale Schichten haben verschiedene Vorstellungen vom Jenseits — noch sind wir weit von einer Sichtung dieses Knäuls von Überlieferungen entfernt, geschweige denn von seiner Entwirrung. Nur von einer besonderen Literaturgattung möchte ich heute berichten, die sich der Forschung in letzter Zeit zu erschließen anfängt: den Unterweltsbüchern, die jetzt in einer guten und zuverlässigen Ausgabe in deutscher Übersetzung zugänglich — damit freilich noch nicht voll verständlich — sind[5].

Um sie recht deuten zu können, sei zunächst ihre Eigenart gegenüber anderen Literaturwerken, die sich mit dem Jenseits beschäftigen, herausgestellt. Das älteste Corpus der ägyptischen Totenliteratur sind die Pyramidentexte. In den Pyramiden der Zeit von 2300 bis etwa 2100 finden sich in langen Hieroglyphenzeilen verschiedenartige Sprüche, die den ausgesprochenen Zweck haben, den König „zu verklären", d.h. zu einem Gott unter den Göttern zu machen. Freilich sind auch andere Texte daruntergeraten, Opferrituale vor allem, auch Schlangenabwehrzauber und Pyramidenweihsprüche, aber die entscheidenden Texte handeln vom Jenseitsweg des Königs, von seinem Aufstieg in den Himmel und seinem dortigen Empfang durch die Götter. Es scheint, daß diese Sprüche ursprünglich in der ersten Person mit dem toten König als Sprecher abgefaßt waren — eine Redaktion hat sie dann so umgeändert, daß Ritualisten sie zugunsten des Herrschers sprechen können.

Manche dieser Texte werden in die nächstjüngere Gruppe, die sog. Sargtexte aufgenommen. Hier finden wir Totenliteratur für den

[5] E. Hornung, Ägyptische Unterweltsbücher (= Bibliothek der Alten Welt). Zürich 1972.

Gebrauch nichtköniglicher, freilich gehobenen Schichten angehöriger Ägypter, die sich um 2000 v. Chr. auf den Innenseiten ihrer Holzsärge Inschriften anbringen ließen, die mit ihren mythischen Vorbildern ein glückliches Los im Jenseits verhießen. Auch hier wieder ist der Nutzen für den Verstorbenen unmittelbar einsichtig: Er wird, mit Namen genannt, mit göttlichen oder überirdischen Wesen gleichgesetzt und hat auf diese Weise an deren Geschick teil. Lediglich eine bestimmte Gruppe, die sich auf Särgen eines mittelägyptischen Ortes findet, kommt in die Nähe der uns interessierenden Unterweltsliteratur: Das sog. Zweiwegebuch (siehe Abb. 7 im Anhang). Auf Sargböden wird eine Jenseitslandschaft gezeichnet, landkartenähnlich, auch mit Legenden, die Namen der Orte und Wege nennen. In diesem „Buch" spricht der Tote nicht in der 1. Person, er wird vielmehr angeredet, ihm wird geraten, diesen oder jenen Ort zu meiden oder zu wählen. Oft aber werden Orte ganz „objektiv" beschrieben. Hören wir eine kurze Probe[6]: „Dies ist der versiegelte Ort inmitten der Finsternis. Eine Flamme ist darum herum, die die Ausflüsse des Osiris enthält... Diese sind verborgen, seit sie in die Flamme gefallen sind. Es ist das, was von ihm auf das Land aus Sand gefallen ist... Wer immer dort lebend gesehen wird, der kann niemals verderben, denn er kennt den Spruch, um an den hockenden Wächtern der Tore vorüberzugehen." Wir können uns nicht bei der genauen Interpretation dieses Spruches aufhalten; nur soviel sei gesagt, daß die „Ausflüsse" des Osiris, des gestorbenen und auferstandenen Gottes, der also den Tod überwunden hat, hier auf einen Sandort gefallen sind, der dadurch „geheim", wir würden vielleicht eher „heilig" sagen, geworden ist und nun für die Auferstehung wirksame Kräfte besitzt, ähnlich wie sich Christen von heiligen Orten, Kirchen oder Kirchhöfen besondere Wirksamkeit versprechen oder versprachen. In unserem Zusammenhang aber sollte der Spruch nur zeigen, welchen Charakters Texte dieses Zweiwegebuches sind — sie werden weder dem Toten in den Mund gelegt noch künden sie von ihm, sie schildern vielmehr eine Gegebenheit im Jenseits, freilich nicht, ohne auf den Nutzen dieses Wissens hinzuweisen.

Wir übergehen hier das Totenbuch, da seine Sprüche unmittelbar magisch gemeint sind und mit der Gattung, der wir uns nunmehr als der eigentlichen Mitte unserer Überlegung zuwenden wollen, nichts gemein

[6] A. de Buck, The Eg. Coffin Texts VII, 352—354, Spruch 1080/1081.

haben, auch wenn beide gleichzeitig im Schwange waren, nämlich in der 18./20. Dynastie (um 1500—1100).

Wir fragen nach dem Zweck der Unterweltsbücher. Es sind das literarische und bildnerische Werke, die an den Wänden der Königsgräber des Neuen Reiches stehen, meist der Sargkammern (siehe Abb. 8 im Anhang). Wir haben es hier mit einer eigenen Literatur- und Kunstgattung zu tun, bei der Wort und Bild eine enge Einheit eingehen — weder sind die Texte zu Bildern geschrieben noch diese zur Illustration jener gemalt, beide Kunstgattungen stehen vielmehr gleichberechtigt nebeneinander, sind nur zusammen verständlich. — Was nicht gesagt werden kann, wird gemalt, was nicht gemalt werden kann, wird in Worten geschrieben[7].

Gemalt wird also die ganze Situation, die Stellung der Figuren zueinander, gemalt werden die Geräte, wird die Landschaft. Geschrieben werden die Reden der handelnden Personen, ihre Namen, die Namen der Gegenden, geschrieben wird auch, was sie tun, soweit es sich nicht aus den Bildern ergibt (siehe Abb. 9 im Anhang). Eine eigentümliche Kunstgattung ist hier entstanden. Und was ist der Inhalt dieser „Bücher"?

Von den vier „Büchern" dieser Gattung, dem ›Amduat‹, dem ›Pfortenbuch‹, dem ›Höhlenbuch‹ und dem ›Buch der Erde‹, betrachten wir nur das älteste, das ›Amduat‹, zu deutsch: Das, was in der Unterwelt ist.

Zuvor aber sind einige religiöse Grundvorstellungen anzudeuten. Es geht dem Ägypter nicht darum, den Tod, genauer gesagt das Sterben, zu überwinden. Nur durch den Tod kann Leben bestehen und sich erneuern — auch Götter sind in Ägypten oft sterblich. Das große Urbild dieses Vorgangs ist die Sonne, die jeden Abend, müde und rötlich, „zur Ruhe geht" und am Morgen im Osten frisch, jugendlich, kräftig wieder erscheint. Was ist in der Nacht mit ihr vor sich gegangen? Eben jener geheimnisvolle Prozeß „Leben aus dem Tod", der die Ägypter fasziniert hat und für den sie so viele Beispiele in der Natur gesucht und gefunden haben: Nilschwelle nach Trockenheit, junges Grün nach dem Tod der Pflanzen (für beides steht der Gott Osiris), viele Tiere, die eine Zeitlang unsichtbar bleiben und plötzlich wieder auftauchen, besonders in dem Lande des Todes, der Wüste. Nur der Tod kann das Wunder der Verjüngung bewirken, und das alltägliche Beispiel, vor aller Augen, ist eben die Sonne.

[7] Vgl. dazu H. Brunner, Illustrierte Bücher im Alten Ägypten. In: Wort und Bild. Hrsg. v. H. Brunner, R. Kannicht u. K. Schwager. München 1979, 201ff.

Doch nun zurück zu den Königsgräbern und den an ihren Wänden aufgezeichneten Texten und Bildern, eben jenen Unterweltsbüchern. Im Gegensatz zum gleichzeitigen Totenbuch, das alle Ägypter, die es sich irgend leisten konnten, auf Papyrus geschrieben mit ins Grab nahmen, enthalten diese königlichen Jenseitsbücher keinen Hinweis auf Benützbarkeit. Es sind keine Sprüche, mit denen man Gefahren abwehren und den rechten Weg finden kann, keine Sprüche zur Verwandlung in Götter oder Geister oder lebenstüchtige Tiere, keine zur Abwehr von Dämonen, die die Seele rauben wollen. Vielmehr werden die Orte und die Gestalten der Unterwelt geradezu wissenschaftlich-objektiv geschildert. Das Stichwort „Wissenschaft" ist gefallen. Es ist oft für unsere Unterweltsbücher in Anspruch genommen worden. Exakt schildern Texte und Bilder die Fahrt der Sonne durch die zwölf Nachtstunden. Hören wir einen kurzen Abschnitt aus der ersten Nachtstunde: „Die beiden Maat-Göttinnen ziehen diesen (Sonnen-) Gott im Boot der Nacht, welches im Torweg dieser Stätte fährt. 120 Meilen sind es, danach zieht er weiter zum Wernes, welches 300 Meilen lang ist. Er verteilt bei ihm Äcker an die Götter seines Gefolges[8]."

Der Aufbau ist stets der gleiche: Das Bild ist in drei horizontale Streifen geteilt, von denen der mittlere dem Sonnenschiff als Streifen dient, während die beiden begleitenden oben und unten die Gestalten zeigen, denen er begegnet, die also an den beiden Ufern — soweit es sich um einen Wasserweg handelt — leben (siehe Abb. 9). Die zwölf Stunden sind voneinander durch Tore getrennt, die sich beim Nahen des Sonnengottes öffnen, hinter ihm aber wieder schließen, so daß die Toten nur eine Stunde von vierundzwanzig des Anblicks der Sonne teilhaftig werden. Im Text sind diese Tore erwähnt oder beschrieben, in den Bildern nur selten dargestellt. Immer aber sind die Stunden scharf gegeneinander abgesetzt. Das jüngere ›Pfortenbuch‹ stellt diese Tore noch deutlicher heraus. Nach dem Sinn dieser Binnengrenzen der Unterwelt werden wir zu fragen haben.

Daß der Sonnengott in einem Boot, also auf Wasser, fährt, darf uns für Ägypten nicht befremden, liegen doch im Niltal alle Städte am Nil wie an einer Perlenschnur aufgereiht, ist doch dort, wenigstens im Altertum, das Boot das gegebene Fortbewegungsmittel und strahlt doch jeden Tag

[8] Hornung, a.a.O., S. 64.

der Himmel unverändert blau, also in der Farbe des Wassers. Nicht allein fährt der Sonnengott, der in der Nacht als Mensch mit Widderkopf erscheint, sondern von einem Gefolge begleitet, von dem hier nur die Göttin Maat erwähnt sei, die Göttin der rechten, von der Gottheit bei der Weltschöpfung eingesetzten Ordnung der Welt, der Natur wie der Gesellschaft. Grenzen hat der Schöpfergott gesetzt, Grenzen zwischen Fruchtland und Wüste, zwischen Tag und Nacht, zwischen Mann und Frau, zwischen den gesellschaftlichen Schichten, zwischen Ägyptern und Ausländern. Nur in der Grenzsetzung kann der Lebensraum zur Ordnung gefügt werden, zu einer Ordnung, die freilich, obwohl vorgegeben, vorgezeichnet, den Menschen immer wieder aufgegeben ist, immer wieder verletzt wird, immer wieder herzustellen ist. Die Göttin Maat also, die diese allein Leben ermöglichende Ordnung darstellt, begleitet in den meisten Nachtstunden den Sonnengott, als dessen Tochter sie gilt. Das ist kein Zufall. Ist es doch die große Angst der Ägypter, mit dem Tod in eine ungeordnete Welt, in ein Chaos zurückzufallen.

Hier greifen wir bereits einen Grund für die Existenz dieser Bilder in den Königsgräbern. Nacht, Finsternis, Tod sind für den Menschen deshalb gefährlich, weil sie mit der Welt vor und außerhalb der Schöpfung, d. h. aber außerhalb der Ordnung, zu tun haben. In dieser Un-Ordnung, die der Ägypter kraß „Un-Sein" nennt, ist menschliches Leben nicht möglich, sowenig wie ohne Sonne. Der Sonnengott wird Garant der Ordnung. Täglich zieht er als *sol invictus* am fast immer wolkenlosen ägyptischen Himmel seine Bahn, jeden Abend geht er gealtert unter und ersteht am Morgen als Kind, also verjüngt, wieder auf und läuft seinen Weg „als ein Held" (Psalm 19, 6).

Es ist nun eines der Anliegen unserer Unterweltsbücher, diese Schöpfungsordnung, die sich in von einander abgegrenzten Bereichen manifestiert, in Grenzen des Raumes wie der Zeit, auch auf die durch das chaotische Element Nacht und Finsternis, also in Sonnenferne gefährdete Existenzform und den Existenzraum nach dem Sterben auszudehnen, ein Stück Chaos durch Ordnung zu überwinden, zu kultivieren, würden wir vielleicht sagen. Auch dort muß Lebensmöglichkeit für die Verstorbenen geschaffen werden, das heißt aber Ordnung, Überwindung der Bedrohung. So wie Sonne und Mond als Zeitrechner die Zeit durch Begrenzung ordnen, so wird das Jenseits gegliedert in voneinander getrennte Bereiche, in Stunden, die durch Tore geschieden sind (daß die Pforten der

Hölle, die die christliche Gemeinde nach Mt. 16, 18 nicht überwältigen sollen, auf diese ägyptische Vorstellung zurückgehen, ist höchst wahrscheinlich). Grenzen zu setzen, das Ungeordnete, Unbegrenzte zu gliedern, und zwar in Stunden und Streifen, ist also einer der Zwecke unserer Unterweltsbücher; so erklären sich auch die für uns überraschenden Maßangaben für bestimmte Gebiete der Unterwelt, wie wir sie in dem kurzen vorhin angeführten Abschnitt gehört haben.

Die Fahrt des Sonnengottes unter der Erde von Westen nach Osten verläuft dramatisch — greift doch der Urfeind der Ordnung, die Schlange *Apophis*, den Gott an. Sie säuft etwa das Wasser aus, auf dem allein die Barke fahren kann, und der Sonnengott verwandelt sich selbst in eine Schlange, um auf dem Sand besser gleiten zu können. In der Unterwelt setzt er seine Schöpfertätigkeit fort, er schafft den Lebensunterhalt für die Toten, er hält Gericht, bestraft die „Feinde", belohnt die Getreuen, er ruft Schöpferworte den unterirdischen Wesen zu, lebenspendende Worte.

In unserem Zusammenhang, der Frage nach dem eigentlichen und letzten Zweck dieser Literatur, sei auf die 5. Stunde des ›Amduat‹ besonders hingewiesen (siehe Abb. 11 im Anhang). Hier sehen wir die „Höhle des *Sokar*", eines memphitischen Totengottes. Diese Höhle gehört zu einer großen Sandregion in der Unterwelt, also einem Stück der Wüste, die Ägypten umgibt. Wüste aber gehört der Urwelt an, für Menschen unbewohnbar, für die Fahrt des Sonnengottes gefährlich. Freilich vereinen sich gerade in dieser Höhle des *Sokar* zwei ebenso gefährliche wie für das Leben unentbehrliche Bereiche: Wasser und Sand. Wasser als Urstoff, als *materia prima*, ist dem Religionsforscher wohlbekannt. Diese Rolle spielt es auch in Ägypten. Jeder Tempel umschließt in seinen Mauern auch einen See oder einen Brunnen, der die Verbindung zur Tiefe herstellt, zu jener Tiefe, in der sich Leben bilden oder erneuern kann, ohne die kein Leben, auch kein Leben nach dem Tode möglich ist. Dies Wasser umgibt den menschlichen Lebensraum auf allen Seiten: Als Okeanos, als Grundwasser, als Himmelswasser, auf dem der Sonnengott fährt und das gelegentlich als Regen auf die Erde fällt. Aus diesem *Nun*, wie die Ägypter die *Tehom* des Alten Testaments nennen, stammt letztlich alles Leben, nur mit Hilfe dieses Wassers ist auch die ersehnte Erneuerung des Lebens möglich. Hier von einem Sinnbild zu sprechen ist zwar gewiß nicht falsch, aber für Ägypten zuwenig. Wir werden sehen, wie die Konkretisierung der Vorstellung in den Königsgräbern aussah. Wir halten einstweilen fest, daß die Unterwelt, die Welt der Toten und der Nachtsonne, als Rest der Welt vor der Schöpfung eine gefährdete Region ist, offen zum Nichts, zur Existenzauslöschung, aber ebenso die einzige Region, wo sich eine Neugeburt vollziehen kann, also ebenso unentbehrlich wie gefährlich. Auch der Nil kommt nach ägyptischer Auffassung aus dem *Nun*, aus der Unterwelt, auch er ist zugleich verheerend, wenn die jährliche Überschwemmung zu hoch ausfällt, doch zugleich die unentbehrliche Lebensader der Ägypter.

Wir sagten schon, daß diese Unterweltsbücher, allen voran das älteste, das ›Amduat‹, die Verhältnisse dieser Unterwelt genau und objektiv schildern. Niemand wird angeredet, niemand soll hier Sprüche kennenlernen, die ihm helfen können. Warum sind diese Bilder und Texte in den Sargkammern der Königsgräber angebracht? Man hat gesagt, daß das Wissen darüber, wie das Jenseits beschaffen ist, welche konkreten Gefahren den Toten bedrohen, wie sie sich ausschalten lassen, bedeutsam für den Ägypter gewesen sei. „Ohne genauere Kenntnis des Jenseits gibt es keinen gesicherten Weg dorthin[9]." Das trifft zweifellos für das Zweiwegebuch des Mittleren Reiches zu, wo immer wieder der Tote ausdrücklich gewarnt wird vor diesem Weg, wo ihm jene Stätte empfohlen wird. Aber unsere Unterweltsbücher sind noch einen ganzen Grad objektiver. Niemand wird angesprochen, den Texten fehlt jeder belehrende Ton. Freilich wäre es denkbar, daß der tote König die Bücher lesen sollte, um sich im Jenseits zurechtzufinden — allein nie ist die Rede von einem Weg, den der Tote gehen könnte, ja ein solcher Weg hat gar keinen Platz in dieser Unterwelt. Verstorbene treten als Selige oder als Verdammte auf (wobei es interessant ist festzustellen, daß nur die Verdammten die Bezeichnung „Tote" tragen, niemals die Seligen, die ja nicht „tot" sind!). Aber kein Text kündet davon, wie man zu jenen gelangt, wie man Verdammnis vermeidet. Mir scheint, daß bisher der Zweck dieser „wissenschaftlichen" Bücher noch nicht gefunden ist.

Nun zeigt uns eine neuere Erkenntnis den Weg zur Lösung. Es handelt sich dabei um eine Besonderheit der Anlagen der Königsgräber, die sog. Grabräuberschächte oder Fallschächte. Noch sind wir weit davon entfernt, die Funktion eines jeden Raumes der oft weitläufigen Anlagen zu

[9] Hornung, a.a.O., S. 11.

erkennen, aber gerade bei diesen eigentümlichen Schächten ist die Forschung kürzlich einen guten Schritt vorangekommen. Die Lage ist folgende:

Die meisten Gräber der Könige der 18. Dynastie und ein Teil derer der 19. und 20. Dynastie (1550—1050) haben an einer bestimmten Stelle des Weges vom Eingang zum Sargraum einen Schacht.

Im vorigen Jahrhundert hat man angenommen, diese Schächte sollten Grabräuber von weiterem Vordringen abhalten, sei es, daß sie in den Schacht stürzen oder ihn für unüberwindbar halten sollten, sei es, daß die hinter dem Schacht weiterführende Tür als „Tapetentür" durch Bemalung unsichtbar war und so der Anschein erweckt werden sollte, als ob dieser Schacht bereits zur Sargkammer führe. Letztere Annahme läßt sich glatt widerlegen: Die oben hinter dem Schacht weiterführende Tür war durchaus sichtbar, ja sogar teilweise durch ihre Dekoration betont. Ferner ist schon zu Beginn des letzten Jahrhunderts den ersten Europäern im Königsgräbertal aufgefallen, daß in diese Schächte große Wassermassen gestürzt sind, die ihre Spuren an den Wänden hinterlassen haben. So nahmen sie an, eben dies sei der Zweck der Schächte gewesen, die Wassermassen gelegentlich auftretender Sturzregen abzuleiten und am Eindringen in die hinteren Grabteile zu hindern. Tatsächlich sind die Königsgräber so angelegt, daß sie wassergefährdet waren: Sie liegen an Stellen des Tals, wo sich Regenwasser geradezu sammelt, und in die meisten ist auch Regen eingedrungen. Das aber hätte sich leicht durch Verlegung des Eingangs einige Meter höher vermeiden lassen — jedenfalls sehr viel leichter als durch das mühsame Aushauen eines Schachtes, der zudem den vorderen Teil des Grabes nicht schützen kann. Schließlich sind die Schachtwände dekoriert, was bei einem reinen Abflußschacht unverständlich wäre. Die beiden Erklärungen des positivistischen 19. Jahrhunderts (Schutz vor Grabräubern, Schutz vor Regenwasser) sind offenbar unzureichend.

Eine neuere Untersuchung[10] hat denn auch überzeugend nachgewiesen, daß die Schächte eine wichtige Rolle in der Architektur der Königsgräber spielen und ihre Funktion dort haben: Sie sind eine Realisierung des mythischen Ortes „Höhle des *Sokar*", wie wir sie auf Abb. 11 sehen.

[10] Fr. Abitz, Die religiöse Bedeutung der sogenannten Grabräuberschächte in den ägyptischen Königsgräbern der 18. bis 20. Dynastie (= Ägyptologische Abhandlungen Bd. 26). Wiesbaden 1974.

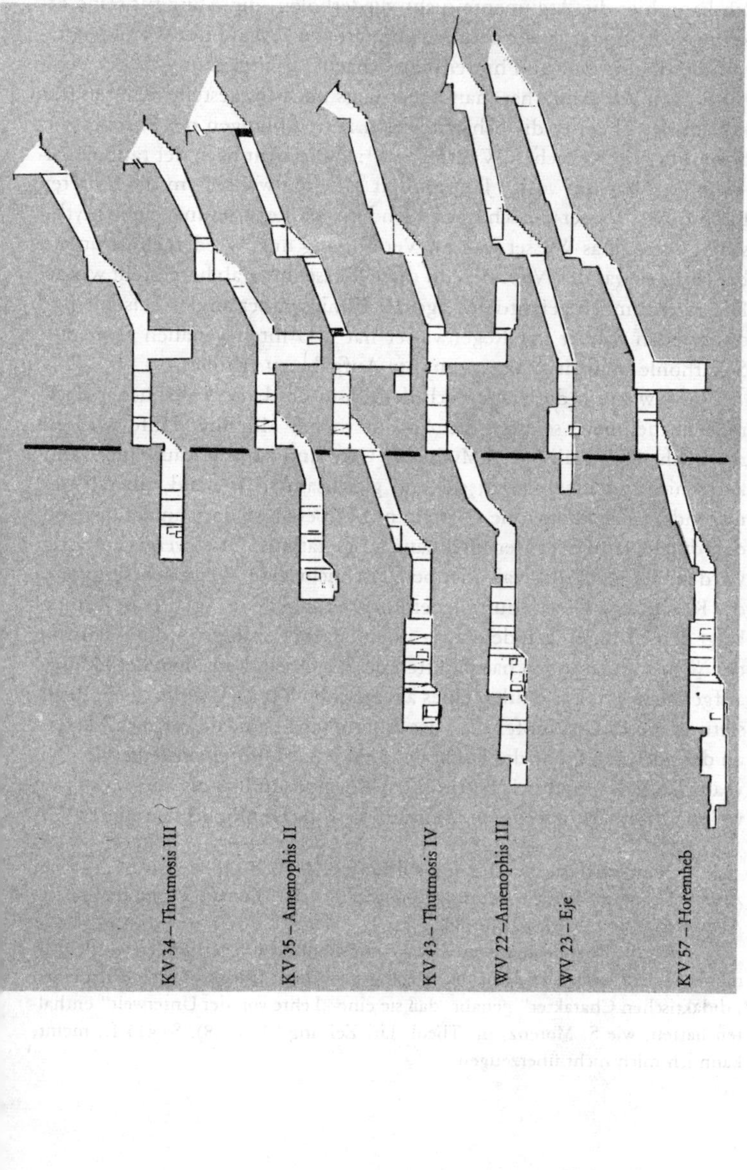

Schächte in den Thebanischen Königsgräbern.
(Nach Elizabeth Thomas und Friedrich Abitz, mit deren freundlicher Genehmigung.)

Hier findet offenbar eine „Wiedergeburt", also eine Verjüngung statt. Ich kann hier die Argumente nicht wiederholen, die Abitz für seine Erkenntnis beibringt — sie beruhen zum großen Teil auf der Wanddekoration der Räume vor und hinter dem Schacht. In Ergänzung zu den Ausführungen von Abitz hat man neuerdings noch festgestellt, daß tatsächlich an der Theorie, die Schächte seien zum Abfangen des Sturzwassers bestimmt, ein Körnchen Wahrheit ist[11]: Zwar nicht nach der rationalistischen Art, wie das vorige Jahrhundert es sehen wollte, um die hinteren Räume vor Wasser zu schützen, sondern als Realisierung eines mythischen Ortes: Das Wasser war zur Verjüngung und Wiedergeburt unentbehrlich, es war der *Nun*, der auf diese Weise im Grab hergestellt wurde! Die eigentümlich gefährdete Lage der Königsgräber an der Talsohle und ohne jeden Schutz vor Regenwasser hat also ihren genauen Sinn: Die Sokarhöhle braucht Wasser, um ihre Aufgabe zu erfüllen.

Wenn wir nun die Frage nach dem Sinn der Unterweltsbücher nochmals aufnehmen, so liegt die Antwort nahe: Mit ihrer Hilfe wird ein mythischer Ort realisiert[12]. Mythische Orte sind zunächst auf einer Landkarte nicht zu lokalisieren, sie sind gleichsam schwebend, überall und nirgends. Doch können sie — wenn nicht überall, so doch an dafür besonders durch Natur oder Menschenhand ausgestatteten Orten vergegenwärtigt werden. Ist nicht ein Kalvarienberg, ist nicht eine Weihnachtskrippe in der Kirche eine letzte Spur solcher Realisierung? Jeder ägyptische Tempel birgt den Urhügel, von dem aus — dem Mythos zufolge — die Schaffung der Welt stattgefunden hat inmitten des Ur-Ozeans, aus dem der Urhügel aufgetaucht ist. Die Säulen eines ägyptischen Tempels stellen eine Realisierung dieses Ursumpfes dar, das Allerheiligste mit dem Kultbild steht an der höchsten Stelle des Fußbodens eines nach hinten ansteigenden Niveaus. In jeder mythisch bestimmten Religion und — als Survivals — in vielen Offenbarungsreligionen finden sich solche Möglichkeiten der Ver-

[11] C. Vandersleyen, in: Chronique d'Egypte 50 (1975), p. 151—157. — Sehr zurückhaltend zu beiden Deutungen äußert sich E. Thomas, in: Journal of Eg. Archaeology 64 (1978), p. 80—83.

[12] Daß außerdem noch andere Zwecke mit den Büchern verbunden wurden, ist möglich; dem kann hier nicht nachgegangen werden. Davon, daß sie auch einen „didaktischen Charakter" gehabt, daß sie eine „Lehre von der Unterwelt" enthalten hätten, wie S. Morenz, in: Theol. Lit. Zeitung 93 (1968), S. 415 f., meint, kann ich mich nicht überzeugen.

wirklichung heiliger, kraftgeladener Orte. Es gibt Räume in ägyptischen Tempeln, deren Wandreliefs zeigen, daß durch sie die Sonne zog, von Sonnenaufgang bis Sonnenuntergang[13]. Wir müssen uns berichtigen: Die Dekoration zeigt nur für uns, daß die Sonne hindurchzog — für die Ägypter war es die Aufgabe dieser Bilder, die Sonne zu veranlassen, durch diesen Raum zu ziehen. Das Gotteshaus, wie ein Tempel auch auf ägyptisch heißt, erhält seine architektonische Form und seine Wandreliefs zu einem Teil geradezu aus der Absicht, der Gottheit eine Wohnstatt anzubieten, die sie annehmen soll, in der sie sich heimisch fühlen und die sie bewohnen soll, zum Segen des Landes und um dort Gebete zu hören. Man zwingt den Gott nicht, den Tempel zu bewohnen, man bietet das Haus seinem Herrn an und hofft, daß er — zumindest während der Ritualhandlungen — in seinem Heiligtum anwesend sei. Nur das ist der Sinn einer Kultstatue: Die Gottheit möge sie als ihr gemäß erkennen und sich in ihr niederlassen wie in einem Leib.

Nicht anders verhält es sich nach meiner Meinung mit den Königsgräbern. Sie erhalten ihre Architektur (die wir, wie gesagt, noch durchaus nicht voll verstehen und erklären können) ebensowie ihren Wandschmuck (der alles andere als ein Schmuck zur Ergötzung eines Beschauers ist) u. a. dazu, die Räume dem Sonnengott gemäß zu machen, um ihn zu veranlassen, nachts dies Grab zu durchziehen, damit der dort liegende König seiner lebenspendenden Kraft teilhaftig werde, damit er sich verjünge und mit dem Sonnengott des Morgens auflebe. Sie dienen also der Vergegenwärtigung des Symbols für das aus dem Tod kommende Leben, der Sonne.

Das ›Amduat‹ und die anderen Unterweltsbücher stehen somit nicht auf den Grabwänden, um jemanden zu belehren über das, was in der Unterwelt ist. Sie sind — im Unterschied zum Zweiwegebuch des Mittleren Reiches — keine Wegweiser oder Führer. Zusammen mit der Anlage der Kammern und Gänge haben diese Bücher vielmehr die Aufgabe, den mythischen unterirdischen Weg der Sonne von Westen nach Osten an dieser Stelle zu verwirklichen, also den Gott in die Nähe der königlichen Mumie zu ziehen. Die Königsgräber reihen sich damit nahtlos in andere religiöse Bauten Ägyptens, besonders des Neuen Reiches, ein, die eben-

[13] H. Brunner, Die Sonnenbahn in ägyptischen Tempeln. In: Archäologie und Altes Testament. Festschrift für Kurt Galling. Tübingen 1970. S. 27—34.

falls mythisch wichtige Orte *hic et nunc* darstellen und damit die Kraft, den Segen der Gottheit herbeiziehen, ja gar ihre Anwesenheit selbst. Wir haben schon die Göttertempel erwähnt, durch die die Sonne ihre Bahn nimmt, die eine der Gottheit angenehme, ihr entsprechende Behausung bieten. Hingewiesen sei noch auf eine Grabanlage des Königs Sethos I. in Abydos, die aber nur ein Scheingrab darstellt; — sein wirkliches Grab im Tal der Könige entspricht den anderen dortigen Anlagen mit einem Schacht. In Abydos aber ruht der Sarg des Königs auf einer unterirdischen, von einem künstlichen Wasserlauf umflossenen Insel, eben jenem schon mehrfach erwähnten Urhügel, der kraftgeladenen Stelle, von der aus der Schöpfergott inmitten der Urwasser sein Werk der Weltschöpfung begann (siehe Abb. 10 im Anhang). Und eine spätere Überlieferung schreibt ähnliche Anlagen auch den Pyramiden des dritten Jahrtausends zu — wahrscheinlich faktisch zu Unrecht, mythisch aber gewiß richtig[14]. Wie alle diese Anlagen dient auch das ›Amduat‹ — und mit ihm die anderen, hier nicht näher betrachteten Unterweltsbücher — dem Vergegenwärtigen heiliger, mythischer Orte.

Das Wort Symbolik, das im Titel dieses Sammelbandes und somit auch über den einzelnen Beiträgen steht, habe ich vermieden, da häufiger Gebrauch und Mißbrauch es so sehr mißhandelt hat, daß es mir schonungsbedürftig scheint. Freilich hat O. F. Bollnow es in seinem einleitenden Grundsatzbeitrag so glänzend in seine uralten Rechte wiedereingesetzt, daß wir das Ergebnis unserer Untersuchung dahingehend zusammenfassen können, daß es die Sonne war, der, als Symbol des Neulebens nach dem Tode, die Ägypter mit letztem Ernst und gewaltigem materiellem und denkerischem Aufwand gedient haben, wenn sie in den Königsgräbern das Sterben in den Dienst des Lebens zu stellen sich bemühten.

[14] Herodot, Historien II, 124 u. 127; dazu H. Brunner, in: Zs. d. dt. morgenländ. Ges. 103 (1953), S. 25; zum Fortleben dieser Vorstellung bis in die Gegenwart: S. Allam, in: Zs. f. äg. Sprache 91 (1964), S. 138f.

DAS LEBEN IM RHYTHMUS VON TOD UND WIEDERGEBURT IN DER VORSTELLUNG DER SCHWARZAFRIKANISCHEN VÖLKER

Von ANTON VORBICHLER

Für den Schwarzafrikaner der Tradition gehören zum Bereich des Symbolischen Kult und Magie, Rituale und Zauberhandlungen, Mythen und religiöse Überlieferungen, Heiratsordnungen und Verwandtschaftssysteme, Initiationsbräuche und Ahnenverehrung, ja, sogar das Wirtschaftssystem ist davon nicht ausgeschlossen. Zugrunde liegt dabei eine Art von Ganzheitsdenken, das die Bereiche von religiös und profan, Diesseits und Jenseits, Transzendenz und Immanenz im Lebensvollzug nicht voneinander scheidet und unterscheidet. Weiterhin liegt zugrunde das angestrebte Ideal einer geordneten, heilen Welt, die sich im Zustand des Gleichgewichtes befindet. Die Welt ist dann in Ordnung, wenn die Lebenskraft, aufgefaßt als dynamische Kraft und als Integrität des Lebens der jeweiligen Gemeinschaft schlechthin, stark und lebendig ist. Höchstes Glück ist Steigerung des Lebens, größtes Unglück dessen Schwächung, immer verstanden im Sinne des Gemeinwohls. Der Schöpfergott, die dynamische Kraft schlechthin, weist allen Seinswesen ihre Lebenskraft zu, die ihre eigentliche Natur ausmacht. Der König bzw. Häuptling stellt den Kanal dar, durch den die diesseitige Hälfte der jeweiligen Gruppe mit Lebenskraft aus dem Jenseits, der Welt der Ahnen, versorgt wird. Der Sippen- bzw. Klanälteste erfüllt diese Funktion in bezug auf die Sippe bzw. den Klan. Das Lebenswachstum ist aber auch vom Lebenseinfluß anderer Lebenskräfte in positiver und negativer Hinsicht abhängig. Die Gesetze des Lebenseinflusses werden durch den Lebensrang bestimmt. Deshalb ist gut, was die Lebenskraft unter Wahrung des Lebensranges stärkt, böse, was sie schwächt[1]. R. Mohr sagt:

[1] Vgl. E. Dammann, Konstanten in Stammesreligionen. In: Saeculum 25 (1974), S. 1—10; ders., Die Religionen Afrikas (= Die Religion der Menschheit 6).

„Die Religion des Schwarzafrikaners ist insofern Leben, als sie eine bestimmte vorgegebene Ordnung zu verwirklichen hat. Kraft dieser Ordnung, deren Einhaltung die Ahnen, letzten Endes der Urahn, nicht durch Gesetze, sondern durch Tabus sanktionieren, mit welchen der Jugendliche in der Initiation durch die Alten bekannt gemacht wird, weiß jeder in jeder Lebenslage, wie er sich zu verhalten hat. Durch den ständigen Bezug dieser Ordnung und damit des Menschen und der Gemeinschaft, in der die Ordnung sichtbare Gestalt angenommen hat, auf die Ahnen und letzten Endes den Urahn als Kollektiv aus den Ahnen oder als Heilbringer ist so Religion Strukturelement und Triebfeder des gesamten individuellen und sozialen Lebens, das auf Ehrfurcht vor dieser Ordnung gründet und so seinem Wesen nach eine sakrale Angelegenheit ist. [...] In diesem religiösen Traditionszusammenhang steht dann auch der Tod und alles, was zu ihm gehört. Er ist keineswegs Ende, sondern nur Übergang in einen anderen Seinszustand innerhalb der Gemeinschaft. Und das ist jede Initiation mit den für sie typischen Elementen: Abschied von einem Alten, Sterben des Alten und Rückkehr, Auferstehung zu einem Neuen[2]".

Aus dem bisher Gesagten läßt sich bereits entnehmen, daß alle religiösen Symbole Schwarzafrikas etwas mit dem Leben und dessen Förderung zu tun haben. Der damit angedeuteten einheitlichen Tendenz entspricht aber aufgrund des riesigen geographischen Areals, der Aufsplitterung in eine Unzahl von Völkerschaften unterschiedlichster Sprachzugehörigkeit, verschiedenartiger Umwelt und divergierender Geschichte ein ganzer Wald von Formenreichtum der Symbole. Um das Wesentliche in einem überschaubaren Artikel darzustellen, ist es vielleicht am besten, einige der wichtigsten Etappen des menschlichen Lebens, wie Geburt, Stammesinitiation u. dgl. zu untersuchen und die dabei in Erscheinung und Funktion tretenden Symbole zu betrachten. Die Beispiele stellen dabei sicher wieder nur eine bescheidene Auswahl aus der Fülle des zur Verfügung stehenden Materials dar.

Stuttgart 1963; P. Tempels OFM, Bantu-Philosophie. Ontologie und Ethik. Heidelberg 1956; E. Leuzinger, Die Kunst von Schwarzafrika. Recklinghausen 1972; F. Herrmann, Der Symbolbegriff in der Ethnologie. In: Bibliographie zur Symbolik, Ikonographie und Mythologie. Hrsg. v. M. Lurker. 6. 1973. S. 5—12; ders., Symbolik in den Religionen der Naturvölker (= Symbolik der Religionen 9). Stuttgart 1961; A. Vorbichler, Wenn Bantu Christen werden. Religionswissenschaftliche und missionspastorale Analyse. In: Zs. f. Miss.wiss. und Relig.wiss. 62 (1978), S. 1—20.

2 R. Mohr, Die Auferstehung der Toten in Afrika. In: Zs. f. Miss. u. Relig. wiss. 58 (1974), S. 12.

Bei den Bahumbu zwischen unterem Kwango und Wamba, südlich von Kinshasa in Zaire, wird die Geburt von Einzelkindern und besonders die von Zwillingen bzw. Drillingen von einer Reihe symbolhafter und im Symbol wirksamer Zeichen und Handlungen begleitet[3]. Daß auch die Geburt nur ein Übergang von einem Seinszustand in einen anderen innerhalb der Gemeinschaft darstellt, zeigt sich in der Behandlung von Nabelschnur und Nachgeburt. Die Nabelschnur wird mit demselben rituellen Messer abgetrennt, mit dem die Kinder auch beschnitten werden und mit dem ihnen ihre Großmutter das erste Haar schneidet. Natürlich könnte man sagen, daß bei den Bahumbu Zwillinge schon nach einem Jahr und Einzelkinder heute schon nach einer Woche, früher auch nach einem Jahr, beschnitten werden. Dies trifft jedoch nicht zu für die Bayaka, die die hier behandelten Geburtsbräuche ebenfalls üben und ihre Knaben erst im Reifealter, aber ebenfalls mit demselben rituellen Messer beschneiden. Die Nachgeburt wird zusammen mit der Nabelschnur, die letztere dabei in senkrechter Stellung, bei Einzelkindern hinter der Hütte begraben. Falls dies nicht geschähe, könnte die Frau lange Zeit keine Kinder mehr bekommen. Verständlich wird diese Auffassung, wenn man weiß, daß die Nachgeburt als der ältere Bruder oder Verwandte des Kindes betrachtet wird und die Nabelschnur gleichsam den Verbindungsweg zu diesem und damit in das Land der Ahnen darstellt. Bei Zwillingen bzw. Drillingen, die als wiedergeborene Häuptlinge angesehen werden, geschieht das Begraben der Nachgeburt und der Nabelschnüre viel feierlicher. Sie werden in eine große Kalebasse getan, die mit einer Grasart verschlossen wird, mit der auch die Häuptlinge als Ehrenschmuck bekränzt werden und auch der erlegte Leopard, den die aus der Gegend zusammenkommenden Häuptlinge mit dem Häuptlingsmesser-Tanz als ihren Häuptlingsbruder ehren. Man stellt nun von einem bestimmten Baum, der in drei Äste ausgabelt, einen etwa 2 m hohen Pfahl her, legt die Kalebasse auf die Astgabelung, bekränzt das Ganze mit dem erwähnten Gras und läßt diesen Pfahl neun Tage lang in der Mitte der Geburtshütte stehen. Nach den neun Tagen vergräbt man Nachgeburt und Nabelschnüre an einer Weggabelung. Dabei tritt eine Frau in Aktion, die

[3] A. Vorbichler, Die Geburt von Einzelkindern und Zwillingen bzw. Drillingen bei den Bahumbu (Belg. Kongo). In: Wiener Völkerkundliche Mitteilungen, Bd. 8, N.F. 3 (1960) S. 63—74.

selbst bereits Zwillinge geboren hat. Sie gräbt ein Loch, spritzt Hühnerblut hinein, gibt dazu ein Stück von einer Kolanuß, etwas von einer bestimmten Pilzart und einige Stücke vom alten Muschelgeld. Dann legt sie die Nachgeburten mit den Nabelschnüren hinein, indem sie spricht: „Ihr Häuptlinge, schaut, wir haben euch begraben mit Ehrerbietung. Schützt die Kinder, damit sie nicht krank werden und ihnen kein Unheil zustößt." Dann wird das Loch zugeschüttet und der erwähnte Pfahl darauf gesetzt. Hierauf werden noch vier andere Baumpfähle in Form eines Viereckes aufgestellt und ein Zaun darum gezogen. In dieser Einfriedung müssen die Zwillinge, wenn sie sterben, auch begraben werden. Es muß noch hinzugefügt werden, daß der innen hohle Stuhl des Häuptlings, in dem er Geld und Salz aufbewahrt und der ihm überallhin nachgetragen wird, mit demselben Namen bezeichnet wird wie die Nachgeburt.

Ein weiterer lebensfördernder und lebensschützender Ritus ist sowohl bei der Geburt von Einzelkindern als auch bei der von Zwillingen das Entzünden eines großen Feuers in der Geburtshütte durch den Vater, für das er auch selbst das Brennholz holen muß. Sowohl die Geburt von Einzelkindern als auch die von Zwillingen bzw. Drillingen ist für die Mutter und den Vater von Geboten und Verboten begleitet: der Vater darf bei der Geburt selbst nicht anwesend sein. Er schläft nun in einem anderen Haus und darf auch seine anderen Ehefrauen nicht besuchen, bis der Rest der Nabelschnur vom Kinde abfällt, was durch Abkneten und Abdrehen gefördert, etwa 4 Tage nach der Geburt geschieht. Mit der Kindesmutter darf er erst wieder geschlechtlich verkehren, wenn das Kind angefangen hat zu gehen. Bei Zwillingsgeburten muß der Vater sich allerdings jeglichen Geschlechtsverkehrs mit allen seinen Frauen enthalten und auch von allen sexuell-erotischen Spielen und Tänzen sich fernhalten, bis die Zwillinge selbständig laufen können. Bei Verstoß gegen diese Sexualtabus würden das Kind oder die Kinder krank werden. Für die Mutter bestehen Speisetabus: sie darf keinen geräucherten Fisch essen, sonst würden ihre Brüste nicht groß werden. Auch darf sie keine Zitronen, keine Waldtiere und keine Hühner essen. Das Kind selbst soll, wenn es zu kriechen beginnt, daran gehindert werden, daß es in mondhellen Nächten in die Nähe der Tür kriecht. Denn dann könnte es von der Kröte gesehen werden. In diesem Falle würde das Kind nicht groß werden. Die Kröte spielt im Unterschied zum Frosch bei gewissen Bevölkerungen als ungeschicktes

Tier seine Rolle und wird manchmal auch als das Tier betrachtet, das durch seine Ungeschicklichkeit den Tod in die Welt brachte[4]. Auch die Meidung zwischen Schwiegermutter und Schwiegersohn muß streng eingehalten werden.

Bei Zwillingen kommen noch verschiedene Verhaltensvorschriften hinzu: sie müssen so lange in der Geburtshütte bleiben, bis sie auf eigenen Füßen sie verlassen können. Bis zu diesem Zeitpunkt darf ihnen das Haar nicht geschnitten werden. Man darf die Zwillinge nur mit Geschenken in beiden Händen besuchen. Wenn man der Mutter ein Geschenk macht, muß man auch jedem der Zwillinge etwas geben. Wird während dieser Zeit von den Familienmitgliedern ein Wild erlegt, so muß das Zerlegen des Wildes im Bereich der Geburtshütte geschehen, denn die Zwillinge sind ja wiedergeborene Häuptlinge. Bei Zwillings- oder Drillingsgeburt bringt eine Frau, die selbst bereits Zwillinge geboren hat, eine Schutzmedizin, die bei Zwillingen aus zwei, bei Drillingen aus drei aus Palmrinde gefertigten Dosen besteht. In diesen Dosen befindet sich weiße und rote Farbe, zwei Krallen irgendeines Tieres, zwei Stückchen von einem Baum, dessen Name bedeutet, daß selbst der Elefant nicht fähig ist, ihn auszureißen und dessen Früchte gegen Zahnschmerzen Verwendung finden, so wie die Raupe eines kleinen Schmetterlings, die sich ein Haus aus kleinen Holzsplittern um ihren Körper herum baut und sich zu einem kleinen schwarzen Schmetterling entwickelt. Die Besitzerin dieser Schutzmedizin streicht der Wöchnerin von der weißen Farbe auf den rechten, von der roten auf den linken Arm. Außerdem steckt sie ihr eine weiße Hühnerfeder ins Haar oberhalb der rechten Schläfe, eine rote Feder von einem den Häuptlingen reservierten Vogel oberhalb der linken Schläfe und belehrt sie dann: „Am dritten Tag der Woche" — gemeint ist die Viertage-Woche der Tradition — „darfst du nicht fischen, nicht auf dem Feld arbeiten, kein Wasser, kein Holz holen. Sonst werden die Kinder erkranken!" Außerdem lehrt diese Frau Vater und Mutter eine winkelförmig gebogene Eisenstange, die an den Enden hohl ist, mit einem Holzstäbchen zu schlagen, wodurch zwei verschieden hohe Töne erzeugt werden. Zu diesem Instrument müssen Vater und Mutter am dritten und vierten Tag der alten Kongo-Woche singen und tanzen, bis die Kinder gehen

[4] Ders., Oralliteratur und Weltanschauung (Balese, Ost-Zaire). In: Zs. d. dt. morgenl. Ges., Supplement III, 2 (1977), S. 1510.

können. An diesen beiden Tagen dürfen sie auch nicht arbeiten. Falls aber eine Arbeit unbedingt nötig ist, muß ihnen die Frau, die selbst schon Zwillinge geboren hat, das Arbeitswerkzeug in die Hand geben. Hier besteht eine Parallele zur rituellen Todestrauer, wobei ebenfalls ein solches Arbeitsverbot für die nächsten Angehörigen besteht, das nur durch ein solches rituelles Überreichen des Werkzeuges aufgehoben werden kann. Auch der Tag, an dem die Zwillinge zur Welt kamen, muß jede Woche durch Arbeitsenthaltung gefeiert werden, bis die Kinder laufen können. Von dieser Verpflichtung kann man sich aber durch ein Hühnerblutopfer an die vorhin erwähnte Schutzmedizin loskaufen.

Durch Los-Schießen auf der Jagd wird festgestellt, ob die Zwillinge Wiedergeborene aus der väterlichen oder aus der mütterlichen Ahnenreihe sind. Ein männliches Tier weist auf die Vater-, ein weibliches auf die Mutterlinie. Auch bei der Geburt von Einzelkindern herrscht der Gedanke einer Wiedergeburt vor. Sind einer oder beide Großelternteile bereits gestorben, dann ist das Kind der wiedergeborene Großvater oder die wiedergeborene Großmutter. Leben sie jedoch noch, so schließt man auf die Wiedergeburt irgendeines anderen Verstorbenen aufgrund irgendwelcher Ähnlichkeiten der Stimme, des Gesichtes, gewisser Körpermerkmale usw.

Der nächste Übergang von einem Seinszustand in einen anderen, gleichsam eine neue Wiedergeburt, ist das Ins-Freie-Schaffen des Kindes und die erste Namengebung. Bei Einzelkindern geschieht dies bei den Bahumbu im dritten Monat nach der Geburt. Dazu kommt ein Medizinmann mit einer Schutzmedizin, die aus einem Stückchen von einem Eisenhammer, aus weißer und roter Farbe und einem geflochteten Stück Liane besteht und in das Fell einer bestimmten Erdratte eingewickelt ist. Die dabei verwendete Liane gilt als unzerreißbar und die in Frage stehende Erdratte ist dafür berühmt, daß sie fünfzig bis hundert Meter lange Gänge unter der Erde graben kann, ohne ans Tageslicht zu kommen. Sie spielt in dieser Eigenschaft auch in Tierfabeln und Sprichwörtern eine Rolle[5]. Der Medizinmann geht am frühen Morgen in das Haus des Kindes und bindet diesem eine Schnur an eine Hand. Das andere Ende der Schnur ist an dem geflochtenen Lianenstück der Schutzmedizin befestigt,

[5] Vgl. ders., Symbolisches Denken der Balonso-Bayaka, Belg. Kongo. In: Kongo-Overzee 22 (1956), p. 187—206.

das mit dem Saft der Kolanuß bespuckt wurde. Die Kolanuß wird wegen der belebenden Wirkung ihres starken Koffein- und Theobromin-Gehaltes sehr geschätzt. Auf jeder Seite der Hütte werden draußen zwei halbwüchsige Jungen postiert, die mit Stöcken bewaffnet sind. Der Medizinmann geht mit der Schnur und dem geflochtenen Lianenstück hinaus, drinnen sitzt das Kind mit dem anderen Schnurende an seiner Hand auf dem Schoß seiner Mutter. Auf ein Zeichen des Medizinmannes beginnen die Knaben auf die Hüttenwand zu schlagen, um gefährliche Geister abzuschrecken. In diesem Augenblick stürzt die Mutter mit dem Kind ins Freie und setzt es draußen auf eine Matte. Das Kind wird mit kaltem Wasser gewaschen. Der Medizinmann schlachtet ein Huhn und läßt dessen Blut auf das geflochtene Lianenstück tropfen. Einen Teil der gerösteten Leber des Huhnes zerreibt er in seiner Hand und gibt davon dem Kind zu essen. Den Rest der Leber gibt er der Mutter, damit sie ihn später zusammen mit ihrem Kind essen solle. Das Huhn selbst teilt er in zwei Hälften, gibt die eine davon der Kindesmutter und steckt die andere in seine eigene Tasche. Dann trinkt er zusammen mit den Ältesten Palmwein und begibt sich dann nach Hause. Zwei Tage nach dem „Ins-Freie-Schaffen" beschenkt der Vater die Großmutter, d.h. seine Schwiegermutter, die Mutter und Kind betreut hatte, mit einer großen Kalebasse Palmwein, einem Stück Stoff und vier Schalen Salz. Die Großmutter gibt dem Vater und ihrer Tochter eine abschließende Belehrung bezüglich der Betreuung des Kindes und der einzuhaltenden Tabus. Dann geht sie in ihr Dorf zurück. In der folgenden Nacht vollzieht der Mann mit seiner Frau einen rituellen Geschlechtsverkehr, und danach darf er nicht mehr mit seiner Frau verkehren, bis das Kind gehen kann.

Zur Zeit, da die Großmutter geht, wird dem Kind der erste Name gegeben, einem Mädchen der der Großmutter, einem Knaben der des Großvaters. Außerdem erhalten die Kinder noch einen zweiten Namen, der den Umständen der Geburt entnommen ist, oder den Namen eines Schutzgeistes, unter dessen Schutz das Kind nach Angabe des Wahrsagers oder anderer Personen oder nach den Umständen der Geburt geboren wurde. Zwillinge bekommen gleich bei der Geburt ihre ersten Namen.

Zwillinge werden erst ins Freie geschafft, wenn sie laufen können. Dazu kommen am vierten Tag der alten Kongo-Woche, der als Ruhe- und Festtag galt und an dem Krieg, Streit, Diebstahl zu unterbleiben hatten und selbst kleine Vergehen gegen die Gemeinschaft wie große bestraft wurden, alle Häuptlinge der Umgebung mit ihren Stellvertretern, ihren Flötenspielern und Hornbläsern zusammen. Auch wird wieder die Frau, die selbst schon Zwillinge geboren hat, und der Zeremonienmeister des Häuptlings gerufen. Nachdem der in seiner Sänfte herbeigetragene Dorfhäuptling auf dem erwähnten Häuptlingsstuhl Platz genommen hat, laufen die Zwillinge aus der Hütte und der Häuptling setzt sie in seine Sänfte und bekleidet sie mit seinen roten Häuptlingskleidern. Dann setzt er sich selbst in die Sänfte und nimmt die Zwillinge auf seinen Schoß. Die Sänfte wird nun unter Musik auf den Platz getragen, wo unter einem großen wilden Feigenbaum die Ahnen des Häuptlings verehrt werden und wo auch die Amtseinkleidung der Häuptlinge stattfindet. Dort setzt sich der Häuptling auf die Signaltrommel, die ihn selbst symbolisiert und die nur auf seine Weisung hin geschlagen werden darf. Hinter sich setzt er die Zwillinge nach der Reihenfolge der Erstgeburt, die bei allen Ritualhandlungen eingehalten wird; hinter den Kindern nehmen Vater und Mutter, dann die erste Frau des Häuptlings Platz. Der Häuptling, die Zwillinge und die erste Häuptlingsfrau tragen je zwei rote Federn des erwähnten, dem Häuptling reservierten Vogels im Haar, Vater und Mutter je eine und die letztere noch die erwähnte weiße Hühnerfeder. Der Zeremonienmeister bestreicht die Zwillinge mit weißer Farbe auf dem rechten, mit roter Farbe auf dem linken Arm und sagt: „Ich bestreiche euch mit der Farbe, möget ihr stark sein!" Dasselbe tut er an den Zwillingen die Frau, die selbst bereits Zwillinge geboren hat. Der Rest der Zeremonien besteht darin, daß man die Zwillinge und auch ihre Eltern ehrt und feiert, wie man Häuptlinge feiert. Sie dürfen auch in Zukunft die dem Häuptling vorbehaltene rote Kleidung tragen. Man glaubt, daß die Zwillinge ähnlich wie der Häuptling über besondere außernatürliche Kräfte verfügen. Wenn sie schlimm und ungezogen sind, darf man sie nicht schlagen, sondern man bittet sie: „Laß ab von deinem Zorn, Vater, laß ab von deinem Zorn, Mutter!"

Wir haben gesehen, wie die Geburt und die Einführung des Kindes ins Dorfleben einen Übergang darstellen, bei dem große, außernatürliche Gefahren durch ebenfalls auf das Außernatürliche hinweisende Riten und Schutzmedizinen abgewehrt werden müssen und wo eine außernatürliche Stärkung der Kinder mit Hilfe der Riten und Schutzmedizinen geschieht. Die Ingredienzien der Schutzmedizinen bringen symbolisch zum Ausdruck die Stärkung und Ertüchtigung der Kinder, wie die Liane, die als unzerreißbar gilt, die Ratte, die sich durch außergewöhnliche

Tüchtigkeit im Graben auszeichnet, der Baum, den selbst ein Elefant nicht umwerfen kann usw. Die Farbensymbolik von Schwarz, Weiß und Rot spielt bei allen Übergangsriten eine große Rolle, wobei Rot die Farbe des Lebens und der Lebenskraft und deshalb auch die Farbe des Häuptlingstums, Weiß die Farbe des Todes, aber im Sinne der Wiedergeburt und deshalb auch der Ahnen, und Schwarz gleichsam eine Mischung aus beiden, darstellt. Man sagt auch, Rot sei die Farbe der großen Freude, weiß die der Trauer, aber im Sinne der Förderung des Wiedergeborenwerdens in den neuen Zustand, und Schwarz die Farbe der alltäglichen Freude. In der Idee der Wiedergeburt ist auch die geschlechtliche Enthaltsamkeit durch die Vorstellung der in den Kindern wiedergeborenen Ahnen mit begründet, neben anderen Gründen, wie etwa der notwendigen langen Stillperiode. Weiter sind unter anderem auch bei der Geburt und Namengebung Blut und Leber als lebenskrafttragende und das Leben symbolisierende Wesenheiten in Erscheinung getreten[6]. Es sei noch angemerkt, daß die hier geschilderten Gebräuche bei Geburt und Namengebung durchaus nicht auf die Bahumbu beschränkt sind, sondern mit geringfügigen Abweichungen bei vielen Stämmen Schwarzafrikas vorkommen. Ein besonderer Brauch des Ins-Freie-Schaffens der Kinder ist bei den Balese im Nordosten von Zaire üblich. Er geschieht einen Monat nach der Geburt. Dabei werden bei einem neugeborenen Knaben zehn Burschen, bei einem neugeborenen Mädchen zehn Mädchen und bei Zwillingen zehn Burschen und zehn Mädchen in einer Reihe vor der Geburtshütte hingesetzt. Dann kommt eine alte Frau mit dem Kind aus der Hütte und setzt es nacheinander jedem der dort Sitzenden auf den Schoß. Danach werden diese mit Brennesseln gebrannt und mit Wasser übergossen. Auch hier kommen deutlich die Stärkung der Lebenskraft des Kindes und die Abwehr drohender Gefahren bzw. die Reinigung von gefährlicher Beschmutzung zum Ausdruck[7]. In diesem Zusammenhang wäre grundsätzlich auf die Sorgfalt hinzuweisen, mit der die

[6] Vgl. ders., Das Opfer auf den uns heute noch erreichbaren ältesten Stufen der Menschheitsgeschichte. St.-Gabrieler-Studien 15 (1956); ders., Urwaldgebete. Das religiöse Verhalten der zentralafrikanischen Pygmäen. In: Wiener Völkerkundliche Mitteilungen 11 (1963), S. 85--95.

[7] Ders., Die Oralliteratur der Balese-Efe im Ituri-Wald, Nordost-Zaire. Mit einem musikwissenschaftlichen Anhang von Rudolf M. Brandl. St. Augustin 1979. Erzählung B-4000.

Ausscheidungen der Neugeborenen behandelt werden, damit sie nicht in der Hand von Hexern zum Schaden der Kinder verwendet werden können.

Im Sommer 1959 hatte ich Gelegenheit, die Stammesinitiation der Knaben bei den Bombo im Dorf Basiri mitzuerleben. Die Bombo sind eine negride Bevölkerung am Südufer des Ituri, östlich von Avakubi. Ihre unmittelbaren Nachbarn sind im Norden die Bandaka, im Westen die Babeke und im Süden und Osten verschiedene Stämme der Bira-Kumu-Gruppe, während Pygmäen verschiedener Sprachzugehörigkeit in ihrem Gebiet nomadisieren. Zu den von mir beobachteten Gebräuchen und in den *in actu* auf Tonband aufgenommenen Beschneidungsgesängen lieferte der Dorfhäuptling von Basiri, Kayumba Isiaka, einen zusammenfassenden Bericht, der ebenfalls auf Tonband aufgenommen wurde und dessen Inhalt hier im wesentlichen wiedergegeben wird[8].

Wenn man im Dorf meint, daß es an der Zeit wäre, eine Stammesinitiation durchzuführen, weil eine entsprechende Anzahl von Knaben im Alter von 8—10 Jahren herangewachsen ist, dann meldet man dieses Anliegen dem Häuptling. Dieser ruft die Ältesten des Dorfes zusammen und teilt ihnen den Wunsch des Dorfes mit. Die Ältesten veranstalten hierauf eine geheime Ratssitzung, auf der nur sie und niemand, der noch nicht den Rang eines Ältesten erreicht hat, anwesend sein dürfen. Sie legen dabei die Zeit fest, die zur Vorbereitung auf das große Fest der Stammesweihe verwendet werden soll. Es handelt sich dabei im allgemeinen um ein Jahr, in dem die Dorfleute dazu gedrängt werden, die doppelte Arbeit auf ihren Feldern zu leisten, damit dann genug Speisen für das große Fest vorhanden sind. Wenn die Felder einen guten Ertrag zeigen, benachrichtigt der Häuptling den Initiationsleiter. Darauf erbitten die Ältesten noch eine Frist von einem Monat, in welcher Zeit das ganze Dorf auf die Jagd geschickt wird, damit auch Wildbret ausreichend für das Fest vorhanden sei. Wenn alle vorhandenen Körbe und Töpfe mit Fleischvorräten gefüllt sind, legen sie im Dorf eine Ruhepause von einer Woche ein. Dann beginnen die Initiationszeremonien. Die Männer sagen: „Ihr

[8] Ders., Kongoexpedition Pater DDr. Anton Vorbichler, SVD, 1958/1959, in: Katalog der Tonbandaufnahmen B 3001 — B 7000 des Phonogrammarchives der Österreichischen Akademie der Wissenschaften in Wien. 82. Mitteilung der Phonogrammarchivs-Kommission. Wien 1966. B 4226—4261: Beschneidungszeremonien und Beschneidungslieder der Bombo.

Frauen, tanzt eure Tänze! Wir sind mit viel Wildbret aus dem Wald zurückgekommen, und so sollt ihr heute fröhlich sein!" Und so ergötzen die Frauen die Männer mit ihren Tänzen der Weiblichkeit. Die Männer ihrerseits tanzen ebenfalls. Außerdem führen die Männer mit zwei bis drei Meter langen Stangen gegenseitige Auspeitschungen in Erinnerung an ihre eigene Stammesweihe durch. Es sind dies Mut- und Ausdauerproben, die an Härte nichts zu wünschen übrig lassen. Während dieser Zeit verschwinden die Ältesten, einer nach dem anderen, um sich im Wald auf die Suche nach dem „Baum der Beschneidung" zu machen, den sie selbst herrichten und schmücken. Dann kommen sie und wählen junge, starke Männer aus, die den Baum der Beschneidung etwa um drei Uhr nachmittags an den Dorfrand bringen. Die Leute staunen über den Lärm, den die Ältesten im Dorf machen: „O die Beschneidung, o die Beschneidung!" Die jungen Männer rufen: „Die Beschneidung ist angekommen!" Sie sind mit Blättern geschmückt und tragen den Baum der Beschneidung. Die Väter der zu beschneidenden Knaben freuen sich, die Ältesten stoßen Beschwörungen aus: „Beschneidung, Beschneidung, Baum der Beschneidung, wir haben ihn heute herausgebracht. Daß jeder, der Krieg in sich trägt, ihn jetzt ruhen lasse! Daß jeder, der Haß in seinem Herzen hegt, ihn jetzt aufgebe! Daß jeder, der schlechte Gedanken hegt, sie alsogleich sein lasse! Daß die Frauen aufhören, mit ihren Männern zu zanken! Sonst soll die Beschneidung die Bösen töten, denn heute ist ein Festtag, an dem wir unsere Knaben beschneiden! Heute untersagen wir jeden Streit, es soll keinerlei Palaver mehr unter uns geben!" Dann wird der Baum der Beschneidung ans andere Dorfende getragen und dort, mit Blättern zugedeckt, hingelegt. Es wird die Trommel geschlagen, alle Tage werden Tänze und die erwähnten Mut- und Kraftproben in Vorbereitung auf die eigentliche Zeremonie veranstaltet. Diese Tänze können sich einen ganzen Monat hinziehen. Während dieser Zeit bleiben die zu beschneidenden Knaben bei ihren Müttern.

An dem ihm richtig erscheinenden Tag sagt der Initiationsmeister zu den Ältesten: „Heute werden wir unsere Kinder beschneiden!" Man schickt noch einmal einige junge Leute in den Wald, um weiteres Wildbret zu holen. Gegen Mittag werden den zu beschneidenden Knaben die Köpfe rasiert, ihre Körper gewaschen und dann mit Öl eingefettet und mit einem neuen Lendenschurz aus Baumrinde bekleidet, denn sie werden jetzt für die Dauer ihrer Stammesweihe von ihren Müttern getrennt.

Gegen 2 Uhr nachmittags beginnen die Tänze. Um 3 Uhr ändert sich der Rhythmus der Trommel, die Frauen fliehen und ziehen sich in ihre Hütten zurück. Die Väter holen die zu beschneidenden Knaben aus den Armen ihrer Mütter und bringen sie an den Ort der Beschneidung. Der Initiationsmeister und die mit der Beschneidung befaßten Ältesten halten ein Kind nach dem anderen über ein Feuer, in dem die Blätter des Baumes der Beschneidung verbrannt werden. Hierauf werden die Kinder in das Haus des Beschneidungsmeisters gebracht, denn von diesem Augenblick an dürfen sie ihre Mütter nicht mehr sehen. Sie bekommen dort auch ihr Essen. Am nächsten Morgen beginnt der große Tanz für das ganze Dorf. Die Frauen tanzen ihre Frauentänze, die Männer ihre Männertänze, alles Tänze, die auf die Beschneidung Bezug haben. Außerdem führen die Männer die erwähnten gegenseitigen Auspeitschungen durch. Um 8 Uhr früh ändert sich wieder der Rhythmus der Trommel und die Frauen eilen in ihre Hütten. Ihre Kinder werden nun einzeln oder in Gruppen zu zweit aus der Hütte des Beschneidungsmeisters geholt. Das erste Kind wird beschnitten und erhält den Namen Auta. Dann muß es auf einem Holzklotz sitzenbleiben. Das zweite Kind wird beschnitten und erhält den Namen Asangba. Für diese ersten beiden ist die Beschneidung absolut obligatorisch. Falls eines von ihnen aus Angst davonlaufen wollte, würde es mit Gewalt beschnitten. Nach diesen beiden werden die anderen Kinder herausgebracht und sogleich beschnitten. Falls aber von diesen das eine oder andere aus Furcht davonläuft, so läßt man es laufen. Nachdem alle Kinder beschnitten sind, führt man sie in den Wald in das für sie errichtete Beschneidungslager, wo sie nun die harte Männersache der Stammesweihe durchhalten müssen. Die erste Nacht müssen sie auf einem Baumstamm sitzend verbringen, es ist ihnen streng verboten, die Augen zu schließen, und sie erhalten körperliche Züchtigungen, um abgehärtet zu werden. So bleiben sie zwei Wochen, bis die Wunde zugeheilt ist. Zwei Tage nach der Beschneidung werden die Knaben mit weißer Kaolinerde vom Kopf bis zu den Füßen bemalt und müssen in diesem Zustand bleiben, ohne sich zu waschen bis zur großen Reinigungszeremonie am Ende der Stammesweihe. Während dieser beiden ersten Wochen lernen sie auch die Lieder, die sie bei ihrer feierlichen Rückkehr ins Dorf tanzen und singen müssen. Nach den beiden Wochen bringen der Beschneidungsmeister und die anderen Ältesten den Kindern das Jagdhandwerk und andere Männerbeschäftigungen, früher auch das Kriegshandwerk, bei. Diese Jagdinitiation wird in einem entfernten Waldstück durchgeführt und dauert einen ganzen Monat. Dann kehren die Kinder in das Beschneidungslager zurück und erhalten das erste Mal offiziell Pfeil und Bogen. Dabei werden Bögen und Pfeile auf der einen Seite des Platzes vor der Hütte im Waldlager hingelegt, während sich die Knaben auf der anderen Seite des Platzes befinden. Dazwischen bilden die Männer mit Stöcken bewaffnet zwei Reihen, durch welche die Kinder laufen müssen, um an die Waffen zu gelangen. Dabei werden sie vom Beschneidungsmeister und von den Ältesten tüchtig gepeitscht. Von diesem Augenblick an dürfen die Frauen im Dorf wieder das Wildbret essen, das während der Zeit der Beschneidungsriten erlegt wird. Bisher war es ihnen verboten. Auch die Knaben können nun wieder die Speisen essen, die ihnen ihre Mütter ins Waldlager schicken.

Die Knaben bleiben dann noch drei oder vier Monate im Wald. Früher betrug die Zeit des Waldlagers bis zu zwei Jahren, jetzt wären neun Monate schon das Maximum. Außer den Gesängen, die die Knaben für die Rückführung ins Dorf lernen, werden ihnen auch noch viele andere, vielfach in einer altertümlichen Sprache abgefaßte Lieder und mythische Erzählungen beigebracht, die auch ich nur im Buschlager aufnehmen durfte, weil die Frauen sie angeblich nicht hören dürfen. Dazu gehört auch eine gewisse Initiation in Wesen und Bedeutung des Geschlechtlichen. Umgekehrt haben aber auch die Frauen ihre Gesänge, die sich auf die Beschneidungsfeierlichkeit beziehen und die die Frauen während der wichtigen Phasen der Initiation im Dorf singen und tanzen. Dazu wurde mir auch erklärt, daß sich die Schwestern bzw. Kusinen der Beschnittenen in Nahrung und Kleidung ihren Brüdern anpassen, während diese ihre Zeit im Buschlager durchstehen. Wenn die Knaben im Waldlager im Laufe ihrer verschiedenen Prüfungen Rohes essen müssen, dann essen auch die Schwestern im Dorf Rohes, wenn sie Gekochtes essen, dann auch die Schwestern und Kusinen im Dorf. Die Mädchen kleiden sich in Lumpen und Blätter zum Zeichen der Trauer wegen der Leiden, die ihre Brüder im Wald erdulden müssen. Alle diese Schwestern und Kusinen nennen ihre beschnittenen Brüder zeitlebens „Beschneidungsbruder", also genauso, wie die Beschnittenen einer Altersklasse sich untereinander nennen.

Die Beschneidung wird von den Bombo auf Sodu zurückgeführt, der Urahne, Kulturheros und Schelm in einem ist. Dieselbe Gestalt tritt unter anderem Namen bei verschiedenen Stämmen in der Ostprovinz von Zaire auf[9]. Seine zum Teil kulturschöpferischen, zum Teil Till-Eulenspiegelartigen, zum Teil kriminellen und blutschänderischen Taten und Abenteuer werden in den Beschneidungsgesängen angedeutet. Darüber hinaus gibt es bei den Bombo wenigstens noch zwei Erzählungen, die direkt im Zusammenhang mit der Beschneidung erzählt werden und auch in den Liedern ihren Niederschlag finden. Die eine davon berichtet, daß zuerst die Frauen die Beschneidung von den Schimpansen gelernt hätten, als sie diese anläßlich eines Auszugs zum Fischfang dabei beobachteten. Da jedoch die Mädchen die Exzision der Klitoris nicht überlebten, sei die Zeremonie auf die Männer übergegangen. — Die zweite Erzählung berichtet von einer Frau, die auf Raupenfang auszog. Die Raupen befanden sich aber damals noch hoch oben, und als die Frau hinaufstieg, um sie zu sammeln, entfiel ihr ihr Geschlechtsteil. Sie konnte es aber wiederfinden und sich wieder einsetzen. In den Liedern wird auch auf verschiedene Tiere angespielt, die teils als Totemtiere, teils in einem anderen mythischen Kontext vorkommen. So ist von der Zibetkatze, dem Leoparden, der Schildkröte die Rede, das Chamäleon wird der Fleckige genannt, der seine Mutter tötet, womit wohl der Mond gemeint ist, d.h. wobei offensichtlich auf die mondmythologischen Züge des Urahnen und Kulturheroen Sodu angespielt wird. Eine besondere Rolle spielen auch die Webervögel mit ihren roten Federn. Auch die Kolanuß und andere, besonders rote Baumfrüchte und Pilzarten werden besungen. Ebenso wird das beste Klettertier des Waldes, der Baumschliefer, genannt.

Wenn man meint, daß der Aufenthalt im Waldlager lange genug gedauert hat, begeben sich der Beschneidungsmeister und die Ältesten zum Häuptling und teilen ihm dies mit. Ist der Häuptling derselben Meinung, so wird alles, was an Gebrauchsgegenständen u. dgl. während der Zeit der Initiationszeremonien und der Ausbildung im Waldlager verwendet wurde, dort vor der Beschneidungshütte zusammengetragen, um dann verbrannt zu werden, während man im Dorf das Fest des Abschlusses der Stammesweihe vorbereitet. Man fertigt neue Stühle für die Knaben an, neue Baumrinden-Lendenschurze, neuen Kopfputz; man geht

[9] Ders., Die mythischen Namen der Balese-Efe-Erzählunst (Nordost-Zaire). In: Anthropos 73 (1978), S. 165 ff.

auf die Jagd, um genug Fleisch für das Mahl am Festtag zu haben. Diese Vorbereitungen nehmen ungefähr einen Monat in Anspruch. Wenn alles bereitet ist, begeben sich die Männer des Dorfes gegen 8 Uhr abends ins Waldlager und holen die Knaben unter Absingen spezieller Gesänge ins Dorf zurück. Sie verbringen dann die Nacht mit den Knaben draußen bei Gesang und ziehen in aller Frühe mit ihnen ins Waldlager zurück, wo sie die Scheinschlacht vorbereiten, die dann zwischen den Männern und Frauen stattfinden soll. Um etwa 8 Uhr früh nähern sich dann die Männer wieder unter Gesang dem Dorfe, indem sie mit ihren Körpern und durch Umhüllen mit Tierfellen die neubeschnittenen Knaben verbergen und beschützen. Indem sie so weiter ins Dorf hinein vorwärts ziehen, werden sie von den Frauen mit allen möglichen Arten von Wurfgeschossen angegriffen. Die Männer wieder jagen und verfolgen die Frauen bis zu ihren Hütten. Sie verwenden dabei ihre Schilde und Bögen, mit denen sie aber nur ganz kleine Holzstückchen abschießen. Die Frauen gebrauchen Lehmziegel und was ihnen sonst in die Hände fällt. Falls in dieser Schlacht, die den Namen „Nashorn des Krieges" trägt, jemand verletzt oder vielleicht sogar getötet wird, darf es darüber kein Palaver geben, denn diese Schlacht stellt ein Ritual dar. Während der Schlacht singen die Männer: „Mein Hund heißt Batakumbo!" Wenn der Zug der Männer das ganze Dorf durchquert hat, werden die Knaben wieder ins Waldlager zurückgebracht. Jetzt werden sie noch einmal in dem Tanz unterwiesen, den jeder einzelne bei der Rückführung ins Dorf allen Dorfbewohnern vortanzen muß. Dazu werden sie mit einem Rock bekleidet, der aus den Fasern einer Liane hergestellt wurde, die denen der Raffia-Palme ähnlich sind. Die Frauen sollen den Verwendungszweck dieser Liane nicht kennen. Bevor man die Knaben den erwähnten Tanz lehrt, werden sie an einem Baum oder Pfahl festgebunden und mit Ruten geschlagen. Ihre Brust und ihr Rücken werden durch eine Linie von Einschnitten geschmückt, die mit einer Pfeilspitze in etwa 2 cm Abständen eingeritzt werden. Während das Blut aus den kleinen Einschnitten tropft, werden diese mit einem schwärzlichen Teig, der Natriumchlorid und Cayennepfeffer enthält, eingerieben. Der Fasernrock wird ordentlich um die Hüfte befestigt und die Fasern so abgeschnitten, daß der Rock rundherum von genau gleicher Länge ist. Die Fasernreste werden gesammelt, um daraus Schöpfe zu fertigen, mit denen die Binsenkörbchen, die als Kopfputz dienen, geschmückt werden. Dann erhalten die beschnittenen Knaben vom Beschneidungsmeister und den Ältesten wie auch von ihren Vätern und Onkeln eine letzte Unterweisung, indem sie auf die Beschneidung gleichsam eidlich verpflichtet werden: „Du kehrst jetzt wieder ins Dorf zurück. Willst du wohl nun ein nutzloser Mensch sein? Du kehrst ins Dorf zurück. Wirst du nun etwa den Krieg fürchten? Du kehrst jetzt ins Dorf zurück. Wirst du wohl die Arbeit fürchten? Ich, dein Vater, freue mich, daß ich einen jungen Mann wie dich habe. Du bist nun erwachsen geworden und wirst mir in allem, was ich dir auftrage, helfen, in allem, was ich dir befehle. Meine ganze Hoffnung liegt in dir. Du, mein Kind, hast heute deine Stammesweihe vollendet, ich bin voller Freude!" Bei diesen letzten Instruktionen dürfen die Knaben nur noch von ihren männlichen Verwandten geschlagen werden und nicht mehr vom Initiationsmeister und dessen Gehilfen, die vielmehr die Kinder nun gegen die Schläge verteidigen. Sie werden dann am ganzen Körper mit verschiedenen Farben bemalt, wobei Rot und Schwarz eine Rolle spielen, aber die weiße Farbe überwiegt. Auch der Beschneidungsmeister und die Ältesten bemalen ihre Körper, um den Kindern und Frauen zu imponieren. Dann ziehen die Knaben, einzeln einer nach dem anderen, begleitet von einem rituellen Führer, dessen Amt erblich ist, tanzend ins Dorf zurück. Sie sind dabei bekleidet mit dem erwähnten Faserrock und ihrem Kopfputz und der rituelle Führer schlägt mit zwei kleinen Holzstäben den Rhythmus, unter dem die Knaben bis in die Mitte des Dorfes und um den Dorfplatz herum tanzen. Außerdem werden sie begleitet von einem Mann, der einen Korb trägt, in den die Menge Geschenke für den Beschneidungsmeister und die Ältesten wirft. Diese Tänze ziehen sich bis 3 Uhr nachmittags hin. Auch die Dorfleute selbst vollführen wieder ihre Tänze. Die ganze Musikbegleitung besteht dabei nur im Aneinanderschlagen verschieden langer hölzerner Gegenschlagstäbe, wodurch unterschiedliche hohe Töne erzeugt werden. Alle diese Hölzer werden am Ende der Zeremonien zusammen mit allem, was an Gebrauchsgegenständen im Laufe der Initiationszeremonien verwendet wurde, im Waldlager verbrannt, ausgenommen die Fasernröcke, die an einem Pfosten vor der Hütte dessen aufgehängt werden, der die Knaben beschnitten hat. Um 3 Uhr nachmittags kehrt der rituelle Führer, der die Kinder bei ihrem Tanz zurück ins Dorf mit dem Rhythmus seiner beiden Klanghölzer begleitet hat, ins Waldlager zurück, legt Feuer an das Beschneidungslager mit allem, was sich dort befindet und schreit: „Oh, oh!" Die Leute, besonders auch die Frauen, die im Dorf die Initiationstänze tanzen, lauschen angespannt in Richtung Waldlager. Sobald dieser Schrei ertönt, stürzen sich die Väter und die anderen Männer, die bereits beschnitten sind, auf die Knaben und beginnen diese mit Wasser zu waschen. Dann werden sie auf vorbereitete Lager aus Blättern, besonders aus Bananenblättern, gelegt und mit Blättern zugedeckt. So bleiben sie bis ungefähr 5 Uhr abends liegen, während das Singen weitergeht und auch die Knaben auf ihren Blätterlagern sich am Gesang beteiligen. Die Kraft der Stammesweihe wird noch einmal beschwörend angerufen, und die Männer, die die Knaben im Waldlager geschlagen haben, versuchen dies hier noch einmal, aber nur noch wie zum Spaß mit Bananenblättern, wobei sie ihrerseits von den mit Ruten bewaffneten Frauen, die die Kinder verteidigen, gepeitscht werden. Dabei rufen die Frauen: „So habt ihr nun die Kinder so lange dort drüben im Waldlager gequält und jetzt wollt ihr sie hier im Dorf vor unseren Augen noch einmal schlagen?" Aber das Ganze ist nur noch Spiel und Ausdruck der Freude über die vollzogene Initiation. Um 5 Uhr abends werden die Frauen wieder verjagt und begeben sich in ihre Hütten. Die Kinder werden noch einmal zum Haus des Beschneidungsmeisters gebracht, wo sie die Nacht verbringen. Am anderen Morgen werden die Knaben zum Fluß gebracht, nehmen dort ein gründliches Bad und reinigen ihren Körper von der Bemalung des Beschneidungslagers. Dann werden ihre Körper eingeölt, sie ziehen neue Lendenschurze an, setzen ihren Kopfputz auf und schmücken den ganzen Körper. So kehren sie nun endgültig als volleingeweihte Stammesmitglieder in die Dorfgemeinschaft zurück und dürfen wieder mit ihren Müttern und allen anderen Leuten normal sprechen und verkehren. Das Beschneidungsmesser darf erst bei der nächsten Beschneidung wieder aus seinem Körbchen genommen werden. Ein Schwur beim Beschneidungsmesser wird als sehr heilig betrachtet.

Es sei hier noch kurz von den Mamvu in Nordost-Zaire berichtet, die ihre Knaben früher nicht beschnitten haben und es auch heute nur selten tun, bei denen es jedoch eine besondere Initiation der Mädchen gibt. Wenn die Mädchen ihre erste Menstruation haben, werden sie von der Gemeinschaft abgesondert und in eine Menstruationshütte gebracht. Man nennt dies „die Blutung spalten". Während dieser Absonderung, die bis zu mehreren Wochen dauern kann, werden die Mädchen richtig gemästet. Sie singen und tanzen, aber so diskret, daß es die anderen nicht hören. Sie werden von ihren Müttern gepflegt und belehrt. Männer, selbst ihre Väter und Brüder, dürfen sie während dieser Zeit nicht sehen, aber Knaben bis zu 3 oder 4 Jahren dürfen sie besuchen. Die Mädchen reiben jeden Morgen und Abend ihren ganzen Körper mit Asche ein. Sie waschen sich während dieser Zeit nur Augen und Hände. Sie tragen keinen Lendenschurz. Am Ende der Absonderung waschen sie sich, salben ihren Körper mit einer Mixtur aus Palmöl und roter Farbe, die vom Nkula-Baum gewonnen wird. Sie bekleiden sich mit einem rotgefärbten Lendenschurz aus Baumbast, setzen ein aus roten Eberborsten geflochtenes Käppchen auf und tragen rotgefärbte Raffia-Schnüre um Hals, Lenden und Beine. Drei bis vier Tage lang tanzen und singen sie mit dem ganzen Dorf und trinken Palmwein. Von der Zeit an können sie auch geheiratet werden. Bis das geschieht, wohnen sie weiter bei ihren Müttern[10].

Wenn man sich die im vorigen angeführten Berichte des Überganges von der Kindheit ins Erwachsenenalter vor Augen hält, dann heben sich mehrere wesentliche Elemente heraus: zunächst ist da die Trennung des Einzuweihenden von seiner Familie und von der Dorfgemeinschaft, die in unserem Falle mit der Beschneidung beginnt. Die Beschneidung selbst, wie auch die Einschnitte auf Brust und Rücken, die die Knaben gegen Ende der Riten erhalten, symbolisieren den Tod und die Auferstehung. Die Absonderung im Waldlager bedeutet ebenfalls den Tod, die Rückführung in das Land der Ahnen, in deren Gebote und Verbote die jungen Leute unter der Leitung des Beschneidungsmeisters, der den mythischen Ahnen, in unserem Falle Sodu selbst, repräsentiert, eingeführt werden. Gleichzeitig bedeutet aber die Grenzsituation im Waldlager das Eintauchen in den Urgrund, in dem alles anfing und immer wieder anfängt, in die kosmische Nacht des Ursprungs. Desgleichen symbolisiert auch die Initiationshütte, in der sich die Beschnittenen im Waldlager aufhalten, den mütterlichen Schoß, aber auch wieder die kosmische Nacht, in der sie gleichsam mit der Schöpfung auf die Wiedergeburt in den neuen Zustand hinein warten. Das Bemalen des ganzen Körpers mit weißer Farbe, das Bedecktwerden mit Zweigen und Blättern, bezeichnet ebenfalls den rituellen Tod der Neophyten. In den Erzäh-

[10] Ders., Erzählungen in der Mamvu-Sprache. In: Afrika und Übersee 53 (1969/1970), S. 241 ff.

lungen, die sie hören, ist auch die Rede von einem Ungeheuer, das alles verschlingt, aus dem man aber durch den Kulturheros-Urahnen wieder befreit wird. Dieses wird auch symbolisiert durch den Baum der Beschneidung.

Auch der Symbolismus der Wiedergeburt zum neuen Leben entspricht dem des rituellen Todes. Da ist die Reinigung von der weißen Farbe, das Bemaltwerden mit neuer Farbe, darunter vor allem mit roter, was bei der Mädchen-Initiation der Mamvu ganz besonders betont wird. Außerdem gehört dazu das Geschmücktwerden mit neuen Pflanzenröcken und Binsenkappen, das Tanzen eines neuen Tanzes und das Singen der entsprechenden Lieder, die die Wiedereinführung in das neue Leben begleiten. Auch das Lernen der alten Traditionen in der Zeit des Waldlagers oder in der Menstruationshütte, die oft in einer altertümlichen Sprache vermittelt werden und gleichzeitig Anweisungen geben für das Verhalten als volles Stammesmitglied, ist hier zu erwähnen. Das Verbrennen des Waldlagers mit allen Gegenständen, die in der Zeit des rituellen Todes verwendet wurden, setzt eine Zäsur im Hinblick auf das Vorausgegangene, während die Vermittlung neuen Wissens und die Berufsinitiation als Jäger und Krieger bei den Bombo, als Ehefrauen bei den Mamvu das Tor nach vorne öffnen. Was die Initiation in den Stand des Kriegers betrifft, so scheint sich auch in den Riten der erwähnten Scheinschlacht zwischen den beiden Geschlechtern und in den Auspeitschungen und anderen Mut- und Ausdauerproben sowohl der Knaben als auch der bereits eingeweihten Erwachsenen eine solche niedergeschlagen zu haben, wenn sie auch heute keine aktuelle Bedeutung mehr hat. So sind alle Riten der Wiedergeburt und die damit verbundenen Symbole ein Zeichen dafür, daß der Beschnittene in einen neuen Zustand der Existenz übergegangen ist, zu dem der, der die Initiationsproben nicht durchgemacht hat und den rituellen Tod nicht gestorben ist, keinen Zugang hat. Die Initiationsriten bestehen also im wesentlichen in den Absonderungsriten, im Zustand am Rande oder im Urgrund der Schöpfung und in der Wiederkehr in einen neuen und höheren Zustand. Damit verbunden ist die Initiation in die Stammestraditionen, in die Geheimnisse des Geschlechtslebens, in gewisse Berufspraktiken, wie in unserem Falle besonders in die Jagd und den Krieg, in die verantwortliche Teilnahme am Leben der Sippe bzw. des Stammes. Dabei ist von Bedeutung, daß all dies nicht durch eine trockene rationale Belehrung geschieht, sondern durch Diesseits und Jenseits beschwörende Riten, die die Einzuweihenden auf allen Ebenen ihrer Psyche existentiell zutiefst beeindrucken und sie gleichsam mit einer erlebnismäßig geänderten Bewußtseinslage in ihre neue Situation entlassen. Das Ganze ist eingehüllt in einen Mantel des Geheimnisses, der es verbietet, den Nichteingeweihten diese heiligen Dinge zu offenbaren, die das Mysterium von Tod und Leben ausmachen.

In diesem Zusammenhang müßte man noch von der Berufsweihe der verschiedenen Experten des Geister- und Ahnenkultes, der Medizinmänner und Wahrsager handeln; auch müßte man Kommunionmähler, Blutsbündnisse, Heiratszeremonien, die Zeremonien der Häuptlingsweihe und schließlich die Todesriten besprechen. Es würde sich dabei zeigen, wie das eigentliche Zentrum des Lebensaustausches und der Lebensbeziehungen zwischen den Ahnen und den Lebenden, zwischen der sichtbaren und der unsichtbaren Welt die Gemeinschaft ist, die Familie, die Sippe, der Stamm, als der Punkt, auf den sich alle Anstrengungen der Einung und Integration aller Kräfte des Kosmos konzentrierten. Und diese Anstrengung geschieht mit Hilfe des Symbols. Durch das Symbol können die Lebenden mit dem Urgrund des Kosmos und mit der jenseitigen Wirklichkeit in Kontakt treten. Das Symbol jedoch bezeichnet nicht nur die jenseitige Wirklichkeit aufgrund einer gewissen Ähnlichkeit oder Analogie seines Wesens, seiner Funktion, seiner Gestalt usw., sondern es läßt diese Wirklichkeit auch wirksam werden. So symbolisieren die Personen, Riten, Gegenstände, Worte usw., die bei der Geburt von Einzelkindern und Zwillingen, beim Ins-Freie-Schaffen der Kinder und bei der Namengebung, bei der Initiation der jungen Leute in Erscheinung und Aktion treten, nicht nur verschiedene Etappen des menschlichen Lebens, sondern sie bewirken sie, geben ein Mehr an Kraft und Leben und wehren die dabei drohenden Gefahren ab. Der Häuptling symbolisiert nicht nur die diesseitige und jenseitige Gemeinschaft, sondern durch ihn statten die Ahnen den Stamm mit Kraft aus dem Jenseits aus. Der Beschneidungsmeister symbolisiert nicht nur den Urahn, sondern dieser nimmt durch ihn und sein Handeln die Knaben wirklich zurück in den Mutterschoß des Anfangs. Dasselbe gilt auch für alle symbolischen Handlungen, Worte, Zeichen, Farben, Zahlen usw. So zeigt sich das Denken in Symbolen als Versuch des Menschen, mit dem Jenseits, der Welt des Unsichtbaren, mit den Ahnen und Geistern und letzten Endes mit „Gott" selbst in Verbindung zu treten und die Grenzen niederzubrechen, die ihn als Teil der Schöpfung vom Ganzen des Kosmos trennen. Es offenbart sich darin der Wunsch des Menschen nach Teilhabe am Leben und der Vereinigung mit ihm[11].

[11] V. Mulago, Symbolisme dans les religions traditionnelles africaines et sacramentalisme. In: Bulletin, secretariatus pro non christianis 18. (1971), p. 169—203; J. S. Mbiti, Afrikanische Religion und Weltanschauung. Berlin—New York 1974; M. Eliade, Mythen, Träume, Mysterien. Salzburg 1961.

TODESRITEN UND LEBENSSYMBOLE IN DEN AFRIKANISCHEN RELIGIONEN

Von THEO SUNDERMEIER

Die sozialanthropologische Forschung hat verschiedene Studien geliefert, die uns nicht nur genau über den Ablauf von Todes- und Trauerriten afrikanischer Völker informieren, sondern uns auch über ihre soziale Funktion für die Gemeinschaft aufklären, die durch einen Todesfall aus dem inneren Gleichgewicht gebracht ist und sich durch die Riten neu strukturieren muß. Die Riten wurden dabei als sozialrechtliche Institutionen gewertet, die einen Öffentlichkeitscharakter besitzen, um Position und Funktion der Hinterbliebenen neu zu regeln, so daß sich die gestörte Gesellschaft wieder stabilisieren kann. Sie sind symbolischer Ausdruck gesellschaftlicher Aktivitäten und Instrumente, durch die die Gesellschaft sich selbst erhält und die Gefühle vermittelt, von denen sie glaubt, daß sie zur Etablierung und Aufrechterhaltung ihrer selbst notwendig sind[1].

Diese Interpretation der Trauerriten hat fraglos ihr Recht und hat uns Dimensionen des Verstehens afrikanischer Religionen eröffnet, die uns lange unzugänglich waren. Dabei wurde jedoch übersehen, daß die Angehörigen der primalen Gesellschaften nicht in ihrem sozialen Zusammenhang aufgehen, sondern Menschen sind, die Gefühle haben, Schmerz empfinden wie wir und sich in gleicher Weise wie jeder andere Mensch nach dem Glück sehnen und auf Frieden hoffen. Riten haben nicht nur eine gesellschaftlich-öffentliche Funktion, sondern — das ist meine erste These — sind wesentlich Hilfen in der Bewältigung seelischer Probleme, auch für den einzelnen. Der Ritus ist ein elementares, nonverbales Mittel, seelische Spannungen so mitzuteilen, daß nicht nur das eigene Problem „ausgesprochen" und damit seelische Entlastung

[1] A. R. Radcliffe-Brown, Structure and Function in Primitive Society. 1952. P. 150 u.ö.

gewährt wird, sondern die Umgebung wird in das Problem mit hineingezogen, eine Gemeinschaft solidarischen Erlebens wird geschaffen, in der der einzelne aufgehoben und der Prozeß der Heilung des Schmerzes, der Überwindung des Problems initiiert wird[2].

Zugleich — und das ist meine zweite These — werden mit und unter den Riten, die solch wichtige soziale und individualpsychische Wirkung haben, religiöse Überzeugungen ausgesagt und vermittelt, so daß der einzelne darin Geborgenheit und Vergewisserung findet. Nicht nur die Gesellschaft, auch die Religion vermittelt sich im Ritus, so daß sie zur selbstverständlichen Basis täglicher Lebensbewältigung wird. Sie wird im Ritus erlebt und nachvollzogen. Der Ritus will nicht in erster Linie „verstanden" werden im Sinne eines intellektuellen und verbal vermittelbaren Wissens, sondern soll vollzogen werden; er ist Drama, nicht Predigt.

I

Seit den Forschungen von Kübler-Ross u. a. kennen wir heute den psychischen Prozeß der Trauer und wissen, daß er gewissen Gesetzen unterliegt und in Phasen verläuft. Dabei werden bestimmte seelische Mechanismen angewandt, die die Spannungen abbauen und die Trauer bewältigen helfen. Vergleicht man nun die Trauerriten afrikanischer Stämme mit den uns nun bekannten Trauerphasen, so stellt man eine überraschende Parallelität zwischen Trauerphasen und rituellen Abläufen fest, die nicht zufällig sein kann. Ich greife die Trauerriten der Zulu in Südafrika heraus und mache auf einige Aspekte aufmerksam[3].

[2] Ich habe diese These anhand einer Analyse der Trauerriten der Herero dargelegt: Todesriten als Lebenshilfe. Der Trauerprozeß in Afrika. In: Wege zum Menschen 29 (1977), S. 129 ff. Der Aufsatz ist im ganzen zu vergleichen, da er im individualpsychologischen Teil ausführlicher ist, als es hier dargelegt werden kann. Ich verbreitere hiermit nur die religionsgeschichtliche Basis der These jenes Aufsatzes, indem ich auf die religiöse Bedeutung der Riten eingehe, die dort zugunsten der psychologischen Interpretation zurückgestellt wurde. Ich meine, daß den Riten nur dann Gerechtigkeit widerfährt, wenn man sie sowohl vom soziologischen als vom sozial- bzw. individualpsychologischen und vom religionsgeschichtlichen Standpunkt aus interpretiert.

[3] Zum folgenden s. Report on the Missiological Institute, Umpumulo: On

Da ist zunächst die Phase des *Schocks,* in der der Trauernde den Tod negiert. Sie wird durch die Phase der emotionalen Entspannung abgelöst, die durch Weinen, Klagen oder Schreien gekennzeichnet ist. Die Zuluriten antizipieren die erste Phase, so daß die Gefahr der Negierung des Todes von Anfang an gebannt ist. Der Sterbende wird in den heimatlichen Kral geholt. Man stirbt zu Hause, so daß alle den Tod miterleben können. Der Tod wird nicht verdrängt. Es gibt in verschiedenen afrikanischen Völkern einen ausgebreiteten Tod-Ankündigungsritus, in dem der Schock zeremoniell vorweggenommen und überwunden wird. Die Zulu reagieren auf die Nachricht des eingetretenen Todes mit Schweigen. Kein Klagen bricht auf, jeder, der vom Tod hört, wird „todstill". Diese Stille hält man durch, bis der Tote begraben ist. Es ist keine lastende, peinliche Stille, vielmehr herrscht nach dem Eintritt des Todes eine feierliche, schwere Ruhe, dem Ereignis angemessen. Es ist eine „heilende" Stille. Der Tote wird sobald wie möglich begraben, am besten in der Nacht nach dem Eintritt des Todes. Wenn es sich um den Kralherrn handelt, wird er in das Haupthaus neben den großen Pfahl gelegt, der ihn schon bei Lebzeiten repräsentierte. Der Tote steht im Mittelpunkt aller Gedanken. Sein Tod soll nicht verdrängt werden. Verdrängung geschieht bei uns vielfach so, daß man alles so beläßt, wie es vor dem Trauerfall aussah. Das Zimmer des Verstorbenen z. B. darf nicht verändert werden. Das ist im Zululand nicht möglich. Die alte Hausordnung wird in ihr Gegenteil verkehrt. Rechts und links, grundlegende Ordnungskategorie des Lebens schlechthin, wird vertauscht. Was vorher rechte Seite, z. B. Seite der Männer im Haus war, gilt nun als Seite der Frauen, als linke Seite. Was man sonst mit der rechten Hand tat, wird nun mit der linken erledigt etc. Das Leben geht nicht mehr seinen normalen Gang. Die *Inversionen* bannen die Gefahr der Verdrängung.

In der nächsten Phase kann sich der Trauernde auf nichts anderes konzentrieren als auf den Verstorbenen selbst. Die Zulu-Trauerriten sorgen dafür, daß Raum dafür geschaffen wird. Die Trauernden sitzen in der Hütte neben dem Toten; nach der Grablegung wird man von ihm sprechen. Sein Preislied („iHubo"), sonst tabu für Fremde, wird gesungen. Die Konzentration auf den Toten geschieht jedoch noch auf eine andere

Concepts of Death and Funeral Rites. Umpumulo 1969. A. I. Berglund, Zulu Ideas and Symbolism. 1976. G. Asmus, Die Zulu. Essen 1939.

Weise, die sich durch alle Trauerphasen hindurchzieht, die *Identifikation* mit dem Verstorbenen. Sie ist ein seelischer Bewältigungsmechanismus, der beides beinhaltet, Depression und Schuldgefühle, sowie Feindlichkeit gegen den Aggressor. Als solcher wird der Tote auf irgendeine Weise verstanden, weil er den normalen Ablauf des Lebens gestört und den Hinterbliebenen großen Verlust und damit tiefen Schmerz verursacht hat. Die Trauernden unterliegen bestimmten Eßtabus. Zunächst ißt man gar nichts; beim Ausheben des Grabes sind die Grabenden möglichst unbekleidet, der Sohn und Erbe muß nackend neben dem zu schaufelnden Grab stehen, während er des Vaters Speer trägt. Das sind deutliche Identifikationen, denn auch der Tote ißt nichts und ist unbekleidet. Nach der Grablegung tragen die Witwen in festgelegter Ordnung den Schmuck des Verstorbenen, seine Kleidung und das, was ihn auszeichnete und charakterisierte. Auch im folgenden ist noch eine Identifikation erkennbar: Der Tote wird in eine Rinderhaut eingewickelt — heute vielfach in Decken, in denen er geschlafen hat — und in Hockerstellung in eine Seitennische des Grabes gebracht. Es sind seine Witwen, die ihn im Grabe selbst auf ihrem Schoß in Empfang nehmen und ihn in die Nische legen, wobei sie ihm einige Körner und anderes mehr in die linke Hand legen. Die Hockerstellung muß als Embryohaltung verstanden werden. Die Nische heißt „Nabel". Das macht deutlich, worum es hier geht: Der Tote wird zur Neugeburt vorbereitet. Auch die Witwe geht rituell durch ein Sterben hindurch, das durch Eßtabus und andere Enthaltungen gekennzeichnet ist. Sie wird rituell auf das neue Leben vorbereitet. In der Nacht nach der Beerdigung schläft sie auf dem Platz, wo ihr verstorbener Mann schlief.

Eine sehr wichtige Phase im Trauerprozeß wird durch *Feindlichkeit gegenüber der Umwelt* gekennzeichnet. Man sucht denjenigen, der an dem Tod schuldig ist. Bei uns klagen die Hinterbliebenen den Arzt, die Schwester, den Pfarrer oder schließlich sich selbst an. Es gibt so etwas wie eine „Trennungs-Schuld[4]". Weil ich mich von dem geliebten Objekt trennen muß, muß ich es auf irgendeine Weise „töten". Das weckt Schuldgefühle. Vielleicht ist hier die Entstehung der „Urschuld",

[4] A. H. Modell, On Having the Right to Life. Intern. Journal of Psych.-Anal. (1965), p. 329, zit. nach P. Kutter, Angst, Schicksal oder Schuld? In: Wege zum Menschen. 29 (1977), S. 166.

psychologisch gesehen, zu suchen. Während bei uns solche Schuldgefühle internalisiert werden, was zu seelischen Spannungen führt, sucht die afrikanische Gesellschaft den Schuldigen realiter. Sie ist in ihrer Existenz durch den Tod bedroht. Die verborgenen Aggressionen werden externalisiert. Tod kann nur durch Tod abgewehrt werden. Der Loswerfer sucht den Schuldigen, den die Gemeinschaft schon vorher insgeheim als solchen verdächtigte. Wie man den Schuldigen sucht, dafür gibt es ein ausgebreitetes, stark variables Ritual, das sich in irgendeiner Form überall in Afrika bei den Trauerriten findet. Daß darüber hinaus die ins Grab gelegten Opfergaben als symbolisches Selbstopfer bzw. Wiedergutmachungsopfer interpretiert werden können, ist allgemein bekannt[5].

Der seelische Bewältigungsmechanismus der *Inkorporation* wird bei den Zulu in den beiden letzten Trauerphasen besonders relevant: Sie haben ein breites Zeremoniell, die „Heimholung des Toten" („ukubuyise"), durch das der Tote als Ahn in den Kral zurückgeholt wird. Nach diesem schönen Ritual ist für die meisten Angehörigen die Trauerzeit zu Ende, was durch den Ritus der Wiederaufnahme der Jagd und der Arbeit symbolisiert wird („ihlambo", „Waschen der Hacken", „Waschen der Speere"). Auch hier erkennen wir den parallelen Vorgang, daß beide, der Tote wie der Trauernde, in das Jenseits bzw. in das Leben hier eingeführt werden. Die Witwe legt schließlich die Trauerkleider ab und wird neu verheiratet. Schlachtungen auf der Werft ihres Vaters und ihres verstorbenen Mannes „nehmen die Saat (des Todes) weg" und „reinigen die Witwe". Damit ist die Trauer überwunden, die Wunde geheilt und das Leben wiedergewonnen.

In all diesen Tagen und Monaten waren die Trauernden niemals allein. Immer war eine Gemeinschaft da, die rituell und emotional die Trauernden begleitete. „In jeder Trauer liegt ein Keim von Wahnsinn" sagte Goethe beim Tode seines Sohnes August. Die afrikanische Trauergemeinde sorgt dafür, daß der Trauernde nicht allein ist, so daß der Keim des Wahnsinns, der Todeskeim, erstickt wird und das Leben weitergehen, ja neu gewonnen werden kann. Der Ritus kommuniziert Gefühle, aber er ruft auch die Gefühle hervor, die für die seelische Heilung des Trauernden notwendig sind. „Nun, da wir das gehörige Ritual hinter

[5] Vgl. Y. Spiegel, Der Prozeß des Trauerns. Analyse und Beratung. München 1973. S. 245.

uns haben, ist unser Kummer gestillt", sagte ein Tallensi und drückte damit die Erfahrung vieler Afrikaner aus[6].

II

Im Ritus werden Symbole in die Bewegung umgesetzt. Man kann den Ritus als eine Aneinanderreihung dramatisierter Symbole bezeichnen. Jedes Symbol besitzt eine Mehrdimensionalität und umgreift verschiedene Bereiche. Bei den besprochenen Symbolen kann man durchgehend drei Bereiche unterscheiden, den sozialen, den psychischen und den religiösen Bereich. Für den Teilnehmer der Riten sind sie so stark integriert, daß er sie nicht unterscheiden kann, für die Analyse müssen wir sie aber trennen, um den Sinngehalt erfassen zu können. Wir wenden uns dem dritten Bereich zu und fragen, welche religiösen Überzeugungen vermittelt werden. Wir können dabei wieder nur exemplarisch vorgehen und die Ergebnisse thesenhaft zusammenfassen.

1. Der Tod ist nicht der große Gleichmacher, als den wir ihn betrachten. Es gibt auch keinen Gott, vor dem alle gleicherweise zum Gericht erscheinen, wie z. B. in der christlichen Religion, die keine unterschiedliche Beerdigungsliturgie für den Mann oder die Frau, für Reiche oder Arme kennt. Die afrikanische Gesellschaft differenziert zwischen dem Tod eines kinderlosen Mannes und eines Kraloberhauptes, zwischen Frau und Kind, zwischen arm und reich. Die Länge der Trauerzeit und der Reichtum der Riten deutet den jeweiligen Status des Verstorbenen an. Im Tod und durch den Tod hindurch wird die soziale Differenzierung beibehalten.

2. Das Leben ist kein Ende, sondern ein Durchgang zu einem anderen Leben. Die Riten sind Wiedergeburtsriten für den Toten. Ich erinnere daran, daß der Tote in der Embryohaltung von der Witwe auf ihrem Schoß im Grabe in Empfang genommen wird.

3. Der Zusammenhang zwischen Toten und Lebenden hört nicht auf. Eine enge Kommunikation besteht. Beide sind voneinander abhängig. Es sind die Lebenden, die dem Toten zu einem Leben in rechtem Ahnen-

[6] M. Fortes, Oedipus und Hiob in westafrikanischen Religionen. Frankfurt 1966. S. 28.

status verhelfen, indem sie das gehörige Ritual vollziehen. Die Witwen werden zu Müttern des Verstorbenen, sie bringen ihn ins neue Leben hinein.

Andererseits sind die Lebenden von den Toten abhängig. Ihre Präsenz wird erfahren, sozial (man befolgt ihre Gebote, setzt ihre Rollen fort), psychisch (man denkt an sie, träumt von ihnen, spürt ihre Nähe im Glück und im Schmerz) und religiös (sie sollen Fruchtbarkeit von Land, Vieh und Mensch garantieren, weswegen man ihnen Korn ins Grab mitgibt). Ihre Präsenz wird durch den Ritus sichtbar gemacht. Die Inversionen sind ein einziger Hinweis darauf, daß man es in der Trauerzeit mit den Ahnen zu tun hat, daß man mit ihnen lebt, sich mit ihnen identifiziert. Eine alte Frau erklärte einem meiner Freunde die Lebensweise der Ahnen so, daß sie auf ihre offene Hand wies: „So leben wir". Dann drehte sie die Hand um, so daß die Handinnenfläche nach unten zeigte: „So leben die Ahnen". Mit dieser einfachen Geste war alles gesagt und der Schlüssel zur Symbolik der Inversionen geliefert. Bei den Toten ist alles umgekehrt. Darum trägt man die Leiche zur Hinterseite der Hütte hinaus, durch die extra ein Loch geschlagen wird. Die Trauernden selbst kriechen rückwärts in die Hütte. Man hat diesen Ritus verschiedentlich „dynamistisch" interpretiert: Die Menschen passen sich der außergewöhnlichen Situation an. Die Schutzmedizinen über dem Haupteingang des Hauses dürfen durch die Leiche nicht „beschmutzt", d.h. kraftlos gemacht werden. Der Ritus wurde „animistisch" interpretiert: Der Tote muß getäuscht werden, damit er den Haupteingang nicht wiederfindet. Das mögen nicht ganz falsche Aspekte sein. Der Kern des Ritus ist aber die Identifikation mit den Ahnen: Das Normale wird durch sein Gegenteil dargetellt. Die Welt der Ahnen ist präsent, man handelt und beträgt sich wie sie, inversiv zum gewöhnlichen Leben, aber imitativ zum Leben der Toten im Jenseits.

4. Das *Leben* ist des Daseins höchstes Gut. Der Tod ist böse, er ist das Übel schlechthin. Um jeden Preis muß er abgewehrt werden. Das wird in dem ambivalenten Verhältnis deutlich, das die Lebenden zu den Toten haben. Man wünscht, daß die Ahnen nahe sind, denn sie sollen segnen und das Leben der Nachfahren fördern. Doch ein Zuviel ihrer Gegenwart stört den normalen Ablauf des Alltags. So ist in den Riten der doppelte Aspekt erkennbar: Man trennt sich von dem Toten, aber man inkorporiert ihn auch andererseits, indem man ihn in den Kral heimholt. Die

Waschungen, der Gebrauch bestimmter Medizinen dienen diesem Ziel, den Tod abzuwaschen und die Ansteckungsgefahr des Todes abzuwehren. Zugleich will man sich für das Leben stärken. Eine Botschaft von der Zuverlässigkeit des Lebens, der Unverbrüchlichkeit der positiven Zuwendung der Ahnen vermitteln die Riten nicht.

5. Eine Reinkarnationslehre, wie sie in den asiatischen Religionen gelehrt wird, gibt es in Afrika nicht, doch ist die Vorstellung vom Kreislauf des Lebens erkennbar, in westafrikanischen Religionen deutlicher und differenzierter als bei den Religionen der Bantustämme. Unendliches, unsterbliches Leben gibt es nicht. Jedes Leben ist zum Tode bestimmt. Aber aus dem Tode kann neues Leben entstehen. Leben gibt es nur durch den Tod hindurch. Darum stirbt man in den Trauerriten den rituellen Tod, die „kleinen Tode", wie sie Eliade verschiedentlich genannt hat. Der Sohn steht nackend, wie ein neugeborenes Kind, am Grabe des Vaters. Die Witwe darf zunächst nur weiche Nahrung wie ein Baby zu sich nehmen und wird nach und nach an festere Speise gewöhnt, sie „starb" und soll wieder leben. Die Trauernden rasieren sich, sie waschen sich, auch das Ersatzhandlungen für das Sterben. Wie der Tote das neue Leben gewinnt, so gewinnen die Trauernden das Leben, indem sie rituell sterben. Trauerriten gehen in Afrika vielfach in sexuelle Aktivitäten über[7].

6. Und Gott? Er scheint in den Trauerriten merkwürdig abwesend zu sein. Stimmt dieser Eindruck? Sicherlich in dem Sinne, daß expressis verbis nicht von ihm die Rede ist. Auch die Symbole sprechen nicht direkt von ihm. Das hat nun seinen Grund darin, daß die Symbole in Afrika Analogiebildungen zum Menschen und dem menschlichen Körper entnommen sind. Alle Symbole sprechen vom Menschen und seinem Sein[8]. Nur dort, wo Gott dem Menschen ähnlich gedacht wird oder wo Gott als der Schöpfer geglaubt wird, der den Menschen so geschaffen hat, daß er ihm ähnlich ist, dort können die Symbole auch auf Gott weisen. Die Karanga sagen: „Gott hat uns geschaffen, wie er selber ist". „Die Ursächlichkeit des Symbols Mensch", fügt Aschwanden interpretierend hinzu, „fällt auf Gott zurück und wird so zu einer Glaubensfrage[9]". Daß von

[7] Vgl. M. Wilson, Rituals of Kinship Among Nyakusa. London 1957. P. 21 ff.

[8] Vgl. T. Sundermeier, Symbol und Wirklichkeit. Zum Verständnis afrikanischer Symbolik. Zeitschrift für Mission 1 (1975), S. 155 ff.

[9] A. Aschwanden, Symbole des Lebens. Bewußtseinsanalyse eines afrikanischen Volkes. Zürich 1976. S. 283.

Gott nicht gesprochen wird, heißt darum nicht, daß er abwesend oder vergessen ist. Es kann ein Zeichen dafür sein, daß man seine Präsenz besonders intensiv empfindet, wenn von einer Person nicht gesprochen wird. So vermeidet man es in Afrika vielfach, vom König zu sprechen, gerade weil seine Macht allumfassend empfunden wird. Der König, wie überhaupt die Oberen, wird auch nicht direkt angesprochen, sondern nur durch einen Mittler. Das Verhältnis des Menschen zu Gott wird auf ähnliche Weise verstanden. Gott repräsentiert im afrikanischen Weltbild den äußersten Rand der Erfahrung, die sonst nicht eingebracht und auch bei den Ahnen und Geistern nicht untergebracht werden kann. Von Gott kommt letztlich das Leben. Dessen sind sich die Afrikaner bewußt. Symbole sind mehrdimensional und entlassen aus sich heraus immer neue Deutungen, je nachdem in welchem Kontext sie gebraucht werden und welcher Interpret, welcher Ritenführer sie deutet. Da alle Symbole, die in den Riten dramatisiert werden, auf irgendeine Weise vom Leben sprechen, ist das Sein Gottes mitgemeint. „Gott hat das Leben gegeben, er allein kann es wieder nehmen", lautet ein Bantu-Sprichwort[10]. Gott gibt nicht direkt und nimmt nicht auf direkte Weise, sondern immer nur vermittelt. Darum ruft man ihn nicht direkt an, sondern hält sich an die Etikette und wendet sich an die Mittler, die Ahnen, die Geister. Wo Gott aber direkt eingreift, da muß der Mensch verstummen, da kann er auch nichts mehr ritualisieren. Was kann er dann noch begehen? Wie kann der Mensch dann noch versuchen, durch eigenes Tun Leben zu gewinnen? Wird z. B. ein Mensch auf dem Felde vom Blitzschlag getroffen, dann werden die Zulu keine Beerdigungs- und Trauerriten veranstalten. Es gibt kein Klagen und Weinen. Der Erschlagene wird an Ort und Stelle begraben, und zwar so, daß ein Zeigefinger aus der Erde herausschaut und gen Himmel weist: Der Gott des Himmels hat ihn selbst geholt. Der König hat gehandelt. Da gibt es kein Aufbegehren. Stumm, ergeben wird der Schlag hingenommen. So vermitteln die Trauerriten in vielfältiger Weise religiöse Überzeugungen und legen gerade durch ihr Schweigen über Gott ein Zeugnis von seiner Macht ab, die Leben gibt und Leben nimmt. Im Leben, das durch die Ahnen vermittelt ist und das von den

[10] Zit. nach L. Thomas und R. Luneau, Les religions d'Afrique. Textes et traditions sacrés. 1969. P. 218. Es fehlt ein Hinweis auf die Herkunft des Sprichwortes.

Menschen an die Nachfahren weitergegeben werden muß, ist Gott immer mit im Spiel, sein Sein immer mitgedacht, er, der der Ursprung des Lebens ist.

Afrikanische Riten sind expressiv und effektiv in einem. Sie verleihen den sozialen Wertvorstellungen, den psychischen Wirklichkeiten und religiösen Überzeugungen effektiven Ausdruck, indem sie den einzelnen und die Gemeinschaft kommunikativ zusammenschließen. Erst wenn ihre Mehrdimensionalität erkannt ist, können sie richtig interpretiert werden, aber nur demjenigen, der sie mitvollzieht, geben sie auch, was sie ansagen, nämlich Leben.

ASIEN

DIE FEINDLICHEN TOTEN UND DER BEFRIEDENDE TOTE

Die Überwindung von Leben und Tod in der Entsagung*

Von JOACHIM FRIEDRICH SPROCKHOFF

Isolde Breitinger gewidmet

Auf die scheinbar einfache Frage „Was ist der Mensch?" gibt ein altindischer Text einmalig die klare Antwort: „Der Mensch, das ist das einzige Tier, welches opfert"[1].

*Das hier im wesentlichen Wortlaut unverändert wiedergegebene Referat, gehalten auf der 14. Religionswissenschaftlichen Jahrestagung des Deutschen Zweiges der International Association for the History of Religions (I.A.H.R.) am 17. Mai 1978 in der Universität Bonn, bildet einen Teil ausführlicherer Versuche zur Entsagung (Samnyāsa) in Indien, deren I. Band 1977 erschien, und zur Phänomenologie des Totenkultes; Erweiterungen gegenüber dem Vortrag erfolgten lediglich im Sinne der Bitte um Gemeinverständlichkeit. Die hier erstmals vorgelegten Zeilen haben nicht den Vorzug, allgemein in der Religionswissenschaft bzw. in der Indologie anerkannte Auffassungen von einer zwischen Lebensseele und Totengeist bestehenden Dichotomie und von der zwischen Weltzugewandtheit und Entsagung waltenden Dialektik wiederzugeben, beruhen jedoch auf dem Umgang mit den Originaltexten. Sie in dieser Form zu publizieren, danke ich der kollegialen Bereitschaft von Herrn *Dr. G. Stephenson.* Detaillierte Belege, zu beiden Problemkreisen seit fünfzehn Jahren nur in akademischen Lehrveranstaltungen vorgetragen und zur Diskussion gestellt, werden die weiteren zur Publikation fertigen bzw. vorbereiteten Untersuchungen bringen. Die Vorarbeiten dazu reichen *weit* zurück. Auch an dieser Stelle sei dem Gedächtnis an meinen verehrten Lehrer, Herrn *Professor Dr. Walter F. Otto* (1874—1958), und an Herrn *Dr. med. Helmut Breitinger* (1928—1974), mit denen ich vor vielen Jahren in langen Gesprächen Probleme der vorgelegten Art erörtern konnte, mein herzlicher Dank zum Ausdruck gebracht.

[1] Śatapatha-Brāhmaṇa VII, 5, 2, 23, von C. A. Scharbau, Die Idee der Schöpfung in der vedischen Literatur. Stuttgart 1932. S. 146, interpretiert als animal capax dei.

Wenn ich diese wenig geläufige Antwort voranstelle, so nicht, um sie hier *in extenso* zu interpretieren. Die Überzeugung, daß die Übergänge zwischen menschlicher und tierischer Daseinsform verfließen, gehört spätestens seit der Durchsetzung der Wiederverkörperungslehre zum Grundbestand indischer Denkweisen, die in Metaphysik und Soteriologie, in Anthropologie und Soziologie wie auch sonst zur Geltung gebracht werden. Das Wort kennzeichnet eine ganz andere Sicht als das des griechischen Philosophen vom ζῷον πολιτικόν oder seines römischen Dolmetsch Seneca vom *animal sociale*.

Vielmehr gilt es zu bedenken, daß jenes Zitat einer Zeit entstammt, als die Auffassung von der dem Handeln *(karman)* innewohnenden Vergeltungskraft, die sich mit der älteren Wiederverkörperungslehre zu jener eigentümlich indischen Doktrin von einer im Kreislauf sich bewegenden Wandelwelt *(saṃsāra)* verband, überhaupt noch nicht entdeckt worden war. Es wurde aber, wie so vieles, in diese einbezogen und hat jedenfalls alle Implikationen der Saṃsāra-Lehre überdauert.

Wird der Mensch derart bestimmt, so verliert er sein Menschsein, wenn er aufhört zu opfern. Insoweit charakterisiert das Zitat ein Kontinuum indischer Anschauung bis auf den heutigen Tag.

Gleiches gilt für ein anderes, wohl noch älteres, auch heute in seiner Wirkung unübersehbares Diktum, das in einer Zeit erstarkender brahmanistischer Restauration als die „Offenbarung von den Schulden" *(ṛṇaśruti)* zusammengefaßt wurde: „Ein Brahmane, fürwahr, wird mit seiner Geburt geboren dreifach verschuldet: durch Vedastudium gegenüber den Sehern, durch Opfer gegenüber den Göttern, durch Nachkommenschaft gegenüber den Vätern"[2]. Diese dreifache Verschuldung ist später um eine vierte erweitert worden und ausgedehnt auf jeden Menschen, insofern der Mensch den anderen Gastlichkeit, bestehend aus Unterkunft und Nahrung, zu geben schuldet[3].

Die erste Schuld wird getilgt durch das Studium des von den Sehern der Vorzeit geschauten „Wissens", des Veda, und durch seine tägliche Rezitation. Die zweite Schuld besagt klar, daß den Göttern täglich Opfer darzubringen sind, wenn von ihrer Gunst das Wohlergehen in Familie und Besitzstand abhängt und der Menschen Opfer seit jeher die „Speise" der Götter ist, davon sie leben.

[2] Taittirīya-Saṃhitā VI, 3, 10, 5.
[3] Śatapatha-Br. I, 7, 2, 1 ff.

Was aber soll bedeuten, daß die Erzeugung von Nachkommenschaft die Schuld an den „Vätern" tilgt? Die im Zitat genannten „Väter" *(pitaraḥ)* sind, ausdrücklich gegen die *lebenden* Blutsverwandten und den immer nur in der Einzahl benannten und anerkannten „Vater" *(pitṛ)* abgehoben[4], die *verstorbenen* männlichen Vorfahren väterlicherseits. Die Pflicht, Nachkommen zu zeugen, impliziert, daß diese ihrerseits eine Aufgabe ihren Vorfahren gegenüber wahrzunehmen haben. Die Erfüllung dieser Aufgabe erfolgt auf verschiedenen Ebenen. Von diesen sind hier nur zwei zu nennen. Die eine hängt mit der bei den Indern seit dem Altertum bis heute vorherrschenden Sitte zusammen, ihre Toten zu verbrennen. Die andere berührt sich aufs engste mit den Auffassungen vom Wesen der sog. „Toten", die wir nicht nur ebenfalls bei anderen indogermanischen Völkern antreffen, sondern auch bei den Hebräern und in zahlreichen Stammesreligionen bezeugt finden.

Die Verbrennung zu veranlassen, obliegt seit jeher in Indien dem Sohne des Verstorbenen — nicht notwendig dem ältesten; Vorrecht und Pflicht des Sohnes ist es aber auch, in täglichen und zahlreichen anderen, über die Monate durch das Jahr hindurch in bestimmten Zeitabständen festgelegten Spenden an seine Toten, ihrer zu gedenken und ihr Wohl zu sichern. Anzahl und Regelmaß der Totenspenden sind so beachtlich — ohne daß sie hier im einzelnen aufgeführt werden müssen[5] —, daß drei, gewiß unterschiedlich zu gewichtende, Tatbestände festgehalten werden sollten:

a) Die mit der Fürsorge für die Toten verknüpfte, mehr als dreitausend Jahre alte Forderung, männliche Nachkommen zu zeugen, wird noch heute als unverändert gültige Satzung *(dharma)* oder rituelle Vorschrift *(vidhi)* angesehen; ihr in irgendeiner Weise Beschränkungen aufzuerlegen, ist zunächst ein Sakrileg[6].

[4] Śatapatha-Br. XI, 3, 3, 7 und öfter.

[5] Der Kürze halber verweise ich auf die grundlegenden Arbeiten von W. Caland, Über Totenverehrung bei einigen der Indo-germanischen Völker. Amsterdam 1888; Altindischer Ahnencult. Leiden 1893; Die altindischen Todten- und Bestattungsgebräuche. Amsterdam 1896. (Neudruck Wiesbaden 1967.)

[6] Das betrifft erkennbar deutlich etwa bevölkerungspolitische Maßnahmen wie Bemühungen um Geburtenregelungen, solange in Ehen keine Söhne geboren worden sind. Dieser Gesichtspunkt kann hier nicht weiter verfolgt werden. Die entsprechenden Weisungen der indischen kanonischen Texte sind zahlreich und

b) Die Totenspenden verbinden die Generationen miteinander; ja, die Grade der Verwandtschaft mit dem Toten stehen in Korrelation mit der Berechtigung zur Teilnahme an den Totenopfern; diese stellen also ihrerseits ein Element dar, dessen Bedeutung für das Leben des einzelnen in der Gemeinschaft wie für diese selbst als integrierend bzw. als konsolidierend bezeichnet werden muß[7].

c) Beides zusammengenommen sowie die Tatsache, daß die Totenopfer die Generationen überdauern, machen den Totenkult zu einem Eckpfeiler der brahmanisch geprägten hinduistischen Tradition[8].

Von einem gerade Verstorbenen sagen die Inder seit alter Zeit: „Er ist ‚davongegangen' ", d. i. *preta* (im Altindischen) oder *peta* (im Mittelindischen bei den Buddhisten). Das ist kein Euphemismus für schreckliches Erleben, keine Umschreibung. „Er ist weggegangen", empfindet auch das naive Bewußtsein. Wohin „er" — nicht irgend jemand oder eine 'Kraft' — gegangen ist, wird zunächst gar nicht gesagt. „Er", der Leichnam des Verstorbenen, liegt da. „Er", der Preta, schweift umher, hauslos, frierend und hungernd:

überdeutlich: „Für einen, der keinen Sohn hat, gibt es keinen Lebensraum", wird schroff formuliert (Aitareya-Brāhmaṇa VII, 13, 12a und öfter). „Erzeugung ist die Grundlage. Wer in [dieser] Welt den Faden der Nachkommenschaft fortspinnt, wie es sich schickt, wird gegenüber den Vätern schuldenfrei; dieselbe [Erzeugung] ist die Entschuldung dieser [Nachkommenschaft]. ... darum werden sehr zahlreiche (Kinder) geboren," heißt es in der Mahānārāyaṇa-Upaniṣad (éd. crit. J. Varenne. Paris 1960) nos 511. 525. Vgl. J. F. Sprockhoff, Die Alten im alten Indien. Ein Versuch nach brahmanischen Quellen. In: Saeculum 30 (1979), S. 388ff.

[7] Der Fachausdruck *sapiṇḍa* „Kloßgenosse", d. h. durch den beim Totenopfer darzubringenden Reiskloß miteinander verbunden, ist eine gewöhnliche Bezeichnung der näheren, namentlich agnatischen Verwandtschaft; ob jemand *sapiṇḍa* ist oder nicht, hat nicht nur in der Wahl geeigneter Ehepartner Bedeutung, sondern auch und besonders in den Fragen der Erbteilung, Erbfolge und Adoption. S. z. B. J. Jolly, Recht und Sitte. Straßburg 1896, §§ 18. 23—24.

[8] Es handelt sich nicht um eine Toten-Ehrung (s. u.), sondern um „Totenkult" im exakt religionswissenschaftlichen Sinne; s. dagegen G. Mensching, Die Weltreligionen. Darmstadt o. J. [1972]. S. 151: „Einen eigentlichen Totenkult gibt es nicht", gesagt im Kontext des modernen Hinduismus.

„Solange die Unreinheit der Verwandten dauert", heißt es in einem Rechts-Text, „findet der Hingegangene — der Preta — keinen Aufenthaltsort. Also kehrt er zu denen zurück, die ihm (Reis-)Klöße und Wasser geben"[9].

Hermann Oldenberg nennt diese Text-Aussage „vollkommen zutreffend"; aber er fährt fort: „nur muß man natürlich umkehren: solange die Rückkehr der Seele zu befürchten ist, dauert die Unreinheit, d.h. der Zustand der Verwandten, der fortwährende Vorsicht nötig macht"[10].

Dieser Interpretation des großen Veda-Gelehrten, die an die Stelle des Preta eine „Seele" setzt, können wir nicht folgen. Keineswegs 'muß man natürlich' auf den Kopf stellen, was der Text — anscheinend unklar — sagt. Denn damit wird der Blick auf ein charakteristisches, unverwechselbares Merkmal des Preta verstellt, das seit der Frühzeit der indischen Religionsgeschichte, auch im alten Buddhismus, von besonderer Bedeutung ist.

Der sog. „Tote" nämlich ist und bleibt, wie Walter F. Otto vor mehr denn einem halben Jahrhundert schon deutlich gemacht hat, mit den sichtbaren Resten des Leichnams geheimnisvoll verbunden. Erst wenn diese Reste ganz vernichtet und beseitigt sind — das erscheint im Rahmen unserer Thematik ganz besonders wichtig —, kann der Zusammenhang und damit die Verbindung mit dem Diesseits überhaupt zerreißen, wenigstens, soweit es seinen normalen Aufenthaltsort anlangt. Solange dies nicht erfolgt ist, besucht der Tote die Orte, an denen er sich bei Lebzeiten aufgehalten hat, findet er den Weg zur Leichenstätte zurück und zu den Menschen, mit denen er in Verkehr gestanden hat[11]. Dies geht aus dem oben beigebrachten Zitat deutlich hervor.

[9] Viṣṇusmṛti XX, 32; vgl. o. Anm. 7.

[10] Die Religion des Veda. Stuttgart/Berlin [3/4]1923. S. 588; vgl. auch S. 553 f.

[11] W. F. Otto, Die Manen oder Von den Urformen des Totenglaubens. Eine Untersuchung zur Religion der Griechen, Römer und Semiten und zum Volksglauben überhaupt. Berlin [1]1923. Darmstadt [2]1958 (= unveränd. Neudruck). S. 52 f. Zwar bezieht sich Otto einmal auf Oldenbergs (Anm. 10) Arbeit, scheute aber, die ihm seit Herbst 1955 aufbereitet zugereichten indischen Quellen noch einzuarbeiten (s. sein Vorwort). Vgl. auch A. C. Kruijt, Het Animisme in den Indischen Archipel. s'Gravenhage 1906; dazu: W. Stöhr, Die Religionen der Altvölker Indonesiens und der Philippinen. Stuttgart 1965. S. 15, 173 ff., 187 ff.

Der Preta ist ein streng *individuelles* Wesen, ein immaterieller Doppelgänger des ganzen Menschen. Er ist ein Wesen, das überhaupt erst ins Dasein tritt, wenn der psycho-physische Komplex des lebendigen Menschen zerfallen, der Tod eingetreten ist. Das bedeutet nicht, daß Überlebtes sterben muß, um neu zu erstehen; vielmehr hat der Totengeist, der umherirrt, mit der Seele des Verstorbenen nichts gemein: Der Totengeist kommt zum Leben, wenn der Sterbende tot ist. Er ist *nicht die Lebensseele,* die keine Stätte mehr hat und etwa nach Wiederverkörperung drängt. Der sog. „Tote" ist ein ganz anderer als die Lebensseele; er ist eine neue Daseinsform des Körpers und entspricht bis aufs Detail der Gestalt des Lebenden[12] — und dies auch dann, wenn man sich von der auf der Verbrennungsstätte selbst liegenden Leiche des Toten mit Augen und Händen überzeugen kann.

Es ist nicht verwunderlich, daß das Wort „Preta" geradezu in der Bedeutung „Gespenst", „Spuk", „Kobold" gebraucht wird. Dasselbe gilt von dem altindischen Wort *bhūta,* d.h. „geworden", „ins Dasein gelangt", wie zur Bestätigung des oben Ausgeführten. Spätere Geschichten, die besonders beim Volke lebendig waren, schildern die Pretas als rechte Hungerleider, von Durst und Hitze gepeinigt; bildliche Darstellungen, besonders buddhistischer Herkunft, betonen das fleischlose, nackte Gerippe (s.u.) und heben das erschreckende, gierige Zähnefletschen hervor, mehr widerwärtig und abstoßend als verehrungswürdig und freundlich[13].

Es sind keineswegs regungslos Tote, sondern sie sind von geradezu aufdringlicher Lebendigkeit, und zwar so sehr, daß schon nach vedischer Auffassung das Opfer vermittels eines im Süden entzündeten Feuers vor diesen Nicht-Menschen, den Totengeistern und den ihnen verwandten Dämonen geschützt werden muß[14]. Jedenfalls schattenhaft und unerbittlich fordernd ist der Tote; schwach an Gestalt — daher der ständigen Speisung bedürftig, doch mächtig an Wille — daher er

[12] Jaiminīya-Upaniṣad-Brāhmaṇa III, 29—30; vgl. A. C. Kruijt, a.a.O., S. 235f.

[13] Im Buddhismus ist der Peta noch weit stärker das „Gespenst"; vgl. D. Schlingloff, Die Religion des Buddhismus. Bd. II. Berlin 1963. S. 21ff. mit Abb. 1; ausführlicher demnächst andernorts.

[14] Śatapatha-Brāhmaṇa IV, 6, 6, 1; Śāṅkhāyana-Śrautasūtra II, 14, 3; 15,4; vgl. H. Oldenberg, a.a.O., S. 340 f., 350 f.

immer gierig zwingt. Der fordernd-feindliche Charakter muß befriedet werden.

Ob die Verpflichtung, den Toten zu spenden, einer Furcht entspringt oder anderen Motiven, ist hier gar nicht zu diskutieren. Was die Inder anlangt, so betrachten sie ihren Totenkult zuvörderst als einen Dienst am Toten. Die dem Brahmanismus innewohnende Tendenz, alles Lebende — wozu, wie wir gesehen haben, auch die sog. Totengeister, die Pretas, gehören — in Regeln zu fassen und zu lenken, hat das Preta-Dasein zu einem Zwischen-Zustand erklärt. Und es ist wiederum Aufgabe des Sohnes des Toten, vermittels einer besonderen Zeremonie den Vater ein Jahr nach seinem Tode in die Gemeinschaft der Vorfahren, der Pitaras, zu überführen, d. h. ihn aus seinem Preta-Dasein zu befreien, so daß er hinfort mit den anderen Vorfahren gemeinsam am Totenkult teilhaben kann. Auf diese einzigartige Zeremonie, auf welche der oben zitierte Rechts-Text verweist, kann hier nicht eingegangen werden[15]. Auch ist nur am Rande zu bemerken, daß man im Laufe der Zeit den Pretas ein eigenes 'Stockwerk' im Weltbild zugewiesen hat; denn wehe dem, der keinen Sohn unter seinen Kindern hat: er müßte immer als Preta umherirren.

Es mag befremdlich erscheinen, die hehre Gestalt des altindischen Entsagers *(saṃnyāsin)* neben diese Toten zu stellen; und in der Tat scheint es auch schwer verständlich, wenn man Leben und Tod nur als Gegensätze begreift und den Tod zu hassen gelernt hat[16]. Und doch gibt es eine ganze Reihe von Ansatzpunkten, von Charakteristika, die es nicht nur als

[15] „Daß das Motiv der Totenopfer lediglich in Furcht vor den Totengespenstern *(preta)* zu suchen ist, zeigt z. B. der Gedanke, daß dieselben, wenn man ihnen keine Opfer darbrächte, auf die Erde zurückkehren und ihre Verwandten beunruhigen würden", folgert J. Jolly, a. a. O., S. 154, aus jener Stelle in dieser Verallgemeinerung. Vgl. K. Ranke, Indogermanische Totenverehrung. Bd. I. Helsinki 1951. Der dort vorgenommenen allgemeinen Scheidung in Totenverehrungs- und Totenfurchtkulturen kann ich nicht folgen; hierzu demnächst ausführlich andernorts.

[16] Vgl. H. v. Stietencron, Vom Tod im Leben und vom Leben im Tode. In: Der Mensch und sein Tod. Hrsg. v. J. Schwartländer. Göttingen 1976. S. 146—161. Anders W. Caland, Bestattungsgebräuche (wie Anm. 5), S. 172: „Der tod ist der gegensatz des lebens" usw.

sinnvoll erscheinen lassen, sondern geradewegs dazu auffordern, den Entsager dem Preta vergleichend gegenüberzustellen. Dies ist bisher noch nicht unternommen worden — woraus sich wohl auch einige Irrtümer und Fragwürdigkeiten erklären lassen —, könnte jedoch hilfreich sein, das Wesen des einen und das Phänomen des anderen deutlicher erkennbar zu machen.

Der Entsager, der Saṃnyāsin, von dem hier die Rede ist, ist jener, 'der alles gänzlich von sich wirft' *(sam-ni-as-)*, was ihn bindet, einengt, verpflichtet in der 'Welt' in physischer, sozialer, räumlicher, ritueller — in jeder denkbaren Hinsicht. Ein Ausscheiden aus der bisherigen Umgebung allein wird als durchaus unzureichend erachtet. Als besonderes Problem erscheint letztlich hier das Verhältnis des Entsagers zu seiner eigenen Leiblichkeit. Dies kann durchaus unterschiedlich gelöst werden.

Nach Aussage unserer Texte kann es 'erledigt' werden durch die Auslieferung der Leiblichkeit an die Elemente, Feuer und Wasser, oder durch Nahrungsenthaltung, die im physischen Tode endet. Durch die Jainas ist „das im Tode endigende Fasten", das sog. Sterbefasten berühmt geworden[17]. Diese Verfahren, den Lebenszustand zu vertauschen — bei uns oft als „Selbstmord" ungenau bezeichnet — stehen aber dem fern, was der Inder *saṃnyāsa* „Entsagung" nennt[18].

Das Verhältnis kann philosophisch bewältigt werden, indem der Leib als Bestandteil dieser, einer uneigentlichen Welt, als Verirrung erkannt wird. Dies ist, verständlicherweise, erst in späterer Zeit erfolgt und kann hier nicht erörtert werden[19].

Das Verhältnis kann aber auch transformiert werden durch eine rituelle Begehung, die auf die Entkörperlichung zielt und unter Umständen an die Stelle des alten Leibes einen neuen Leib setzt. Dies ist, sehe ich recht, die älteste Form der Bewältigung, die wir in der indischen Religionsgeschichte antreffen. Wir haben dafür mehrere Zeugnisse aus altindischer Zeit, von denen hier nur einige angeführt werden können.

[17] K. v. Kamptz, Über die vom Sterbefasten handelnden älteren Paiṇṇa des Jaina-Kanons. Hamburg 1927 [1929].

[18] P. Olivelle, Ritual Suicide and the Rite of Renunciation. In: Wiener Zs. f. d. Kunde Südasiens 22 (1978), S. 19—44. Hierzu demnächst andernorts; vgl. einstweilen Verf., Die Alten (wie Anm. 6), S. 395f.

[19] Vgl. Verf., Saṃnyāsa. Quellenstudien zur Askese im Hinduismus. Bd. I. Wiesbaden 1976 [1977]. S. 166 ff.

Nach einer Tradition, die in mehreren vedischen Schulen überliefert worden ist[20], übergibt derjenige, der sich anschickt, die „Welt" *(loka)* zu verlassen, da er sich dem Sterben nahe meint, dem Sohne als dem Fortsetzer des Geschlechts seine Sinnesorgane und Lebenshauche, seine „Werke" *(karmāṇi)*, worunter ausdrücklich die Opfer genannt werden, und seinen „Lebensraum" *(loka)*, mithin seine gesamten Existenzgrundlagen, und zieht umher.

Nach einem anderen Text[21] bedient sich der angehende Entsager, der erkennbar noch im vollen Leben steht, nachdem er die Einwilligung von seinen Eltern und allen Angehörigen erhalten hat, seiner Opferpriester. Diese belegen seine Körperglieder in genau geregelter Weise mit seinen Opfergeräten und lassen seine Lebenshauche in die heiligen Opferfeuer aufsteigen. Solcherart befreit, soll er ausziehen.

Nach einem weiteren Zeugnis schließlich hat er seine eigene Verbrennung rituell zu vollziehen[22]. Dies ist zwar die heute in Indien vorherrschende Auffassung, doch wird das alte Ritual nicht mehr beachtet; vielmehr wird es lediglich symbolisch angezeigt, eingefügt als besonderer Akt in ein — dem altvedischen nachgebildeten — Initiationszeremonial, und hat damit an Ursprünglichkeit deutlich erkennbar verloren[23].

Ob er seinen Lebensraum *(loka)* verläßt, ob er seine Lebenshauche *(prāṇāḥ)* dahingegeben hat, ob er *ritualiter* verbrannt ist — in jedem Falle gilt er der Welt als tot.

[20] a) Śatapatha-Br. XIV, 4, 3, 25—29 ~ Bṛhadāraṇyaka-Upaniṣad I, 5, 17—20. — b) Śāṅkhāyana-Āraṇyaka IV, 15 ~ Kauṣītaki-Up. II, 15. — c) Kaṭhaśruti-Up. II, 2 (crit. ed. F. O. Schrader, Madras 1912. S. 36,4—37,4) ~ Kaṭharudra-Up. (Beginn). Übers. mit Interpretation bei Verf., Die Alten (wie Anm. 6), S. 386ff., 396ff.

[21] Kaṭhaśruti-Up. I (a.a.O., S. 31,4—32,3); zur vedischen Autorität s. Verf., Saṃnyāsa (wie Anm. 19), S. 73 ff.; M. Witzel, In: Wiener Zs. f. d. Kunde Südasiens 23 (1979), S. 5ff. Kritische Übers. s. J. F. Sprockhoff, in: Asiatische Studien 35 (1981). Zur Behandlung der Opfergeräte s. W. Caland, Bestattungsgebräuche (wie Anm. 5), S. 49 ff. *(pātracayana)*.

[22] Laghu-Saṃnyāsa-Upaniṣad I (ed. wie Anm. 20, S. 15—17). Analyse und Interpretation der ältesten erreichbaren Fassung bei Verf., Saṃnyāsa, S. 36 ff., 52—66.

[23] Zu den späteren Auffassungen s. P. V. Kane, History of Dharmaśāstra. Bd. II, 2. Poona 1941. S. 958 ff.

Dem Feuer, dem er sich geopfert hat, entsteigt ein neues Wesen, das es zuvor nicht gab: der Saṃnyāsin. Er kommt zu neuem Leben, indem er die Feuer unter Hersagung entsprechender Mantras in sich aufsteigen läßt, sei es, daß er sie einatmet, sei es — wie es einige für richtig halten —, daß er auch von dort, wohin er seine der Feuerentzündung dienenden Reibhölzer ins Feuer geworfen hat, eine Handvoll Asche in sich aufnimmt. Der Wortlaut der Texte läßt gar keinen Zweifel daran, daß damit das Feuer „in das Selbst" *(ātmani)*, nicht „in den Leib" übergeführt wird[24].

Ist er dem Leben als Hausvater *ritualiter* gestorben und zu neuem Leben gelangt, kann er zum alten nicht zurückkehren. Aus dieser ritualistischen *Unmöglichkeit* der Rückkehr macht das Rechtsschrifttum ein *Verbot*. Das ist ganz deutlich, denn die alten Texte konstatieren schlicht: *Es gibt keine Wiederkehr*.

Man kann hiernach den Saṃnyāsa, die Entsagung, umschreiben als das Leben zwischen der rituell vollzogenen — und zwar: vom Entsager *selbst* vollzogenen — Entkörperlichung *(dehatyāga; videhatva;* s. u.) in der Verbrennung und der definitiven Beerdigung seiner stofflich-materiellen Relikte, die durch die Kremation reduziert worden sind auf ein — biologisch verstanden — bloßes Substrat seines Erdenwandels.

Unter den vielen, verschiedenen Bestimmungen dessen, was als Saṃnyāsa (Entsagung) in der indischen Religionsgeschichte wirkungsmächtig geworden ist, ragen besonders zwei als allgemeine heraus.

Die eine ist der *karmatyāga,* „der Verzicht auf die Werke". Er impliziert die Absage an die Ablösung der drei Schulden, von denen die Rede war, an alles herkömmliche Ritual. Wir müßten dies folgern, wenn es die Texte selbst nicht sagten: die unwiderrufliche Zurückweisung von „Opfer" in dem eingangs das Menschsein charakterisierenden, konstituierenden Sinne. Dienen Opfer zunächst dem Schaffen von Leben und Riten dessen Sicherung, dienen Opfer weiter der Gemeinschaft — ja, bilden sie dieselbe — und Riten ihrem Halt, so wird die Bedeutung des Karmatyāga als eine wesentliche Bestimmung der Entsagung erkennbar[25].

[24] Erst viel später, als der Akt einem Initiationsritus integriert wurde, kommt es auch dazu, daß das neue Wesen einen neuen Namen erhält. Von „Ordens"bildung kann hier noch gar keine Rede sein, auch ist der Begriff „Initiation" nicht anwendbar.

[25] Hieran hat sich die, typisch späte, Kontroverse der Theologen und Juristen entzündet, wann einer entsagen *darf*.

Der andere ist das *praiṣoccāraṇa,* „das mit leiser, mittel-lauter und sehr lauter Stimme erfolgende dreifache Hersagen des ‚Praiṣa' genannten Spruches ‚ich habe entsagt!' " *(saṃnyastaṃ mayā)*, wobei Erde, Luftraum bzw. Himmel — daher die Steigerung der Lautstärke — zum Zeugen angerufen werden. Damit schafft der Entsager eine unüberbrückbare Barriere, bricht er alle Beziehungen ab, verzichtet er auf die Welt und alle ihre mehr oder minder eingebildeten Reichtümer. Dies markiert den *point of no return* im Entsagungsritual. Dies hat aber *nicht*, wie man im Gefolge von P. Deussen anzunehmen pflegt, die „volle Loslösung von seiner Individualität und allem, was zu ihr gehört"[26], zur Folge. Vielmehr gibt es dem Entsager überhaupt erst die 'Individualität', die dem gewöhnlichen Menschen schon deshalb — und definitorisch — fehlt, als er eingebunden ist in die Zwänge des Handelns, des Ritus, des Gesetzes und der Kaste, kurz: von Karman und Dharma[27].

Die indische Rechtsauffassung trägt dem — wiederum (s. o.) — voll Rechnung, indem sie die Kastengesetzlichkeit für nicht anwendbar auf die Saṃnyāsins erklärt; sie stellt diese nicht etwa, was etwas ganz anderes ist, außerhalb der Kastengesetzlichkeit. Die negative Kehrseite der juristischen Feststellung zeigt sich darin, daß diejenigen, die vom Saṃnyāsa abfallen, nicht etwa bloß aus der Gemeinschaft ausgeschlossen werden, sondern ihre Kastenzugehörigkeit verlieren und überhaupt für vogelfrei erklärt werden, was nicht einmal von Niedersten der untersten „Unreinen" gesagt werden kann.

Ein bloßes „priesterliches Recht" versichert demjenigen grausigste Höllenstrafen, der seinen Entsagungsspruch *(praiṣa)* im durchaus wörtlichen Sinne auch nur zu widerrufen trachtet, was dem Abfall vom Saṃnyāsa gleichkommt. Das Wort „ich habe entsagt!", dessen Ausrufen *(uccāraṇa)* ausweislich unserer Texte keinerlei menschliche Zeugen beiwohnen, ist durch sein Ausgesprochensein eine unabhängige Autorität geworden, die seine Revozierung mit dem Tode ahndet[28].

[26] P. Deussen, Allgemeine Geschichte der Philosophie. Bd. I, 2. Leipzig ^{5}1922. S. 335.

[27] Die Idee des Saṃnyāsa hat überhaupt erst das hervorgebracht, was wir 'Individualität' nennen würden. Vgl. auch P. Hacker, Kleine Schriften. Wiesbaden 1978. S. 270 ff.

[28] Es ist dies ein Beispiel dafür, wie wenig sich „Ritual" mit „priesterlichem Recht" identifizieren läßt. Vgl. hingegen P. Thieme, Kleine Schriften. Wiesbaden 1971. S. 445.

Damit hängt auch eines der grundlegenden Lebensgesetze des Entsagers zusammen, das zwar in verschieden überlieferten Textzusammenhängen, doch gleichlautend und wohl aus alter vedischer Tradition stammend formuliert ist und später im Rechtsschrifttum an Geltung gewinnt: *bhikṣāśī na dadyāt* „von Almosen lebend, gebe er nicht[29]". Diese Konsequenz muß, jedenfalls im Kontext der eingangs genannten Umschreibung des Menschseins, zwingend erscheinen: Als Toter kann er nicht geben, sondern nur empfangen — doch ganz anders als jene forderndfeindlichen Toten, von denen die Rede war. Wie ist das möglich?

Auch hier kann, sehe ich recht, nur das Ritual der Entsagung eine befriedigende Erklärung geben.

Gemäß den ältesten Entsagungsformeln, die wir aus Indien besitzen, folgt unmittelbar auf den Entsagungsspruch *(praiṣa)*, noch vor dem Aufbruch in die Fremde, ein besonders wichtiger Akt, der in entscheidender Weise durch das Leben des Entsagers zur Verwirklichung kommt. Er wird von der späteren Überlieferung *abhayadāna* genannt, — ein Terminus, der zumeist als „Sicherheitsversprechen" *(promise of safety)* übersetzt wird, in Wirklichkeit aber als „Geschenk der Furchtlosigkeit" wiedergegeben werden muß[30]. Der Akt ist ebenso einfach wie scheinbar eindeutig: „Mit den Worten ‚Furchtlosigkeit gehe von mir aus über alle Wesen' gießt er eine Handvoll Wasser aus." Ein früher Zusatz fügt zu diesem Wort noch die Feststellung: „[denn] von mir geht alles aus."

Das ist sicherlich ein starkes Wort. Wie wir aus anderen Zusammenhängen wissen, ist die Gewährung von Frieden oder Furchtlosigkeit Tugend und Vorzug derer, die Macht haben. Auch die Umkehrung finden wir formuliert, z. B. im berühmten Gesetzbuch des Manu (IV, 230—2): „Zur Herrschaft gelangt, wer Furchtlosigkeit schenkt."

Den Entsager sucht niemand um Frieden an. Hier ist das Geschenk also spontane Selbstäußerung dessen, der eine Macht besitzt, die ihm weder zugesprochen worden noch äußerlich zugefallen ist, sondern die er innerlich durch Erkenntnis und Verzicht gewonnen hat. Sie kommt damit,

[29] Von P. Deussen, Sechzig Upanishad's des Veda. Leipzig ^{3}1921. S. 690 und S. 702 mißverstanden: „Vom Bettel lebend, spende er keine Almosen"; s. Verf. (wie Anm. 19), S. 65 f., 231.

[30] Belege bei Verf., a. a. O., S. 29, 131 Anm. 42. Das Folgende ist Baudhāyana-Dharmasūtra II, 10, 17, 29 (ältester Beleg). Ohne Begründung anders jetzt: J. Gonda, In: NVMEN 25 (1978), S. 190.

rechtlich gesehen, einer Setzung oder, religionswissenschaftlich gesprochen, einer Stiftung gleich. Im Kontext des Rituals beruht das Geschenk auf der Machtfülle, die der Saṃnyāsin erst durch die Entsagung gewonnen hat. Die Furchtlosigkeit kann also *nicht vor* vollendeter Entsagung geschenkt werden.

Es ist gar nicht notwendig, darauf zu verweisen, daß dem Entsager Frieden erwidert wird, auch wenn die Texte das wiederholt bekräftigen. Es gehört zum Wesen einer Gabe, daß Beschenkter und Geber an ihr partizipieren. Schon der Begriff der „Furcht" setzt eine Zweiheit voraus — der, der sich fürchtet, und der bzw. das, vor dem man sich fürchtet; die Negation „Furchtlosigkeit" bezieht sich auf diese Zweiheit, kann dieselbe nicht aufheben, selbst wenn Furchtlosigkeit von einer Seite gestiftet wird.

Diese Gabe ist, wie aus dem oben besprochenen Lebensgesetz hervorgeht, die letzte, die ein Saṃnyāsin gibt. Sie hat zugleich, wie durch das ganze begleitende Ritual — Anrufung der Dreiwelt und Wasserausgießung — unzweifelhaft ist, den selbstbindenden Charakter eines Eides; daher wird sie ja auch unmittelbar zusammengestellt mit dem Entsagungsspruch. Sie findet ihre Erfüllung und Verwirklichung in dem allbekannten „Nichtverletzen von Lebendem", der Ahiṃsā, die sich zwangsläufig als die Haltung des Saṃnyāsin gegenüber der 'Welt' aus seinem Entsagen ergibt. Nur unter rechtlichem Gesichtspunkt läßt sich die Ahiṃsā als ein „Gebot" ansprechen und wird sie auch als solches begriffen.

Die Saṃnyāsa-Rituale finden üblicherweise, so verständlich wie notwendigerweise, ihr Ende mit der Schilderung, daß der Entsager seinen „Lebensraum" — *loka,* die 'Welt' — verläßt und in die „Fremde" *(araṇya),* in die „Ferne" auszieht. Diese wird bestimmt als die Gegend, da ihn niemand kennt und in welcher er niemand kennt, die Wildnis, die definiert wird als „abseits von Menschen oder den Menschen verborgen"[31]. Auch dies ergibt sich aus dem bisher Gesagten ritualistisch zwingend. Das indische Recht sieht darin wiederum ein Gebot: Wer sich lossagt, muß in die Fremde aufbrechen. Es ist dieselbe Gegend, in die man die Toten von den Lebenden fortschleppt und wegverweist. Was sich von dorther in den Bereich der menschlichen Anwesen begibt, führt nichts

[31] Verf., a. a. O., S. 229; Śatapatha-Br. IX, 3, 1, 24; demnächst in: Wiener Zs. f. d. Kunde Südasiens 25 (1981).

Gutes im Schilde und wird nach alter Regel totgeschlagen. Einen Entsager aber kann man nicht mehr töten. Und hier liegt das Paradoxon.

Anders nämlich als die Totengeister, die Pretas, deren Angewiesensein auf Nahrung und Trank Forderungen erhebt an die bisherige Welt, die als Ausdruck der Feindlichkeit erlebt werden, und die den Menschen nachstellen, vielleicht auch Rache üben, charakterisiert es den Saṃnyāsin, daß er keinerlei Ansprüche und Abforderungen geltend macht oder, im Denken regelnder indischer Gesetze, keine Forderungen erheben darf. Vielmehr gibt der Entsager dank seines Geschenkes der Furchtlosigkeit *(abhayadāna)* den Menschen dieser Welt erst die Chance zur Spendefreudigkeit, zum Geben überhaupt, ohne das schon nach altindischer Auffassung ein sich erfüllendes Leben eines Weltmenschen, eines Gṛhastha, unmöglich ist. Der eingangs zitierte Satz von der vierfachen Verschuldung hatte dies schon deutlich gemacht.

Als Mann der Fremde ermöglicht er ihnen, mit den Fremden, mit denen Kontakt aufzunehmen aller Überlieferung folgend so überaus gefährlich ist, freiwillig und ohne den Zwang der „furcht-erfüllten" Forderung, wie sie dem Unheimlichen, dem Unheimischen entspringt, mit jenen außerhalb der 'Welt' in Verbindung zu treten. Nicht *do ut des* ist das Prinzip, sondern *do ut possis dare*. Denn der Inhalt seines Geschenkes, „Furchtlosigkeit" *(abhaya)*, nimmt bereits die jedem Geschenke innewohnende gefahrvolle Macht. Das ist das Singuläre an dieser Gabe. Das besagt aber zugleich folgendes: Das Geschenk der Furchtlosigkeit gibt die Grundlage für das „Almosen", die Bhikṣā.

Daß das Almosen, welches nicht gefordert wird, letztlich überhaupt auch gar nicht dem Entsager gilt, sondern dem Spender frommt, geht schon daraus hervor, daß es dem Entsager gleichgültig ist, ob er etwas erhält oder ob er leer ausgeht, da es allenfalls seine transformierte physische Existenz tangiert — die liegt außerhalb seines Interesses —, nicht indessen sein Wesen.

Leben ist recht eigentlich ein Gemeinschaftsverhältnis. Das ist auch aus der altindischen Sicht her so zu definieren, wenn in demselben oben angesprochenen Zusammenhang der Mensch als das einzige Wesen herausgehoben wird, welches nicht wie ein Tier unverständliche, sondern verständliche Sprache spricht und überdies denkt, modern gesprochen: verbal und sinnvoll kommuniziert. Für den alten Inder ist dies eine Feststellung, nicht eine Forderung.

Der Abbruch der Kommunikation ist beim Saṃnyāsin, der überdies vielfach ein *Muni*, ein „Schweiger", ist, weit konsequenter als im Falle der feindlichen Toten, die noch immer in der Gesellschaft integriert sind und an ihr zu partizipieren verlangen. Mit dem Saṃnyāsa ist sie an der Wurzel abgeschnitten (s. o. S. 270), — sie wird vom Saṃnyāsin erst völlig neu gegründet.

Das Abhayadāna ist aber nicht nur die *letzte* Gabe, die sich im Nichtverletzen *(ahiṃsā)* verwirklicht und die das Almosengeben ermöglicht; sie ist auch die unübertrefflich *höchste* Gabe.

Hier freilich findet eine Interpretation auch mit Hilfe der Kategorien des Rituals ihre Grenze. Also müssen wir kurz zurückblicken.

Zum einen: Es gibt verschiedene Wege der rituellen Begehung, um von den Banden der Körperlichkeit freizukommen. Die wesenhafte Freiheit vom Körperlichen *(videhatva;* s. o.) aber ist seit alter Zeit in Indien — durchgängig schon in den Brāhmaṇas, den Opferdeutungstexten — zugleich auch Chiffre für „Unsterblichkeit" *(amṛtatva)*. In solchem Verständnis ist denn auch z. B. den kosmischen Elementen oder dem beim Opfer gesungenen Lied *(sāman)* Unsterblichkeit eigen, da sie ohne Leib, ohne „zerbrechlichen Körper" *(śarīra*; später: *deha)* sind[32]. Die Götter und die Seher (Ṛṣi) der Vorzeit haben den Körper abgeschüttelt und sind unsterblich. Weiter, was „ohne Knochen" ist, das ist „unsterblich". Daher auch ist das „Selbst" *(ātman)* das Unsterbliche am Menschen. Mehr noch, allein das, „was unsterblich ist, das ist". Die Unsterblichkeit ist das wahre Sein[33].

Zum anderen: Dem Entsagungsspruch *(praiṣa)* nachgestellt und zugeordnet ist das Geschenk der Furchtlosigkeit *(abhaya-dāna)*, in dem der Entsager seine neue Seinsweise als Saṃnyāsin bekundet. Schenken kann man aber nur, was man *hat* oder *ist*, etwas von der eigenen geistigen Wesenheit. Der Saṃnyāsin schenkt allen Wesen Frieden, „Furchtlosigkeit" *(abhaya)*. Abhaya aber ist — wie jedem Kenner der altindischen

[32] *śarīra* ist vor allem das zerbrechliche Knochengerüst, der feste Bestandteil des Körpers. Die Totengeister haben immer ein *śarīra* (vgl. o. die Betonung des Skeletts): sie sind Sterbliche.

[33] Śatapatha-Br. X, 4, 2, 21: „Jenes ist, denn es ist unsterblich. Denn was unsterblich ist, das ist." Vgl. IX, 1, 2, 33; X, 1, 4, 1; Aitareya-Br. III, 14, 1; Jaiminīya-Upaniṣad-Br. III, 30.

Upaniṣads geläufig — notorisch Epitheton des „Unsterblichen“ *(amṛta)*, des Raum-Zeit-erhabenen Absoluten *(brahman)*[34].

Hier fügt es sich also zusammen.

Der Saṃnyāsin ist herausgenommen aus den Daseinsformen von Leben und Tod. Seine Unsterblichkeit ist nicht, wie sie altem Ideal entsprach, die Prolongation eines diesseitigen Lebens 'vor dem Tode' in einem Jenseits 'nach dem Tode' — wo sie später im „Wiedertod“ *(punarmṛtyu)* ihre Begrenzung fand —, sondern hat dieses Denken in einer Dauer überwunden. Er ist insofern auch ausgenommen vom gewöhnlichen Menschsein, dem indischer Auffassung zufolge der Tod vom Schöpfer verliehen worden ist. Dieser neuen Befindlichkeit entspricht auch seine absolute Freizügigkeit im Raume.

Man versteht unter 'Freizügigkeit im Raume' oftmals ein Grundrecht des Menschen. Auch in Indien war sie nicht 'gegeben', sondern mußte errungen werden. Hier ist sie aber in anderer Weise zu verstehen. Das Unbedingte der Freizügigkeit im Raume wird verschiedentlich pointiert ausgedrückt. Zwei Beispiele mögen zur Illustration genügen.

Bekannt sind die indischen Asketen im ockerfarbenen Gewand *(kāṣāyavāsāḥ)*, mit Wassertopf *(kamaṇḍalu)* und Almosengefäß *(pātra)* in der Hand. Hier aber heißt es vom Saṃnyāsin, daß sein Gefäß der Mund allein, sein „Wassertopf“ jene Stelle ist, wo eben Wasser zu finden ist *(jalasthala-* oder auch *udakasthala-kamaṇḍaluḥ)*; d.h. nicht nur, wie offenkundig, daß er weder Gefäß noch Wassertopf bei sich trägt, sondern daß jegliches Wasser, wo immer er es findet, fraglos und unangefochten ihm zur Verfügung steht, und daß die natürliche Abgrenzung eines Gewässers (Böschung, Ufer usw.) oder die künstliche Einfassung eines Wasserreservoirs (Quelle, Brunnen usw.) sein Wassertopf ist[35]. Weiter wird er

[34] Vgl. Verf., Die Vorbereitung der Vorstellung von der Erlösung bei Lebzeiten. In: Wiener Zs. f. d. Kunde Süd- u. Ostasiens 6 (1962), S. 159 ff. Noch das Gesetzbuch des Manu (VI, 39) bezeichnet den, „der von Zuhause hinauszieht, nachdem er allen Wesen Furchtlosigkeit geschenkt hat“, als einen „Künder des Brahman“. Wir können hierin eine zusätzliche Bestätigung der obigen Ausführungen erkennen. Auf eine solche seltene Übereinstimmung zwischen upanischadischem Gedankengut und Rechtstradition sei hier nebenbei verwiesen.

[35] Dies ist vor dem Hintergrund zu sehen, daß Wasserstellen eben nicht allgemein zugänglich sind; vgl. Verf. (wie Anm. 19), S. 84 ff., 291 f.

gekennzeichnet als einer, dessen Gewand die Himmels-Richtung oder der Luftraum ist *(dig-ambara; āśāmbaradhara)*. Das besagt ausdrücklich nicht bloß, daß er nackt umhergeht — diese einfachere Ausdrucksweise wird stets und geflissentlich vermieden —, sondern daß er mit dem Grundelement „Luft/Raum" in ungehindert-unmittelbarem Kontakt lebt, so, wie sein Schlafen auf dem nackten Boden die Nähe zum Grundelement „Erde" symbolisiert usf., die Vereinigung mit den Elementen erstrebend anzeigt[36]. Diese Bestimmungen sind keine poetischen Umschreibungen oder Euphemismen — die Texte zum Saṃnyāsa sind weder Poesie noch ästhetisch erbauliche Lektüre; sie kennzeichnen vielmehr sein Leben.

Ein Mensch, der furchtlos ist, ja, auch noch Furchtlosigkeit schenken kann aus seinem Überfluß und Wesen, wirkt auf den gewöhnlichen Menschen irgendwie irritierend, wenn nicht gar — *un-heimlich*. Die „primäre Furcht ist ja nicht in einem rationalen Sachverhalt begründet; sie ist vor jeder Erfahrung da," hat schon G. van der Leeuw festgestellt[37]. Die Furcht ist ein „Modus der Befindlichkeit" des Lebenden: „Wovor die Angst sich ängstet, ist das In-der-Welt-sein selbst," bemerkt Heidegger[38]. Der Verweis auf den Evangelisten Johannes wird dringend nahegelegt[39].

[36] Die jainistischen Digambaras unterscheiden sich auch gerade nicht nur im Äußeren von den Śvetāmbaras („Weißgekleideten"), sondern in der Einstellung zur Welt; vgl. sonst Verf., a. a. O., S. 127, 168, 197, 207 (mit Belegen). Auf die Symbolik der Verweilstätten (s. u.) kann hier nicht eingegangen werden.

[37] Phänomenologie der Religion. Tübingen ²1956. S. 528. Zu Angst und Furcht s. jetzt H. Häfner. In: Historisches Wörterbuch der Philosophie. Hrsg. v. J. Ritter. Bd. I. Darmstadt 1971. Sp. 310—314.

[38] Sein und Zeit. Tübingen ⁷1953. S. 141, 186 f.

[39] Ich kann mir nicht versagen, hier an einige Einzelheiten zu erinnern: „In der Welt habt ihr Angst; aber seid getrost, ich habe die Welt überwunden." Damit beschließt seine Abschiedsreden Jesus nach Ev. Joh. 16, 33 im erkennbaren Bezug auf sein Wort von Ev. Joh. 14, 27, wo er seinen Jüngern im Angesicht der Erwartung des Kreuzes seinen Frieden gegeben, „nicht, wie die Welt gibt". Ob dies, wie man sagt, in Ev. Joh. 20 erst erfüllt wird, bleibe dahingestellt. Das „Friede sei mit euch!" wird jedenfalls — auch dies scheint außerordentlich bemerkenswert — *einzig vom Auferstandenen*, der den Tod überwunden, gestiftet: zu den

Nur wer Furcht hat, bedarf des Schutzes und des Haltes. Ob dieser gewährleistet wird durch eine Sozialordnung, einen Ritus, ein Dogma oder eine Tradition, einen Gott gar oder, scheinbar ganz gewöhnlich, durch ein bergendes Haus (vgl. Anm. 39) — alles dies ist vom Entsager, der Furchtlosigkeit hat und schenkt, überwunden, so daß er einmalig verkünden kann: „Von mir geht alles aus".

Und noch ein letzter Aspekt sei hier wenigstens angedeutet, der oben S. 272 schon kurz angerührt worden war. Es ist der durch die rituelle Hereinnahme des heiligen Feuers eröffnete.

Das zwischen Feuer und Menschen waltende Verhältnis wird — nicht nur in Indien[40] — als ein wechselseitiges aufgefaßt. Beider Leben hängt voneinander ab, und es wird daher oft als ein freundschaftliches bezeichnet. Durch des Menschen Hauch belebt[41] und entfacht, gibt das Feuer dem Menschen Wärme und als Herd die Mitte des Hauses.

Jüngern wiederholt (Ev. Joh. 20, 19 und 21); zum Thomas gesondert, der sich erst davon überzeugen wollte, ob der Auferstandene auch die Verstümmelungen aufwies, die ihm am Kreuz zugefügt worden waren (vv. 25—26; vgl. Ev. Luk. 24, 39—40); beides, obschon die Jünger die Türen — aus Furcht, vor den Juden, wie es v. 19 heißt — verschlossen hielten. Lukas schildert eindringlich das Erschrecken der Jünger beim Wiedersehen mit Jesus (24, 37 ff.), wie vor einem „Geist" (vgl. Ev. Mt. 14, 26). Ob Jesu Wort in Ev. Lk. 24, 36, eine Einfügung späterer Hand nach Ev. Joh. 20, 19 ist oder nicht, stehe dahin; in jedem Falle wird es auf den Auferstandenen zurückgeführt, steht damit fernab von 'einem gewöhnlichen Gruß'. Vgl. weiter bes. Ev. Mt. 10, 13—14; Ev. Lk. 10, 5—6; Eph. 2, 14—18. Ob das althebräische Friedenschenken, oftmals zum Stichwort „Friedensgruß" verkürzt und einem säkularisierten „Grüßgott" verglichen, nicht ebenso im Grunde eine Setzung bzw. Stiftung ist, in der Unfriedliches nicht zu verwirklichen ist, mag neu überdacht werden. Eine Entscheidung ist hier nicht zu treffen; den Folgerungen des Lesers, der Kritik berufener Kollegen soll hier nicht vorgegriffen werden. Belege liefert jede Konkordanz.

[40] Vgl. A. Kuhn, Die Herabkunft des Feuers und des Göttertranks. Gütersloh ^{2}1886. Neudruck Darmstadt 1968.

[41] Der Inder behaucht zunächst seine beiden Reibhölzer, ehe er mit ihnen, das obere Holz drehend, Feuer erzeugt; s. A. Kuhn, a. a. O., S. 15 ff. Zur Symbolik schon J. Schwab, Das altindische Thieropfer. Erlangen 1886. S. 77 ff. (mit Beschreibung). Abb. bei V. Moeller, Symbolik des Hinduismus und des Jainismus. Stuttgart 1974. S. 24.

Für den 'Weltmenschen', „der im Hause weilt" *(gṛhastha)*, gibt es mithin ein inneres Feuer und äußere Feuer, welche zwar in der genannten Weise zusammenhängen, jedoch ebenso wesentlich durch die Unterscheidung von Innen und Außen Bestand haben. Die Existenz des Gṛhastha hängt gerade von dieser Dichotomie ab. Seine Verfassung manifestiert sich im Wohnen — das ist ja der tiefere Sinn des altindischen Ausdrucks *gṛhastha* — , sein Wesen verwirklicht sich im Verweilen und in einem, von der Außenwelt gesonderten bergenden Innenraum.

Mit der rituellen Hereinnahme des Feuers, die natürlich auf jener besagten Korrelation beruht, stellt der Entsager die ursprüngliche Einheit des Feuers wieder her, indem er die Unterscheidung zwischen Innen und Außen aufhebt. Er wird damit *im wesentlichen Sinne unabhängig,* in sich ruhend und findet *in sich* seine Mitte. Modern gesprochen, ist er damit eingetreten in 'die Zeit vor Erfindung des Feuers'. Man kann daher beim Entsager auch nicht mehr von einer Hauslosigkeit im Sinne einer Heimatlosigkeit sprechen. Vielmehr verwirklicht sich sein Wesen im Nicht-Verweilen, „überall" *(sarvatra)*, und in einem freien, dem „unbegrenzten Raume" *(svayam ākāśe)*. Dieser ist sein 'Heim', er selbst alles oder alles das Selbst.

Lediglich das Abhayadāna setzt seiner Freizügigkeit Grenzen. Das Geschenk — wobei auch hier nicht übersehen werden darf, daß es eine spontane Gabe ist, die Grenzziehung mithin von ihm selbst bestimmt wird — ist ihr übergeordnet insofern, als er im Vollzug seiner Verwirklichung während der Regenzeit verharrt, in einer Berghöhlung, einer Ruine oder an einer Baumwurzel (vgl. Anm. 36), um seine Ahiṃsā zu praktizieren. Denn wenn infolge des Regens das Leben in der Natur zu ungeheurer Fülle erwacht, würde er mit weiterem Herumziehen das „Nicht-Verletzen" unmöglich machen. Also bleibt der Entsager während dieser Monate an einem Ort — wie dies von allen indischen Asketen, Jainas wie Buddhisten, praktiziert wird[42]; doch einzig die Brahmanen haben die Ahiṃsā durch das Geschenk der Furchtlosigkeit fundiert.

Konsequente Ahiṃsā ist freilich überhaupt nur möglich jenseits von Leben und Tod — alles andere ist bloßer Kompromiß.

[42] Zu buddhistischen Eigentümlichkeiten s. Verf., Religiöse Lebensformen und Gestalt der Lebensräume. In: NVMEN 11 (1964), S. 136 ff., vgl. S. 86, Anm. 1. Brahmanische und Jaina-Mönche dürfen sonst allenfalls fünf (bis höchstens sieben) Nächte an einem Ort verweilen.

Soweit ich sehe, hat erstmals Louis Dumont das 'Geheimnis des Hinduismus' im Dialog zwischen Entsager und dem Menschen in der Welt sehen wollen[43]. Er hat mit seiner These berechtigten Anklang gefunden, ist allerdings so weit gegangen, die aus der Beobachtung des Hinduismus aufgedeckte Struktur auf „die indischen Religionen" auszuweiten; selbst den Buddha und den Jina nennt er „Saṃnyāsins", und dieselbe Bezeichnung wendet er auf die buddhistischen Mönche an. Dies ist weder aus historischer Perspektive noch in phänomenologischer Hinsicht gerechtfertigt. Schon der Geist der buddhistischen Zufluchtsformel widerlegt diese Ausweitung von Dumonts im übrigen exzellenten Beobachtungen[44].

Die dialogische Struktur im Brahmanismus läßt sich möglicherweise präziser fassen als Dialog zwischen den Lebewesen diesseits und jenseits des 'Todes', zwischen den lebenden Opfernden und den vom Opfer Lebenden nicht allein, sondern auch zwischen den in Haus und 'Welt' *(loka)* weilenden Menschen *(gṛhastha;* s. o.) und den außerhalb von beiden lebenden 'Dahingegangenen'[45]. Gewiß wird man sagen können — wobei ich Dumonts These zwar aufgreife, doch anders akzentuieren zu müssen meine —, daß die unter dem Begriffe der 'Entsagung' zusammengefaßten Ideen in der indischen Religionsgeschichte immer wieder Einzelne zu zukunftsweisenden Neuerungen ermutigt haben, während die lebenslange Verpflichtung des Gṛhastha zum Totenkult gleichzeitig Garant für die Wahrung der Tradition ist und insbesondere in ihren rechtlichen und soziologischen Konsequenzen so angesprochen werden kann.

Man hat wiederholt und noch in jüngster Zeit auf zwei Merkwürdigkeiten verwiesen, durch die der brahmanische Asket *(parivrājaka, yati, saṃnyāsin)* von der Norm der „Altindischen Todten- und Bestattungsgebräuche" ausgenommen ist[46]. *a)* Er wird „beerdigt", d.h. nicht

[43] L. Dumont, World Renunciation in Indian Religions. In: Contributions to Indian Sociology 4 (1960), S. 33 ff. (s. dazu schon: Ders., ebd., 1 [1957], S. 16 f. Leicht veränderter Neudruck in: Ders., Religion/Politics and History in India. Paris 1970. S. 33 ff.; vgl. dort S. 12 f., 166).

[44] L. Dumont, a. a. O., S. 44, 47, 51; vgl. Verf. (wie Anm. 19), passim; ausführlicher dazu andernorts.

[45] Vgl. Verf., Die Alten (wie Anm. 6), S. 377 ff.

[46] W. Caland, Bestattungsgebräuche (wie Anm. 5), S. 93 f., im Folgenden zitiert; vgl. P. Olivelle (wie Anm. 18), S. 43 f.

verbrannt: „Er hatte sich ja schon während seines lebens die unsterblichkeit errungen, braucht also nicht mehr durch das sakrament [der Totenverbrennung] in jene welt hinübergeführt zu werden." *b)* Und da nach den Totenritualtexten den Asketen nicht sämtliche sonst vorgesehenen Einzeltotenopfer dargebracht werden müssen, hat man, ohne eigentlich je nach dem Warum zu fragen, nur Weniges festgestellt: Die Asketen „machen also nicht den zustand eines *preta* durch, sondern erreichen gleich den stand der *Väter.*"

Was das erste betrifft, so ist schon vor Jahren versucht worden klarzustellen, daß Asketen, die kein Feuer *unterhalten,* auch nicht verbrannt werden *können*[47]; jener damaligen Begründung ist bisher nicht widersprochen worden. Wir können nun aber präzisieren. Die Tatsache als solche, daß ein Asket kein Feuer *unterhält,* das zu seiner Verbrennung dienen könnte, determiniert die Art seiner Bestattung *nicht* eindeutig[48]. Vielmehr, sofern er sich bereits dem Feuer opferte, ehe er Saṃnyāsin wurde, wird er am Ende seines neuen Lebens nicht verbrannt, sondern seine Leiche *kann nur beerdigt werden.* Anders ausgedrückt: eine *ritualiter* vollzogene Verbrennung (s. o.) ist nicht wiederholbar; das würde der einem jeglichen Ritual innewohnenden Logik widersprechen: Für eine Überzeugung, daß der Gott Agni, das Feuer, einen Toten leibhaftig in die Welt der Väter, in eine neue Wirklichkeit führt, findet die Entkörperlichung des angehenden Saṃnyāsin genauso 'wirklich' statt.

Zum anderen sollte hier nun deutlich geworden sein, warum die Saṃnyāsins niemals zu Pretas, zu 'Dahingegangenen', werden können — denn sie sind es schon, doch nicht die feindlichen in der Masse, sondern die befriedenden Einzelnen. Das nicht geforderte Almosen entspricht jenen dem Toten dargebrachten Einzeltotenopfern.

Aber noch in einer dritten Hinsicht geschieht mit dem Saṃnyāsin etwas, was seine völlig aus der Norm fallende Einzigartigkeit kennzeichnet.

Die altindischen Bestattungsgebräuche legen in Spruch und Handlung allergrößten Wert darauf, die Unversehrtheit des Toten, des Leichnams, sicherzustellen. Bei der Verbrennung des Toten richtet man an den Feuergott Agni die Bitte[49]: „Verbrenn' ihn nicht, thu' ihm kein leid, o Agni,

[47] Verf., in: NVMEN 11 (wie Anm. 42), S. 130 f.

[48] Verf., Saṃnyāsa (wie Anm. 19), S. 54, 62 f.

[49] Ṛgveda X, 16, 1, Übers. W. Caland, a. a. O., S. 59; vgl. S. 63, 166, 175 ff.

zerstückle nicht die haut und seine glieder; Wenn du ihn gar gekocht, o Jātavedas, magst du ihn hin zu unseren Vätern senden." Mit Agnis Hilfe als eines Psychopompos soll er leibhaftig in die Welt der Frommen gelangen.

Ganz anders beim Saṃnyāsin. Am Unsterblichen findet auch das Ritual ein Ende (vgl. o.). Eine weitere Transformation scheint nicht möglich. Allenfalls kann man dem Saṃnyāsin am Ende seines 'Lebens', also bei der Beisetzung seines Leichnams, noch den Schädel einschlagen — wie es geschieht[50]. Mag dieser Akt als barbarische, als roh erscheinende Schändung des Leichnams in Kontrast zu hohen Asketen- und Erlösungsidealen gestellt werden — hier ist doch offensichtlich dem Toten selbst ein zwar nur einmaliger, jedoch ein wichtiger und, wie es scheint, ein urtümlicher Dienst erwiesen worden: ihn auch durch die Vernichtung des Leichnams freizumachen (s. o. S. 267 ff.), sein Geschenk der Furchtlosigkeit im letzten Dank zu beantworten, seine als Saṃnyāsin bereits errungene Freiheit zu besiegeln. Der Träger seines Lebens, der Lebenshauch *(prāṇa)*, in den er unter Umständen das Feuer hatte aufsteigen lassen oder reintegrierte, kann auf diese Weise endgültig ins Unwandelbare *(avyaya)* eingehen.

Wo Erlösung in der Befreiung von Tod und Wiedergeburt besteht, endet auch für die 'Hinterbliebenen' die Verpflichtung zur Totenverehrung. Wo für den Einzelnen der Geburtenkreislauf zum Stillstand gekommen ist, dort wird Verehrung auf einen einmaligen Dienst reduziert.

Es eröffnen sich damit zwar vielfältige Möglichkeiten für Heiligen-Verehrung und Reliquien-Kult. Sie gelten aber nicht mehr den gestaltschwachen, machtvollen Toten, sondern dem heiligen Menschen und den mächtigen Dingen seines Leibes, dem „*befriedenden Toten*".

[50] Verf., a. a. O., S. 63.

PARINIRVĀṆA: DAS PROBLEM SEINER DARSTELLUNG IN DER BUDDHISTISCHEN KUNST

Von JORINDE EBERT

Die indischen Denker waren zur Zeit des Buddha Gautama Śākyamuni, der etwa von 560—480 v. Chr. lebte, im Begriff, metaphysische Systeme auszubilden. Die Lehre, welche die Grundlage der buddhistischen Philosopie werden sollte, nahm an, daß Werden und Vergehen der 'Natur der Dinge' eigen sei. Folgende Sätze wurden dabei geprägt:

Alles ist unbeständig.

Alles ist leiderfüllt (oder mit dem modernen französischen Maler Roland Topor[1] ausgedrückt: „ … Existieren selbst ist ein Schock, jeder Atemzug ein Leiden, jeder Gedanke eine Verwundung").

Alles, Einzelseele wie Universum, entbehrt des Selbst. (Was nicht bedeuten soll, daß es kein wahres Selbst *gibt*, sondern daß wir weder durch direkte Erfahrung noch begrifflich ein 'wahres Selbst', Absolutes, 'Ding an sich[2]' oder wie immer man es genannt hat, erfassen können und die einzige Aussage, die wir darüber noch zu machen im Stande sind, nur die sein kann, daß *Es* alles Erfaßbare gerade *nicht* ist.)

Aus diesen drei Grundideen werden von den Buddhisten die Vier Wahrheiten abgeleitet:

1. Leid besteht.
2. Die Ursache des Leids ist Begierde und Unwissenheit.
3. Es gibt eine Möglichkeit, diesem Leiden ein Ende zu bereiten — durch *nirvāṇa*.
4. *nirvāṇa* kann erreicht werden durch das Betreten des Achtfachen Pfades.

[1] P. Sager, Der alltägliche Schrecken des Roland Topor. In: Zeitmagazin 10 (1978), S. 21.

[2] I. Kant, Kritik der reinen Vernunft. In: Immanuel Kant, Werke in 6 Bänden. Hrsg. v. W. Weischedel. Darmstadt 1966. Bd. II.

Somit wird *nirvāṇa* zu einem Kernbegriff der buddhistischen Lehre. Was meint aber nun *nirvāṇa*?

Der Begriff *nirvāṇa* bedeutet so viel wie „auslöschen[3]“ und basiert auf einem grundlegenden Gedanken der indischen Geistesgeschichte: der Idee der Ruhe oder des Zur-Ruhe-Kommens. Nach indischer Auffassung ist diese Ruhe die einzige Seligkeit, die das Leben dem Menschen bieten kann. *nirvāṇa* meint ein solches Zur-Ruhe-Kommen, das zugleich ein Verlöschen aller irdischer „Leiden“ ist. In den buddhistischen Schriften finden wir in diesem Zusammenhang Sätze wie:

„Die Standhaften gehen aus *(nibbanti)* wie diese Lampe[4]“ oder „Das Ausgehen der Flamme selbst war die Befreiung des Geistes[5]“.

nirvāṇa bedeutet die Aufhebung des empirischen Seins-Eindrucks, des Seins-Drucks, oder des „Leidens“. *nirvāṇa* ist aber auch die eigentliche „Realität“, das eigentliche „Sein“ und wird von den buddhistischen Texten definiert als völlig außerhalb der Sinneswelt, der Illusion, der Unwissenheit und des Verlangens stehend.

Nun kann man sich von einer Sache, die völlig außerhalb der Sinneswelt steht wie das Nirvāṇa, in keiner Hinsicht „ein Bild machen“.

Das früheste Stadium des Buddhismus scheint daher auch — nach allen Informationen, die wir heute haben — vollkommen bildlos gewesen zu sein.

In dem Maße aber wie der Buddhismus in den zwei bis drei Jahrhunderten vor Christus eine immer größere Zahl von Anhängern bekam, und damit auch in die breite Menge des einfachen Volkes einging, verschob sich nun das Schwergewicht von der *Verehrung der Lehre* des Buddha auf eine *Verehrung Śākyamunis und der Buddhas* selbst, und es entstand in diesem Zusammenhang eine erste Form der Darstellung. Diese Darstellung hatte nun zwar eine anschauliche Form, aber sie bildete nicht ab und wurde von den buddhistischen Gelehrten der damaligen Zeit nur als „Stütze“ für die Schau der dahinterliegenden geistigen Dimension interpretiert[6] und zugelassen.

[3] T. W. Rhys Davids u. W. Stede, The Pali Text Society's Pali-English Dictionary. London 1921—1925. S. 362a.

[4] Suttanipata II, 117.

[5] Dīghanikāya II, 157.

[6] D. Seckel, Jenseits des Bildes. Anikonische Symbolik in der buddhistischen Kunst. Heidelberg 1976. S. 37—38.

Wie wurde das Nirvāṇa in dieser ersten Phase der Darstellung veranschaulicht?

Wichtig festzuhalten bleibt zunächst, daß nicht versucht wurde, das Nirvāṇa an sich darzustellen, sondern daß überall dort, wo wir es eindeutig als solches identifizieren können, das Nirvāṇa nur eng gekoppelt mit dem Leben des Buddha Śākyamuni oder eines anderen vorhergegangenen Buddha zur Darstellung gelangte. D.h., dargestellt wurde der Nirvāṇa-Zustand oder der Augenblick des Eingehens ins Nirvāṇa — also das Parinirvāṇa[7] — eines Buddha.

Dabei war diese erste symbolische Form der Darstellung nicht ganz so an-ikonisch (un-bildlich), wie sie auf den ersten Blick erscheinen mag.

Betrachten wir aber, ehe wir zu diesem Problem kommen, zunächst die frühesten Darstellungen des Nirvāṇa überhaupt. Wir finden es als letztes Stadium der vier großen Ereignisse eines Buddhalebens:

1. Geburt (oft auch die geistige Geburt, d. h. das Verlassen des Palastes in der Nacht auf dem Lieblingspferd Kanthaka),
2. Erleuchtung (dargestellt durch den Baum, unter welchem der Buddha die Bodhi gewann, oder durch die Versuchungsszene von Māras Töchtern),
3. Erste Predigt (symbolisiert durch das Rad der Lehre, welches in Bewegung gesetzt wird, oder durch die Gazellen im Park von Benares),
4. Parinirvāṇa bzw. Tod des Buddha (dargestellt durch den Stūpa, einem vor-buddhistischen Grabmal)[8]. (Siehe Abb. 12 im Anhang.)

Die Bedeutsamkeit dieses letzten Stadiums im Leben Buddhas wird auf den alten buddhistischen Monumenten von *Sañchi* dadurch betont, daß bei allen Eingangstoren bis auf dem südlichen[9] jeweils auf dem obersten Architrav das Parinirvāṇa des historischen Buddha Śākyamuni Seite an Seite mit den Stūpas und heiligen Bäumen der ihm in der Erleuchtung und im vollkommenen Erlöschen vorausgegangenen sechs Buddhas steht.

[7] E. J. Thomas, Nirvāṇa and Parinirvāṇa. In: India Antiqua. Leyden 1947.

[8] P. Mus, Barabudur. Les origines du Stūpa et la transmigration. Essai d'archéologie religieuse comparée. In: BEFEO XXXII (1932)—XXXIV (1934).

[9] Bei dem südlichen Tor befindet sich die gleiche Darstellung auf der Innenseite und nicht auf der Außenseite wie bei den anderen Toren. Dies hängt wohl damit zusammen, daß der Süden als Viertel der Manen den Totengeistern gewidmet ist. Vgl. dazu A. Foucher und Sir J. Marshall, The Monuments of Sanchi. 3 Bde. Calcutta 1946: Bd. I. S. 190.

Warum wurde für die früheste symbolische Darstellung des Parinirvāṇa der Stūpa gewählt?

Um dies zu verstehen, müssen wir kurz auf die Entstehungsgeschichte des Stūpa selbst eingehen:

P. Mus[10] hat sie in seinem umfangreichen Werk folgendermaßen nachgezeichnet:

Es greifen zwei Traditionen ineinander. Die eine reicht ins hohe indische Altertum zurück und steht im Zusammenhang mit frühen Bestattungsbräuchen, die aus dem Grabmal „eine Welt des Toten im Kleinen" machen, mit der sie gleichzeitig das bestehende Universum in der Form eines kosmischen *puruṣa* nachahmen. D. h., es wird ein Modell des Universums in der Form eines symbolischen Menschen gebaut, eine Miniaturausgabe des großen *puruṣa*.

„So ist das Grabmal weniger eine Totenbehausung als ein Ersatz für die bisherige vergängliche Hülle des Verstorbenen ... worin von nun an das magische Sein des Toten weiter fortlebt ... Wir haben es hier also mit einem gebauten Körper zu tun, der die Bleibe des Toten in solcher Weise, wie es sein Körper zu Lebzeiten tat, darstellt[11]."

Bei der anderen Tradition handelt es sich um eine philosophisch fortgeschrittenere, die im Zusammenhang steht mit dem Feueraltar *(agnicāyana)*, der den Opfernden in eine heilige Domäne einläßt, in der er mit dem Absoluten in Verbindung tritt.

„In den ‚Catapatha brāhmana' wird die Errichtung des Feueraltars in enge Beziehung gebracht zum Grabmal (cmacāna) des ‚agnicit', d. h. desjenigen, der zu Lebzeiten einen Feueraltar gebaut hat. Die beiden Bauwerke ergänzen sich; und das zweite vollendet folgerichtig, was das erste begonnen hat: die Erstellung eines anderen Körpers zum Nutzen des Opfernden für die Zeit, in der seine sterbliche Person verscheidet. So ist der Bestattungsritus, der den Kreislauf beendet, nur dazu da, um das endgültige Eingehen des ‚agnicit' in ein ewig währendes Körperbauwerk zu gewährleisten[12]."

Die Vereinigung mit dem unpersönlichen, alles umfassenden Absoluten geschieht also auf zweierlei Weise: Bei Lebzeiten durch den Feueraltar, der eine Berührung mit dem Absoluten möglich macht; im Tod

[10] P. Mus, a. a. O.

[11] Ebd., S. 617 (eigene Übersetzung des Französischen).

[12] Ebd., S. 620 (eigene Übersetzung des Französischen).

durch das Grabmal, in welchem bereits die Rückkehr zum Absoluten materialisiert ist. Soweit P. Mus.

Daß die beiden genannten Traditionen maßgeblich den Symbolgehalt des Stūpa mitbestimmen, dafür legen viele buddhistische Texte Zeugnis ab:

So wird im Kriyāsamgraha[13] die anthropomorphe Symbolik des Stūpa deutlich durch die Erwähnung einer Plattform der Schenkel *(janghāvedī)*, die sich unmittelbar über der Grundplattform befindet; und durch die weitere Erwähnung eines *uṣṇīṣa* an der Spitze des Bauwerks ist die Identifizierung des Stūpa mit dem Buddha ganz eindeutig.

Auch in den ›Vinaya‹-Schriften findet man überall die Tendenz zur Personifizierung des Stūpa[14]; ebenso im Stūpa-Kapitel des ›Lotussūtra[15]‹, das ins 2.—3. nachchristliche Jahrhundert datiert wird. Aber auch so späte Texte wie der javanische ›Sung hyang Kamāhāyanikan‹[16] äußern noch: „Der Körper des Buddha von außen gesehen ist ein Stūpa."

Daß die Stūpas in Nepal häufig aufgemalte Augen aufweisen, mag z.T. mit den genannten Vorstellungen zusammenhängen: ein Buddha im Lotus-sitz ist zur Stūpa-form materialisiert. André Bareau drückt sich so aus:

> „Bereits vor unserer Zeitrechnung ist der Stūpa also schon mehr als ein Symbol des Buddha, er ist der Buddha selbst, er ist der Teil, der nach dem Parinirvāṇa in dieser Welt bleibt[17]."

Man könnte im Sinne der brahmanischen Tradition auch so formulieren: der Stūpa ist der Parinirvāṇa-Körper des Buddha.

Einem solchen Stūpa konnte man nun huldigen und persönliche Verehrung erweisen. Unter der Einwirkung volkstümlicher Frömmigkeit und

[13] Das Kriyāsamgraha ist ein von Kuladatta verfaßtes Repertoire *(panjika)*. Der Teil über den Bau von Stūpas befindet sich im letzten Kapitel. Vgl. dazu auch M. Bénisti, Etude sur le stūpa dans l'Inde ancienne. In: BEFEO L, Fasc. 1 (1960), S. 37—116.

[14] A. Bareau, La construction et le culte du stūpa d'après les 'Vinayapitaka'. In: BEFEO L, Fasc. 2 (1962).

[15] J. Ebert, Parinirvāṇa and Stūpa. In: Vorträge zum Symposion: The stūpa, its cultural and historical relevance. Heidelberg 1978 (i. Druck).

[16] P. Mus, a. a. O., Bd. XXXIII, S. 612 (eigene Übersetzung des Französischen).

[17] A. Bareau, a. a. O., S. 269.

ihrem Bedürfnis nach gläubiger Hingabe wurde der Stūpa-Kult, der dem Buddhismus ursprünglich fremd war und den er scharf ablehnte, in ihn hineingetragen[18]. Daß diese Geisteshaltung weit entfernt ist von der der Gelehrten der Abidharmas, ist offenbar. Alle Schulen erklären offiziell einmütig, daß der Tathāgata vollkommen und für immer im Parinirvāṇa verschwunden ist und somit der Kult um seine Reliquien und seine Stūpas Huldigung einer Person ist, die es nicht mehr gibt, und daß ihr Verdienst daher auch nur in der reinen und guten Absicht besteht, die damit verbunden ist.

Aber zwischen offiziellen Erklärungen und tatsächlichen Zuständen besteht damals wie heute eben oft eine große Kluft. Was wir in den überlieferten Schriften also kaum finden, ist die Tatsache, daß wir mit dem einfachen Gläubigen und sicher auch manchem Mönch im Angesicht des Stūpa schon vor der Person des Buddha stehen.

Der Schritt vom reinen Symbol zur ikonischen, anthropomorphen Gestalt ist hier schon vorbereitet. Es bedurfte aber noch eines anderen künstlerischen Ansatzes, um ihr in der Darstellung des Parinirvāṇa endgültig zum Durchbruch zu verhelfen.

Den endgültigen Schritt taten erst die stark von der illusionistischen Kunst der Antike beeinflußten Künstler von Gandhāra. Die Tatsache aber, daß uns in den frühesten anthropomorphen Darstellungen Gandhāras aus den ersten beiden nachchristlichen Jahrhunderten ohne Übergänge plötzlich eine erstaunlich durchgearbeitete Parinirvāṇa-Konzeption entgegentritt, deren Vorstufen wir in Gandhāra bisher nicht haben aufspüren können, läßt vermuten, daß die alten indischen Kunstschulen am Entstehungsprozeß dieser Darstellungsweise mit Vorbildern beteiligt gewesen sein müssen. (Siehe Abb. 14 im Anhang.) In der Tat gibt es dafür einige Indizien:

Die alte und bedeutende Kunstschule von Amarāvatī hatte, wie wir aus zwei zufällig erhaltenen Reliefs wissen, eine andere Art der Parinirvāṇa-Darstellung in Form eines erzählenden Zyklus entwickelt. Die Fragmente stammen aus der 1. Hälfte d. 1. Jh. n. Chr.[19] und aus

[18] E. S. Rosen, Buddhist Architecture and Lay Patronage at Nagarjunakonda. In: Vorträge zum Symposion: The stūpa, a. a. O.

[19] A. Ghosh u. H. Sarkar, Beginning of Sculptural Art in South-East India: A Stele from Amarāvatī. In: Acient India 20/21 (1964—1965), S. 168—177, Tafel XLIII, E.

dem frühen 2. Jh. n. Chr.[20]. (siehe Abb. 13 im Anhang) Beide richten sich in ihrer zyklischen Darstellungsweise nach dem Handlungsablauf der ›Mahāparinirvāṇa-sūtren‹[21].

Wichtig ist, daß die Idee der Lagerstatt zwischen den Śāla-bäumen im Hain der Mallas von Kuśinagara und die das Ereignis begleitenden Trauernden hier eine erste Gestaltung erfahren.

Eine weitere Darstellung aus Mathurā zeigt, daß diese Art der Parinirvāṇa-Darstellung auch außerhalb Amarāvatīs bekannt war[22]. Das Verdienst der Künstler von Gandhāra ist daher nur, den Buddha in einer Haltung, die auf römischen Sarkophag-Reliefs des 2. nachchristlichen Jahrhunderts auftaucht[23], auf das bis dahin leergebliebene Totenbett gelegt zu haben (siehe Abb. 14 und 15 im Anhang). Die Künstler von Amarāvatī haben sich in der ganzen Folgezeit nirgends der anthropomorphen Parinirvāṇa-Darstellung bedient und auch in der alten indischen Schule von Mathurā sind solche Darstellungen nur in kleinem Format und sehr vereinzelt gefunden worden. Es ist daher wohl nicht ganz falsch zu vermuten, daß es von Seiten der alten indischen Kunstschulen gegenüber der neuen Gandhāra-Konzeption des Parinirvāṇa Vorbehalte gegeben hat. Die Situation der Parinirvāṇa-Darstellung im Indien des 2. Jh. n. Chr. ist also folgende: Es existieren nebeneinander

1. Die symbolische Form des Parinirvāṇa in Form des Stūpa (s. Abb. 12),
2. Die erzählende zyklische Darstellung, die nicht mehr symbolisch, aber noch an-ikonisch ist (s. Abb. 13),

[20] A. Coomaraswamy, Notes sur la sculpture bouddhique. In: Revue des Arts Asiatiques, Annales du Musée Guimet V (1928), S. 244, Tafel LVII, Fig. 1.

[21] Übersetzung des Pali-Textes z.B. von R. O. Franke, Dīghanikāya, das Buch der langen Texte des buddhistischen Kanons. Göttingen 1913. Eine Übersetzung des Sanskrit-Textes und seiner Textentsprechungen findet sich z.B. bei E. Waldschmidt, Die Überlieferung vom Lebensende des Buddha. Eine vergleichende Analyse des Mahāparinirvāṇa-sūtra und seiner Textentsprechungen. In: Abh. d. Akad. d. Wiss. in Göttingen 29, 30 (1944, 1948).

[22] Frau Prof. van Lohuizen de Leeuw ist dabei, einen Aufsatz über dieses interessante Stück zu publizieren.

[23] H. Wrede, Stadtrömische Monumente, Urnen und Sarkophage des Klinentypus in den beiden ersten Jahrhunderten n. Chr. In: Archäologischer Anzeiger (1977), S. 395—431.

3. Die ikonische Form der Parinirvāṇa-Darstellung in anthropomorpher Ausbildung (s. Abb. 14).

Von diesen dreien war es die anthropomorphe Lösung Gandhāras, die sich letztlich in allen buddhistischen Ländern durchsetzen sollte.

Warum war das so?

Wir hatten bereits im Zusammenhang mit dem Stūpa gesehen, daß die buddhistische Kunst aus den Bedürfnissen der einfacheren buddhistischen Anhänger entstanden war und ihnen zur Belehrung und Erbauung diente, ihnen andererseits aber auch Gelegenheit gab, mit Votivgaben Verehrung zu bezeugen.

Betrachten wir das Problem von dieser Seite, so wird der Siegeszug der anthropomorphen Darstellung verständlich. Eine Darstellung mit dem liegenden Buddha und der um ihn herumstehenden Trauernden ließ sich ohne tiefere Vorkenntnisse leicht als letzte große Begebenheit im Buddhaleben, sein Parinirvāṇa, entschlüsseln.

Die Kehrseite der sehr einfach zu verstehenden Darstellung war aber, daß sie eben nur den Tod abbildete und zwar dort, wo eigentlich gar nicht Tod gemeint war.

Dies führte zu der paradoxen Situation, daß eine scheinbar illusionistisch-genaue Wiedergabe der Beschreibungen vom Eingehen Buddhas ins Nirvāṇa nun Symbol für etwas weit tiefer Dahinterliegendes werden mußte. Denn der Gläubige konnte nicht damit einverstanden sein, daß jenes Wesen, an das er sich vertrauensvoll wenden und das er verehren wollte, tot vor ihm lag.

Wir können in der Folgezeit beobachten, wie diese „Todes-Darstellung" immer weiter zurückgenommen wird und der Buddha am Ende der Entwicklung wieder als „Lebender" vor den Augen der Gläubigen erscheint.

Die erste Stufe auf dem Weg dorthin — schon in der späten Gandhāra-Kunst etwa ab dem 4. Jh. n. Chr. vorbereitet — war die Monumentalisierung der Buddha-Gestalt. Der Buddha wächst zu einem überdimensionalen, „göttlichen" Wesen an. Die Trauernden um ihn herum werden zunehmend kleiner dargestellt, oder sie sind nur noch vertreten durch eine Figur am Kopfende[24] und den knienden

[24] Wer genau diese Figur am Kopfende sein soll, ist nicht mit Sicherheit zu klären. Es handelt sich aber, nach dem Nimbus und Kopfschmuck in Qyzil zu urtei-

Mahākāśyapa[25] am Fußende. In manchen Darstellungen verschwinden sie sogar ganz, so daß nur noch die liegende Gestalt des Buddha zur Darstellung gelangt.

Ein besonders eindrucksvolles Beispiel dieser Art ist die aus der zentralasiatischen Kunstschule von Qyzil erhaltene Wandmalerei etwa des 7. Jh. n. Chr., die heute im Museum für Indische Kunst in Berlin aufbewahrt wird. Deutlich ist am Fußende der älteste Jünger des Buddha, Mahākāśyapa, zu sehen, der verehrungsvoll die Füße des Buddha berührt (siehe Abb. 16 im Anhang).

Aber diese Monumentalisierung allein genügte auch den orthodoxen Hīnayanisten Qyzils nicht. Wir können beobachten, wie sie im Laufe ihres sog. 2. Stils (auf der Wende vom 6. zum 7. Jh. n. Chr.) die „Todesdarstellung" des Buddha noch weiter zurücknehmen, indem sie dem Parinirvāṇa direkt gegenüber, eine Darstellung der 'Verbrennung von Buddhas Sarg' anbringen. Der aus diesem Sarg zutage kommende, in „Mumienbinden" gewickelte Buddha erscheint nun keineswegs als ein Toter, sondern mit halbgeöffneten Augen[26] (siehe Abb. 17 im Anhang).

Die chinesisch beeinflußten mahāyānistischen Zentren Zentralasiens schlugen einen etwas anderen Weg bei der Zurücknahme der „Todes-Darstellung" im Parinirvāṇa-Zusammenhang ein. Sie halten sich weitgehend an die alte gandhārische Parinirvāṇa-Ikonographie, aber sie fügen als Trauernde nun einen ganzen „Kosmos", angefangen bei Göttern bis

len, um ein göttliches Wesen. Die vor allem von japanischen Wissenschaftlern vertretene These, es handele sich dabei um die Mutter Buddhas, Māyā, kann meiner Ansicht nach nicht aufrechterhalten werden, weil solche Darstellungen nur im Zusammenhang mit der *Verbrennung der Leiche des Buddha* in seinem goldenen Sarg, nirgends aber mit dem Parinirvāṇa erscheinen. (Vgl. dazu A. Miyji, the Parinirvāṇa Scenes of Bāmiyān: an Iconographical Analysis. In: Japan-Afghanistan Joint Archaeological Survey in 1976, the Committee of the Kyoto Univ. Archaeol. Miss. to Central Asia 1978, 13ff.)

[25] Einer der 10 Hauptschüler des Buddha, der nach dem Tod des Buddha das erste Konzil leitete und vielen Buddhisten als Haupt des Ordens galt.

[26] Es erscheint mir hier wichtig darauf hinzuweisen, daß die Mumie nicht nur in Ägypten, sondern im ganzen Mittelmeerraum ein Symbol für die Auferstehung gewesen ist. In der christlichen Ikonographie hat sich dieses Thema in der Lazarus-Erweckung niedergeschlagen. Vgl. dazu auch H. Aurenhammer, Lexikon der christlichen Ikonographie. Wien 1959—1967. S. 249 ff.

zu Tieren, bei und signalisieren damit, daß das Parinirvāṇa ein Allumfassendes Ereignis ist. Wie ist das zu verstehen?

Der alte Buddhismus war davon ausgegangen, daß das 'Sein an sich', das 'Absolute' oder wie immer man es nennen möchte und das empirische Sein prinzipiell voneinander verschieden seien. Bei der Erreichung des Nirvāṇa ginge man also, sehr vereinfacht ausgedrückt, von der einen Welt in die andere über.

Der Mahāyāna-Buddhismus stellt sich aber nun auf den Standpunkt, es gäbe diese zwei verschiedenen „Seinsarten" nicht, sie seien vielmehr identisch und bildeten eine Einheit. Das empirische Sein sei nur eine andere Form des Absoluten.

Es werden Sätze geprägt wie:

„Nur *ein* Buddha kommt zur Erleuchtung, und Gräser, Bäume, Landesboden, alles wird erleuchtet[27]."

Oder, um ein anderes Beispiel herauszugreifen, das Heinrich Dumoulin angeführt hat[28]:

„Die drei Welten sind ein Geist
Außer dem Geist existiert kein Ding.
Geist Buddha und alle Lebewesen —
Zwischen diesen dreien gibt es keinen Unterschied[29].

Die drei Welten, nämlich die Welt der Begierde, die Welt der Form und die Welt der Formlosigkeit, bedeuten das All, die gesamte physische und psychische Wirklichkeit. Die Wirklichkeit ist nach dem Wort der Sutras nicht verschieden von dem Einen Geist, der im Menschen bei der Erleuchtungserfahrung aufbricht. Geist, Buddha und Lebewesen sind eins. Alle Dinge sind der Eine Geist, der Eine Geist alle Dinge."

Im Lichte dieser neuen Lehre ist der Buddha niemals geboren, noch kann er jemals sterben. Sein Tod ist nur scheinbar, als Mittel eingesetzt, um die Menschen auf die kurze Zeit auch ihres Erdendaseins hinzuweisen und sie zu ermahnen, den Erleuchtungsweg anzutreten. Aber wie kann er dies tun, wenn er niemals geboren und niemals gestorben ist?

[27] T. Oda, Bukkyō Daijiten. Tōkyō 1917. S. 82, Spalte 3.

[28] H. Dumoulin, Der Erleuchtungsweg des Zen im Buddhismus. Fischer Taschenbuch 1976. S. 123.

[29] Dōgen, Shōbōgenzō Zuimonki, aus dem Kapitel ›Sangai Yuishin‹ (Übers. Dumoulin).

Mit dieser Frage treffen wir auf eine neue Lehre von den sog. 'drei Körpern' *(trikāya* [Skr.], *sanshin* [Jap.]) des Buddha, die zuerst bei Aśvaghoṣa und später auch bei Vasubandhu zu finden ist[30].

Danach erreicht der durch alle Entwicklungsstufen gegangene Buddha den Zustand des 'wahren Seins', den Zustand des Absoluten. Dieser Zustand ist sein sog. 'Dharma-körper' *(dharmakāya* [Skr.], *hosshin* [Jap.]). Neben diesem „Körper" verfügt der Buddha aber noch über zwei weitere: den sog. 'Körper der Glückseligkeit' *(saṃbhogakāya* [Skr.], *hōshin* [Jap.]) und den sog. 'Schattenkörper' *(nirmāṇakāya* [Skr.], *ōjin* [Jap.]).

Der 'Körper der Glückseligkeit' wächst demjenigen Wesen zu, das bis zum Nirvāṇa, dem Zustand des wahren Seins, gekommen ist. Es fährt durch diesen von seinen Verdiensten geschaffenen Körper fort, auch im Nirvāṇa in einem höheren Sinne zu „sein".

Mit dem 'Schattenkörper', schließlich, hilft der Buddha anderen Wesen, das Nirvāṇa zu erreichen, indem er in ihnen die Erkenntnis weckt. Der Buddha in dieser Gestalt ist nichts anderes als ein subjektives Erlebnis je einer gegebenen Persönlichkeit oder eines Wesens. So sind auch die um den Buddha trauernden Lebewesen im Kölner Nirvāṇa-Bild (Jap. *nehan)* nichts anderes als hypostasierte Seelenzustände unterschiedlicher Erleuchtungsstufen (siehe Abb. 18 im Anhang). Mit solchen Darstellungen, die uns schon in den stark chinesisch beeinflußten zentralasiatischen Wandmalereien von Bäzäklik etwa des 9. Jh. n. Chr.[31] erhalten geblieben sind, ist die „Todesdarstellung" wenigstens geistig vollständig überwunden.

Es ist sicher nicht zufällig, daß uns die Höhlen von Bäzäklik darüber hinaus eindeutige Beweise dafür liefern, daß die Parinirvāṇa-Darstellung nun auch von der Gestalt des historischen Buddha, Gautama Śākyamuni, entkoppelt und auf ganz andere Buddhas übertragen wird[32].

Diese geistige Überwindung der „Todesdarstellung" wird auch optisch im Bild festgehalten, und zwar mit den Darstellungen des aus dem Sarg

[30] Vasubandhu war ein bedeutender buddhistischer Gelehrter des 5. Jh. n. Chr. Er stammte aus dem Gandhāra-Gebiet und gehörte zunächst der Hīnayāna-Richtung des Buddhismus an. Durch seinen Bruder Asaṅga wurde er dann zum Mahāyāna „bekehrt".

[31] J. Ebert, Parinirvāṇa: Untersuchungen zur ikonographischen Entwicklung von den indischen Anfängen bis nach China. Diss. Würzburg 1978 (in Vorbereitung zum Druck). S. 414—429.

[32] Ebd., S. 403 ff. und Fig. 42.

erstehenden Buddhas, die in den Wandmalereien auf der Wende vom 7. zum 8. Jh. in Tun-huang[33] und auf einer in das Jahr 692 n. Chr. datierten Stele aus I-shih in Shansi[34] gleichsam als eine Art Epilog zum Parinirvāṇa angeordnet sind.

Diese Darstellungen beruhen auf einem Sondertext zum Parinirvāṇa, der im letzten Viertel des 5. Jh. von einem gewissen T'an Ching ins Chinesische übersetzt wurde[35]. Danach taucht der Buddha noch einmal aus seinem Nirvāṇa auf, um seiner Mutter zu predigen. Es heißt dort[36]:

„Darauf stieg Mahā Māyā (die Mutter Buddhas) vom Himmel herab und begab sich eilends zum Ort der Zwillings-Śālas. Als sie den Śāla-Hain erreicht hatte und aus der Ferne den Sarg des Buddha sah, wurde sie von großer Trauer überwältigt. Nachdem die Götter sie wieder zu sich gebracht, indem sie ihr Wasser auf das Gesicht gesprengt hatten, begab sie sich sofort zum Sarg und beugte ihr Haupt in Verehrung darüber ... Darauf befahl der Weltenerlöser, seine übernatürlichen Kräfte einsetzend, dem Sarg aus mehreren Schichten, sich zu öffnen. Und er selbst erstieg daraus, beide Hände aneinandergelegt wie ein Löwenkönig, der aus seiner Höhle hervorspringt, während aus jeder Haarpore seines Körpers tausend Lichtstrahlen erglänzten, jeder angefüllt mit tausend erschaffenen Buddhas ..."

Die große Bedeutung, die solche Darstellungen für die Volksfrömmigkeit hatten, sehen wir einerseits daran, daß sie noch in japanischen Stahlstichen des 19. Jh. zusammen mit dem Parinirvāṇa auftauchen, andererseits aber auch daran, daß sie in Japan als eigene Gattung (sog. *kinkan-shutsu-gen)* auch vom übrigen Parinirvāṇa-Geschehen losgelöst in monumentaler Form erscheinen.

Ein besonders schönes Beispiel dieser Art ist ein Seidenbild aus der Heian-zeit (794—1185), das ursprünglich dem Chō-hō-Tempel in Kyōto gehörte und sich heute in der Matsunaga-kinenkan in der Nähe von Tōkyo befindet (siehe Abb. 19 im Anhang): Hier ist um die beiden Hauptpersonen, den Buddha und seine Mutter Māyā, die einander diagonal gegenübergestellt sind, ein dichter Kranz von staunenden und

[33] P. Pelliot, Les Grottes de Touen-houang. 6 Bde. Paris 1920—1924. Abb. CCCXXI u. CCXIV.

[34] A. Soper, A T'ang Parinirvāṇa-Stele. In: Artibus Asiae XXII (1959), S. 159ff.

[35] B. Nanjio, Nr. 382.

[36] Ich übernehme die englische Übersetzung der betreffenden Passage von A. Soper, a.a.O.

anbetenden Gestalten gezeigt, die durch ihre Anteilnahme das Geschehen emotional vertiefen.

Wie konnte es hiernach weitergehen?

Die oben gezeigten Phasen, in denen sich die Entwicklung immer neuer Gedanken zum Problem der Darstellung des Parinirvāṇa deutlich spiegelt, zeigen vor allem auch die langsame Loslösung der Parinirvāṇa-Darstellung von der *historischen* Buddha-Gestalt. Ganz folgerichtig rückt allmählich das Absolute selbst ins Blickfeld künstlerischen Interesses und eine Gestaltung des Nirvāṇa an sich wird in der Darstellung versucht.

Diese neue Bildlichkeit wird gerechtfertigt mit Argumenten wie wir sie z.B. in der Inschrift einer Buddha-Steinfigur aus China, datiert 746 n.Chr., im Museum für Ostasiatische Kunst, Berlin — mit dem Datum des 8. 4., dem Geburtstag Śākyamunis — lesen:[37]

„Das höchste Wahre ist ohne Bild. Gäbe es aber gar kein Bild, so gäbe es keine Möglichkeit, wodurch es sich als das Wahre zu manifestieren vermöchte. Das höchste Prinzip ist ohne Worte. Gäbe es aber überhaupt keine Worte, wodurch könnte es sich dann als das Prinzip offenbaren?“

D. h., das Bild erfüllt seine eigentliche Aufgabe erst dann, wenn es sich selbst transzendiert. Es muß aber erst einmal ein Bild geben, das zum Transzendieren einlädt.

Diese Herausforderung nahmen die Zen-Buddhisten an. Sie schufen das, was D. Seckel als das „nicht-mehr-Bild“ bezeichnet hat[38].

Ganz allgemein spielt der Begriff „Kreis“ oder „rund“ eine zentrale Rolle zur Bezeichnung des Zeitlos-Ewigen ohne Anfang und Ende, der letzten vollkommenen Wahrheit, die zugleich offen und doch umgreifend ist *(śūnya)*. Seit der Zeit von Nan-yüeh Huai-jang (677—744) wurde das erleuchtete Bewußtsein durch einen leeren Kreis symbolisiert. Die chinesischen Ch'an *(zen)*-Meister des 8. und 9. Jh. verwendeten verschiedene Systeme von Kreisfiguren für die geistige Schulung und als Symbole der Erleuchtung[39].

[37] Ausgewählte Werke ostasiatischer Kunst, Museum für Ostasiatische Kunst Berlin-Dahlem, Berlin 1970, Nr. 18.

[38] D. Seckel, Jenseits des Bildes, a. a. O., S. 40.

[39] Ebd., S. 48ff.

In dieser Tradition stehen auch die „Zehn-Büffel-Bilder", eine in verschiedenen Versionen als Gedicht- und Bildserie formulierte Parabel von der 'Wiedergewinnung' der Erleuchtung durch das Gleichnis eines seinen Büffel suchenden und wiederfindenden Hirten, deren früheste Version wohl in der Mitte des 11. Jh. n. Chr. in China entstand[40]. Mehr als ein Dutzend solcher „Zehn-Büffel-Bilder" scheinen in verschiedenen Versionen in den folgenden Jahrhunderten geschaffen worden zu sein.

Interessant und bezeichnend ist nun, daß die Version des Shōkoku-Tempels in Kyōtō, die nach der Tradition dem in der 2. Hälfte des 15. Jahrhunderts lebenden Maler Shūbun zugeschrieben wird, nicht mit dem abstrakten Zeichen des leeren weißen Kreises für das Nirvāṇa endet (siehe Abb. 20 im Anhang), sondern daß noch zwei weitere Bilder folgen: im 9. Bild eine Landschaftsdarstellung mit Felsen, Bambus und Pflaumenblüten, denn noch besser als durch allen formelhaften Symbolismus scheint dem Zen-Anhänger das Alleralltäglichste, Selbstverständliche, Unscheinbare auf die letzte Wahrheit hinzuweisen, sei es eine Landschaft, ein Korb mit Früchten oder ein einfacher Rettich; im 10. Bild dagegen finden wir in der Begegnung des Hirten mit dem sagenhaften Hotei (Pu-tai), der als eine Inkarnation des Zukünftigen Buddhas (Maitreya) gilt und der es sich zur Aufgabe gemacht hatte, die Menschen auch aus den niedrigsten sozialen Schichten zur Erleuchtung zu führen[41], eben die Aufforderung, es dem Hotei nach zu tun: sich nicht mit der eigenen Erleuchtung zu begnügen, sondern auch andere auf diesen Weg zu weisen.

Kehren wir aber noch einmal zu dem Rettich als Symbol für die Erleuchtung zurück, und lesen wir dazu das Gedicht von Shumpo Shūki (1409—1496), das ein solches von einem unbekannten Maler geschaffenes Rettichbild begleitet[42]:

„Der Gärtner weiß, daß für eine schmackhafte Suppe der Rettich frisch aus der Erde gezogen sein muß noch voll des Aromas von Wind und Tau. Seine Blätter sind groß wie die des Bananenbaums; seine Wurzel ist groß und dick. Eine Wurzel hat zwei Arten von Namen."

[40] Shibayama Zenkei, Jūgyūzu. Tokyo 1954; ders., Zen Oxherding Pictures. Tokyo 1967.

[41] D. T. Suzuki, Zen and Japanese Culture. New York 1959. Kap. 5.

[42] J. Fontein u. M. L. Hickman, Zen, Painting and Calligraphy. Ausstellungs-Katalog. Boston 1970. S. 148 ff. und Abb. 60.

Auf den ersten Blick beschreibt das Gedicht etwas ganz Alltägliches und erst der letzte Satz läßt ahnen, daß mehr als nur ganz Vordergründiges gemeint ist.

Aber was ist nun gemeint?

Im ›Vimalakīrti-Sūtra‹[43] heißt es:

„Dieser Leib ist wie Schaum, der nicht lange bestehen kann. Dieser Leib ist wie eine Bananenstaude, die nichts Festes in sich hat.“

Gilt nicht dasselbe für den Rettich?

Und mehr noch: Im Gegensatz zur Bananenstaude, deren oberirdischer Stamm zwar im Herbst abstirbt, deren im Boden verbleibendes kriechendes Wurzelwerk aber im Frühjahr neu zu treiben beginnt, reißt man den Rettich — wie Shumpo ja auch ausdrücklich sagt — mit Stumpf und Stil aus dem Boden. Welches Bild eignet sich besser für die Darstellung der *vollkommenen Loslösung,* für das Nirvāṇa? Erst in dem Augenblick, in welchem wir aus dem Boden unseres empirischen Verhaftetseins herausgerissen werden, erfüllen wir unser eigentliches Sein.

Und nun verstehen wir auch, warum der berühmte japanische Maler Sesson (1504— ca. 1589) einen Rettich mit dem leeren Kreis darum malte (siehe Abb. 21 im Anhang). Daß sowohl der Rettich wie auch das Nirvāṇa beide *ne* heißen[44], daß also die Rettichwurzel diese beiden Namen vereint, ist ein für das Zen sehr typischer humorvoller Hinweis darauf, in welche Richtung zu denken ist.

Diese Befreiung von jeglicher Dogmatik erlaubt es nun, die traditionelle Parinirvāṇa-Darstellung als *Form* zu benutzen, um in ganz neuer Weise nach dem Wesen der Erleuchtung zu fragen.

So stellt sich der für seine sozialkritischen Aperçus berühmte Zen-Mönch Gibon Sengai (1750—1837) selbst im Schema der alten Parinirvāṇa-Ikonographie als ins Nirvāṇa eingehend dar, der Zen-Kreisen der Obaku-Sekte nahestehende Maler Itō Jakuchū (ca. 1716—1800) dagegen malt ein Gemüse-Nirvāṇa, wo statt des Buddha ein Rettich umgeben von trauerndem Gemüse aufgebahrt erscheint (siehe Abb. 22 im Anhang), und der tief von Zen-Gedanken beeinflußte Teemeister und

[43] Taishō Daizōkyō XIV, S. 539, col. 2.

[44] J. Ebert, Das Gemüse-nehan von Itō Jakuchū. In: ZDMG III, 2 (1977), S. 1584 ff.

Maler Shibata Zeshin (1808—1892) äußert seine Kritik an der sich geradezu überstürzenden Produktion von Totengedenkbildern[45] anläßlich des Selbstmords des beliebten Schauspielers Danjurō VIII., indem er ihn in Form eines aufgebahrten Kürbis, um den sich trauernd solche Gedenkblätter herstellende Ukiyo-e-Prominenz versammelt hat, darstellt (siehe Abb. 23 im Anhang). Was alle drei meinen, dürfte inzwischen klar sein: Die Darstellung der Erlösung nach einem altbekannten ikonographischen Schema, ist nicht schon die Erlösung selbst. Jede äußere Form kann gewählt werden, aber es kommt nicht auf diese Form, sondern auf die sie transzendierende Erkenntnis an. Die Suche nach dieser Erkenntnis bleibt aber die Aufgabe jedes einzelnen.

[45] J. Ebert, Profanisierung des Sublimen der Parinirvāṇa-Darstellung. In: Zur Kunstgeschichte Ostasiens. Wiesbaden 1977. S. 89 ff.

DER KARMAYOGIN ALS SYMBOL EINES NEUEN RELIGIÖSEN LEBENSVERSTÄNDNISSES

Von Ursula King

Die religiösen Denker des Neuhinduismus werden sowohl in westlichen wie indischen Untersuchungen häufig zu isoliert behandelt, so daß die Originalität und individuelle Neuheit ihrer Werke oft überbetont wird. Eine eingehende Beschäftigung mit den Hauptquellen des Neuhinduismus zeigt dagegen deutlich, daß vom frühen 19. Jahrhundert an, mit Ram Mohun Roy beginnend, eine starke Kontinuität der Hauptgedanken besteht. Die Weiterentwicklung bestimmter Zentralthemen und die Anwendung derselben hermeneutischen Prinzipien läßt sich quer durch die Schriften vieler Autoren des 19. und 20. Jahrhunderts belegen. Neue religiöse Interpretationen werden zum Teil in das traditionelle Gedankengut hineinverarbeitet, oder das klassische und mittelalterliche religiöse Erbe, dessen historisch differenzierte Entwicklung erst durch die Forschungsarbeiten westlicher Orientalisten klar erfaßt wurde, wird im Sinne neuer religiöser und säkulärer Einflüsse uminterpretiert. Das Endresultat ist ein Neuhinduismus, der sich einerseits als eine zeitlos ewige Religion *(sanātana dharma)* und andererseits als eine neue Universalreligion versteht, doch sind die verschiedenen Themen keineswegs immer systematisch herausgearbeitet oder logisch miteinander vereinbar. Statt dessen liegen alte und neue Elemente unverbunden nebeneinander, und es bleiben vielschichtige Widersprüche bestehen, die sich nicht immer harmonisieren lassen.

Diese Tatsache kann durch viele Aspekte des Neuhinduismus belegt werden. Als ein Beispiel unter vielen anderen soll hier das Symbol des Karmayogin erörtert werden, das eng mit dem neuen Verständnis und der zentralen Stellung des Karma-Yoga im modernen Hinduismus verbunden ist. Zunächst möchte ich mit einigen allgemeinen Bemerkungen über diese Neuinterpretation im Vergleich zur Tradition beginnen (I), dann das Symbol des Karmayogin literarisch und ikonographisch behandeln (II) und schließlich in den Schlußfolgerungen noch bestehende Widersprüche aufzeigen (III).

I

Im traditionellen Sprachgebrauch bedeutet Karma zunächst die enge Verbindungskette von Ursache und Folge, die das menschliche Leben in objektiv gesetzlicher Weise determiniert und so die Runde der Wiedergeburten bestimmt. Karma als Handeln bedeutete ursprünglich weniger das menschliche Handeln im allgemeinen als das kultische Handeln, die vielen Pflichten des Rituals, die von den religiösen Schriften vorgeschrieben werden. In diesem Sinne ist der Karmayogin der Tradition eigentlich mit dem Anhänger der Mimamsa identisch.

Jahrhunderte hindurch ist die ›Bhagavad-Gita‹ als nichtkanonische Schrift des Karma-Yoga überliefert worden. Der Weg der Werke und der liebenden Hingabe, des Karma-Yoga und Bhakti-Yoga, wird hier neben dem Weg der Erkenntnis (Jnãna-Yoga) als ein Erlösungsweg für die Menschen aller Stände beschrieben, die so einen als persönlich erfahrenen Gott erreichen können. Wegen ihrer besonderen Bedeutung als Belegquelle für den klassischen Vedanta hat die ›Bhagavad-Gita‹ schon früh eine quasi-kanonische Stellung erhalten, die jedoch nur indirekt mit der Lehre über den Karma-Yoga zu tun hatte. Seit dem späten 19. Jahrhundert wurde jedoch besonderen Nachdruck auf diese Lehre gelegt, und sie wurde in einer Zeit des geschichtlichen Umbruchs in ganz neuer Weise verstanden. Durch die Häufigkeit und zentrale Bedeutung moderner Kommentare hat sich der Einfluß dieser Schrift so erheblich erweitert, daß die ›Bhagavad-Gita‹ heute oft mehr als die viel ältere kanonische Literatur des vedischen Corpus als Autorität in den apologetischen Schriften des Hinduismus zitiert wird, so daß man sogar von einer ganz neuen Orthodoxie sprechen kann.

In der Lehre des klassischen Vedanta sind Atman und Brahman die einzig ausschließliche Wirklichkeit. Diese allein besitzt den Absolutheitsanspruch und ist daher der höchsten Entsagung wert. Wenn man jedoch das Ziel des Menschen nicht so strikt monistisch, sondern theistisch versteht, dann wird auch der Weg zu diesem Ziel ein anderer sein, und das Verständnis der Entsagung muß modifiziert werden. Wie vielartig auch immer die traditionelle Auffassung und Praxis der Askese gewesen sein mag[1], man kann sagen, daß alle Entsagung letztlich das Ziel hat, den Menschen von der Anhäufung weiteren Karmas zu befreien, um Erlösung vom Geburtenkreislauf, d. h. Mōksha zu gewinnen. Im Hinblick auf dieses Ziel ist die *Aufgabe* aller Werke letztlich wichtiger als alles Handeln. Strenggenommen bedeutet dies die Aufgabe des menschlichen Handelns allgemein sowie die Aufgabe aller kultischen Handlungen. In der ›Bhagavad-Gita‹ geht es ursprünglich nicht darum, das menschliche *Handeln* als solches positiv zu werten, sondern aktives Tun als eine unvermeidbare Notwendigkeit des menschlichen Lebens anzuerkennen, als *vorläufiges* Ziel zu akzeptieren und durch das Ideal des selbstlosen Handelns für diejenigen Gruppen der Gesellschaft religiös nutzbar zu machen, die den Weg der vollen Entsagung vorerst nicht beschreiten können. Doch letztlich bleibt alles Handeln nur auf der Stufe der Vorbereitung für die Erkenntnis, die allein zum Heil führen kann.

Die ›Bhagavad-Gita‹ spricht viel vom Karma-Yoga, doch eigentlich nicht ausdrücklich von einem *Karmayogin*. Wenn man die verschiedenen Aussagen über Karma-Yoga genauer untersucht, erkennt man, daß sich dahinter eine vielseitige Wirklichkeit verbirgt, die eine Fülle von Interpretationen ermöglicht und diesem Begriff ein außerordentliches Potential zur Weiterentwicklung verleiht. Im Neuhinduismus ist dieses Potential erkannt und schöpferisch gestaltet worden. In einer Zeit der grundlegenden Neugestaltung der sozialen Ordnung sowie eines neuen Verständnisses des kulturellen und religiösen Erbes der Vergangenheit, als der Mensch für sein verändertes Leben in der Gesellschaft eine neue Sinngebung finden mußte, ist die Idealgestalt des Karmayogin zum Symbol neuer Hoffnungen und neuen Strebens geworden. Dieses Symbol findet sich nicht in der Tradition in dem Sinne, wie es im Neuhinduismus verstanden wird. Es ist ein neues Ideal, das zwar im Traditionsgut fundiert werden kann, durch das aber letztlich ein neues religiöses *Lebensverhältnis* in den Vordergrund gerückt und symbolisch ausgedrückt wird. Letzteres hängt mit dem positiven Verständnis des Karma im Sinne eines umfassenden menschlichen Handelns zusammen und mit der Notwendigkeit, in einer Zeit gesellschaftlicher Erneuerung solches Handeln ebenso wie Initiativen zur Aktivität religiös zu legitimieren und positiv zu werten.

[1] Vgl. J. F. Sprockhoff, Samnyāsa, Quellenstudien zur Askese im Hinduismus. Wiesbaden 1976.

Die Bedeutung des Karma-Yoga als hauptsächlich kultisches Handeln ist dabei immer mehr in den Hintergrund getreten und wurde durch die größere Betonung des allgemeinen menschlichen Schaffens, der Arbeit in der Welt und im sozialen Bereich und der neuen Bewertung der körperlichen Arbeit und des Sozialdienstes zum Teil ganz verdrängt.

II

Eric Sharpe glaubt, daß die Gestalt des Karmayogin erst im frühen 20. Jahrhundert, als die ›Bhagavad-Gita‹ vor allem als nationalistisches Manifest verstanden wurde, als neues politisches Ideal im Hinduismus eingeführt worden sei[2]. Doch ist diese Entwicklung nur die Fortführung und konsequent aktivistische Auslegung einer vorhergehenden religiösen Uminterpretation des Karmayogin. Das Symbol des Karmayogin findet sich in verschiedenen indischen Schriften des 19. und 20. Jahrhunderts, und es kann ebenfalls ikonographisch dokumentiert werden.

Aus Raumgründen können die bedeutendsten Gedanken in Verbindung mit diesem Symbol hier nur kurz skizziert werden, ohne daß ein Anspruch auf Vollständigkeit erhoben wird. Die religiöse Bedeutung der Karmayogin-Gestalt ist zuerst von Vivekananda stark in den Vordergrund gerückt worden, doch führt seine Interpretation gewisse Gedankengänge fort, die sich schon bei seinen Vorgängern finden. Das Symbol des Karmayogin ist anschließend vor allem von Aurobindo benutzt worden und wurde in jüngster Zeit besonders mit der Person Gandhis in Verbindung gebracht. Wie ist es zu dieser Entwicklung gekommen?

Wie schon erwähnt, versinnbildlicht das Symbol des Karmayogin ein neues und universal ausgeweitetes Karma-Verständnis, das eine starke Grundlage für die Motivation zum Handeln liefert. Dieses neue Karma-Verständnis wurde in Indien wie im Westen von Vivekananda und der von ihm gegründeten Ramakrishna-Mission sowie von Annie Besant und der Theosophischen Gesellschaft entwickelt und verbreitet. Beide Bewegungen wurden einerseits stark von westlichen Einflüssen geprägt und sind andererseits für die erste Verpflanzung des Hinduismus als neue reli-

[2] E. Sharpe, Indian Nationalism and Hindu Universalism. In: Temenos 12 (1976), p. 37—49; p. 41.

giöse Glaubensgemeinschaft nach dem Westen verantwortlich. Der erhebliche Einfluß der Theosophischen Gesellschaft kann hier leider nicht erörtert werden[3], doch ist es unbestreitbar, daß sich Vivekanandas aktive Uminterpretation des Karma-Yoga vor allem während seines Aufenthaltes im Westen entwickelte. Es handelt sich jedoch auch um die Fortführung gewisser Gedanken, die sich schon bei Keshub Chandra Sen und Bankim Chandra Chatterjee finden, die beide ebenfalls in ihren Reformbestrebungen stark von westlichen und vor allem christlichen Strömungen abhingen, deren Einflüssen sie schöpferisch entgegenwirkten.

Vivekananda hat sich der Figur des Karmayogin bedient, um seiner Lehre von dem praktischen Vedanta konkrete Gestalt zu verleihen. Wer ist der ideale Karmayogin? Manchmal spricht Vivekananda von dem Karmayogin in ganz allgemeinen Sätzen, indem er Werk und Botschaft des Karmayogin, nicht aber seine Person charakterisiert. An anderen Stellen wird auf verschiedene religiöse Persönlichkeiten Bezug genommen, z. B. wird Buddha manchmal als der vollkommene Karmayogin beschrieben[4]. Ja, der Karmayogin wird sogar in einer Weise charakterisiert, die an den Bodhisattva erinnert:

> „Der Karmayogin will, daß alle vor ihm selbst erlöst werden. Sein einziges Heil besteht darin, anderen zum Heil zu verhelfen. ... Dieser wahre Gottesdienst führt zur intensiven Selbstaufopferung[5]."

Sogar Jesus kann als idealer Karmayogin verstanden werden, wie es vor allem bei Vivekanandas Mitarbeiter Abhedananda geschieht. Letzterer preist Jesus als großen Karmayogin, da er völlig selbstlos wirkte, doch war Jesus zugleich auch ein Bhaktiyogin, ein Rajayogin und ein Jnānayogin[6]. Abhedananda versteht schließlich alle großen geistigen Persönlichkeiten

[3] Annie Besant behauptet, daß der Karma Begriff vor allem durch die Theosophische Gesellschaft im Westen bekannt wurde. Vgl. A. Besant, A Study in Karma. Madras ²1917, und ihr Buch: Karma Once More. Madras 1930. Diese Behauptung wird auch von der linguistischen Analyse des G. Subha Rao unterstützt; s. ders. Indian Words in English. Oxford 1969. P. 25.

[4] S. The Complete Works of Vivekananda (CW) in 8 Bänden. Mayavati Memorial Edition. Kalkutta 1955—1962. CW I. P. 116.

[5] Vivekananda, CW VIII, p. 25.

[6] Abhedanandas Werke sind in 10 Bänden herausgegeben worden, Kalkutta 1967 f. S. Bd. III, S. 76 f.

der Menschheit als eine Verkörperung des Karmayogin-Ideals, da ihr Werk und Handeln als Liebe zur Menschheit geschieht.

Der Karmayogin par excellence ist jedoch für Vivekananda und seine Nachfolger der Krishna der ›Bhagavad-Gita‹. Er arbeitet ohne weiteres Motiv zweckfrei nur um der Arbeit willen, und seine Botschaft ist die einer intensiven Aktivität. Die erste je von Vivekananda veröffentlichte Schrift, die 1896 in London herauskam, beschäftigt sich mit dieser aktiven Botschaft der ›Gita‹ und trägt den bezeichnenden Titel ›Karma-Yoga‹ oder ›Die Verwirklichung des Göttlichen durch Werke, die ohne Bindung vollbracht werden‹[7]. Wie später Tilak scheint sich auch Vivekananda ganz klar gewesen zu sein, daß seine Interpretation des Karma-Yoga von dem des traditionellen Hinduismus abwich. In den Vorträgen dieses Büchleins spricht Vivekananda viel von dem 'Geheimnis' des Karma-Yoga und stellt kategorisch fest, daß er einfach alle Arbeit, alles Handeln, jede Tat als Karma versteht. Der englischen Übersetzung „work" für Karma und „worker" für Karmayogin fehlt die notwendige logische Präzision, um im Einzelfall genau feststellen zu können, ob von Aktivität schlechthin oder von ganz bestimmten Werken die Rede ist. Diese Fluidität der Begriffe und das Fehlen eines genau abgegrenzten Inhalts ermöglichen es, mit Karma und Karmayogin viele neue Assoziationen zu verbinden. Vivekananda bezeichnet die Botschaft der ›Bhagavad-Gita‹ als „eine Wissenschaft über das Wie des Arbeitens, welche die größten Ergebnisse erzielen wird[8]". Sie verweist auf die Möglichkeit unaufhörlicher Arbeit *in Freiheit,* so daß der Mensch nicht durch seine Werke gebunden ist. Der Weg des Karma-Yoga, den Abhedananda später eine 'Philosophie der Arbeit'[9] nannte, bedeutet, daß man das Geheimnis

[7] Vgl. Addresses on the Vedānta Philosophy by the Hindu Yogī Swāmi Vivekananda. 3 Bde. London 1896. Der erste Band dieser Serie trägt den Titel ›Karma Yoga or Realization of the Divine Through Works Performed Without Attachment‹. Dieses frühe Werk wurde später in CW I aufgenommen, doch ist der Text und die Anordnung der Abschnitte zum Teil erheblich geändert worden. Der 2. Bd. der Ausgabe von 1896 hieß ›Bhakti Yoga or Realization of the Divine Through Love (jetzt CW IV). Der 3. Bd. trug den Titel ›The Ideal of a Universal Religion‹ und enthält mehrere Vorträge, die sich jetzt zum Teil unter anderer Überschrift in CW II finden.

[8] Karma Yoga, p. 8.

[9] Abhedananda, CW I, p. 219.

allen Handelns kennt. Das Ziel der Vollkommenheit wird hier durch Handeln erreicht, das als Pflicht angesehen wird, die ohne Bindung an die Ergebnisse der Arbeit durchgeführt werden soll. Solches Handeln im Geist der Hingabe und Selbstaufopferung ist wirkliche, innere Entsagung. Dies ist der Sinn der Botschaft des idealen Karmayogin, des Krishnas auf dem Schlachtfeld zu Kurukshetra, vor allem im 2. und 3. Kapitel der ›Bhagavad-Gita‹.

In dieser neuen Perspektive wird der Weg der äußeren Entsagung des traditionellen *Saṃnyāsin* als einfacher angesehen als der Weg des Karma-Yoga, doch kann der Haushalter auf diesem aktiven Weg genau dasselbe Ziel der Erlösung wie der Saṃnyāsin erreichen. Die Gegenwart braucht aktive Menschen, die das Ideal des Karmayogin in ihrer Arbeit lebendig werden lassen. Da Vivekananda alle Kräfte des Hinduismus für die Entwicklung einer neuen religiösen Geisteshaltung und den Aufstieg der indischen Gesellschaft aktivieren wollte, stellte er seine Neuinterpretation des Vedanta als eine Religion der Tat und Arbeit, als 'praktischen Vedanta' dar. Arbeit wird ganz allgemein gepriesen, doch finden sich immerhin auch Stellen, an denen die verschiedenen Arten menschlicher Aktivität hierarchisch unterschieden werden: Körperliche Arbeit und konkrete Hilfe für den Mitmenschen stehen auf der niedrigsten Stufe, intellektuelle Arbeit steht höher, und am höchsten steht alle Arbeit, die dem Menschen zur wahren Spiritualität verhilft[10].

Man kann auch einen starken Unterschied in der Orientierung der Reden Vivekanandas feststellen, je nachdem, ob er sich an indische oder westliche Hörer wandte. In Indien predigte er vor allem eine Religion der Arbeit, einen neuen Karma-Yoga, den Indien für seine Entwicklung brauchte, während er im Westen immer wieder Religion und Spiritualität als solche hervorhob, d. h. einen ebenfalls zum Teil neuen Jnãna-Yoga entwickelte. Außerdem ist es Indiens besondere Aufgabe und Pflicht, sein spezifischer Karma-Yoga, der ganzen Welt wahre Spiritualität zu offenbaren. Trotz seines Versuches, den Hinduismus auszuweiten und eine universale Sicht zu entwickeln, ist Vivekananda nicht über gegensätzliches Denken hinausgekommen und hat zu dessen Verbreitung im Neuhinduismus noch stark beigetragen[11].

[10] Karma Yoga, p. 41.

[11] Den besonderen Gegensatz zwischen Spiritualität und Materialismus habe

Das Ideal des Karmayogin als Symbol des selbstlos sich aufopfernden Handelnden ist auch noch mit dem Gedanken des Dienstes am Mitmenschen als Gottesdienst verbunden. Die Vorstellung, daß soziale Arbeit und Dienst an allem Lebendigen *(jiva seva)* wahrer Gottesdienst seien, ist im Ramakrishna-Orden institutionalisiert worden. Doch wird oft zu Unrecht behauptet, daß dies ein ganz neuer religiöser Weg sei. Unter dem Einfluß christlicher Missionare wurde dieser Gedanke schon früh von Keshub Chunder Sen ausgesprochen, der ebenfalls die vier traditionellen Yogas in ähnlicher Weise wie Vivekananda zusammenbrachte und Karma als *seva*, als Arbeit und Dienst am Mitmenschen, verstand. Eine solche auf den Nächsten ausgerichtete Ethik kann einerseits monistisch von einem neu verstandenen Vedanta her begründet werden[12], doch ist sie noch stärker in dem theistischen Glauben an einen persönlichen Gott verankert, wie das schon bei Keshub in allgemeiner Weise der Fall war.

Keshubs Gottesbild als Vater und Mutter der Menschen war jedoch viel zu unspezifisch, um religiöse Kraft zu haben. Doch findet das Ideal des persönlichen Gottes eine lebendige Verkörperung in der Krishna-Gestalt der ›Bhagavad-Gita‹, und es war Bankim Chandra Chatterjee, der diese Gestalt zuerst als ein umfassendes religiöses Ideal pries, das alle anderen religiösen Gestalten durch seine Vielseitigkeit überstieg. Mit Bankims erstem modernen ›Gita‹-Kommentar, der unvollendet geblieben ist, begann eine Flut neuer Interpretationen der ›Bhagavad-Gita‹, die immer wieder die aktive, der Welt zu orientierte Lehre des Karmayogin in den Vordergrund stellten. Diese neue Zentralität der Krishna-Gestalt zusammen mit der tatkräftigen Karma-Yoga-Botschaft des Kurukshetra-Helden sowie der viel älteren Bhakti-Tradition des indischen Volkes wurden zur lebendigen Quelle eines synkretistischen, aktivistischen und theistischen Hinduismus der Gegenwart.

Das Symbol des Karmayogin tritt sogar als relativ neues Motiv in der religiösen Bildwelt Indiens auf. Wenn man in der klassischen Skulptur und Bildkunst Indiens nach einer Darstellung des Krishna zu Kurukshetra

ich näher in folgendem Aufsatz untersucht: Indian Spirituality, Western Materialism: An Image and its Function in the Reinterpretation of Modern Hinduism. In: Social Action. Bd. 28. New Delhi 1978. P. 62—86.

[12] Vgl. P. Hacker, Schopenhauer und die Ethik des Hinduismus. In: Saeculum 12 (1961), S. 366—399.

sucht, bemüht man sich mehr oder weniger vergebens. Der Karmayogin der ›Bhagavad-Gita‹ ist nie ein zentrales Motiv des historischen Hinduismus gewesen. Meine Suche nach einer konkreten bildlichen Darstellung des Wagenlenkers Krishna, der Arjuna auf dem Schlachtfeld zu Kurukshetra belehrt, und vor dem 19. Jahrhundert datiert, hat sich bis auf wenige Ausnahmen als ergebnislos erwiesen (siehe Abb. 24 im Anhang). Nur in einem unteren Fries des südindischen Tempels zu Halebid, der vom Ende des 12. Jahrhunderts stammt, findet sich innerhalb der Mahabharata-Szenen eine kleine Gruppe, die nach Stella Kramrischs Urteil[13] den Wagenlenker Krishna darstellt, der den mit Pfeil und Bogen ausgerüsteten Arjuna im Kampfe leitet. Es ist eine aktive Kampfszene dargestellt, da Arjuna von Pfeilen gestreift wird, während sich fünf Pfeile wunderbarerweise von Krishna abwenden. Im Hintergrunde stehen zwei kleine menschliche Figuren in einer anbetenden Haltung, die wohl eine Krishna Bhakti bezeugt. Alle anderen zahlreichen Darstellungen Krishnas in der indischen Kunst scheinen eher mit der späteren puranischen als mit der klassischen Tradition der Epen verbunden zu sein. Jedoch findet sich vom 19. Jahrhundert an in modernen Miniaturen sowie auf den populären Bildern der indischen Bazar-Kalender und der ›Gita‹-Ausgaben von heute immer wieder das Symbol des Krishnas zu Kurukshetra, der als der ideale Karmayogin verstanden wird.

Dieses Bild schmückt auch das Titelblatt der Wochenzeitschrift ›Karmayogin‹, die Aurobindo von 1909—1910 auf der Höhe seiner politischen Aktivität in Kalkutta herausgab und die nach seiner Gefangenschaft für acht Nummern von Schwester Nivedita, der Schülerin Vivekanandas, weitergeführt wurde. Diese Zeitschrift war ausdrücklich der „Nationalen Religion, Literatur, Wissenschaft, Philosophie usw." gewidmet, und das Titelblatt des in Englisch erscheinenden ›Karmayogin‹ war mit Sanskrit-Zitaten der ›Bhagavad-Gita‹ geschmückt[14] (siehe Abb. 25 im Anhang).

[13] Siehe S. Kramrisch, Indian Sculpture. London 1933. P. 197 und Bild XLVII. Krishna ist ikonographisch bedeutend innerhalb der Avatar-Serie, doch findet sich in den Hauptnachschlagwerken keine Darstellung des Krishna als Lehrer der Bhagavad-Gita oder als Wagenlenker zu Kurukshetra. Vgl. H. Zimmer, The Art of Indian Asia. New York 1955. T. A. Gopinatha Rao, Elements of Hindu Iconography. 2 Bde. Neue Auflage. New Delhi 1971. G. Liebert, Iconographic Dictionary of the Indian Religions — Hinduism, Buddhism, Jainism. Leiden 1976.

[14] Siehe Sri Aurobindo Birth Centenary Library (CL), Pondicherry/Indien 1972.

Der religiöse und politische Nationalismus sind hier untrennbar miteinander verbunden. In den von Aurobindo verfaßten Artikeln wird sowohl das Ideal des Karmayogin sowie das neue Verständnis des Karma-Yoga behandelt. Im Jahre 1918 wurden ausgewählte Artikel dieser Zeitschrift in Buchform unter dem Titel ›The Ideal of the Karmayogin‹ veröffentlicht, der 1937 seine 4. Auflage erlebte.

Vor der Ausarbeitung seines späteren integralen Yoga war Aurobindo stark mit der Bedeutung des Karma-Yoga im Sinne eines praktischen Vedanta des Vivekananda beschäftigt, aus dem jedoch weitere politische Konsequenzen gezogen wurden. Diese starke Abhängigkeit von Vivekananda wird von Aurobindo-Schülern kaum gesehen, doch wurde sie schon früh von Romain Rolland erkannt.

In Aurobindos Verständnis ist das Werk des Karmayogin eng mit dem Aufbau der Nation verbunden, doch handelt es sich hier nicht einfach um eine politische Frage des Regierungswechsels, sondern um eine umfassende moralische und geistige Aufgabe. Die nationale Religion oder Dharma ist nicht nur für politische und soziale Fragen wichtig, sondern ebenfalls für Theologie, Philosophie, Literatur und Wissenschaft, kurz für alle Gebiete des menschlichen Lebens[15].

Aurobindo zählt nicht nur Buddha und Christus zu den goßen Yogins der Vergangenheit, sondern auch Mohammed, Chaịtanya, und dann vor allem Ramakrishna und Vivekananda. Aber das Ideal des Karmayogin ist wieder am besten durch den Krishna der ›Bhagavad-Gita‹ ausgedrückt, der die Einheit von äußerem und inneren Leben verkörpert und einen Yoga lehrt, der nicht quietistisch und metaphysisch ist, sondern praktische Richtlinien für das menschliche Tun enthält. Dieser Yoga verbindet den Menschen mit Gott und hilft ihm, sowohl Erkenntnis wie Liebe und Arbeit zu verwirklichen.

In dieser aktiven Periode seines Lebens verstand Aurobindo die ›Gita‹ im Sinne einer kompromißlosen Botschaft. Die Höhen der Religion liegen nicht abseits von den Kämpfen des Lebens, sondern Krishnas unaufhörlicher Anruf an Arjuna besteht ausdrücklich in dem Satz „Kämpfe

Auszüge vom Karmayogin finden sich in CL II. Unter anderem trägt das Titelblatt die Worte von BG II, 50 "Yoga is wisdom in work" und BG III, 30 "Offer to me all thy works and rest thy mind on the Supreme".

[15] Vgl. Aurobindo, The Ideal of the Karmayogin. CL II. P. 16 f.

und besiege Deine Gegner!", während alle Werke Gott in selbstloser Hingabe aufgeopfert werden müssen. Ein Artikel über 'Karmayoga' endet mit dem Satz:

„Der Wagenlenker von Kurikshetra, der Arjunas Wagen über jenes Feld der Ruinen lenkt, ist das Bild und die Beschreibung des Karmayoga, denn der Körper ist der Wagen und die Sinne sind die Pferde ... und es ist durch die blutgetränkten und tief versumpften Pfade der Welt, daß Sri Krishna die Seele des Menschen zum Himmel steuert[16]."

Das Kämpfen und Überwinden der Gegner ist hier trotz der symbolischen Wendung am Ende noch ganz realistisch verstanden. In seinen späteren ›Gita‹-Aufsätzen, die aus den Jahren 1916—1920 stammen[17], wird die ›Gita‹ zwar noch als „ein Evangelium der Arbeit" beschrieben, doch findet die Arbeit hier ihren Höhepunkt in der Erkenntnis, d. h. in innerer Versenkung. Wie Bankim vor ihm sieht auch Aurobindo Krishna als eine historische Gestalt, deren Bedeutung jedoch vor allem darin besteht, daß sie den idealen göttlichen Lehrer darstellt. Doch wird die Botschaft dieses Lehrers nun nicht mehr aktivistisch als menschliche Tat, sondern als göttliches Tun verstanden; es geht nicht mehr um die sozialen Pflichten, um „Indiens Werk, das Werk der Welt, Gottes Werk[18]", sondern um die selbstlose Verwirklichung des göttlichen Willens. Mit anderen Worten heißt es nun: „Die Gita ist kein Buch der praktischen Ethik, sondern des geistlichen Lebens" im traditionellen indischen Sinne, und Aurobindo lehnt nun die aktive arbeitsorientierte Interpretation der ›Bhagavad-Gita‹ als ein modernes, durch den Westen begründetes Mißverständnis ab[19].

Es ist nicht möglich, hier ausführlich auf das ebenfalls aktive ›Gita‹-Verständnis Gandhis einzugehen. Gandhis große Bewunderung für die ›Gita‹, mit der er zuerst in England in den Jahren 1888—1889 in Berührung kam, ist allgemein bekannt. Sein ›Gita‹-Kommentar wurde erst 1929, d. h. vierzig Jahre später geschrieben und erläutert die zentrale Botschaft dieser Schrift ganz im Sinne des Karma-Yoga. Der Karmayogin ist

[16] CL III, p. 346. Vgl. den ganzen Aufsatz: Karmayoga. CL III. P. 343 f.
[17] Jetzt in CL XIII: Essays on the Gita.
[18] CL II, p. 20.
[19] CL XIII, p. 28.

für Gandhi derjenige, der den Weg der Tat beschreitet und das Ideal des selbstlosen Handelns und Aufopferns für andere verkörpert[20].

Die zentrale Bedeutung dieser Botschaft für Gandhi und die mit seinem Verständnis verbundene moderne Uminterpretation des Textes ist von anderen ausführlich untersucht worden[21]. Von größerem Interesse ist es, daß heute Gandhi selbst von seinen Landsleuten als die lebendige Verkörperung des Karmayogin-Symbols angesehen wird. In ihm hat die Lehre des Krishna über einen neu verstandenen Karma-Yoga konkret historische Gestalt angenommen. Im Religionsunterricht der Schulen des Ramakrishna-Ordens wird der ideale Karmayogin heute textlich mit dem Krishna der ›Gita‹ verbunden und ganz realistisch am Beispiel des Lebens und der Person Gandhis dargestellt. Auch andere haben ihn mit dem Symbol des Karmayogin verbunden. So beschrieb ein westlicher Autor vor kurzem Gandhi als einen „wahren Mystiker der Aktion, einen wahren Karma-Yogin[22]". Dieser Satz schließt eine noch weitere Ausdehnung des Karmayogin-Begriffes mit ein. Abschließend kann man vielleicht sagen, daß keine andere Gestalt des modernen Hinduismus sowohl die Neuheit des Karmayogin-Symbols als auch das ihm innewohnende Dilemma so voll verkörpert wie Gandhi.

III

Obwohl wir uns mit wenigen Bemerkungen begnügen mußten, ergibt sich klar aus den vorhergehenden Ausführungen, daß das Symbol des Karmayogin zusammen mit dem neuen Karma-Verständnis, welche beide vom Text der ›Bhagavad-Gita‹ abgeleitet werden, von zentraler Bedeutung für den modernen Hinduismus ist. Der Krishna der ›Bhagavad-

[20] Siehe Gandhis ›Anasaktiyoga‹. In: The Collected Works of Mahatma Gandhi. Bd XLI (1929). Ahmedabad 1970. Vgl. seinen Aufsatz: The Message of the Gita, in M. K. Gandhi, Hindu Dharma. Ahmedabad 1958.

[21] Vgl. Agehananda Bharati, 'Gandhi's Interpretation of the Gita — An Anthropological Analysis'. In: S. Ray Hrsg., Gandhi, India and the World. Philadelphia 1970. S. a. Agehananda Bharati, Hinduism and Modernization. In: R. F. Spencer (Ed.), Religion and Change in Contemporary Asia. Minnesota 1971.

[22] W. Johnston, The Inner Eye of Love — Mysticism and Religion. London 1978. P. 26.

Gita‹ lehrt und versinnbildlicht zugleich den idealen Weg des Karma-Yoga, der durch die kulturellen und sozialen Umwälzungen des 19. und 20. Jahrhunderts ein ganz neues Gewicht erhielt. Karma-Yoga im individuellen und sozialen Sinne ist für den religiösen und weltlichen Bereich neu erklärt und gerechtfertigt worden. Damit ergab sich die Möglichkeit, eine zum Teil neue Spiritualität zu entwickeln, in der Arbeit und Dienst am Mitmenschen als Gottesdienst und als Weg zur höchsten Geistigkeit betrachtet werden konnte.

Dieser Nachdruck auf einer neuen Arbeitsethik und einer kollektiv ausgerichteten Religion findet sich schon im Glaubensbekenntnis des Brahma Samaj, doch ohne ausdrückliche Bezugnahme auf die ›Bhagavad-Gita‹. Dagegen wird vom Ende des 19. Jahrhunderts an ein neues Lebens- und Weltverständnis vor allem von dieser Schrift her begründet. Der klassische Krishna der ›Bhagavad-Gita‹ verbindet sich als Symbol des idealen Karmayogin in der Vorstellung des indischen Volkes mit dem puranischen Krishna der Legenden und der tief verwurzelten Bhakti-Frömmigkeit, und es ist diese enge Verschmelzung, die dem Symbol seine besondere Anziehungskraft für das Denkvermögen und seinen Ansporn zur Tat verleiht. Dem Karmayogin sind bisher zwar keine Tempel errichtet worden, doch scheint es mir, daß der starke Einfluß dieses Symbols in etwaigen Untersuchungen über die neuhinduistische Ethik durchaus mit berücksichtigt werden muß. Paul Hacker hat in überzeugender Weise die große Bedeutung der neo-vedantischen *tat-tvam-asi*-Ethik für den modernen Hinduismus herausgearbeitet. Doch bedarf diese Auslegung der weiteren Ergänzung, da manche ethische Forderung im Neuhinduismus weniger abstrakt mit den monistischen Formulierungen des Vedanta als konkret mit der Krishna-Gestalt der ›Bhagavad-Gita‹ verbunden wird. Der ideale Karmayogin ist ein lebendiges Symbol, das im Mittelpunkt vieler theistischer und aktivistischer Zielstrebungen steht und dessen Bild manche moderne ›Bhagavad-Gita‹-Ausgabe schmückt (siehe Abb. 26 im Anhang).

Doch trotz der weit verbreiteten Anwendung dieses Symbols bleiben bedeutende Spannungen in der religiösen Sinngebung des Lebens bestehen, die von den verschiedenen Vertretern des Neuhinduismus noch nicht harmonisch gelöst worden sind. Der erste Widerspruch ist zunächst einmal mit der Gestalt des Krishna selbst verbunden. Der Krishna der ›Gita‹ handelt eigentlich überhaupt nicht, sondern erfüllt die traditionelle Rolle des Lehrers, der Arjuna mit einem philosophischen Exkurs belehrt, anstatt selbst zu handeln. Soweit der Dialog überhaupt mit Handeln zu tun hat, geht es im Kontext der ›Gita‹ mehr um das kriegerische Kämpfen, um die Standespflicht des Kshatriya, als um das menschliche Handeln allgemein.

An mehreren Stellen der ›Gita‹ sowie in manchen modernen Interpretationen steht der Weg der Erkenntnis und Entsagung, der Jnāna-Yoga, letztlich immer noch höher als der aktive Weg des Karma-Yoga. Dies wird manchmal damit erklärt, daß die besondere Situation Arjunas oder das gegenwärtige Zeitalter des *kali-yuga* nur für den einfacheren Weg des Karma-Yoga empfänglich sei. So kann Vivekananda einerseits mit Recht die Wichtigkeit des Karma-Yoga für den gegenwärtigen geschichtlichen Augenblick unterstreichen[23]; doch andererseits wird auch für ihn, den Mönch des Ramakrishna-Ordens, letztlich alle Arbeit und alles Handeln in der Erkenntnis des Brahman überwunden und aufgehoben. So kommt Vivekananda immer noch nicht zu einer positiven Arbeitsbewertung, sondern betont, daß Arbeit jeweils mit Schmerz und Enttäuschung verbunden ist; sie ist dem Menschen als Pflicht und Weg der Aufopferung auferlegt und muß schließlich zurückgelassen werden. In dieser Sicht kann die Arbeit nie frei gewählt und als Weg der Selbsterfüllung gesucht und geliebt werden.

Andere Widersprüche können nur kurz angedeutet werden. Die Spannung zwischen dem Stand des Haushalters in der Welt und dem Saṃnyāsin, zwischen den Idealen einer aktiven oder kontemplativen Frömmigkeit, zwischen einer Laien- oder einer Mönchs-Spiritualität bleibt ebenfalls ungelöst bestehen. Vielleicht werden wir erst in der Zukunft erfahren, ob sich eine Mystik der Aktion mit einer Mystik der Versenkung verbinden kann, oder ob sich diese beiden Wege der Erfahrung und Verwirklichung als echte Alternativen letztlich ausschließen. Ein anderer Widerspruch besteht im modernen Indien auch noch zwischen dem theoretischen Verständnis und der praktischen Haltung gegenüber aller körperlichen und knechtisch-dienstlichen Arbeit, für die mehr neue Würde gefordert als wirklich gegeben wird. Wenn der Karma-Yoga

[23] Für eine eingehende Untersuchung von Vivekanandas Geschichtsverständnis vgl. G. Stephenson, Ansätze zum geschichtlichen Denken im Reformwerk Swami Vivekanandas (1863—1902). In: Saeculum 23 (1972), S. 90—108.

schließlich wieder nur abstrakt als spirituell religiöse Arbeit verstanden wird, dann kann allen anderen aktiven Seiten des menschlichen Lebens doch kein Eigenwert zugesprochen werden. Dieses Problem bleibt hinter dem Symbol des idealen Karmayogin verborgen, da dem Krishna der ›Bhagavad-Gita‹ die durch das moderne Leben akzentuierten Schwierigkeiten ja nicht begegnen.

Doch trotz der bestehenden Spannungen hat das Symbol des Karmayogin ein großes Potential, das noch weiter entwickelt werden kann. Bei der literarischen und ikonographischen Untersuchung eines religiösen Motivs kann man zunächst fragen, was es innerhalb einer bestimmten Religion und Kultur bedeutet, und anschließend kann man noch weiter erörtern, ob ein bestimmtes religiöses Symbol auch eine allgemeine Bedeutung in einem weiteren Zusammenhang besitzt. Ein bedeutender Aspekt des Krishna-Symbols, der hier kaum berührt worden ist, liegt in dem spezifischen Gottesverständnis des modernen Hinduismus, das sich zum Teil durch den Kontakt mit dem Christentum mehr personifiziert und geschärft hat. Das Gottesbild der ›Gita‹ zusammen mit der konvergenten Weltschau dieser Schrift verleiht der gegenwärtigen Religiosität des Hinduismus einen besonders lebendigen Brennpunkt. Das Symbol des Karmayogin muß auch in diesem weiteren Zusammenhang einer Neubetonung des theistischen Gottesverständnisses gesehen werden. Außerdem hängt es auch eng mit der Uminterpretation nicht nur des Karma, sondern auch des Dharma als Religion und Pflicht[24] zusammen, mit der aus verschiedenen Gründen neuen Stellung der ›Bhagavad-Gita‹ im Hinduismus des 19. und 20. Jahrhunderts[25] sowie einer hermeneutischen Entwicklung, die man möglicherweise als eine radikale Verwestlichung des ›Gita‹-Verständnisses bezeichnen kann. Wäre es nicht um den intensiven Kontakt Indiens mit dem Westen gegangen, würde sich die ›Bhagavad-Gita‹ nach G. J. Larsons Ansicht[26] heute nicht einmal in

[24] Vgl. P. Hacker, Der Dharma-Begriff des Neuhinduismus. In: ZMR 42 (1958), S. 1—15. Das Dharma Verständnis ist zuerst von Bankim Chandra Chatterjee wesentlich erweitert worden; für weitere Angaben vgl. meinen Aufsatz: "True and Perfect Religion": Bankim Chandra Chatterjee's Reinterpretation of Hinduism'. In: Religion 7 (1977), p. 127—148.

[25] Vgl. E. J. Sharpe, Avatāra and Shakti: Traditional Symbols in the Hindu Renaissance. In: H. Bizais (Ed.), New Religions. Stockholm 1975. S. 55—69.

[26] Siehe G. J. Larson, The Bhagavad Gītā as Cross-Cultural Process: Toward an

Indien derselben Bedeutung und Auslegung erfreuen, die ihr nun als grundlegender Autorität einer neuen Orthodoxie zukommen.

Die moderne Interpretation des Karmayogin-Symbols ist ursprünglich aus einer interkulturellen Situation hervorgegangen und eng mit einer besonderen Hermeneutik der indischen und westlichen Kultur verbunden. Doch im weiteren Sinne hängt dieses Symbol auch mit der heute weit verbreiteten Bemühung zusammen, eine neue, aktive Spiritualität für eine neue Welt zu entwickeln und theologisch zu begründen. Dieses Bestreben geht weit über den Hinduismus hinaus und findet sich in allen religiösen Bewegungen der Gegenwart. Daß der Hinduismus im idealen Karmayogin ein aktives und aktivierendes Symbol besitzt, das immer wieder in apologetischer und devotionaler Literatur sowie in der modernen religiösen Bildwelt verwendet wird, ist ein Zeichen seiner religiös schöpferischen Lebendigkeit.

Analysis of the Social Locations of a Religious Text. In: Journal of the American Academy of Religion XLIII (1975), p. 651—669. Dieser Aufsatz legt eine sehr umfassende Analyse der verschiedenen kulturellen und religiösen Einflüsse vor, welche die moderne Gita-Interpretation geprägt haben.

LEBEN UND STERBEN IN FERNÖSTLICHEM VERSTÄNDNIS

Von WERNER KOHLER

Wahrscheinlich werden in keiner Kultur Leben und Tod in ihrer Einheit und in ihrer Gegensätzlichkeit, Leben und Sterben des Menschen im vielfältigen, komplexen Zusammenhang mit Natur und Geschichte so sehr bedacht wie in den Traditionen des japanischen Zen-Buddhismus. Am deutlichsten tritt das in Erscheinung in den Schulen der Schwert-Kunst, die im Westen durch den Bushi-do (Weg des Kriegers), durch die Samurai-Ethik bekannt wurde. Zen und der Weg des Schwerts sind darin eins, „daß beide als letztes Ziel die Überwindung der Zweiheit von Geburt und Tod anstreben[1]".

Das fernöstliche Verständnis von Tod und Leben (in dieser Reihenfolge!) ist dem Europäer und Nordamerikaner fast unzugänglich. Es kommt von einem anderen Denken her. Und dieses andere Denken ist wiederum bestimmt von einem anderen Verständnis der Wirklichkeit. Das fernöstliche Wirklichkeitsverständnis, das sich am schärfsten im Zen-Buddhismus artikuliert, geht davon aus, daß das übliche Denken, eben auch das durchschnittliche westliche Denken entfremdet ist, gerade dort, wo es um Tod und Leben geht, im Wahn gefangen ist, der noch von „der Zweiheit von Geburt und Tod" ausgeht[2].

Das ganz andere Denken über Tod und Leben ist in der Regel nur durch eine lebensverändernde Praxis zugänglich. Die auch im Westen mehr und mehr aufkommenden japanischen „Künste" haben keinen Selbstzweck, sind nicht einfach Bestandteil einer bestimmten Geschicklichkeit oder Bildung: sie sind *Wege* aus der menschlichen Entfremdung, Wege zu einer Lebenswende, die zu einem Umdenken des üblichen Denkens führen. So wollen die Blumenkunst, die Teekunst, die Schwertkunst, das Bogenschießen, der Judo, der Weg des Karate nicht einfach

[1] D. T. Suzuki, Zen und die Kultur Japans. Hamburg 1967. S. 61.

[2] A.a.O., S. 61.

Ergänzung oder Bereicherung innerhalb des üblichen Verständnisses von Leben und Tod sein, nein, es geht bei all diesen „Künsten" um ein total anderes Verständnis der Wirklichkeit von Leben und Tod. Das Wort *Kunst* ist eine im Westen gebräuchliche Übersetzung des japanischen Wortes für Weg *(-dō; michi)* und impliziert ganzheitliches, unmittelbares Teilhaben. Das, was dabei erfahren wird, kann nur in der Unmittelbarkeit der Praxis verstanden werden. Der Buddhismus braucht für die Eröffnung des total neuen Todes- und Lebensverständnisses die Begriffe „Erwachen", „Erleuchtung" oder das Bild vom „Eingangstor". Er setzt voraus, daß der Durchschnittsmensch schläft, im Dunkeln sich befindet oder noch draußen vor der Tür ist.

Strenggenommen kann also das fernöstliche Verständnis von Leben und Sterben nicht in einem Aufsatz dargestellt werden. Keine Religion reflektiert und betont in ihren Äußerungen die Schwierigkeit der Vermittlung der Wahrheit so sehr wie die Zen-Schule des Buddhismus. Trotz ihrer reichen und faszinierenden schriftlichen Traditionen gründet sie sich dort, wo es um das Erwachen geht, auf die schriftlose und wortlose Tradition. Sie erzählt vom großen Jünger Kaśyapa, der am Anfang der Zen-Tradition steht: der geschichtliche Buddha befindet sich in der Mitte der Jünger und hält eine Blume in der Hand. Kein Wort wird gesprochen, die Jünger verstehen nicht, was der Meister mit der Blume sagen will, nur über das Gesicht des Kaśyapa geht ein Lachen: da übergibt ihm der Meister die Blume. — Es ist darum für die schriftlichen Zen-Traditionen bezeichnend, daß sie viele Erzählungen enthalten.

Da sich die „wortlose Übertragung" des fernöstlichen Verständnisses von Leben und Tod für einen Aufsatz nicht eignet, werden hier in einem ersten Teil skizzenhaft zwei *Wege* nacherzählt, die dann in einem zweiten Teil im zen-buddhistischen Kontext expliziert werden. Einige Beispiele aus dem allgemeinen Brauchtum und aus der Geschichte einiger moderner Nachkriegsbewegungen schließen diesen Versuch ab.

I

Im folgenden sollen beispielhaft zwei 'Wege' skizziert werden, die des Bogenschießens und des Karate. Die Skizze gründet auf ausführlichen Darstellungen von Europäern, die erzählen, wie sie durch harte körperliche Übungen neue Relationen zu den Menschen und zu den Dingen gefunden haben, und wie sie die Wirklichkeit, in der wir wie Blinde in Entfremdung „leben", mit neuen Augen sehen.

Weltweit bekannt ist die „klassische" Darstellung des Heidelberger Philosophieprofessors E. Herrigel, der auf seinen Lehrstuhl verzichtete, um das dem Abendländer fremde fernöstliche Wirklichkeitsverständnis kennenzulernen. Er lehrte 1924 bis 1929 an der Kaiserlichen Universität in Sendai und studierte während dieser Zeit den Zen-Buddhismus, indem er die Kunst des Bogenschießens lernte[3]. Herrigel lernt mühsam Tag für Tag zuerst das Spannen des Bogens. Stetig muß er vom Meister hören, daß er den Bogen noch nicht spannen könne, daß er gespannt spanne, daß er noch nicht „locker" sei. Er übt täglich das entspannte Spannen, ein ganzes Jahr lang, um dann das Entspannen zu lernen. Auch in dieser zweiten Übung kommt er nicht recht vorwärts. Es folgen „Wochen und Monate fruchtlosen Übens" (S. 39). Der Meister urteilt: „Je hartnäckiger Sie dabei bleiben, das Abschießen des Pfeiles erlernen zu wollen, damit Sie das Ziel sicher treffen, um so weniger wird das eine gelingen, um so ferner das andere rücken. Es steht Ihnen im Wege, daß Sie einen viel zu willigen Willen haben. ... Sie müssen das rechte Warten erlernen. ... Indem Sie loskommen von sich selbst, so entschieden sich selbst und all das Ihre hinter sich lassen, daß von Ihnen nichts mehr übrigbleibt als das absichtslose Gespanntsein" (S. 41 f.).

Herrigel beschreibt, wie es ihm auch im vierten Jahr noch nicht gelingt, den Bogen entspannt zu spannen. Nicht er, Herrigel, soll den Schuß „lösen", nicht sein „Ich", „Es" soll schießen! (S. 65). Herrigel fragt dann: „Und wer oder was ist dieses ‚Es'?"

Und nun kommt eine Antwort, die im schärfsten Gegensatz zur abendländischen Praxis der Vermittlung von Wahrheit steht und eine Herausforderung an die gängige Pädagogik bedeutet: „Wenn Sie dies einmal verstehen, haben Sie mich nicht mehr nötig. Und wenn ich Ihnen auf die Spur helfen wollte, die eigene Erfahrung Ihnen ersparend, wäre ich der schlechteste aller Lehrer und verdiente, davongejagt zu werden. Also sprechen wir nicht mehr darüber, sondern üben wir!" (S. 65).

Wochen vergingen, ohne daß Herrigel einen Schritt weiterkommt, bis sich der Meister eines Tages nach einem Schuß tief verbeugt: „Soeben hat 'Es' geschossen" (S. 66).

[3] E. Herrigel, Zen in der Kunst des Bogenschießens. München 1975. S. 17.

Von jetzt an lernt Herrigel den Schuß nach der Scheibe, die sechzig Meter entfernt ist. Wiederum ist er frustriert: er soll treffen ohne zu zielen! An einem Abend bestellt ihn der Meister in die dunkle Schießbahn. Man sieht die Scheibe nicht. Der Meister entläßt aus der strahlenden Helle in die tiefe Nacht einen ersten Pfeil und dann einen zweiten. Herrigel entdeckt zu seiner Bestürzung, „daß der erste Pfeil mitten im Schwarzen saß, während der zweite die Kerbe des ersten Pfeiles zersplittert und den Schaft ein Stück weit aufgeschlitzt hatte, bevor er sich neben ihm ins Schwarze bohrte" (S. 74).

Nach über fünf Jahren besteht Herrigel die Prüfung des Bogenschießens, er nennt das Neue, das er mit der Kunst des Bogenschießens übt, „den Stand der ‚Geistesgegenwart'" (S. 78). Er ist ein veränderter Mensch und sieht vieles anders und mißt mit anderen Maßen (S. 80). Beachtlich ist, daß er seinen Weg zum fernöstlichen Verständnis der Wirklichkeit erzählen kann, daß diese Erzählung weltweit vernommen wird, daß aber keine westliche Analyse des fernöstlichen Weges entstanden ist.

Die andere Erzählung, die hier die Funktion hat, das, was nur lebensmäßig und auch dann nicht ohne weiteres „vermittelt" werden kann, wenigstens anzudeuten, ist sozusagen ein Gegenstück zum berühmten Bericht Herrigels. Der Berichterstatter ist ein unphilosophischer Angelsachse, dem es zuerst um seine körperliche Ertüchtigung geht, und der, ohne es ursprünglich zu beabsichtigen, ein neues Verhältnis zu den Menschen und zu den Dingen findet. Die Kampfeskunst, die er dabei lernt, kommt aus Okinawa und ist erst seit einigen Jahrzehnten in Japan „beheimatet". Der Brite C. W. Nicol[4] beginnt 1962 „das Studium" der Karate in Tokyo. Karate ist die Kunst der „leeren" *(kara)* „Hand" *(te)*. Es ist im Westen weitherum bekannt, daß Karate-Sportler mit *einem* Hieb der Hand oder mit *einem* Tritt des Fußes mehrere Bretter oder Ziegelsteine zerbrechen können. Auch Nicol „meistert" nach Monaten härtesten Trainings diese Kunst. Aber erst viel später, nach monatelangen Frustrationen macht er die Erfahrung des *ki-ai* (S. 112 ff.), des Zusammentreffens *(ai)* des Menschen mit dem Geist, der Seele, der Energie *(ki)*. Das, was Herrigel „den Stand der ‚Geistesgegenwart'" nennt, dieses *ki-ai,* wird von Nicol in seinen Auswirkungen geschildert. Er sieht seine eigenen Frustrationen, seine durch das harte Training verursachten

[4] C. W. Nicol, Moving Zen, Karate as a Way to Gentleness. New York. 1976.

Schmerzen und seine Erschöpfung mit neuen Augen und findet so eine neue Beziehung zum Leiden. Er sagt dazu: „ich glaube, daß dies der erste Glimmer von ‚ki' oder Geist war. Der Kampfes-Künstler muß seinen Körper als ein glänzendes Werkzeug ansehen, das vom Geist gebraucht wird. Dem Körper soll nicht gestattet werden, über den Geist zu regieren" (S. 115).

Später erlebt der Engländer, wie er ein Teil der Übungshalle wird: „Meine Persönlichkeit durchdrang (permeated) die Wände und den Boden, vermischte (mingled) sich mit den anderen. Ich war ein wirkender, wahrer, untrennbarer Teil des Stromes ihres Seins. Ich gehörte hierher, zusammen mit allen anderen ..." (S. 126). Und später erlebt er in seinen Übungen, wie die Natur des Holzpflockes *(makiwara)*, an dem er zu üben pflegte, sich veränderte: „Er war nicht mehr ein Hindernis. Beim Zuschlagen war seine Härte und sein Widerstand nicht mehr zu bemerken. Er war nur noch ein Zwischenraum, in welchen ich meine Technik zu plazieren versuchte (I sought to place). Ich schlug durch ihn hindurch und nicht mehr auf ihn" (S. 139). Äußerlich zeigte sich das darin, daß er nicht mehr Hornhaut an den Händen hatte, seine Haut wurde wieder weich, und auch beim härtesten Zuschlagen empfand er Zwischenraum und keinen Schmerz.

Wie Herrigel sieht Nicol die leiblichen, sportlichen Erfahrungen im Zusammenhang mit dem zen-buddhistischen Verständnis der Wirklichkeit. Er deutet den Namen der Karate, der „leeren Hand" auf das Leersein (S. 84), sieht in der kindlichen Hilflosigkeit (helplessness of a baby, S. 103f.) und in der Niedrigkeit (humility, 104) die wahre Voraussetzung zum Geist, zur Kraft *(ki)*.

Beide Erzählungen stehen für zahlreiche fernöstliche Erfahrungen auch in anderen Künsten, sei es die Kunst des Schwertes, des Schreibens oder auch des Gesprächs. Entscheidend ist, daß das gängige „Ich" nicht mehr „Subjekt", die anderen Menschen und die Dinge nicht mehr „Objekt" sind. Beim Bogenschießen ist der Schütze nicht mehr Subjekt, und die Schießscheibe nicht mehr Objekt. Die Schießscheibe, der Schütze, der Bogen und die Pfeile sind Teil einer unzertrennbaren, dynamisch zu verstehenden Wirklichkeit. „Es" trifft, und das bedeutet, daß der Schütze nicht (im westlichen Sinn) als Subjekt auf das Ziel zielt: er partizipiert am Ziel, an der Distanz, am Bogen, an der Sehne, am Pfeil. Er ist praktisch vom Wahn befreit, unabhängiges Subjekt zu sein. Das gleiche gilt vom Karate. Wenn sie richtig „betrieben“ wird, haut der einzelne Kämpfer nicht auf einen toten Klotz, der das „Objekt“ seiner Übungen ist. Er findet ein neues Verhältnis zu den Dingen, er schlägt wie in einen Zwischenraum, ja er erlebt dasselbe wie der Bogenschütze: er erfährt die „Leere“ und damit durch seine „leere Hand“ den Geist, und das Zusammentreffen mit dem, was alles „durchdringt“.

Diese beiden erzählerischen Hinweise beschreiben ungewöhnliche körperlich-seelische Möglichkeiten. Mit einem Schlag können Bretter oder Backsteine zerschlagen werden, in der Dunkelheit kann das Ziel (ohne zu zielen) getroffen werden. Der Buddhist behauptet, in diesen und anderen seelisch-körperlichen Handlungen erweise sich (im schärfsten Gegensatz zu aller Metaphysik oder Ideologie) die Befreiung des Menschen zur Wirklichkeit, zu den wahren Bezügen zu Mensch und Ding. Befreiung vom Wahn, außerhalb zu sein, die Befreiung zum Teilhaben, zum Mit-Leiden.

II

Die Beschreibungen fernöstlicher Kampfessportarten sind eine Einladung zu einem neuen Sehen der Wirklichkeit. Dabei handelt es sich nicht um eine neue „Brille“, die man sich aufsetzt, oder um eine neue „Sicht“: es geht im Gegenteil um den Verlust der „Brillen“ oder der Bilder, die man sich gemacht hat. Es geht um eine totale Wandlung des Menschen. Der Zen-Buddhismus verwendet in diesem Zusammenhang die Bildrede vom „Großen Tod“ und vom „Großen Leben“. Er will damit sagen, daß das übliche biologische Leben, so wie es der Mensch gewöhnlich erfährt, nicht das wahre Leben ist. Und zwar sagt er das nicht in irgendeiner Feindlichkeit gegenüber dem Leben, wie es sich zwischen Geburt und Tod abspielt. Dieser Buddhismus ist (im Gegensatz zu üblichen westlichen Darstellungen) lebensbejahend. Das müßte eigentlich angesichts der naturverbundenen japanischen Architektur, angesichts der Blumenkünste und der zahlreichen von Zen beeinflußten Sportarten nicht betont werden. Suzuki[5] sagt zwar: „Der Japaner besitzt vielleicht keine ihm eigentümliche Lebensanschauung, aber ganz gewiß hat er eine Todesanschauung, die zuweilen höchst radikal erscheinen mag.“ Er spielt

[5] Zen und die Kultur, S. 42.

an auf den „Geist des Samurai, der Zen tief in sich eingeatmet hatte", auf die Bereitschaft, „sein Leben zu opfern für jede Sache, die ihm eine gute scheint[6]", aber er impliziert, was der nordamerikanische und europäische Leser gern übersieht, daß diese andere „Todesanschauung" vom Japaner aus gesehen überhaupt keine Anschauung ist und daß dieses andere Verständnis des Todes ein völlig anderes Lebensverständnis impliziert. Anschauungen sind im Buddhismus dazu da, daß sie zerstört werden. Das gilt besonders von den gängigen Anschauungen, die sich die Menschen über Leben und Tod fabrizieren.

Tod ist nicht einfach Tod und Leben ist nicht einfach Leben. Um wirklich den Tod und das Leben verstehen zu können, um dann auch auf gute Weise leben und sterben zu können, ist eine Umkehrung des Todes- und Lebensverständnisses nötig.

Das wird am handgreiflichsten in der Schwertkunst. Suzuki[7] zitiert die beiden großen, feindlichen Feldherren des 16. Jahrhunderts Takeda Shingen und Uesugi Kenshin. Der letztere ermahnte seine Männer: „Die am Leben haften, werden sterben, und die den Tod verachten, werden leben. Auf das Innere kommt es an. Schaut hinein in das Innere, haltet es fest, und ihr werdet erfahren, daß in euch etwas lebt, das jenseits von Geburt und Tod besteht und weder im Wasser ertrinken noch im Feuer verbrennen kann. ..." Und Shingen ermahnt seine Leute zum Zen-Studium und sagt: „Zen hat kein anderes Geheimnis als das ernstliche Nachdenken über Geburt und Tod." Nachdenken?

Ziel des Kendō (Weg des Schwerts) ist nicht einfach die Schwerttechnik, Ziel ist „ein Zustand des Herzens, der Munen oder Muso, Nichtspiegelung oder Nichtdenken heißt[8]." Es ist ein Zustand, der in der buddhistischen Sprache als „Ichlosigkeit" *(muga)* bezeichnet wird. von ihm kann gesagt werden:

> „Manche meinen, Zuschlagen sei einfach Zuschlagen.
> Aber Zuschlagen ist nicht Zuschlagen
> Und Töten ist nicht Töten."

6 A. a. O.
7 A. a. O., S. 36 f.
8 H. Takano, nach Suzuki, a. a. O., S. 61.

„Kein Denken, keine Spiegelung,
Vollkommene Leere —
Aber etwas regt sich in ihr,
Strömt den eigenen Weg[9]."

Der Zustand der Ichlosigkeit kann auch mit dem zentralen Begriff *mu-shin* bezeichnet werden. *Mu-shin* heißt „Nicht-Herz" und „ist das ursprüngliche Herz, das keine Festlegung, kein ‚Einhalten', kein Überlegen und kein Unterscheiden kennt. Dafür durchdringt es das ganze Wesen und ist im höchsten Grade lebendig[10]". Dieses Herz ist nicht ichzentriert, es ist gleichzeitig bei sich und auch beim anderen. In der Schwertkunst gibt es zahlreiche Beispiele (und die populären Samurai-Filme erzählen sie nach), die anschaulich zeigen, wie der ichlose Kämpfer ohne nach hinten zu blicken die Angreifer im Rücken „wahrnimmt", — sein Herz ist auch bei den Gegnern.

Nicht-Herz, Nicht-Ich heißt, daß das übliche Herz und das übliche Ich weg, ja getötet sind — nicht illusorisch oder nur in den Vorstellungen und Gedanken, im Gegenteil: sehr praxisbezogen, anschaulich eben beispielsweise im Bushidō, wo nur der überlebte, der wirklich gestorben war.

Dieses kaum vermittelbare Durchstoßen des üblichen Verständnisses von Leben und Sterben ist auch das Hauptthema der berühmten Kōan[11]. Der Begriff Kōan wurde ursprünglich für den öffentlichen Aushang von kaiserlichen Bekanntmachungen und Erlassen verwendet. In der Zen-Tradition besagt er, daß es sich gleichzeitig um die Eröffnung wie auch um die Verdeckung der höchsten Wahrheit handele. Die Kōan werden in der Rinzai-Richtung der japanischen Zen-Schulen dem Jünger vom Meister zur Meditation aufgegeben. Es handelt sich dabei in der Regel um alte Traditionen, die sich mit überlieferten Beispiel-Erzählungen verbunden haben. Der Kōan „Drei Pfund Hanf" zeigt unmittelbar etwas vom Umdenken des Denkens, vom Querdenken gerade dort, wo es um Tod und Leben geht[12].

Das Beispiel heißt: „Ein Mönch fragte Dung-schan: Was ist es mit Buddha? Dung-schan erwiderte: Drei Pfund Hanf."

[9] A. a. O., S. 60.

[10] A. a. O., S. 53.

[11] Vgl. dazu besonders W. Gundert, Bi-Yän-Lu. Bd. I. München 1960.

[12] Bi-Yän-Lu, S. 239—243.

Der Hinweis dazu: „Ein Säbel, um zu töten, ein Degen zum Lebendigmachen: das war bei den Alten Brauch und Regel; das gehört auch heute noch zum unerläßlichen Bedarf. Gilt es zu töten, so wird dabei auch nicht ein Härchen gekrümmt. Gilt es, lebendig zu machen, so muß doch Leib und Leben dabei zugrunde gehen.

Darum sagte einer: Den einen Pfad, der überwärts hinaufführt, kann aller tausend Heiligen Überlieferung dir nicht weisen. Gelehrte mühen sich, ihm eine Form zu geben. Sie sind den Affen gleich, die nach dem Spiegelbild im Wasser greifen."

Auf dreierlei soll im Zusammenhang der Thematik aufmerksam gemacht werden:

Erstens sagt der Hinweis deutlich, daß es hier um ein gleichzeitiges Töten und Lebendigmachen geht. Er knüpft dabei an die Tradition der beiden Schwerter an und stößt gleich zu der Umkehrung vor, die der Samurai vollzieht, wenn er die Ich-Losigkeit erreicht: das Töten führt zum Leben, und wer leben will, muß zugrunde gehen. Aber beim Töten wird kein Härchen gekrümmt; und beim Lebendigmachen muß doch Leib und Leben dabei zugrunde gehen!

Als zweites wird ganz deutlich das übliche Denken, wie es sich besonders bei Gelehrten zeigt, lächerlich gemacht. Diese provozierende und bis heute kaum verstandene Antibildungstradition ist im Bi-Yän-Lu achthundert Jahre alt, also verhältnismäßig jung; denn sie beginnt bereits beim irdischen Buddha, der die Blindheit für die Wahrheit und Wirklichkeit besonders bei den Brahmanen, bei den Gelehrten und Priestern anprangert. „Gelehrte ... sind den Affen gleich, die nach dem Spiegelbild im Wasser greifen." Mit diesem Satz ist ganz deutlich auf das Zentrale, auf das es dann im Beispiel ankommt, hingewiesen.

Drittens geht es um das, worauf der Hinweis zeigt, das, worauf es ankommt: um Buddha.

So wie die Frage nach Christus für die Christen die entscheidende ist, ist für die Buddhisten die Frage nach Buddha die Grundfrage. Allemal sollten die Fragen und die Antworten, bei denen es um den Grund, um das Entscheidende geht, mit Warnungen verbunden sein. Die Beispiele und die Hinweise im Bi-Yän-Lu sind voll von Warnungen. Die Beispiele sind von Hsüä-dou (980—1052) gesammelt, von Yüan-wu (1063—1135) mit Hinweisen eingeführt und mit Zwischenbemerkungen und Erläuterungen versehen. Yüan-wu warnt im Blick auf die Grundfrage nach Buddha mit dem Hinweis auf die Gelehrten, die den Affen gleich nach dem Spiegelbild im Wasser greifen. Die Warnung vor dem Bild und vor dem Zugriff ist charakteristisch für die Zen-Schulung. Die Aufforderung zum Loslassen ist ihr positives Gegenstück. Alle Bilder auch der besten Tradition („aller tausend Heiligen Überlieferung") müssen losgelassen werden. Alle Vorstellungen, Bilder und Gedanken, die man sich von Buddha gemacht hat.

Das wird jetzt drastisch deutlich mit dem Beispiel: es ist der Säbel zum Töten und der Degen zum Lebendigmachen. Yüan-wu spricht in seinen Zwischenbemerkungen vom „Wort der Wende[13]" und erzählt die Geschichte des Lachens und der Klage des Würdenträgers Lu Gëng. Der Meister, den er oft besuchte, ist gestorben. Sein Bildnis wird bei der Gedächtnisfeier enthüllt. Lu Gëng opfert Weihrauch davor und bricht in ein helles, lautes Lachen aus. Der Abt des Klosters fragt erstaunt: „Warum erhebt Ihr nicht Totenklage?" Der Würdenträger entgegnete: „Redet ein Wort, so werde ich Klage erheben." Aber der Vorsteher blieb ohne ein Wort. Da erhob Lu Gëng laute Klage und rief: „... In welche Ferne ist der alte Meister ... entschwunden!"

Wo dieses „Wort" fehlt, da ist Grund zur Klage.

Mit dem Wort „Drei Pfund Hanf" ist allem falschem Denken die Wurzel abgeschnitten. Ein anderer Meister kann beispielsweise auf die Frage nach Buddha die Antwort erteilen: töte den Buddha. Gundert zitiert ein Zen-Wörterbuch[14], das die Antwort von Dung-schan kommentiert: „Es ist kein Ausspruch, der aus unterscheidender Überlegung hervorgeht. Er kommt aus einer Sphäre, in welcher Worte und Gedanken zu Ende sind. Doch eben darum klingt in ihm die Sphäre seiner Herkunft an. Wenn der Frühling kommt, so brechen Blüten auf; wenn es Herbst wird, fällt das Laub ..."

Zu der unterscheidenden Überlegung gehört eben die Unterscheidung von Geburt und Tod, Frühling und Herbst. Auch diese Zeilen und sogar, wie der Hinweis warnt, die gesamte Zen-Überlieferung, auch die des Bi-Yän-Lu, wenn die Worte und die Wortlosigkeit nicht Worte der Wende werden.

Das mag alles für den, der in den üblichen Bahnen denkt, sinnlos erscheinen. Für ihn ist Tod gleich Tod und lebendig gleich lebendig. Das

[13] A.a.O., S. 246 f.
[14] A.a.O., S. 249.

umgekehrte Denken, das vom westlichen Denken aus gesehen nicht nur ein Querdenken, sondern vielleicht ein "queer thinking" ist, hat vielleicht trotz des völlig anderen Denkzusammenhangs eine mindestens formale Nähe zum Umdenken, das von den synoptischen Evangelien Jesus mehrfach zugeschrieben wird: „Wer sein Leben verliert, wird es gewinnen; wer sein Leben gewinnen will, wird es verlieren." Auch hier handelt es sich um ein Todes- und Lebensverständnis, das den üblichen scharf widerspricht.

Der moderne Buddhist sieht sein Verständnis von Leben und Tod bewußt im Konflikt zum westlichen naturwissenschaftlichen Denken, das in seinen Augen im unwissenschaftlichen Subjekt-Objekt-Bezug verhaftet bleibt[15]. Für den Philosophen Nishitani zeigt sich das am deutlichsten im modernen Menschenverständnis, das trotz Sozialwissenschaften, Soziologie, Psychologie, Anthropologie etc.[16] nicht zu der Wirklichkeit des Menschen vorgestoßen ist. Moderne Wissenschaft benötigt in den Augen fernöstlicher Philosophen die radikale Umkehrung, wie sie in den alten Traditionen der chinesischen Zen-Meister postuliert wird.

III

Im Brauchtum widerspiegelt sich, meistens auf volkstümliche Weise, das andere, dem heutigen Europäer fremde Todes- und Lebensverständnis. Ein Aspekt dieses Brauchtums soll im Folgenden skizziert werden.

Aus den bisherigen Ausführungen konnte der falsche Eindruck entstehen, daß das fernöstliche Wirklichkeits- und damit das Todes- und Lebensverständnis hauptsächlich vom Buddhismus, besonders vom Zen-Buddhismus geprägt sei. Die hier versuchte Skizze des Brauchtums zeigt aber, daß auch andere buddhistische Schulen, besonders auch neobuddhistische Nachkriegsbewegungen und vor allem die typisch japanische Religion des Kami-Weges, des Shin-to an einem Todes- und Lebensverständnis partizipieren, das im Westen vielleicht wieder auf moderne Weise im Kommen ist, wie teilweise nordamerikanische und neuerdings auch westeuropäische Totenbräuche zeigen.

[15] K. Nishitani, Science and Zen, in: The Eastern Buddist I/1 (1965), p. 79—108, bes. p. 92, 98 f.

[16] A.a.O., p. 105.

Es wurde in den Ausführungen des zweiten Teils deutlich, daß im zenbuddhistischen Verständnis tot nicht einfach tot und lebendig nicht einfach lebendig ist. Das zeigt sich auf ganz andere Weise im Brauchtum, wo es um das Verhalten gegenüber den Verstorbenen geht. Die Toten gelten nicht als tot. Sie sind präsent und oft wirksamer als zu Lebzeiten. „Vor jeder wichtigen Entscheidung muß das Familienoberhaupt die Vorfahren befragen. Jedes kleinste Familienereignis muß den Vorfahren rapportiert werden. Die Meinung der längst verstorbenen Ahnen ist wichtiger als etwa die Meinung einer frisch in die Familie eingetretenen Ehefrau, die in den ersten Jahren ihrer Ehe gänzlich dem Willen ihrer Schwiegermutter und den Ahnen des Hauses ausgeliefert ist[17]." Die Verstorbenen der Familie, Vorfahren, manchmal auch Nachkommen, sind sichtbar in der Wohnung gegenwärtig, meistens im Butsu-dan, im buddhistischen Familien-Altar, wo die Namen aller Ahnen aufgeschrieben sind. Einmal im Jahr wird das sommerliche Obon in Stadt und Land gefeiert, ein fröhliches Fest, an dem die Ahnen der Familie, des Viertels oder des Dorfes teilnehmen. Vor ihren Altären werden Lampions angezündet, abends finden in der Nachbarschaft Volkstänze statt.

Nach dem Zweiten Weltkrieg hat der Ahnendienst durch große, neuentstandene Religionen eine allgemeine Belebung erfahren. Einige der bedeutenden modernen Nachkriegsreligionen, die oft fälschlicherweise „Neue Religionen" genannt werden, sind in ihrem Kern Erneuerungsbewegungen für den Ahnendienst. Das gilt vor allem für die Reiyū-kai[18]. *Rei* ist die Seele oder der Geist der Verstorbenen, *Reiyū-kai* kann übersetzt werden „Gesellschaft der Freunde der Ahnen". Ahnendienst ist in der Reiyū-kai die erste Verpflichtung. Täglich rezitieren ihre Mitglieder das ›Aoi Kyōkan‹ (das ›Blaue Büchlein‹) vor dem Ahnenaltar, in dem das Lotus-Sūtra liegt und die Namen der Ahnen der Reiyū-kai und der eigenen Familie aufgeschrieben sind.

Das ›Blaue Büchlein‹ enthält im Hauptteil Abschnitte aus Sūtren und in einem Anhang buddhistische Lebensregeln. Wie bei den meisten großen Nachkriegsreligionen werden alte Traditionen des Mahayana aufgenommen, vor allem die des Lotus-Sūtra und des großen japanischen Pro-

[17] O. Pfenninger in: W. Kohler, Die Lotus-Lehre und die modernen Religionen in Japan. Zürich 1962. S. 278.
[18] Lotus-Lehre, S. 235ff.

pheten Nichiren (13. Jahrhundert). Buddhas und Bodhisattvas werden angerufen, Bitten um Vergebung folgen, beispielsweise: „Vergib allen toten Seelen *(Shō-rei)* im Register der toten Glieder meiner Familie, allen Seelen, die heute ihren Tag des Gedächtnisses haben, allen Seelen, für welche ich bete, und meiner ganzen Familie ihre irrenden und irreführenden Gedanken, die Sünden und Fehler, die sie gegen ihre Absicht begangen haben. — Ehrfürchtig lese ich diese heilige Schrift nicht in eigener Fähigkeit, aber aufgrund der Verdienste Buddhas und der Götter. Höre mich bitte jetzt an, wie ich dieses Sūtra lese, und mache in mir das Verlangen groß nach der Erleuchtung. Namu Myōhō Renge-kyō[19]!"

Der Ruf *Namu Myōhō Renge-kyō* wird heute in Japan von etwa einem Fünftel der Bevölkerung täglich mehrmals skandiert. Er ist der ins Japanische übersetzte Titel des Lotus-Sūtra und lautet: Vertrauen dem wunderbaren Gesetz des Lotusblüten-Sūtra! Wenn über zwanzig Millionen Menschen diesen Ruf täglich mehrmals, manchmal mehrere tausendmal ausstoßen, dann verbinden sie damit die Erwartung auf die Befreiung Japans, Asiens und der ganzen Menschheit von allen Ungerechtigkeiten, von allem Leiden in der Erwartung der Vollendung des Buddha-Reichs. Je nach der Zugehörigkeit zu einer der zahlreichen Nachkriegsreligionen oder zu den traditionellen Nichiren-Richtungen verbinden sie mit ihrer tätigen Hoffnung eine je andere Praxis. In der Reiyūkai, aus der in der Nachkriegszeit etwa fünfzehn andere religiöse Gruppen entstanden sind, ist der Schwerpunkt der Ahnendienst und damit untrennbar verbunden der gesellschaftliche Einsatz für die Ärmsten. Die Gründerin hat ihre ersten Mitglieder im Dienst an den Lumpensammlern Tokyos gewonnen! Auch die anderen großen Bewegungen sind undenkbar ohne Beziehung zu den lebenden Toten, seien es Buddhas, Bodhisattvas, Götter oder Angehörige der Familie. Aber in der Sōkagakkai (etwa 10 Millionen Anhänger) liegt großes Gewicht auf politischen Veränderungen und in der nicht weniger bedeutenden Risshōkōseikai wird in einer Art meditativen Gruppendynamik der Versuch unternommen, das Leben in der Familie, in der Schule, im Betrieb (auch durch die Gründung von pädagogischen Institutionen) dem „wunderbaren Gesetz des Lotusblüten-Sūtra" anzupassen. In diesen und anderen neobuddhistischen Nachkriegsbewegungen wird vorausgesetzt, daß die Geschichte durch die Buddhas, Bodhisattvas und

[19] Lotus-Lehre, S. 250.

die Ahnen mitbestimmt und einer guten Wende entgegengebracht werde.

Die Gegenwart der Ahnen zeigt sich auch in den modernen Zentren der öffentlichen Ahnendienste, wie sie in den traditionellen buddhistischen und shintoistischen Kultorten eingerichtet sind. So entstand beispielsweise in Kyoto in den fünfziger Jahren eine Riesenstatue der Kannon, unter der sich eine hochmoderne Kartei für die Verstorbenen befindet. Täglich werden von Priestern anhand der Kartothek für die Verstorbenen Sūtren rezitiert.

Zum Gegenstand sehr scharfer und ernsthafter politischer Auseinandersetzung ist der shintoistische Ahnendienst[20] im alten Yasukuni-Schrein von Tokyo geworden. Starke konservative und rechtsradikale Kräfte wollen, daß dieser Schrein entgegen dem Gesetz der Religionsfreiheit wieder wie ehemals nationales Heiligtum werde. In ihm sollen alle für Japan verstorbenen Krieger verehrt werden.

Im Buddhismus werden die Ahnen als Hotoke, im Shinto als Kami verehrt. Beim Shinto gibt es keine Vorstellungen von dem Kami, im Buddhismus des Volkes vertraut man darauf, daß die Verstorbenen glücklich sind, zahlreiche gebildete Buddhisten aber lehnen jegliche Vorstellung der Toten ab und begnügen sich damit, mit der Wirkung, mit der Kraft der Toten, mit ihrer Nachwirkung in die Geschichte der Lebenden zu rechnen.

Seit im 13. Jahrhundert die angreifende Mongolenflotte durch einen Taifun vernichtet wurde, gibt es die Tradition vom *kami-kaze,* vom *kami*-Wind. Und die Japaner verstehen ihr Land als ein *kami*-Land *(shin-*

[20] Es wurde in diesem Aufsatz vorausgesetzt, daß die Hauptreligionen Japans bekannt sind. Sowohl der Buddhismus als auch die für Japan typische Religion der kami sind von Anfang an vom heute noch lebendigen Schamanentum geprägt. Kami ist die japanische Aussprache für alles, was Macht hat, auffällt in Natur und Geschichte. Die chinesische Aussprache des gleichen Schriftzeichens ist Shin, Jin, Shin-to heißt also Kami-Weg. Gerade bei den Religionen, die seit dem 19. Jahrhundert entstanden sind, ist oft der Einfluß der verschiedensten Hauptströmungen nachweisbar, so daß eine Klassifizierung im westlichen Sinn schwerfällt. Religion wird überhaupt anders verstanden als in Europa. Nicht als „Glaube". Es ist durchaus üblich, gleichzeitig verschiedenen Religionen anzugehören, so daß die „Ahnen" je nach Gelegenheit einmal buddhistisch, ein andermal shintoistisch geehrt werden.

koku). Wenn während des Zweiten Weltkriegs die Soldaten sich in Einmann-Flugzeugen und -Torpedos auf die feindlichen Flotten stürzten als *kami-kaze*, so ist damit die Vorstellung verbunden, daß diese Selbsthingabe zu einem neuen Dasein führt, wo der Tote als ein *kami* der Nation verehrt wird. Die Selbsttötung ist im Fernen Osten, auch in China, etwas anderes als im Westen. Der sogenannte Harakiri (auf japanisch sagt man *sepuku*, Harakiri ist eine falsche westliche Aussprache) ist ein Durchgang zu einem neuen Dasein. Und auch die gewöhnliche, alltägliche Selbsttötung von Verzweifelten geschieht in der Hoffnung auf ein neues Leben. Das anschaulichste Beispiel für das andere Lebens- und Todesverständnis ist vielleicht in unserer Zeit die Verbrennung aus Protest. Die ersten Selbstverbrennungen in unserer Zeit fanden während des vietnamesischen Krieges in Süd-Vietnam durch Buddhisten statt. Sie können nur auf dem Hintergrund der buddhistischen Tradition verstanden werden, in der seit alters her die Selbstverbrennung als Zeugnis der Hingabe und einer guten Zukunft verstanden wurde.

Abschließend einen Hinweis auf die neu aufkommenden Grabinschriften. Sie sind Symbole des ganz anderen Todes- und Lebensverständnisses: Die Gräber dienen zwar wie bisher einer Familie, einer Firma oder einer Kirchengemeinde (es gibt viele christliche Gemeinden, die ein gemeinsames Grab auf einem buddhistischen Friedhof haben, meistens bezeugen sie symbolisch die Auferstehung); aber neu ist der aufkommende Brauch, bereits die Lebenden in der Grabinschrift miteinzubeziehen. Im vermehrten Maße gibt es auf den neuen Gräbern blaue und rote Inschriften. Die blauen dienen für die Verstorbenen, die roten für die noch Lebenden. Die roten gehören über den Tod hinaus zu den Lebenden, und die Lebenden gehören nicht nur durch ihre Verpflichtungen, sondern auch durch ihre Verbindungen zu den bereits Verstorbenen.

So muß gesagt werden, daß das Verständnis in doppelter Weise sehr verschieden ist. Einmal wird (besonders in der Zen-Tradition) sehr scharf zwischen dem biologischen Leben und Sterben und dem ganzheitlichen „Großen Tod" und „Großen Leben" unterschieden. Andererseits werden die Grenzen zwischen dem biologischen Leben und Tod besonders durch den verbreiteten „Ahnendienst" verwischt: die verstorbenen „Ahnen" partizipieren bis in die Politik hinein am Leben der Familien und der Öffentlichkeit, und die Lebenden fühlen sich den Verstorbenen gegenüber weitgehend verpflichtet[21]. Beide Male wird das Leben nicht ohne den Tod und der Tod nicht ohne das Leben verstanden. Diese Kultur kennt so keine Verdrängung der Sterbe- und Todesprobleme. Ihr anderes Verständnis von Tod und Leben zeigt sich darum auch in einem völlig anderen Menschenverständnis, das mit den westlichen Anthropologien ins Spiel gebracht werden muß.

[21] Robert J. Smith, Ancestor Worship in Contemporary Japan, Stanford 1974, meint (S. 226), daß gerade im modernen Japan wiederum die Gefahr bestehe, daß die Ahnen (wie während des Zweiten Weltkrieges) in „Dienst" genommen werden könnten. Diese Gefahr wird am deutlichsten durch das Yasukuni-Problem signalisiert.

AMERIKA

„NEUE SONNE, NEUES LICHT“. STIRB- UND WERDEFORMELN IN NORDAMERIKA

Von Werner Müller

Im März 1803 gelang es den *Nutka,* einem Indianervolk auf Vancouver, das vor der Küste Britisch-Kolumbiens operierende Handelsschiff „Boston“ zu kapern. Die überrumpelte Besatzung wurde niedergemetzelt, nur der Waffenmeister Jewitt und der Segelmacher Thompson gerieten in Gefangenschaft. Drei Jahre verbrachten sie bei den Indianern, bis sie ein anderes Schiff befreite.

Jewitt, ein geistig angeregter Mann, lebte sich bald in seine neue Umgebung ein, lernte die Sprache der Eingeborenen und gewann auch ein gewisses Interesse für die fremden Frömmigkeitsformen. In seinen Erinnerungen berichtet er unter dem 13. Dezember 1803 einen „sehr befremdenden Vorgang“: der Dorfhäuptling Makwinna schoß eine Pistole dicht am Ohr seines Sohnes ab, worauf der etwa zwölfjährige Junge wie tot zusammenstürzte und die Weiber ein schrilles Klagegeschrei erhoben. Von außen drangen Bewaffnete ins Haus unter lautem Gelärm, gefolgt von zwei Männern in Wolfspelzen und Wolfsmasken. Sie krochen auf Händen und Füßen an den Jungen heran, luden ihn auf den Rücken und verschwanden mit ihm.

Mehr konnten Jewitt und sein Gefährte nicht wahrnehmen, denn der Häuptling schickte sie sofort in den Wald mit dem Befehl, sie sollten sich erst in sieben Tagen wieder blicken lassen, wenn ihnen ihr Leben lieb wäre[1].

Was die beiden Amerikaner hier miterlebten, war der Anfang einer Wolfsinitiation, die Aufnahme eines Kandidaten in den Wolfbund, und zwar mit allen wesentlichen Momenten des Rituals: dem 'Tod' des Novizen, seinem Verschwinden mit den initiierenden Mächten (in diesem Fall

[1] J. Jewitt, Makwinnas Gefangener. Meine Abenteuer und Leiden bei den Indianern am Nutkasund. Aus d. Engl. v. A. Jacobi. Leipzig 1928. S. 82 ff.

den Wölfen) und nicht zuletzt mit dem auffälligen Termin, denn das Ende des Rituals lag genau auf dem 21. Dezember, dem Wintersolstiz, wie Jewitt ausdrücklich anmerkt.

Im großen gesehen bezeugt die Nutka-Szenerie noch eine weitere Tatsache: die Zugehörigkeit der kanadischen Tod- und Lebenformel zum 'Schamanismus'. Sie bildet geradezu den Kern dieses Frömmigkeitsstils, der ein Erbe aller zirkumpolaren Völker darstellt[2]. Allerdings existiert diese Formel nicht nur im schamanistischen Bereich, so weit man auch seine Grenzen abstecken mag, sie greift vielmehr über den Schamanismus hinaus, wie bereits die Verhältnisse der Eskimos verraten.

So gehört ein regelrechtes Stirb-und-Werde-Erlebnis zur Ausbildung der *Angmassalik*-Schamanen auf Ostgrönland. Hier muß der Novize mit einem kleinen Stein einen größeren Felsen umfahren, und zwar sonnenläufig. Die einförmig kreisende Bewegung, das unaufhörliche Knirschen der aneinandergeriebenen Flächen versetzen den Novizen schließlich in einen Trancezustand. In seiner Geistesabwesenheit sieht er aus einem See einen Bären emporsteigen; das Tier verschlingt ihn und gibt dann die Knochen wieder von sich. Alsbald bekleidet sich das Skelett mit Fleisch und der 'Tote' erwacht zu neuem Leben. Dasselbe vernahm auf der Westküste der Insel der Missionar Paul Egede bereits im Jahre 1735[3].

Bei den Zentraleskimos auf den kanadischen Eismeerinseln verdichtet sich dieses geträumte Visionsmuster zu einer großen Neujahrsfeier; allerdings hat sie die schamanistischen Farben fast vollständig abgestreift.

[2] Zum Schamanismus im allgemeinen nenne ich nur M. Eliades Hauptwerk: Schamanismus und archaische Ekstasetechnik. Aus d. Franz. v. Inge Köck. Zürich – Stuttgart 1957. Es wird für lange Zeit den Stand des Themas bezeichnen. Ferner ders. Shamanism. In: Forgotten Religions. Ed. by Vergilius Ferm. New York 1950. p. 297—308; Recent Works on Shamanism. A Review Article. In: History of Religions 1 (1961), p. 152—186.

[3] Für den Schamanenschüler bei den Angmassalik: W. Thalbitzer, Die kultischen Gottheiten der Eskimos. Archiv für Religionswissenschaft 26 (1928), S. 364—430, hier 381. Ders. Les magaciens Esquimaux, leurs conception du monde, de l'âme et de la vie. In: Journal de la Société des Américanistes 22 (1930), p. 73—106, hier 77 f. Für die Westgrönländer: P. Egede, Nachrichten von Grönland. Aus einem Tagebuch, geführt von 1721 bis 1788. Aus d. Dän. Kopenhagen 1790. S.73.

Von diesem Fest erfuhr als erster Kapitän Hall an der Ostküste von Baffinland; ihm fiel auch sofort der Termin auf, der „offenbar unserem Weihnachten" entspricht, wie der Berichterstatter notiert[4].

Am Einleitungstage versammeln sich die Leute in einem großen Quaggi, dem Klubhaus der Männer. Es wird für das Wohlergehen aller im kommenden Jahr gebetet, ein Festschmaus beendet die Zusammenkunft. Am zweiten Tag schart man sich draußen um ein Gefäß mit Wasser. Jedermann trinkt davon und denkt an Sedna, die Mutter der Meertiere, von der das Jagdglück abhängt. Dabei stellt er mit lauter Stimme Ort und Zeit seiner Geburt fest.

Etwas später, „an unserem Neujahr", macht ein Menschenpaar die Runde in der Siedlung und bläst überall die Lampen aus. Mit einem neuen Feuer werden sie wieder angezündet. Als man Tookoolito, die Begleiterin Halls auf seinen Reisen, eine kluge Eskimo-Frau, nach der Bedeutung der Lampenlöschung fragte, antwortete sie: „Neue Sonne, neues Licht", was Hall mit Recht auf die Wiedergeburt des Gestirns im Solstiz bezog[5].

Wertvolle Ergänzungen dieses etwas dürftigen Ritualgerüstes verdanken wir Franz Boas[6]. Bei ihm fallen die reichhaltigen Abwandlungen des Neujahrsthemas auf. Der Einschnitt zwischen Tod und Leben, Winter und Sommer, Dunkel und Hell wird immer wieder betont, und zwar im Verband mit der Wintersonnenwende. Da wären die Bettelumzüge zu nennen, bei denen die Männer die Siedlung sonnenläufig, die Frauen jedoch gegensonnenläufig umkreisen; ferner das Tauziehen zwischen den Schneehühnern, den im Winter Geborenen, und den sommergeborenen Enten zur Erkundung des Wetters im nächsten Jahr; schließlich das Erscheinen eines übermenschlichen großen Paares, der Quailertetang-Riesen, die zunächst Männer und Frauen für die nächste Nacht verkuppeln, dann den Nordwind mit seinem schönen Wetter herbeirufen und

[4] Ch. F. Hall, Arctic Researches and Life Among the Esquimaux. Being the Narrative of an Expedition in Search of Sir John Franklin, in the Years 1860, 1861, and 1862. New York 1865. P. 575 f. — Das Hauptinteresse Halls galt weniger der verlorenen Franklinexpedition als vielmehr der eskimoischen Volkskunde.

[5] Hall, Arctic Researches, a. a. O., p. 576.

[6] F. Boas, The Central Eskimo. In: 6. Annual Report of the Bureau of Ethnology to the Secretary of the Smithsonian Institution 1884—1885. Washington 1888. p. 333—669, hier 603 ff.

endlich angegriffen und pantomimisch totgeschlagen werden. Nach kurzer Zeit erwachen die Quailertetang wieder zu neuem Leben und prophezeien jedem, was ihm im kommenden Jahr zustoßen wird.

Was Mutch und Comer später vom Cumberlandsund und der westlichen Hudsonbai mitteilten, bestätigt die Darstellung von Boas mit einigen Erweiterungen. Auch an der Hudsonbai findet die Lampenlöschung statt, sobald sich die Sonne zum ersten Mal aus der Winternacht erhebt[7]. Mitten zwischen diesen Notizen findet sich folgende, hochwichtige Beobachtung: am zweiten Tag des Neujahrszeremoniells befestigen alle Leute ein Stück Fell an ihrer Kapuze, und zwar von jenem Tier, mit dessen Pelz die Mütter die Neugeborenen gereinigt haben. Der Brauch hat verwandelnde Kraft, denn dieses Stück Zeug „macht den Träger neu[8]".

Läßt man die eskimoische Szenerie an sich vorüberziehen, so drängt sich zunächst die Rolle des Termins auf, bei der Novizenweihe so gut wie bei den Neujahrsriten. Beide Bereiche sind an das dezemberliche Solstiz gebunden oder jedenfalls in seiner Nähe angesiedelt. Wenn wir von den Alaskaschamanen vernehmen, ihre höchste Aktivität falle in die sonnenlose Zeit des Dezember und Januar; wenn von einem Novizen der Karibueskimo berichtet wird, sein Schutzgeistfasten sei im kältesten Mittwinter vonstatten gegangen; wenn die Quilute am Kap Flattery ihre erste Initiation unmittelbar nach dem Jahreswechsel feiern, weil sie glauben, das neue Jahr bringe einen neuen Geist, es sei selber neugeboren; wenn, wie erinnerlich, Jewitt den 13. und 21. Dezember als Anfang und Ende der Wolfinitiation notiert[9], so schimmert die Koppelung des zentralen Schamanenerlebnisses an das Solstitium deutlich genug hindurch.

[7] F. Boas, The Eskimo of Baffin Land and Hudson Bay. From Notes Collected by Capt. George Comer, Capt. James S. Mutch, and Rev. E. J. Peck. In: Bulletin of the American Museum of Natural History 15 (1901), p. 1—370, hier 139 nach Mutch (Cumberlandsund); 151 ff. nach Comer (Westküste der Hudsonbai). Ein weiterer Beleg für die mittwinterliche Lampenlöschung beiden Iglulik: K. Rasmussen, Intellectual Culture of the Iglulik Eskimos. Report of the Fifth thule Expedition 1921—1924, Vol. 7, 1. Copenhagen 1929. p. 183.

[8] Boas, The Eskimo of Baffin Land, a. a. O., p. 140; Sitte am Cumberlandsund.

[9] Alaska: R. F. Spencer, The North Alaskan Eskimo. A Study in Ecology and Society. Washington 1959 (= Smithsonian Institution Bureau of American Ethnology Bulletin 171). P. 304; Karibu: K. Rasmussen, Rasmussens Thulefahrt. 2 Jahre

Was die Terminierung des Neujahres angeht, so verleitet die Wendung „Zur Zeit der Herbststürme“, die Boas und andere benutzen, zu unscharfen Vorstellungen, denn tatsächlich gehören die eskimoischen Winterriten aufs engste zur Sonnenwende. Dafür bürgen nicht nur die Angaben Halls aus Baffinland, sondern auch die Beobachtungen Turners bei den Ungavaeskimos in Nordlabrador[10]. Dort feiert man die Rückkehr der Sonne von Süden, was auf 66 1/2° n. Br. nichts anderes meinen kann als die Wendestelle des Gestirns im Südpunkt des polaren Horizonts.

Es sieht ganz so aus, als habe die archaische Natursicht den Rundlauf des Lichts durch den winterlichen Wendeort auf das menschliche Leben bezogen und das Passieren der Jahresdunkelheit zum Vorbild des schamanistischen Geschicks wie der menschlichen Existenz überhaupt gemacht. Neugeboren wird nicht nur das Gestirn, sondern auch der Novize; ja, das Leben der Gemeinschaft wird auf eine andere Stufe gehoben. Die Szenerie des eskimoischen Winterfestes läuft auf diesen Schluß hinaus, energisch betont durch die Gedenkminute an Zeit und Ort der Geburt, durch die rituelle Paarung von Männern und Frauen, durch die Tötung und Belebung der Quailertetang-Riesen und durch die Lampenlöschung. Dieser Sachverhalt darf nicht verwundern, denn nur im polaren Raum wiederholen sich die Leiden und Taten des Lichts Jahr für Jahr mit einer geradezu dramatischen Intensität. Nur dort versinkt die Sonne gänzlich unter den Horizont, nur dort ersteht sie neu aus der Winterfinsternis.

Eine zweite, für einen Europäer besonders überraschende Fassung des 'Stirb und Werde' findet sich auf dem Plateau. Man versteht darunter den nördlichen Ausläufer des Großen Beckens; die kanadisch-amerikanische Grenze halbiert ungefähr diese Gebirgskammer. Den größten Teil des Raumes bewohnen die Binnenland-Salish. Nördlich gehören einige Athapasken zu dieser Region wie die Ingalik, im Süden die Sahaptin und im Osten die isoliertsprachlichen Kutenai. Abgeschlossen zwischen den

im Schlitten durch unerforschtes Eskimoland. Übers. v. F. Sieburg. Frankfurt 1926, S. 145; Quilute: A. Henson Ernst, The Wolf Ritual of the Northwest Coast. Eugene/Oregon 1952. P. 48, and 62; Jewitt, Makwinnas Gefangener, p. 82 ff. (Anm. 1).

[10] L. M. Turner anläßlich einer Rezension im: American Naturalist 21 (1887), p.755.

Gebirgswällen hat die ursprüngliche Indianerkultur überdauert: selbst einheimische Einflüsse von der pazifischen Küste wie von den östlichen Ebenen haben die natürlich gewachsene Struktur nicht auflösen können, und so blieb die Lebensform dieser ausgesprochenen Hirschjäger bis ins 19. Jahrhundert erhalten.

Auf dem Plateau lebte ein variantenreiches Neujahr- und Mittwinterritual, dessen Buntheit bereits die Namen andeuten wie Winter-, Geister-, Blauhäher-, Großer Sorgen-, Fichten-, Glückspfostentanz. Unter den Einzelheiten des Zeremoniells fällt der immergrüne Baum auf. Eine Zeder, Fichte oder Tanne wird mit Geschenken behangen, mit Gebeten und Wünschen angesprochen, und schließlich an einer abgelegenen Stelle im Wald niedergelegt, Wind und Wetter überlassen[11].

Man hat sogleich an zivilisierte Einflüsse gedacht, töricht genug, da der Weihnachtsbaum bei den Angelsachsen erst in allerjüngster Zeit aufkam, jedenfalls viel zu spät, um den indianischen Brauch so tief umgestalten zu können. Unsere einheimischen Gewährsmänner versichern denn auch, die Sitte des immergrünen Baums stamme aus voreuropäischer Zeit[12].

Ein Überblick über die Varianten ergibt besonders für die Randstämme wichtige Muster. So entfaltet sich das Zeremoniell bei den Ingalik-Athapasken als Totenfest. Veranstalter ist jemand, der einen nahen Angehörigen verloren hat und nun ein Geschenkfest für den Verstorbenen ausrichten muß. Die Begehung dauert vier Tage und vier Nächte um die Wintersonnenwende herum und ist zunächst auf einen sehr ernsten Ton gestimmt, „die ernsteste Feier des Jahres[13]".

[11] Eine Einführung bietet: H. H. Turney-High. The Bluejay Dance. In: American Anthropologist New Series 35 (1933), p. 103—107; ferner V. F. Ray, The Bluejay Character in the Plateau Spirit Dance. In: American Anthropologist New Series 39 (1937), p. 593—601; ders., Cultural Relations in the Plateau of North Western America. Los Angeles 1939. p. 102 ff.; W. Cline, Religion and World View. In: The Sinkaietk or Southern Okanagon of Washington. Ed. by L. Spier. Menasha/Wisconsin 1938. p. 131—182 (= General Series in Anthropology. Vol. 6.), hier 146 ff.; J. Haekel, Kosmischer Baum und Pfahl im Mythus und Kult der Stämme Nordwestamerikas. In: Wiener völkerkundliche Mitteilungen 6, N. F. 1 (1958/1959), S. 33—81, hier 42 ff.

[12] H. H. Turney-High, Ethnography of the Kutenai. Menasha 1941 (= Memoirs of the American Anthropological Association. Vol. 56.). p. 186.

[13] C. Osgood, Ingalik Social Culture. New Haven 1958 (= Yale University

Vor dem Veranstalter wird eine Lampe angezündet, zusätzlich zu den anderen Leuchten im Kashim, dem Klubhaus der Männer, das die Geladenen aufnimmt und als Festort dient. Die Ankündigung „Das ist dein Sohn“ (Bruder, Onkel usw.) stellt den Sinn der Lampe klar: sie vertritt den Verstorbenen.

Mit Trauergesängen und Geschenkverteilungen gehen die ersten drei Nächte hin. In der vierten Nacht schlägt dann die gedämpfte Atmosphäre um. Der Glückspfahl erscheint, d. h. eine entrindete und entästete Fichte kommt durch das Rauchloch herunter, geschmückt mit Federbüscheln und bemalt mit roten Ringen. Genau in der Mitte unter der Dachöffnung wird sie aufgestellt und im Boden festgestampft. Der 'Heißtanz' beginnt und steigert sich nach Löschung aller Lampen zur allgemeinen sexuellen Vermischung, „zur Vermehrung der Tiere[14]“.

Auch wenn in dieser letzten Wendung ein Rüchlein Theorie stecken sollte — Theorie gibt es auch im indianischen Denken —, so enthüllt doch die Gesamtstruktur des Rituals die bekannte Doppelung von dunkler Totentrauer und ausgelassener Lust an der Zeugung neuen Lebens; versinnbildlicht durch die bunt verzierte Fichte. Ihr immergrünes Kleid dürfte sie an diesen Ort des Zeremoniells befördert haben. Der Durchgang von einem Pol des Daseins zum anderen während der Lichterlöschung hat durchaus eskimoischen Stil und verrät einen einheitlichen Entwurf, weitab von mehr oder minder zufälligen Verbindungen ursprünglich getrennter Motive.

Das Parallelritual der Flathead zeigt eine stark schamanistische Imprägnierung, die sich bereits in der Namengebung verrät[15]. Der Blauhäher-, Geister- oder Hüttentanz fällt in die erste Januarhälfte und dauert acht Tage. Zu den Vorbereitungen gehört vor allem die Auswahl und Fällung des Hüttenpfostens, eines immergrünen Baumes mit einem Wipfelbusch. Er wird am Nachmittag des vierten Tages als Mittelpfahl in die entstehende Tanzhütte eingebaut. Bei dieser Tanne hat der Gelübdemann, d. h. der Stifter der Feier, seinen Platz; von hier aus leitet er Gesänge und Tänze, mit anderen Schamanen abwechselnd.

Publications in Anthropology. Vol. 53). P. 138; ebd. der Termin: während der kürzesten Tage des Jahres. Vgl. C. Osgood, Ingalik Material Culture. New Haven 1940 (= Yale University Publications in Anthropology. Vol. 22). p. 422 f.

14 Osgood, Ingalik Material Culture, a. a. O., p. 423.

15 Ray, Cultural Relations in the Plateau, a. a. O., p. 119 ff.

Während der fünften Nacht erfolgt die 'Feuerlöschung für die Blauhäher'. Die Flammen werden für einige Minuten ausgetreten und wieder entfacht, und diese Finsternispause benutzen alle Besitzer von Blauhäher-Schutzgeistern zum Verschwinden. Bald kehren sie in wildester Erregung zurück, schwarz bemalt im Gesicht, an Händen und Kleidern. Sie tanzen in viel zu schnellem Rhythmus, klettern an den Zeltstangen hoch und stoßen Vogelschreie aus.

Bei dem Ruf „Laßt uns die Blauhäher totschlagen" stürzen sich die normal gebliebenen Tänzer auf die Rasenden und würgen sie, bis sie 'sterben'. Süßgrasrauch bringt sie wieder ins Leben, die schwarzen Flecken werden abgewaschen, die Kleider gewechselt und die Blauhäher ins gewöhnliche Leben zurückversetzt.

In der sechsten Nacht nehmen sich die Schamanen der Kranken an; eine Konzeption, die noch deutlicher in der Medizinhütte der Zentralalgonkin hervortritt und die ohne Zweifel den Heilprozeß mit dem Erlebnis des 'Stirb und Werde' koppelt: durch die Neugeburt soll der Leidende gesunden, er soll das vorige Dasein mit seinen Gebrechen hinter sich lassen und ein neues körperliches Gewand anlegen.

Die Feier endet damit, daß jeder Anwesende die Tanne mit einem Geschenk schmückt und um Erfüllung eines Wunsches bittet, oft unisono: „Wir möchten im kommenden Jahr von Krankheit verschont bleiben!" Den Wunschbaum tragen einige Männer in den Wald und überlassen ihn dort mitsamt den Geschenken dem natürlichen Zerfall.

Ein drittes, schon abgeschwächtes Plateaumodell besitzen die Kutenai[16]. Der Termin des Ritus liegt nicht astronomisch fest, man veranstaltet ihn, wenn der Hirsch ausbleibt und eine Hungersnot droht. Das tritt allerdings für gewöhnlich im Mittwinter ein, beim strengsten Frost, daher auch der Name 'Großer Sorgentanz'. Auch hier spielt die Tanne die größte Rolle, sie steht in der Mitte des Festhauses und empfängt Geschenke und Gebete. An ihrer Wurzel sitzt der Hauptschamane, denn von hier aus überblickt er die ganze Welt und leitet die ausgesandten Jäger mit seinen Gedanken. Die übrigen Schamanen umtanzen die Tanne und bitten um Wildbret. —

Ein Vergleich dieser Rituale zeigt auf den ersten Blick, daß sämtliche Muster an der Formel 'Tod und Leben' orientiert sind. Löschung und

[16] Turney-High, Ethnography of the Kutenai, a. a. O., p. 186 f.

Zündung der Flamme, Totengedenken und Zeugung, Erwürgen und Wiederbeleben verweisen beständig auf die Neugeburt als den Sinn des ekstatischen Sterbens. Die Verbindung des Termins mit dem Wintersolstiz — hier ebenso deutlich wie im Eskimoischen — verrät auch die Herkunft dieser Symbolsprache. Sie ist dem Sonnengang nachempfunden: die Durchfahrt des Gestirns durch die Wendenacht malt zugleich den Kreis des menschlichen Daseins an die Wand des Welthauses. Denn daß die Plateauriten in einem Welthaus ablaufen, bezeugt die immergrüne Tanne. Ihre Stellung in der Mitte der mikrokosmischen Sakralhütte und ihre Doppelgestalt, einmal als geschälter Stamm, dann wieder als bebuschter Baum, deutet auf ihre Funktion als Weltachse, Weltbaum, Weltmittelpunkt. Von missionarischem Import kann auch aus diesem Grunde keine Rede sein.

Tod, Leben und Baum hängen bei den Plateauritualen fest zusammen, ähnlich wie beim Sonnentanz der Sioux die blutige Marter der Kandidaten mit dem Weltpfosten im Zentrum des Sonnentanztempels. Die unverkennbare Verwandtschaft beider Begehungen könnte dazu anregen, unsere Tannenbaumriten aus dem Siouxbrauchtum abzuleiten. Bei der geographischen Nachbarschaft beider Bereiche — Plateau und Prärie sind nur durch eine schmale Kette der Rockies getrennt — wäre das keine Unmöglichkeit. Allein abgesehen davon, daß gerade die östlichen, der Prärie am nächsten sitzenden Grenzstämme des Plateaus, wie die Flatheads, den Sonnentanz nicht kennen, allen geographischen Wahrscheinlichkeiten zum Trotz, zeigen die Grundmuster beiderseits des Gebirgswalles bei vielen Ähnlichkeiten doch selbständige, scharf umrissene Konturen.

Denn der genannte Sonnentanz, übrigens eine europäische Fehlbezeichnung, ist in Wirklichkeit eine Geburtstagsfeier der Erde, die von den algonkinischen Arapaho-Cheyenne in die Ebenen verschleppt wurde und dort rasch Aufnahme fand. Im Ritual entsteht die Welt neu, sie wird von neuem geboren, verkörpert durch die allmählich entstehende Sakralhütte. Beim Bau werden zwei Pfostenringe konzentrisch ineinandergestellt; einer dient als Wand, der andere als Stütze der Dachsparren. Die Mitte nimmt eine starke Pappel ein, entrindet und mit den Weltfarben bemalt[17].

[17] W. Müller, Die Religionen der Waldlandindianer Nordamerikas. Berlin 1956. S. 305 ff.: Neulebenshütte der Cheyenne; ders. Glauben und Denken der Sioux. Zur Gestalt archaischer Weltbilder. Berlin 1970. S. 293 ff.: Neulebenshütte der Arapaho mit anschließender Darstellung des Sonnentanzes der Oglala-Sioux, S. 298 ff.

Auf dieses Ritual pfropften nun die Präriesioux ein regelrechtes Tod- und Lebensritual; sie benutzten die heilige Erdhütte, jenes Abbild der Allmutter, um an ihrem Zentralpfosten die Schamanenkandidaten emporzuhieven. Je zwei durch die Haut auf Brust und Rücken gezogene Riemen hielten die blutüberströmten Körper so lange hoch über dem Boden, bis die Befestigungen rissen und die Ohnmächtigen herabstürzten. Mit der Pflege und Wiederherstellung der Gemarterten endete das Schauspiel.

Von alledem kennt das Geburtsfest der Erde, d.h. der ursprüngliche Kern des Sonnentanzes, rein gar nichts. Er beschäftigt sich vielmehr mit dem Bau von Weltsymbolen, wie der Hütte und dem Altar; anders gesagt, die Feier wiederholt den Urakt der Schöpfung und läßt den einzelnen Menschen gänzlich beiseite. Es gibt weder Schamanen noch Kandidaten, noch blutige Initiationen mit Sterben und Auferstehen; alle diese Intensitäten gehören vielmehr den schamanistischen Zusätzen des Sonnentanzes an.

In diesem Kontrast zwischen der Erdfeier und der Kandidatenweihe, die beide nebeneinander auf den Ebenen beheimatet sind, hat sich wahrscheinlich eine chronologische Folge befestigt. Sie läßt sich aus der sakralen Geographie ablesen. Die 'Neulebenshütte', wie man die Geburtsfeier der Erde auch nennt, besitzt nämlich an ganz anderen Enden des Kontinents Gegenstücke: das Großhaus der Delawaren am atlantischen Ozean und die Welterneuerungsriten der Yurok und Karok in Nordwestkalifornien[18].

Die kosmischen Erdfeiern erscheinen also im Osten und Westen, am Atlantischen Ozean und am Pazifik. Mitten dazwischen sitzen wie Keile die schamanistisch eingefärbten Begehungen auf dem Plateau, in der nördlichen Prärie, an den Großen Seen. Die erste Gruppe ist rein universalistisch ausgerichtet, sie betet für die gesamte Erde, tanzt für die Bewahrung der ganzen Natur, sorgt sich um das Wohlergehen aller Menschen; die zweite bekümmert sich nur um das Individuum, um den durch Tod und Geburt geläuterten Einzelmenschen, den alleinigen Bür-

[18] Großhaus: W. Müller, Die Religionen der Waldlandindianer, a.a.O., S. 256ff.; Welterneuerungsrituale: A. L. Kroeber, and Ed. W. Gifford, World Renewal. A Cult System of Native Northwest California. Anthropological Records of the University of California 13 (1949).

gen und Vermittler der Transzendenz. Die Verschiedenheit ist unverkennbar. Hier begegnen sich zwei konträre religiöse Stile, getrennt durch die Tod- und Lebensformel, die lediglich der schamanistische Individualismus besitzt. Zwischen ihm und dem allumfassenden Universalismus gibt es fast keine Verbindung.

Wie heftig dieser Gegensatz sogar ein- und dieselbe Sprachenfamilie zerreißt, zeigt die schon genannte Medizinhütte der Zentralalgonkin an den Großen Seen[19]. Geographisch ist sie eingelagert zwischen dem Universalismus der Neulebenshütte im Westen und dem Großhaus im Osten, beide Eigentum ebenfalls algonkinischer Stämme. Die Medizinhütte verkörpert also an dieser Stelle eine jüngere Bildung mit ihrer schamanistischen Struktur: neben und nach den kosmischen Erdkulten. Ihr Ritual dient der Weihe der Kandidaten; den Höhepunkt bildet die 'Erschießung' des Novizen mittels einer Muschel oder eines Samenkorns. Der Getroffene stürzt 'tot' nieder, speit das Geschoß nach einigen Augenblicken aus und kehrt ins Leben zurück. Der gleiche Ritus wird bei Krankenheilungen angewandt; die Wiedergeburt soll dem Leidenden zu einem neuen Dasein verhelfen, da er mit der früheren Existenz auch seine Krankheit hinter sich läßt.

Ehe wir versuchen, die beiden religiösen Stile weiter zu charakterisieren, wären noch einige wichtige Tod- und Lebensformeln nachzuholen. Eine sehr bedeutsame Fassung des uramerikanischen 'Stirb und Werde' verknüpft sich mit dem Verschlingungsmotiv. Rituell lebt diese Form in höchster Potenz bei den pazifischen Fischern in Britisch-Kolumbien, vorweg bei den Kwakiutl in Ost-Vancouver. Hier gestaltet sich die Initiation in den obersten Rang der Geheimbünde zu einer Durchfahrt durch die Eingeweide des Geheimbundgottes: die initiierende Gottheit verschlingt den Kandidaten und scheidet den Verschlungenen auf dem natürlichen Wege wieder aus. Bei der Dramatisierung des Vorganges kriecht der Novize durch die Öffnung der Mawitl, eine Bretterwand, auf der das göttliche Wesen aufgemalt ist. Der weit geöffnete Mund gibt jene Kriechpforte ab. Dieser Durchgang meint das 'Sterben', denn ein Verwandelter, Neugeborener entsteigt dem göttlichen Leib, selbst zum Gott geworden, und beginnt ein neues Leben.

[19] W. Müller, Die blaue Hütte. Zum Sinnbild der Perle bei nordamerikanischen Indianern. Wiesbaden 1954 (= Studien zur Kulturkunde Bd. 12).

Da ich den komplizierten Hintergrund dieses Zeremoniells mehrfach behandelt habe[20], sei an dieser Stelle statt der Kwakiutlfeier das Wolfritual der Nutka auf West-Vancouver skizziert, schon um Wiederholungen zu vermeiden. Wie die Kwakiutl gehören auch die Nutka zur Sprachenfamilie der Wakash. Ihre Dörfer aus schweren Plankenhäusern verteilten sich über die zahlreichen Fjorde, den Lebensunterhalt lieferte das Meer als Basis einer schier ausschließlichen Fischerkultur, den Rohstoff für die Geräte entnahmen die Indianer den unerschöpflichen Wäldern der pazifischen Küste. Der Holzreichtum trieb die handwerklichen Möglichkeiten auf die höchste Höhe: eine Fülle von alltäglichen und religiösen Gegenständen ließ sich den leicht spaltbaren Thujastämmen abgewinnen.

Die weit entfaltete soziale Gliederung der Kwakiutl hielt sich bei den Nutka in Grenzen. Bei ihnen wurde die Ritualistik eigentlich nur von einer einzigen Genossenschaft getragen, der Wolfgesellschaft 'Klukwanna[21]'. Auch die Initiation, die Aufnahme neuer Kandidaten in den Bund, „gewöhnlich vor Weihnachten[22]", führt diesen Namen. Das Wort hängt mit dem Kwakiutl *tlugwala* zusammen, „einen Schatz finden", will sagen, durch Eintritt in die Gesellschaft Anteil gewinnen an dem sakralen Besitz, den der Bund verwaltet.

Sobald die vier Oberhäuptlinge Festhaus und Termin bestimmt haben, beginnt das Zeremoniell der Novizenweihe zu laufen. Boten mit rot und schwarz bemalten Gesichtern eilen von Haus zu Haus und laden die Klukwanna-Mitglieder ein. Die Geladenen finden sich am bezeichneten Ort zur angesagten Zeit ein, singen, trommeln und schmausen. Schließlich erhebt sich der Gastgeber und stimmt den in seiner Familie vererbten Klukwannagesang an. Auf dieses Signal hin brechen die draußen versammelten Wölfe ins Haus, mit schwarz bemalten Gesichtern und Zedernbastringen auf den Köpfen. Die umgehängte Decke ist vor der Stirn wie

[20] Werner Müller, Weltbild und Kultur der Kwakiutl-Indianer. Wiesbaden 1955 (= Studien zur Kulturkunde. Bd. 15). Ders., Die Religionen der Indianervölker Nordamerikas. In: Die Religionen des alten Amerika. Stuttgart 1961. S. 171—267, hier 242 ff. (= Die Religionen der Menschheit. Hrsg. v. Ch. Matthias Schröder. Bd. 7).

[21] Die Skizze des Wolfrituals nach A. Henson-Ernst, The Wolf Ritual of the Northwest Coast. Eugene Oregon 1952. P. 63 ff.

[22] Henson-Ernst, The Wolf Ritual, a. a. O., p. 64.

eine Wolfsschnauze gefaltet, nur der oberste Wolf trägt eine Holzmaske. Man erinnere sich der Beobachtungen Jewitts im Jahre 1803; sie entsprechen so ungefähr auch den Einzelheiten am Ende des Jahrhunderts.

Beim Einbruch der Wölfe wird das Feuer mit einem Eimer Wasser ausgegossen. Unter dem Geschrei der Weiber nehmen die Klukwanna die Initianden mit und verschwinden mit ihnen im Wald. Eilig zünden die Zurückgebliebenen das Feuer wieder an, um festzustellen, wer fehlt. Unter allgemeinem Gejammer zerstreuen sich die Leute in ihre Häuser, rasseln mit den Klappern und stimmen Gesänge an, um die Wölfe zu schrecken und fernzuhalten.

Am anderen Morgen erscheinen die Kinder an einer bestimmten Stelle, wo man sie vom Dorf aus sehen kann, mit geschwärzten Gesichtern und im Schmuck von Tannenzweigen. Die Leute versuchen, sie aus der Gewalt der Wölfe zu befreien, es mißlingt aber.

Nun bringen die Wölfe die Novizen ins Festhaus, wo sie in halber Abgeschlossenheit bleiben. Am Abend beschnüffelt ein Wolf die Initianden, sie werden vom Wolfsgeist befallen, d. h. sie verwandeln sich selbst in Wölfe und benehmen sich wie geistesabwesend und wie halb Ohnmächtige. Man trägt sie in die Mitte des Raumes und breitet Decken über sie.

Ähnliche Szenen folgen in den nächsten Tagen, bald im Klukwannahaus, bald im Wald. Der vierte Tag bringt den entscheidenden Fang der geraubten Kinder. Die mit Tannenkränzen und Adlerdaunen verzierten Teilnehmer rücken dichtgedrängt gegen die Wölfe vor, sobald sie mit den Novizen aus dem Walde auftauchen. Die feiernde Gemeinde benutzt dabei einen bestimmten fröhlichen Tanzschritt und stimmt den 'Glücklichmacher-Gesang' an, 'Der-die-Wölfe-glücklich-macht'. Dreimal geht diese 'Beruhigung' der Wölfe hin und her; beim vierten Mal sind die Wölfe so weit 'gezähmt', daß der Fang der Novizen gelingt, mit einem ausgeworfenen Seil oder dergleichen. Die Kinder werden den Eltern zurückgegeben, in das Festhaus geführt und unter heiligen Gesängen wieder in das normale Leben zurückversetzt.

Die Ursprungsmythe des Rituals durchleuchtet auch jene Phase, die dem europäischen Beobachter verborgen bleibt, wie es schon Jewitt geschah. Sie berichtet nämlich, was eigentlich mit den Kindern im Walde geschieht. Die Novizen werden in die Wolfhöhle am Fuß der Berge geschleppt, dort 'getötet' (in einem Fall durch den Anblick einer todbringenden Keule[23]) und wieder zum Leben erweckt. Der Zusammenhang von gefeierter und erzählter Initiation ist unverkennbar: alle Kandidaten erfahren im Walde jene Urweihe, der sich in mythischen Zeiten der erste Kandidat unterzogen hat. Sie werden sterbend zum Wolf und erwachen als neugeborene Menschen. Das Verbergen unter der Decke am ersten Tage, der Ruf „Kein Wolf mehr" am vierten Tag und der gleichzeitige Farbenwechsel vom Schwarz zum Weiß verweisen auf die 'Zähmung' und 'Heilung' der wölfischen Ekstase; sie bedeuten Tod und Leben in einem.

Das Ziel der Feier läßt sich demnach mit dem Schlagwort 'Neues Leben' vollständig umreißen. Die südlich der Nutka sitzenden Wakashstämme nennen den Ritus 'Taufe', eine nicht unpassende Einordnung[24].

Es ließen sich den vorgeführten Tod- und Lebensformeln noch weit mehr amerikanische Varianten anschließen, so der Kuksukult der Zentralkalifornier, bei dem die Prüflinge mit Speeren durchstoßen, mit Pfeilen erschossen oder aus dem Rauchloch des Festhauses geworfen werden und durch Waschen zu neuem Leben erwachen[25], allein wichtiger bleibt für die Gesamtbeurteilung die sakrale Geographie bzw. der kulturelle Hintergrund dieser Erscheinungen.

Wie wir gesehen haben, gehören sämtliche Tod- und Geburtsformeln in den Bereich der schamanistischen Ekstase, und zwar nicht als mehr oder minder nebensächlicher Zusatz, sondern als Fundament im Rang einer unerläßlichen Sinngebung, weil der in die Ekstasegottheit verwandelte Novize für den Zuweg zum Heiligen bürgt.

Auf dem nordamerikanischen Kontinent gehören nun die schamanistischen Phänomene ganz offensichtlich zu den hochnördlichen Jäger- und Fischerkulturen. Sie leben in höchster Intensität an der Eismeerküste, in Kanada, am Pazifik, auf dem Plateau, in der nördlichen Prärie, im Großen Becken und allmählich abflachend bei den Kaliforniern und noch weiter südlich gesiedelten, ehemaligen subarktischen Jägern wie den Navaho und Apachen. Der Verband von subarktischer Landschaft und Schamanismus kommt nicht von ungefähr. Der Zwang zur Vereinzelung

[23] Henson-Ernst, a. a. O., p. 83 ff., p. 85.

[24] Ebd. p. 55.

[25] W. Müller, Die Religionen der Indianervölker Nordamerikas, a. a. O., S. 262.

des Menschen, gefordert von einer lebensfeindlichen Umwelt, nötigt auch zu einem isolierenden Frömmigkeitsstil. Die Trommel des Schamanen gehört von Anfang an in die Einsamkeit von Tundra und Taiga.

Dieser geographische Ansatz wird noch bekräftigt durch die unübersehbare Verknüpfung der schamanistischen Aktivität mit dem Wintersolstiz. Besonders die Schamanenweihe liegt so auffallend häufig auf diesem Termin, daß hier die Annahme einer gewollten Bindung sich nahezu aufdrängt. Wie schon mehrfach angedeutet, bietet der extreme Sonnengang der Arktis mit seiner dezemberlichen Unterläufigkeit des Gestirns, mit seinem gänzlichen Verschwinden des Lichts und dem anschließenden Wiederauftauchen die einsichtigste Erklärung dieses Ineinanderfalls. Die alljährlich erlebte Lichtpredigt hat Pate gestanden bei der Schöpfung des schamanistischen 'Stirb und Werde'. Unter allen Kreaturen weiß nur der Mensch vom Tode, nur er ist ausgeschlossen von dem natürlichen Kreislauf des Werdens und Vergehens[26]; um so eindringlicher mußte der polare Sonnengang auf ihn wirken. Auch aus dieser Sicht gilt Meulis Satz: „Psychologisch ist das Schamanentum zweifellos eine hocharktische Erscheinungsform des religiösen Lebens[27]".

Auch der merkliche Intensitätsabfall von Norden nach Süden spricht für diese Auffassung, denn je weiter nach Süden, je stärker lösen sich die schamanistischen Strukturen auf. Bereits bei der Medizinhütte an den Großen Seen beginnen die Beobachter zu schwanken. Sind die Mitglieder der Midewiwin noch Schamanen, ekstatische Sucher der Transzendenz, oder vielmehr Medizinmänner, d. h. Ärzte? Jedenfalls beginnt im Waldland südlich der Großen Seen der universalistische Frömmigkeitsstil, der

[26] Man vergleiche das Lied der Dinka am Weißen Nil:

Am Tage, da Gott alle Dinge geschaffen,
hat er die Sonne erschaffen,
Und die Sonne geht auf und geht unter und kehret wieder;
hat er den Mond geschaffen,
Und der Mond geht auf und geht unter und kehret wieder;
hat er die Sterne erschaffen,
Und die Sterne gehen auf und gehen unter und kehren wieder;
hat er den Menschen erschaffen,
Und der Mensch kommt hervor, geht in die Erde und kehret nicht wieder.

(J. C. Mitterrutzner, Die Dinka-Sprache in Central-Afrika. Brixen 1866. S. 59.)

[27] K. Meuli, Scythica. In: Hermes 70 (1935), S. 121—176, hier S. 146.

die Ekstase des einzelnen zurückdrängt und einem gelassenen, ruhigen, beinahe heiteren Singen, Tanzen und Beten Platz macht.

Das Verhältnis der beiden religiösen Strukturen entzieht sich weithin einer sauberen Trennung, weil beide Stile vielfach regional durcheinanderliegen, sogar in ein- und derselben Kulturprovinz. Man entsinne sich der universalistischen Welterneuerungen in Nordwestkalifornien, die sich sonderbar gegen die schamanistischen Riten der Zentralstämme abheben.

Eine Differenz muß noch nachgetragen werden. Während die schamanistischen Riten an die dezemberliche Lichtwende gekoppelt sind, begleiten die universalistischen Kulte den gesamten Jahresverlauf mit einer dualistischen Feierordnung. So widmen die Irokesen die warmen Monate den Bitten und Gebeten für die wachsenden Früchte, die Kaltzeit aber dem Dank für die empfangenen Gaben. Ebenso begehen die Pueblo ihre 'offene' Saison von Dezember bis Juni mit den Katcina-Ahnen zusammen; in der 'geschlossenen' dagegen tanzen die Antilopen-, Flöten- und Schlangengenossenschaften um Regen für den Mais.

Bedenkt man, daß die genannten Einheiten einen starken Hackbau pflegen und diese Lebensform der vom Golf heraufgekommenen Feldwirtschaft danken, so scheint der Gegensatz 'schamanistisch-universalistisch' so etwas wie eine religiöse Urgeschichte des Kontinents zu enthalten, in der eine jüngere Schicht — der Feldbau — die unterliegende ältere der Jäger und Sammler zurückdrängte. Die Verehrung der Erde als der allgemeinen Mutter dürfte das Ihre dazu beigetragen haben, die schamanistischen Intensitäten abzuschwächen und jene Seite des religiösen Erlebens zu stärken, die bei den Geborenen des Bodens "gentle" genannt wird, im Gegensatz zu dem "dangerous" des Schamanismus.

ABBILDUNGEN

Abb. 1: Felsskizzen von (nestorianischen?) Kreuzen neben Menschen und Tierdarstellungen am Hunza-Fluß bei Gilgit. (Photo: Prof. Hans Bräker.)

Abb. 2: Nestorianische Kreuze mit sogdischer Inschrift in Tankse (Ladakh). Die Inschrift besagt: „Im Jahre 210 [= 841/42?] ... kam der Samarkander ... Nôš-farn als Botschafter zum tibetischen Khagan." (Die Genehmigung zur Wiedergabe des Bildes verdanke ich der Freundlichkeit von Dr. G. Gropp, Hamburg.)

Abb. 3: Nestorianischer (?) Reiter von Kočo: Tempel zwischen östlichem Tor und kleiner Stupa-Gruppe. (Nach Grünwedel.)

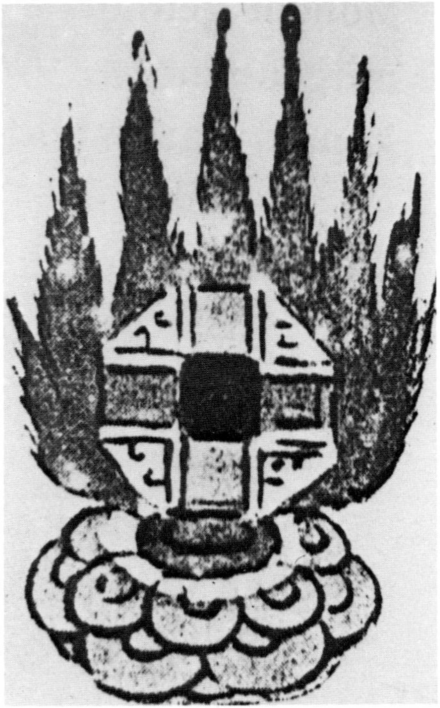

Abb. 4: Cintāmaṇi-Kreuz in der Parinirvāṇa-Szene der „Preta-Höhle" von Ming-Oi, Kizil bei Kucha. (Nach Grünwedel.)

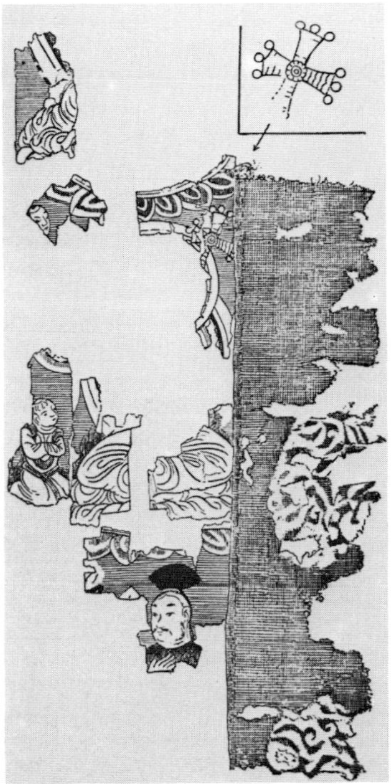

Abb. 5: Manichäisches Seidenbild aus Kočo mit nestorianischem Kreuz. (Nach von Le Coq.)

Abb. 6: Akshobhya in seinem östlichen Paradies mit Lichtkreuz anstelle seines Donnerkeils. (Photo Klimkeit.)

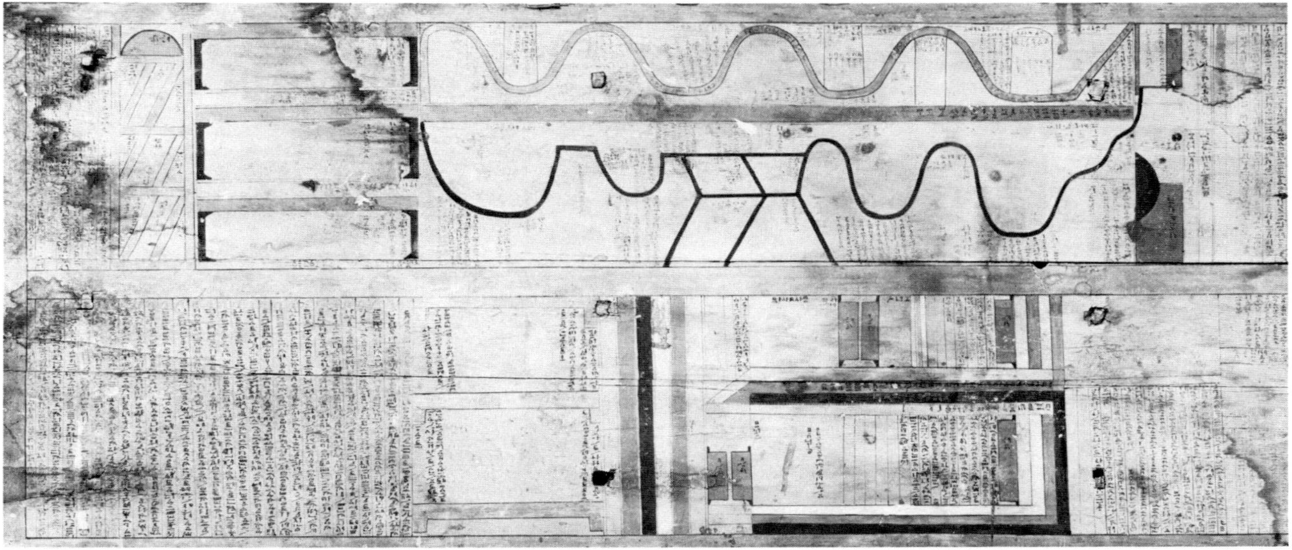

Abb. 7: Sargboden. Brit. Mus. 30839, Zweiwegebuch. (Mit freundlicher Erlaubnis der Museumsleitung.)

Abb. 8: Blick in die Sargkammer Thutmosis' III. An den Wänden das Buch ›Amduat‹.

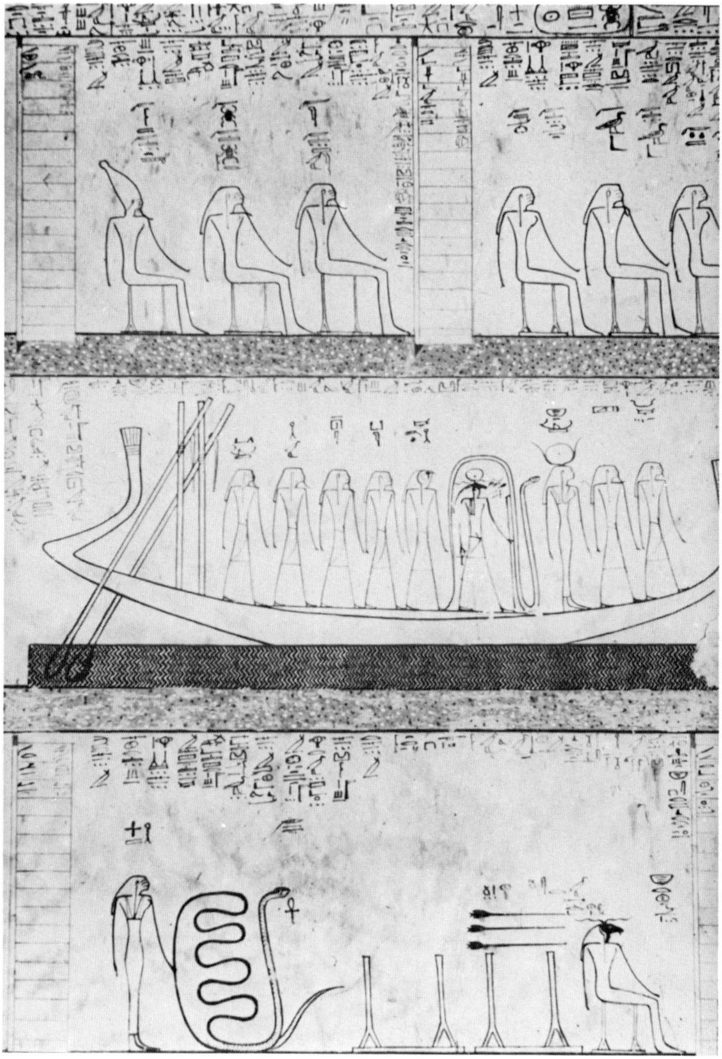

Abb. 9: Ausschnitt aus dem Buch ›Amduat‹.

Abb. 10: Insel im Scheingrab Sethos' I. in Abydos.

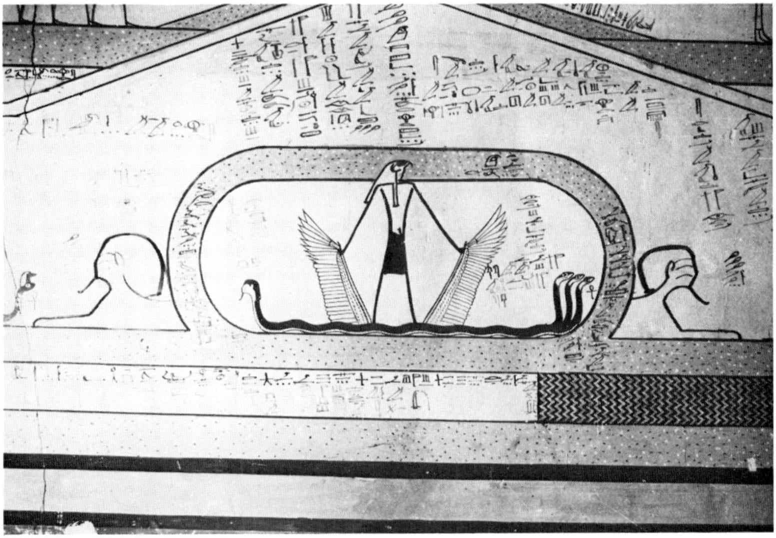

Abb. 11: Höhle des Sokar, 5. Stunde des ›Amduat‹. (Aufnahme Hornung.)

Abb. 12. Stele aus Amarāvatī mit den Vier Großen Begebenheiten des Buddhalebens (Museum Madras). Abb. aus: Ph. Stern und M. Bénisti, Evolution du style indien d'Amarāvatī, Paris 1961, Pl. LIIb.

Abb. 13: Relieffragment aus der noch an-ikonischen Kunstphase von Amarāvatī. Links die leere Lagerstatt ohne den Buddha in der Szene des Auszugs aus dem Śāla-hain, rechts die Lagerstatt bei der Verbrennung. Abb. aus: A. Coomaraswamy, Notes sur la sculpture bouddhique. In: Revue des Arts Asiatiques, Annales du Musée Guimet V, 1928, Tafel LVII, Fig. 1.

Abb. 14: Parinirvāṇa-Relief aus Mardān (Gandhāra). Abb. aus: Sir J. Marshall, The Buddhist Art of Gandhāra, Cambridge: Published for the Department of Archeology in Pakistan at the University Press 1960, Pl. 44.

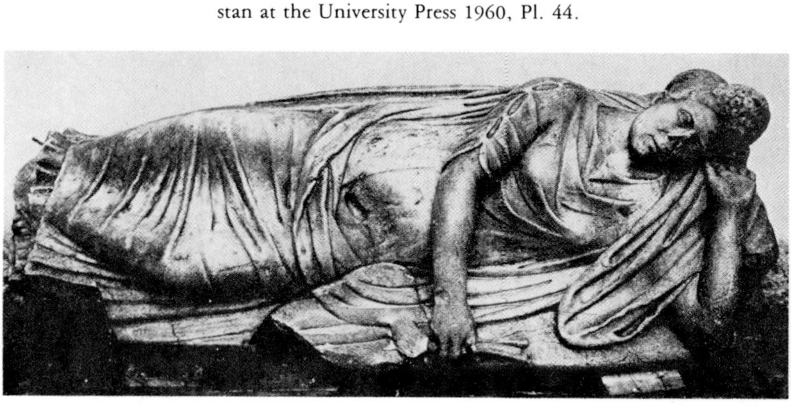

Abb. 15: Römisches Sarkophagrelief aus dem 2. Jh. n. Chr. Abb. aus: H. Wrede, Stadtrömische Monumente, Urnen und Sarkophage des Klinentypus in den beiden ersten Jahrhunderten n. Chr. In: Archäologischer Anzeiger 1977.

Abb. 16: Wandmalerei des Parinirvāṇa aus Oyzil. Abbildung mit freundlicher Genehmigung des Museums für Indische Kunst. Staatliche Museen Preußischer Kulturbesitz, Berlin.

Abb. 17: Wandmalerei der Verbrennung der Leiche des Buddha aus Oyzil. Abbildung aus: A. Grünwedel, Altkutscha, Berlin 1920, Tafel XLIV—XLV.

Abb. 18: Parinirvāṇa-Darstellung (ehem. Gōrinji, Japan). Tusche auf Seide. Abbildung mit freundlicher Genehmigung des Museums für Ostasiatische Kunst, Köln.

Abb. 19: Der Buddha kommt aus dem Sarg hervor, um seiner Mutter zu predigen (Matsunaga-kinenkan, Japan). Abb. aus: F. Takasaki, Nihon bukkyō ega-shi (Geschichte der japanischen buddhistischen Malerei), Tōkyō 1966, Tafel 16.

2

1

4

3

6

5

8 7

10 9

Abb. 20: „Zehn-Büffel-Bilder"-Folge des Shōkoku-ji, Japan. Abb. aus: J. Fontein und M. L. Hickman, Zen. Painting and Calligraphy, Boston 1970, S. 114f. Ausstellungskatalog des Museum of Fine Arts, Boston.

Abb. 21: Nirvāṇa-Darstellung in Form eines Rettichs, von Sesson (1504—ca.1589). Tusche auf Papier. Abb. aus: Sesson (Exhibition Catalogue), Tōkyō National Museum 1974.

Abb. 22: „Gemüse"-Nirvāṇa von Itō Jakuchū. Exhibition of Paintings by Itō Jakuchū, Tōkyō National Museum 1971, Exhibition Catalogue Nr. 33.

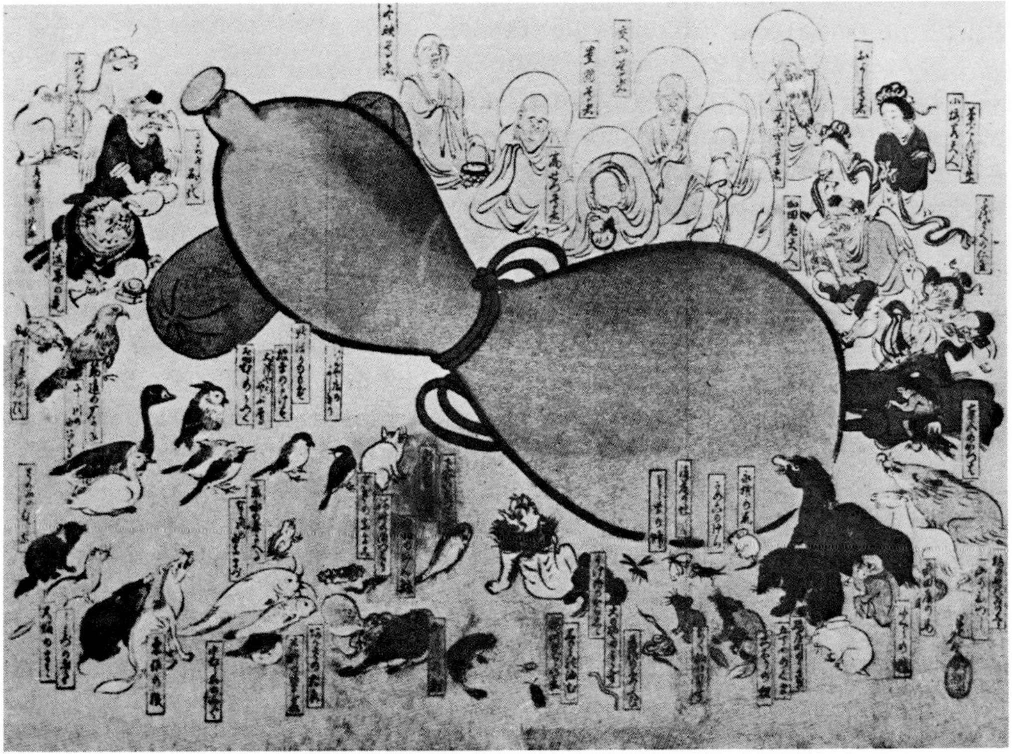

Abb. 23: Totengedenkblatt für den Schauspieler Danjurō VIII von Shibata Zeshin (1808—1892). Abbildung mit freundlicher Genehmigung von Herrn Theodor Scheiwe.

Abb. 24: Illustration aus einer Handschrift um 1800. Mit freundlicher Genehmigung des Museums für Indische Kunst. Staatliche Museen Preußischer Kulturbesitz, Berlin.

A WEEKLY REVIEW

OF

National Religion, Literature, Science, Philosophy, &c.,

Abb. 25: Titelblatt der von Aurobindo herausgegebenen Zeitschrift ›Karmayogin‹, November 1909.

Abb. 26: Titelblatt einer modernen ›Bhgavad-Gita‹-Ausgabe, die in englischer Übersetzung vom Bhakti Vedanta-Trust weit verbreitet wird (International Krishna Consciousness Movement).